PRÉFACE À L'ÉDITION FRANÇAISE : UNE RELECTURE

La perspective de la publication de ce livre en français a été pour moi l'occasion de le relire dans son intégralité pour la première fois depuis sa parution, il y a vingt-trois ans. La rédaction de tel ou tel article m'avait certes amené entre-temps à en relire des passages; mais de le relire en entier fut pour moi une expérience intéressante et, par moments, fort émouvante.

Je craignais de constater que ce travail ne dépassait guère le niveau d'un mémoire d'étudiant et qu'il ne reflétait plus grand-chose de mes idées présentes. Or je me suis trouvé en accord avec la quasi-totalité de son contenu et même, je l'avoue, très fier d'une telle contribution.

Les cent premières pages, qui traitent principalement du développement normal, m'ont souvent paru ennuyeuses et d'une écriture banale et répétitive; mais, chaque fois que survenait un exemple clinique, qu'il fût emprunté à la littérature spécialisée ou au travail de mes collègues ou de moi-même, la lecture s'animait aussitôt. Les chapitres IV et V m'ont bien plu; je n'y changerais pas grand-chose aujourd'hui. Si j'ai regretté d'entendre, épars tout au long du livre, certains accents fanfarons, ma sévérité à mon égard se trouve tempérée par de la compassion pour un auteur qui s'est attaqué à un sujet trop gros pour lui et pour ses talents limités de théoricien. La richesse de ce livre réside surtout, à mes yeux, dans le matériel clinique recueilli, au prix d'un dur travail, par moi-même ou par mes collègues d'alors à Chestnut Lodge; je n'en maintiens pas moins, aujourd'hui encore, que certains développements théoriques constituent une contribution valable et durable à la théorie psychanalytique.

Arrivé, dans ma relecture, à la fin du chapitre I, je fus pris d'une profonde lassitude. Je me dis que cette lassitude, cette réticence à poursuivre venaient des pertes que j'avais connues au long de ces vingt années. Mais, ayant persisté, je trouvai dans le chapitre II un passage qui me parut fournir une meilleure explication de ma lassitude :

> Si le psychothérapeute normalement névrosé s'était totalement et irrévocablement différencié de son environnement non humain aux niveaux tant inconscient que conscient, il serait incapable de percevoir, pour ainsi dire, par empathie, l'angoisse que ressent le schizophrène du fait de sa profonde indifférenciation d'avec cet environnement. Je reviendrai souvent dans ce livre sur les sensations angoissantes, étranges, bizarres que j'ai éprouvées, comme nombre de mes confrères, pour m'être confronté à l'angoisse d'un patient subjectivement indifférencié de l'élément non humain qui l'entoure (p. 54).

Et il est bien vrai qu'en maint passage, la lecture de ce livre est génératrice d'angoisse en ce qu'elle perturbe chez le lecteur l'équilibre entre les éléments subjectivement humains et non humains qui composent son sentiment inconscient d'identité personnelle.

La lecture du chapitre XI (« Traiter autrui comme non humain ») m'émut souvent aux larmes. Chacun des exemples cliniques qu'il contient m'évoquait l'image vivante du malade décrit. Je compris que la fréquente raideur de mon style n'était qu'une défense inconsciente contre – entre autres émotions refoulées – une douleur poignante. Et je mesurai plus clairement que jamais alors à quel point mon travail à Chestnut Lodge m'avait manqué depuis que j'avais quitté ce lieu.

Je suis parti de Chestnut Lodge au début de 1964, après y avoir exercé pendant près de quinze ans. Au cours des vingt années, ou presque, qui suivirent, j'ai certes continué à travailler – tout au long – avec deux schizophrènes chroniques auparavant internés à Chestnut Lodge et à m'occuper de schizophrènes au titre de consultant ou d'enseignant, mais, pour l'essentiel, mon travail m'a mis en rapport avec des malades beaucoup moins gravement atteints – candidats à l'analyse, borderline, personnalités narcissiques, etc. Ma tristesse d'avoir perdu ce moment si particulier de ma vie professionnelle que j'ai connu à Chesnut Lodge s'accompagne d'un sentiment empreint à la fois de culpabilité et du soulagement d'avoir opté pour une existence infiniment moins éprouvante pour moi mais aussi, à certains égards, moins gratifiante. Ces sentiments, qui n'ont cessé de m'accompagner depuis vingt ans, la relecture de ce livre les a réactivés.

Je fus très ému par un passage tel que celui-ci où se trouve

COLLECTION TEL

Harold Searles

L'environnement non humain

Traduit de l'anglais
par Daniel Blanchard

Gallimard

Titre original :

THE NONHUMAN ENVIRONMENT

À Sylvia

évoqué mon travail avec les malades les plus gravement atteints de Chestnut Lodge :

> Lors de nombreuses séances, il est indubitable qu'elle percevait le paysage que l'on voyait par la fenêtre comme un violent chaos où des avions venaient s'écraser, où des voitures se percutaient et que des trains traversaient dans un tintamarre de ferraille. Ce fut un jour mémorable celui où, plusieurs mois plus tard, alors que nous étions assis côte à côte l'un près de l'autre, face aux fenêtres, et que je venais de commencer une phrase, elle m'arrêta de ces quelques mots prononcés d'un ton calme mais ferme : « Gardez le silence; regardons le paysage. » Et nous replongeâmes dans le paisible sentiment d'intimité que nous avions goûté jusqu'alors. Je sus enfin cette fois que c'était le même paysage que nous contemplions par la fenêtre, elle et moi (p. 310).

C'est ce genre d'expérience qui m'a conduit à m'intéresser à ce que j'ai appelé « symbiose thérapeutique », ce moment, fort difficile à atteindre, de fusion heureuse, essentiellement non verbale, qui implique profondément le patient et le thérapeute et qui constitue le cœur et la phase cruciale du travail avec le névrosé comme avec le psychotique. J'ai écrit là-dessus plusieurs articles, notamment en 1959 et 1973.

C'est également grâce à mon séjour à Chestnut Lodge que, dans mon travail des vingt dernières années, j'ai su apprécier la valeur de la communication non verbale avec les malades. J'en ai parlé dans divers écrits et en particulier dans un article de 1978 intitulé : « Psychoanalytic Therapy with the Borderline Adult : Some Principles Concerning Technique » (La thérapie psychanalytique du borderline d'âge adulte – quelques principes concernant la technique [1]*) dont j'extrais les passages suivants :*

> Je soupçonne que mon silence est mon outil thérapeutique le plus fiable dans le traitement de mes patients, de quelque catégorie nosologique qu'ils relèvent; mais c'est assurément vrai s'agissant des borderline. Pour chaque patient, un moment est venu dans sa cure où il a constaté avec surprise : « Votre silence doit vraiment arriver jusqu'à moi », alors que toutes, ou presque toutes, mes interprétations formulées verbalement y avaient échoué.
>
> C'est une illusion facile à entretenir pour l'analyste que de croire maintenue, tant qu'il garde le silence, la neutralité affec-

1. In *New Perspectives on Psychotherapy of the Borderline Adult*, éd. par J. F. Masterson, Brunner/Mazel, New York, 1978.

tive chère à la tradition analytique classique. Il aurait au contraire intérêt à se rendre compte de ce que les diverses réactions transférentielles du patient à son silence ont, selon toute probabilité, un fondement significatif dans la réalité de la *qualité* de ce silence. De même que les silences des parents recouvrent, nous le savons bien, une grande diversité de sentiments, – éloignement affectif, découragement, invite sexuelle, hostilité contenue, etc. – de même nous devons être attentifs au fait que la qualité particulière du silence que nous manifestons à un moment quelconque, risque d'être rien moins que dépourvue de passions. Il m'a été difficile, mais bien utile, par exemple, d'arriver à comprendre que, dans mon travail avec tel ou tel borderline fort porté aux silences chargés d'hostilité paranoïde, mon propre silence avait toute chance d'être perçu par lui, et dans une large mesure, avec raison, comme à la fois menacé et menaçant, comme réprimant et extériorisant à la fois de l'hostilité. Percevant plus clairement ces situations, je me trouvais moins dérouté à constater les difficultés énormes que le malade éprouvait à associer librement.

Sur un plan plus positif, à propos de la qualité du silence que l'analyste manifeste – c'est-à-dire de la nature spécifique du lien non verbal qui l'unit au patient – j'ai maintenant la conviction que quand j'ai découvert chez un malade un conflit en grande partie inconscient sur lequel je garde un silence de plusieurs mois, voire de plusieurs années, parce que je sais qu'il serait prématuré d'en formuler une interprétation, cette découverte même transforme ma capacité de réagir ou de participer tacitement à ce qu'il vit. Si, par exemple, je découvre que le patient a avec moi en tant que figure parentale du même sexe que lui (ou qu'elle) un conflit inconscient enraciné dans des sentiments œdipiens négatifs, une telle découverte ne manquera pas d'apporter à mon comportement des modifications, si infimes et subtiles qu'elles soient, et cela jusqu'à ce que le (ou la) malade ait pris suffisamment conscience de son conflit pour que celui-ci soit susceptible d'interprétation et de résolution. Ces modifications joueront-elles dans le sens de plus de séduction ou de plus de distance, ou plutôt d'une combinaison des deux, je ne sais. Mais il est certain que le patient les perçoit, peu importe à quel niveau de l'inconscient ou du préconscient. Et il est aussi probable qu'elles l'aident à prendre conscience des sentiments et des souvenirs en question et à écouter et assimiler les interprétations verbales portant sur ce matériel auparavant inconscient.

Mon propos est ici de donner une description plus juste que ne le fait habituellement la littérature spécialisée de ce qui se passe réellement entre l'analyste et le patient quand le premier garde le silence. Il est fondamental pour nous de nous affranchir autant que possible de toute illusion quant à la neutralité et à l'attention flottante auxquelles équivaudrait automatiquement le silence du thérapeute. Avec la plupart des patients, l'analyste garde le silence pendant certainement 90 % du temps; mais avec les borderline, c'est bien de 98 à 99 % du temps qu'il s'agit.

La question du rôle que joue dans nos vies l'environnement non humain garde sur moi un très grand pouvoir émotionnel. C'est ainsi que j'ai eu les larmes aux yeux à lire, tout au début de mon livre, ce propos d'un prêtre Zuni rapporté par un ethnologue.

> Cinq choses seulement suffisent à la subsistance et au bien-être des « hommes foncés » (les Indiens) parmi les enfants de la terre :
> Le soleil, qui est le père de tous.
> La terre, qui est la mère des hommes.
> L'eau, qui est le Grand'père.
> Le feu, qui est la Grand'mère.
> Nos frères et sœurs le Maïs et les graines des choses qui poussent (p. 28).

Et, dans cet accès d'émotion, j'ai senti que mes pensées allaient à ma sœur aînée – mon unique sœur, et je n'ai pas de frère – qui m'est devenue si étrangère depuis une dizaine d'années. J'ai senti que je lui portais un amour si profond qu'elle était pour moi Maïs. L'idée m'est alors venue que plus affirmée était l'identité d'une personne et plus forts les liens d'amour qui unissent deux êtres, plus totalement ces liens embrassaient les identifications de chacun d'eux à du non humain aussi bien qu'à de l'humain.

Je voudrais maintenant signaler deux points sur lesquels mes idées concernant le thème de ce livre ont évolué depuis sa première publication.

Tout d'abord, et c'est l'une des principales modifications survenues dans ma pensée depuis 1960 – j'ai compris qu'il nous fallait élargir considérablement l'idée que nous nous faisons de ce qu'est un être humain; l'être humain est une entité dont les identifications au non humain revêtent une importance énorme. Mais plus un sujet est malade, plus étroite est son idée de ce qu'est un être humain et plus fragile, donc, son sentiment d'en être un. Le lecteur aura peut-être l'impression que j'insiste suffisamment là-dessus dans mon livre; mais je suis sûr que je le ferais davantage encore si je devais le réécrire aujourd'hui.

Pour formuler ma pensée en termes un peu différents, au cours des vingt et quelques dernières années, je me suis convaincu que le processus de maturation s'accompagnait d'un élargissement et d'un enrichissement de la notion subjective d'humanité, au point d'englober quasiment tout; alors que c'est dans une définition extrêmement étroite que le schizophrène, ou tout autre malade atteint au même degré, confine l'humanité – ou pour mieux dire, qu'il est lui-même confiné.

C'est notamment le cas de la schizophrène évoquée page 258 qui « révéla que parmi les exigences que lui adressait son surmoi pour qu'elle conserve quelques vestiges de son statut d'être humain, figurait l'obligation d'obtenir la satisfaction de ses besoins sans avoir à les formuler ». Pour faire ici une parenthèse, je tiens que les fondements psychologiques les plus profonds du préjugé racial ou religieux résident dans le caractère limitatif et fragile du sens que l'individu porteur de tels préjugés a de sa propre humanité, au point qu'il lui faut projeter sur des représentants d'une autre race ou d'une autre religion certains traits qui lui sont propres mais qu'il perçoit comme incompatibles avec sa qualité d'être humain; cette projection lui permet alors de considérer l'autre comme un sous-homme, tout en étant lui-même rassuré quant à sa propre humanité.

En ces matières, mes idées ont évolué et quand j'ai relu la page 70, l'expression « proprement humains » m'a paru sonner faux :

> ... Je crois qu'on pourrait aisément montrer que l'adulte normal connaît de fréquentes « régressions phylogénétiques », dans sa vie éveillée aussi bien qu'en rêve, et que c'est là pour lui un moyen de se reposer des exigences de la vie relationnelle et de restaurer son énergie émotionnelle, de façon à être en mesure d'assumer avec une vigueur et une fraîcheur renouvelées ses liens proprement humains.

Sans remettre en question mon propos d'alors, je me suis rendu compte à la lecture de ce « proprement humains » des réticences que j'aurais aujourd'hui à distinguer aussi nettement entre des aspects subjectivement humains et non humains dans le sentiment qu'a de son identité individuelle le sujet sain.

Le passage suivant, et surtout la dernière phrase, suscite les mêmes réticences :

> J'ai la conviction que, chez tout malade, quel que soit le diagnostic dont il relève, une psychanalyse ou une psychothérapie en profondeur ne peut que faire apparaître une lutte incessante pour parvenir à se différencier plus pleinement, en tant qu'être humain, de ce qui est perçu comme non humain

en lui. Peut-être serait-il plus précis de parler d'un effort ininterrompu pour transformer les éléments de la personnalité vécus comme non humains en apports nouveaux à la part de cette personnalité subjectivement reconnue comme humaine (p. 376).

Ici encore, je continue à souscrire à l'idée générale. Mais, à près de soixante-cinq ans et enrichi par un quart de siècle d'expérience supplémentaire, je me sens aujourd'hui assez loin de l'homme de quarante ans, épris d'idéal et de perfection, qui écrivit ces lignes. On y sent la conviction qu'il doit être possible de sortir pleinement et durablement victorieux de son combat contre ses éléments subjectivement non humains. Or, à présent, je suis beaucoup plus disposé, je crois, que je ne l'étais alors à accepter ces aspects de ma personnalité.

Le second point sur lequel mes idées ont changé depuis la publication de ce livre a trait à ce que je définis, page 300, comme « le cœur même de ce livre... une tentative pour démontrer que l'environnement non humain possède une grande signification psychologique en tant que tel ». Aujourd'hui, tout en continuant à juger pleinement nécessaire et justifié de mettre en évidence la signification psychologique de l'environnement non humain, j'insisterais sur l'impossibilité d'isoler jamais cette signification de ce qu'on pourrait appeler son « enveloppe humaine ». Le lecteur trouvera peut-être que ce livre ne laisse aucune équivoque là-dessus; il ne m'en paraît pas moins nécessaire de m'appesantir un peu sur ce point. Que l'environnement non humain joue un rôle important en tant que tel *est, je crois, une thèse insoutenable si on insiste sur cet « en tant que tel » au point de nier qu'il se produise des déplacements sur cet environnement de faits mentaux relatifs aux relations interpersonnelles : cela serait rigoureusement indémontrable et relèverait d'un purisme obsessionnel.*

Pour faire bref, je ne rapporterai ici qu'une seule des expériences qui m'ont amené à un abord moins puriste de cette question. Au fil de ma relecture du livre, je prenais des notes en vue de la rédaction de cette préface. Arrivé en haut de la page 107, j'inscrivis ceci :

Il me reste à présent vingt minutes à consacrer à cette relecture; mais je trouve celle-ci si laborieuse que je n'irai pas plus loin aujourd'hui.

(Et trente secondes plus tard :)

J'ai été m'étendre sur le divan pour associer librement – moins d'une demi-minute – sur ce qui pouvait faire que cette lecture me parût laborieuse. Et je me rendis compte que l'environnement non humain avait, entre autres significations, à mes yeux, celle de représenter un aspect de ma mère qu'il m'incombait – c'est ce que j'avais éprouvé – de justifier aux yeux de mon père. Et je viens de réaliser, en notant cela, combien une telle entreprise allait à l'encontre de mes sentiments œdipiens négatifs : quel projet laborieux, en effet, que de justifier son rival en amour (ma mère) aux yeux de son aimé (mon père).

Je dois ici préciser que mon père – mort en 1952 – avait la conscience très nette de s'être marié bien au-dessous de sa condition et qu'il lui arrivait souvent de traiter ma mère – et moi, son enfant – comme appartenant à une sous-humanité. Ma mère est morte en 1972. J'étais conscient depuis longtemps de la puissance de mes sentiments œdipiens, tant négatifs que positifs.

Je voudrais maintenant indiquer rapidement les points sur lesquels mes travaux publiés depuis 1960 ont amplifié et développé des idées exposées dans le présent livre. J'ai déjà mentionné mes articles sur la symbiose thérapeutique. Or ce concept se trouve préfiguré dans mon travail de 1960, notamment dans le passage suivant :

> ... Il est vraisemblable, en effet, que toute analyse ou toute thérapie passe par une phase durant laquelle le malade est dominé par des sentiments régressifs de fusion dans la totalité de son environnement ; la façon la plus utile, alors, dont l'analyste ou le thérapeute puisse participer à la cure consiste à se comporter en objet inerte, quasi silencieux et immobile, – un meuble par exemple. Toute intervention active de sa part risquerait de perturber l'expérience que fait le patient d'une telle fusion subjective dans le milieu et donc d'entraver la prise de conscience en profondeur de son individualité spécifiquement humaine. Le thérapeute ou l'analyste doit donc être capable d'affronter ce conflit en lui-même : il y va non seulement de son confort personnel dans son travail mais aussi de son aptitude profonde à l'accomplir (p. 378).

Si, dans ce livre, je me demande ce que signifie pour nous, dans la perspective des idées qui y sont exposées, le fait de vivre « sous la menace imminente de l'anéantissement atomique » (p. 358), en 1972, j'ai publié un article intitulé « Unconscious Processes in Relation to the Environmental Crisis » (Processus inconscients en relation avec la crise de l'environnement [1]*). Il commence ainsi :*

1. In *Psychoanalytic Review,* vol. 59, pp. 361-374. Repris in *Countertransference and related Subjects, Selected Papers,* Internat. Universities Press, New York, 1979.

Plus encore que la guerre nucléaire, la crise écologique est, je crois, la plus grave menace à laquelle l'humanité ait eu collectivement à faire face...

Mon hypothèse est que, pour affronter cette crise... l'homme est entravé par une lourde et envahissante apathie reposant dans une large mesure sur des sentiments et des attitudes dont il n'est pas conscient. L'absence de travaux analytiques sur cette question me laisse penser que nous autres analystes sommes nous aussi soumis à l'apathie commune...

Nous [les gens en général, y compris les analystes] projetons sur ce monde en proie à la dégradation écologique tous nos conflits affectifs intérieurs en ce qu'ils ont de plus violent – notamment... le conflit entre les aspects subjectivement humains et non humains de nous-mêmes...

Dans le présent livre, après avoir fourni des exemples cliniques de confusion entre soi et environnement non humain, j'en viens à analyser (p. 148 et suivantes) les répercussions que peut avoir sur l'individu la perte d'éléments de cet environnement qu'il avait traités comme des parties de soi. En 1979, j'ai publié un article intitulé : « Non-Differentiation of Ego-Functioning in the Borderline Individual, and its Effect Upon His Sense of Personal Identity *» (La Non-différenciation du fonctionnement du moi chez le borderline et ses répercussions sur le sens de l'identité individuelle* [1]*). Dans le résumé, j'écrivais notamment ceci :*

Il ne perçoit pas son identité personnelle comme clairement distincte de son environnement, qu'il soit humain ou non humain. Les déplacements dans l'espace tendent à engendrer chez lui de la confusion mentale et la perte du sens de cette identité.

L'inachèvement, dans son moi, de la différenciation entre réalité intérieure et extérieure l'amène à considérer sa pensée et divers aspects de sa vie affective comme doués d'un pouvoir sans limite sur la réalité extérieure. L'expérience de la désillusion tend à susciter en lui l'impression, non seulement, que l'image de la personne qui est à l'origine de cette désillusion s'est transformée, mais qu'il a réellement éliminé cette personne du monde extérieur. De même, lorsque la confusion s'empare de son esprit, sa réaction inconsciente est de considérer que, dans sa toute-puissance, il a lui-même répandu la confusion dans la réalité extérieure.

La dénégation, que l'on considère généralement comme l'un de ses principaux moyens de défense, sert de rempart au sens fragile qu'il a de son identité individuelle. La prise en consi-

1. In *Proceedings of the Sixth International Symposium of the Psychotherapy of Schizophrenia*, éd. par C. Müller, Excerpta Medica, Amsterdam, 1979.

dération objective d'un domaine de la réalité qu'il a longtemps maintenu derrière l'écran de la dénégation s'accompagne, pour lui, de terribles menaces. Tout d'abord, étant donné que son sentiment de toute-puissance l'amène à assimiler inconsciemment « percevoir » et « être cause de », il éprouve, à percevoir dans le monde extérieur la maladie, la mort ou la dégradation, une accablante culpabilité. En second lieu, la différenciation inaboutie en lui entre réalité intérieure et extérieure tend à lui faire appréhender ce domaine nouvellement révélé comme, essentiellement, un monde intérieur étrange et horrifiant, dans lequel son identité individuelle, quand elle n'est pas insondablement faible et vulnérable, se signale par une toute-puissante malignité.

Au chapitre II du présent livre (p. 47), je note ceci :

L'individu livre sa vie durant une lutte pour se différencier toujours plus totalement de la réalité humaine et non humaine qui l'entoure, tout en nouant, à mesure qu'il y parvient, des liens de plus en plus chargés de sens avec cette même double réalité.

Ce thème a gardé pour moi une actualité si permanente que je l'ai pour l'essentiel formulé à nouveau dans les premiers paragraphes d'une communication présentée en octobre 1982 et publiée au début de 1984. Cette étude intitulée « Transference-Responses in Borderline Patients » (Réactions transférentielles chez le borderline [1]*), notait ensuite ceci :*

Le borderline adulte qui aborde un traitement psychanalytique indique par son fonctionnement qu'il n'est pas parvenu au point de se vivre comme un individu humain singulier et total, capable de traiter le thérapeute comme un autre individu, pour l'essentiel, son semblable.

Dans le même article, je présentais également l'observation suivante concernant les borderline :

Le thérapeute qui constate chez un patient après l'autre que l'intensification du transfert expose celui-ci à de multiples introjections, dont l'impact revêt souvent un affect subjectivement non humain, ce thérapeute, donc, prend conscience du dilemme poignant avec lequel le sujet malade est aux prises. Miguel de Unamuno a pu dire que son profond amour de l'humanité ne s'éprouvait jamais aussi fondé qu'au plus loin d'elle : dans la

1. In *Psychiatry. Journal for the Study of Interpersonal Processes.*

solitude. Sans vouloir assimiler, bien entendu, l'attitude de ce philosophe à celle du borderline – la force du moi de celui-ci étant peu cohérente et mal intégrée –, j'y trouve cependant une analogie éclairante avec le tragique dilemme de ce malade : son sentiment d'appartenir à l'humanité est si précaire et repose sur un système si complexe de défenses, telles que la dénégation massive, le clivage, l'identification projective, etc., qu'il risque de le perdre s'il tente de nouer avec l'un de ses semblables une relation soutenue et pleinement ressentie.

AVANT-PROPOS

Pour quiconque, sans doute, a eu plus à se louer qu'à se plaindre de la vie, le pays de sa jeunesse est un pays béni, tant la jeunesse est l'âge d'or de la vie. Pour moi, assurément, la région des Catskills, dans le centre de l'État de New York, recèle un charme impérissable et une beauté qui disent combien la vie est bonne et qui resteront inscrits en moi jusqu'à ma mort. Car, aussi loin que mes souvenirs remontent, j'ai toujours perçu le sens de la vie dans les liens qui m'unissaient non seulement à ma mère, à mon père, à ma sœur, à diverses personnes, mais aussi à ce pays – à ses collines verdoyantes ou tendues des tapisseries de l'automne, ou austères sous la neige, à ses lacs innombrables, à ses rivières. Plus tard, une expérience, ô combien différente, de citadin – à Boston, New York, San Francisco, Washington – m'a montré quelles significations tout aussi envoûtantes ce milieu non humain-là pouvait revêtir. Que l'environnement soit naturel ou artificiel, j'ai compris que les moments où s'éprouve une parenté profonde avec l'élément non humain comptent parmi ceux où l'on boit aux sources mêmes du sens de la vie.

Mon analyse, qui s'est conclue il y a sept ans, m'a convaincu plus encore de la signification essentielle du monde non humain. Pour m'en tenir à un seul exemple, je n'oublierai jamais le chagrin que j'ai éprouvé le jour où j'ai compris que la maison où j'avais grandi, vendue quelques années auparavant, était perdue pour moi à jamais.

Mon travail en psychiatrie au cours des douze dernières années, en particulier avec des schizophrènes, à qui a été l'essentiel de mes efforts thérapeutiques, m'a révélé des aspects insoupçonnés de la question, des ramifications qui, à l'évidence, ne concernent pas seulement les gens qui relèvent de la psychiatrie. Ce que le travail psychothérapique m'a appris sur cette question m'a aidé à dissiper un petit peu le grand mystère qui entoure ce qu'éprouve le schizophrène profond et, à partir de là, à jeter quelque lumière sur le mystère plus épais encore des processus psychodynamiques qui se déroulent chez le nourrisson normal et qui le transforment peu à peu de petit animal humain en individu conscient de son humanité.

Ce qui m'a également fasciné dans cette question c'est qu'elle constitue un champ de convergence naturel, exceptionnel sinon unique, pour des observations recueillies dans des domaines de recherche extraordinairement variés : non seulement la psychiatrie et la psychologie et les autres sciences du comportement, mais aussi la philosophie et la religion, la biologie et la physique et pratiquement toutes les investigations centrées soit sur l'homme lui-même soit sur le monde qu'il habite. Et j'ai constaté avec délice que mes misérables notions de philosophie, de physique, d'art, d'anthropologie, de mythologie ou de littérature classique concouraient avec une pertinence lumineuse – du moins à mes yeux – à cette étude du rôle joué par le milieu non humain dans l'expérience psychique.

On pourrait assimiler l'ensemble de cette question à un vaste continent que l'on a à peine commencé à explorer et à cartographier. D'autres s'y sont aventurés avant moi – nombreux, je m'en suis aperçu à mesure que j'avançais; aussi ce livre ne saurait-il passer en revue les découvertes de tous mes prédécesseurs; il n'en donnera qu'un échantillonnage que je crois et espère large. Il représente d'ailleurs, à ma connaissance, la première tentative pour présenter ensemble le plus grand nombre possible de ces découvertes. Il reste que l'essentiel de mon propos est ici de communiquer mes propres découvertes, dont au moins une bonne part est, je crois, authentiquement nouvelle.

Dans un livre de cette sorte, qui vise à stimuler l'intérêt et la réflexion à propos d'une question, à mon avis, négligée pour l'essentiel, il me paraît non seulement admissible mais souhaitable de laisser libre cours à la spéculation – et c'est ce que j'ai fait. Je ne cherche pas à clore, par des conclusions définitives, la question, mais au contraire à ouvrir des champs d'investigation plus amples et plus approfondis qu'auparavant. Ce livre aura atteint son but s'il pose plus de problèmes qu'il n'en résout.

PREMIÈRE PARTIE

Considérations introductives

CHAPITRE I

LA PARENTÉ DE L'HOMME AVEC LE MONDE NON HUMAIN

La plupart des écrits traitant du développement de la personnalité ou de la dynamique de la maladie mentale, qu'ils émanent de Freud et de ses disciples, ou de Jung, Rank, Adler, Sullivan ou d'autres, ne prennent pratiquement en considération que les processus intra- et interpersonnels. Ce que j'appelle le non humain – c'est-à-dire la totalité de l'environnement de l'homme à l'exception des autres êtres humains qu'il comporte – est donc implicitement traité comme étranger au développement de la personnalité comme des troubles psychiques, à croire que la vie humaine se déroule dans un vide, que l'espèce humaine, seule dans l'univers, poursuit le cours de ses destinées individuelles et collectives dans une matrice homogène de néant, un milieu dépourvu de forme, de couleur et de substance.

Freud était à coup sûr conscient de ce qu'avait d'indûment restrictif une telle représentation de la vie psychique. Peut-être était-il tout simplement si accaparé par les innombrables découvertes qu'il faisait à propos de la vie psychique telle qu'elle se manifeste dans l'individu et entre individus qu'il n'a pas eu le loisir d'explorer en détail cette autre dimension de l'activité psychique. Mais sa psychologie se fonde tout entière sur l'idée que l'homme est le produit de l'évolution biologique de l'espèce telle que Darwin l'a décrite en 1859. La recherche de Freud a porté très largement sur ce que notre nature profonde recèle de foncièrement animal et la cure psychanalytique qu'il a créée vise à nous aider à trouver un compromis avec ces pulsions animales. Sa théorie, si controversée et aujourd'hui généralement rejetée, de l'instinct de mort [50] [1] traduisait sa conscience aiguë de l'importance qu'a pour la motivation de l'individu le fait que le destin de l'homme soit de faire retour au non humain.

Que Freud situât le psychisme humain à l'intérieur du monde animal, plus vaste, on ne peut plus en douter quand on lit ce texte de 1917 :

> Au cours de son évolution culturelle, l'homme s'érigea en maître de ses co-créatures animales. Mais non content de cette hégémonie, il se mit à creuser un fossé entre leur essence et la sienne. Il leur dénia la raison et s'attribua une âme immortelle, allégua une origine divine élevée, qui permit de rompre le lien de communauté avec le monde animal. Il est remarquable que cette outrecuidance soit encore étrangère au petit enfant de même qu'à l'homme primitif et préhistorique. Elle est le résultat d'une évolution ultérieure prétentieuse. Au stade du totémisme, le primitif ne trouvait pas choquant de faire descendre sa lignée d'un ancêtre animal. Le mythe, qui renferme la cristallisation de cet antique mode de pensée, fait endosser aux dieux la forme d'animaux, et l'art des premiers temps façonne les dieux avec des têtes d'animaux. L'enfant ne ressent pas de différence entre sa propre essence et celle de l'animal; dans le conte, il fait penser et parler les animaux sans s'étonner; il déplace un affect d'angoisse qui vise le père humain sur un chien ou sur un cheval, sans intention de rabaisser par là son père. C'est seulement lorsqu'il sera devenu adulte qu'il se sentira si étranger à l'animal qu'il pourra injurier l'homme en invoquant le nom de l'animal.
>
> Nous savons tous que les recherches de Charles Darwin, de ses collaborateurs et de ses précurseurs, ont mis fin il y a un peu plus d'un demi-siècle à cette présomption de l'homme. L'homme n'est rien d'autre ni rien de mieux que les animaux, il est lui-même issu de la série animale, apparenté de près à certaines espèces, de plus loin à d'autres. Ses acquisitions ultérieures ne sont pas parvenues à effacer les témoignages de cette équivalence, présents tant dans son anatomie que dans ses dispositions psychiques.

Les idées que j'expose dans ce livre développent divers concepts psychodynamiques que Freud a introduits. Il n'en reste pas moins vrai que dans les œuvres de Freud comme dans celles d'autres chercheurs, il est rare de trouver une reconnaissance explicite de la signification de l'environnement non humain dans la vie psychique.

Cette méconnaissance a persisté malgré l'accumulation

1. Les chiffres entre crochets renvoient à la bibliographie qu'on trouvera en fin de volume.

des observations provenant de disciplines scientifiques nombreuses et variées, qui prouvent sans doute possible que l'homme ne se trouve pas, face à la réalité non humaine, dans la situation d'un étranger mais d'un proche parent. Il y a bien longtemps que l'homme a recueilli la preuve de son appartenance à la grande famille animale et à la communauté plus vaste encore de la nature animée et enfin, de par la structure chimique de son corps comme de par son inévitable transformation en matière inorganique, une fois écoulé son temps de vie, à la texture même de toute matière créée, à cette réalité inanimée qui est la composante principale de notre univers connu. À titre de rappel, je vais brièvement donner quelques exemples des faits anciennement connus auxquels je fais ici allusion.

On s'est fort peu avisé de l'importance des implications que ces faits ont pour les sciences du comportement et tout particulièrement pour la psychanalyse. La thèse de ce livre est que l'élément non humain de l'environnement de l'homme forme l'un des constituants les plus fondamentaux de la vie psychique. Je suis convaincu que l'individu sent, consciemment ou inconsciemment, une parenté avec le non humain qui l'entoure, que cette parenté revêt une importance transcendante pour l'existence et que, comme bien d'autres données essentielles, elle est une source de sentiments ambivalents chez l'individu, qui, s'il s'efforce de fermer les yeux sur la force de ce lien, risque de compromettre sa santé psychique.

Notre époque a basculé, dirait-on, à l'extrême opposé de celle où nos ancêtres avaient une représentation anthropomorphique du monde qui les entourait, où ils se sentaient, pour ainsi dire, si intimement mariés à ce monde qu'ils n'étaient pas encore parvenus à la conscience de leur propre différence, de la singularité de leur qualité d'êtres humains. Les mythes qui nous sont parvenus de ces temps anciens nous montrent comment les hommes voyaient le monde non humain il y a quelques milliers d'années. Un exemple, charmant comme le sont souvent ces légendes, suffira : Midas avait été choisi pour arbitrer un concours musical entre Pan et Apollon. Il exprima honnêtement sa préférence pour la musique de Pan, trahissant ainsi son aveuglement non seulement en matière de musique mais également en politique; Apollon était, des deux musiciens, le plus renommé et de surcroît un dieu, bien plus puissant donc que Pan, ce simple satyre. Pour prix de son erreur, Midas reçut des oreilles d'âne, Apollon déclarant qu'« à une ouïe si grossière, il avait donné les oreilles qui convenaient ».

Midas cacha sa honte sous un bonnet, mais son serviteur trouvant le secret trop lourd à garder, le confia en un murmure à un trou creusé dans la terre. Or, nous raconte Hamilton, « au printemps, des roseaux y poussèrent et quand le vent les agitait, leur murmure répandait les mots enterrés; et ils révélèrent ainsi aux hommes, non seulement le sort de ce pauvre benêt de roi, mais aussi la règle qui veut que, dans une compétition à laquelle participent des dieux, le seul parti sûr est de se ranger du côté du plus fort » [66].

L'anthropologie nous fournit également, à propos des peuples dits primitifs, d'innombrables exemples d'une telle conception anthropomorphique du milieu non humain. Nous n'en citerons qu'un :

> ... J'entendis un jour un prêtre Zuni déclarer :
> « Cinq choses seulement suffisent à la subsistance et au bien-être des " hommes foncés " (les Indiens) parmi les enfants de la terre :
> « Le soleil, qui est le Père de tous.
> « La terre, qui est la Mère des hommes.
> « L'eau, qui est le Grand-père.
> « Le feu, qui est la Grand-mère.
> « Nos frères et sœurs le Maïs et les graines des choses qui poussent » [104].

Pendant vraisemblablement des centaines de milliers d'années, les hommes se sont perçus dans une relation de parenté réciproque avec le reste de leur environnement; mais ils devaient sentir, le plus souvent sans doute, que cette relation n'était pas celle de paisible parenté, que décrit la citation précédente, mais une relation qui les mettait à la merci d'un entourage imprégné d'animisme et fréquemment d'anthropomorphisme, et foncièrement hostile, désordonné, ne leur offrant aucune prise. C'est peut-être l'un des plus glorieux exploits de l'homme que d'avoir réussi, grâce dans une large mesure à l'entreprise scientifique, à réaliser un si grand nombre de ses potentialités spécifiquement humaines et à s'affranchir, au point où il l'a fait, de son ancestrale et écrasante terreur du non humain, jusqu'à gagner sur lui une large suprématie. Dans le même temps, les processus et les produits de la technique tendent à lui faire perdre de vue la parenté fondamentale entre l'humain et le non humain. Ce divorce a probablement été aggravé encore, au cours des deux derniers millénaires, par la diffusion du christianisme, qui enseigne que l'homme perd l'espoir de s'unir à la divinité dans la mesure où il cède à ses pulsions « animales » – ces pulsions qui constituent ses liens psychiques avec ses plus proches parents, les autres membres du règne animal. La religion chrétienne s'oppose ainsi nettement au panthéisme païen de la Grèce antique, dont les déités les plus révérées empruntaient volontiers leur forme au règne animal et même au règne végétal.

William James, dans son classique *The Varieties of Religions Experience* (L'Expérience religieuse) [85] s'attache tout particulièrement à la perception essentiellement émotionnelle d'une unité existant entre soi et l'univers. Il reproche à la science de dénier toute validité aux éléments personnels, subjectifs, émotionnels qui caractérisent l'expérience de type religieux :

> La science... a fini par répudier totalement le point de vue personnel... Notre système solaire avec ses harmonies est présenté aujourd'hui comme un cas transitoire d'un certain type d'équilibre instable dans les cieux, produit d'un accident local au sein d'un effrayant désert de mondes où nulle vie ne saurait exister. En un laps de temps qui n'équivaudrait guère qu'à une heure à l'échelle cosmique, il aura cessé d'être [85a].

Mais il prévoit que la science se détournera de cette représentation froidement impersonnelle de l'univers pour renouer avec ce qu'il y a de personnel, de passionnel, de profondément mystique dans les aspirations religieuses de l'homme.

La science elle-même, pourtant, qui, prolongeant les tendances les plus ascétiques du christianisme, a nourri chez l'homme la conviction d'être foncièrement étranger au monde non humain qui l'entoure, lui fournit en même temps d'innombrables indices de son étroite parenté avec ce monde.

C'est ainsi que la psychologie animale a mis en évidence chez divers vertébrés des phénomènes psychiques comparables à ceux que l'on observe chez l'être humain. Il s'agit notamment de processus pathologiques que l'on peut comparer, sans pour autant les identifier, aux processus névrotiques que la psychiatrie connaît bien [103, 57, 93, 105].

De même la physiologie constate que chacun des processus fondamentaux assurant le maintien de la vie chez l'homme – digestion, respiration, circulation des liquides vitaux, excrétion, fonctionnement des systèmes nerveux et endocrine et reproduction – a son analogue chez d'innombrables autres espèces du règne animal, y compris des invertébrés, et que la plupart de ces processus ont également un équivalent dans mainte espèce du règne végétal.

En termes d'anatomie, tant macroscopique que microscopique, on observe, de même, d'étonnantes similarités entre les organes du corps humain et ceux de nombreuses espèces animales et végétales.

Pour ce qui est de la composition chimique, on sait que sur les dix-sept éléments dont est composé le corps humain, tous sauf un, le carbone, sont également présents dans l'ensemble de la matière inorganique qui constitue la plus grosse part de la réalité non humaine, et que tous les dix-sept se retrouvent dans la matière organique, vivante ou anciennement vivante, qui forme le reste de cette même réalité. Il n'est pas de corps chimique, y compris le carbone, qui soit présent dans le monde organique et totalement absent du monde inorganique; même le carbone existe dans l'inorganique, sous la forme de gaz carbonique, d'oxyde de carbone et de quelques autres composés que l'on s'accorde généralement à considérer comme inorganiques.

Si l'on en vient aux niveaux les plus élémentaires de la matière que la science ait explorés, celui des atomes et des particules qui les composent, on observe encore la même parenté entre l'homme et le reste de l'univers. Il serait même plus approprié de parler ici non plus de parenté mais d'identité. Paul C. Aebersold, atomiste qui dirige la Division des Isotopes d'Oak Ridge, affirme que les dix milliards de milliards de milliards d'atomes qui constituent notre corps sont tous de « seconde main », ayant été utilisés auparavant, depuis le commencement des temps, par des personnes, des plantes, des animaux, des arbres, des fleurs et tout ce qui est fait de matière biologiquement échangeable. Pendant sa vie, ajoute-t-il, un homme incorpore et rejette au total mille milliards de milliards de milliards d'atomes et la moitié environ des atomes de notre corps sont remplacés chaque mois [160].

Si, enfin, l'on prend en compte la dimension temporelle pour examiner les premières phases du développement physique d'un être humain, on découvre encore de nouveaux indices de son étroite parenté avec le monde non humain. L'un des principes de base de l'embryologie c'est que « l'ontogénèse répète la phylogénèse », c'est-à-dire que les phases du développement de l'embryon humain récapitulent les phases phylogénétiques qui se dégagent de l'évolution des formes successives de la vie animale jusqu'à l'apparition des formes supérieures. L'organisme humain commence par l'union du spermatozoïde et de l'ovule en une entité à deux cellules, à peine plus complexe, dans son aspect microscopique, que les formes les plus basses de la vie animale existant actuellement, les organismes unicellulaires comme l'amibe. La complexification croissante de sa structure le fait passer ensuite par une forme anatomiquement très proche de celle de l'embryon d'Amphioxus, un poisson primitif, et du premier embryon de la grenouille. Les phases suivantes de sa formation présentent des organisations fort comparables à celles d'embryons de reptiles et de mammifères primitifs.

Nombre des structures transitoires qui apparaissent chez l'embryon humain dans le cours de sa formation sont voisines, non seulement des structures embryonnaires d'autres êtres vivants, mais aussi des structures définitives des formes abouties de ces êtres. C'est ainsi qu'à la sixième semaine, l'embryon humain possède une queue proéminente (qui disparaîtra peu à peu au cours des deux semaines suivantes). Il passe également par un stade où son cœur ne comporte que trois cavités, configuration que l'on trouve chez certains poissons adultes. Jusqu'aux phases relativement tardives du développement, la formation non seulement des grandes subdivisions de l'embryon mais même celle de ses organes séparés – cœur, foie, reins, yeux, oreilles, etc. – ressemble de si près à ce qui se passe par exemple chez le porc, que l'étude de l'embryon de cet animal constitue l'un des moyens de familiariser l'étudiant en médecine avec le développement intra-utérin de l'être humain [3, 111].

On est particulièrement surpris de constater le peu d'intérêt de la théorie psychanalytique pour cet important domaine quand on considère non seulement les données de la science auxquelles nous venons de faire allusion, mais plus encore la surabondance des faits relevant de notre vie quotidienne, de notre culture, et qui disent tous l'importance pour la santé psychique d'une relation intime avec le non humain. Ces faits sont si familiers qu'on se sent presque honteux de les citer;

mais je crois que notre science doit précisément combattre un tel dédain de ce qui passe pour trop connu. Ce dédain me rappelle celui qu'exprimaient certains de mes patients nés dans le Sud à l'idée de parler de leur nourrice noire, alors que la suite de la cure devait révéler en elle la source première de l'amour qui, pendant leur petite enfance, sauva littéralement leur vie psychique. À scruter le familier, il se révèle souvent la plus riche des sources d'enseignements.

Je pense ici en particulier à l'amour du jardinage, au plaisir que l'on prend à fréquenter certains sites naturels ou à pratiquer des sports actifs tels que le golf, la navigation de plaisance ou la randonnée qui nous rapprochent physiquement de la nature, à la place tout à fait réelle et importante qu'occupent les animaux domestiques dans la vie de tant de gens, à la fascination qui amène tant de visiteurs, adultes et enfants, dans les zoos, à la séduction qu'exercent les beaux paysages dans les films, les tableaux, la littérature, et à ces rêves qui sourdent fréquemment du tréfonds de notre être.

Le lyrisme amoureux, comme le langage de la poésie, est saturé d'images ou de métaphores qui comparent ou identifient des qualités humaines à des aspects de la réalité non humaine. Il est rare qu'un grand roman se limite sèchement à dépeindre seulement des êtres humains, ainsi que le fait la théorie psychanalytique. Le plus souvent, la littérature de qualité donne corps à son étude des êtres humains en les décrivant comme des parties intégrantes du vaste ensemble de la nature. C'est ainsi, si j'en crois mes connaissances restreintes, que procède en général le grand art.

L'intérêt que nous portons à nos parents non humains se trahit également dans l'œuvre des humoristes les plus populaires; ils nous font sourire en dessinant, par exemple, des chiens fort sérieusement adonnés à des activités que nous aimons à croire spécifiquement humaines. Mais quelque anxiété se cache souvent, je crois, derrière ce rire; nous y reviendrons au chapitre II.

On peut voir une autre preuve de cet intérêt dans l'énorme succès que remportent auprès d'un public très large les séries d'articles de magazines et les livres illustrés décrivant « le monde où nous vivons », pour reprendre le titre de l'un d'entre eux [94] ou encore les magnifiques films sur la nature produits par Walt Disney. Parmi ces livres, je retiendrai particulièrement *The Sea Around Us* (Cette mer qui nous entoure), de

Rachel Carson [23], dont le premier chapitre dit plus éloquemment que tout ce que j'ai pu lire ailleurs, que l'homme ne vit pas seulement *dans* le monde mais qu'il en fait partie. L'auteur y décrit la terrifiante apparition d'un monde entièrement inorganique, son lent refroidissement superficiel, accompagné, pendant des siècles, par des pluies qui finissent par former les océans, la naissance dans la mer des formes primitives de vie, qu'une évolution graduelle va complexifier jusqu'à l'apparition, mais comme partie intégrante d'un processus ininterrompu, de la vie humaine. Quelque enclin qu'on soit à se dire qu'une telle description se fonde bien plus sur la théorie que sur des faits irrécusables, c'est là une lecture profondément stimulante – et qu'elle agisse si fortement sur tant de lecteurs, c'est, en soi, un fait, un fait psychologique dont la signification mériterait de la part de la psychanalyse plus d'attention qu'elle n'en a reçue.

La parenté de l'homme avec le non humain a longtemps été une préoccupation centrale de la philosophie, comme de bien des religions. En ce domaine, l'étude de la philosophie, tout comme ses simples préoccupations quotidiennes, ont amené l'homme bien au-delà des limites atteintes jusqu'ici par la théorie psychanalytique. Je suis certain que quiconque s'intéresse au sujet du présent ouvrage trouverait dans la philosophie, de même que dans maint autre domaine de la connaissance – physique, chimie, biologie, anthropologie, religion, etc. – et s'il en est bien informé, d'innombrables faits qui corroborent ma thèse. Comme ma compétence en ces matières est extrêmement limitée, je me contenterai ici de deux références, empruntées l'une à Albert Schweitzer et l'autre à Bertrand Russell.

Évoquant certains des grands systèmes philosophiques du passé, Schweitzer caractérise ainsi le stoïcisme puis la philosophie de Lao Tseu :

> ... La pensée fondamentale du stoïcisme est... que l'homme doit se mettre en relation spirituelle avec le monde et ne plus faire qu'un avec lui. En son essence, le stoïcisme est une philosophie de la nature qui aboutit au mysticisme.
>
> ... Lao Tseu... Pour lui également, l'important est que l'homme entre, par la seule pensée, dans une relation spirituelle avec le monde, et prouve ainsi par sa vie son union avec lui [129].

Je citerai au chapitre IV certains faits pertinents relatifs à l'expérience mystique. Voici maintenant comment Schweitzer formule l'essentiel de son propre message philosophique, qui concorde tout à fait avec nos préoccupations :

> Le grand défaut des systèmes éthiques jusqu'ici a été de croire qu'ils n'étaient concernés que par les relations entre êtres humains. En réalité, la question est de savoir quelle est son attitude envers le monde et envers toute vie autour de lui. L'homme n'est moral que si toute vie, comme telle, est sacrée pour lui, celle des plantes et des animaux, comme celle des autres hommes [129a].

Je suis, de la même façon, convaincu qu'il nous faut étendre le champ de notre investigation psychanalytique au-delà de la seule humanité. Mais je ne le limiterai pas, comme le fait Schweitzer pour la morale, au domaine du vivant; j'espère que le matériel clinique que je fournirai plus loin pour étayer ce travail convaincra le lecteur que la psychanalyse doit se préoccuper de la totalité de la réalité non humaine, y compris le monde inanimé.

Le dictionnaire Webster définit le pragmatisme comme l'idée que « le sens d'une conception est à rechercher dans ses conséquences pratiques, que la pensée a pour fonction de servir de guide à l'action et que la vérité d'une idée se mesure essentiellement à ses conséquences pratiques » [161]. Bertrand Russell oppose à une telle philosophie les arguments suivants :

> Le pragmatisme convient à l'esprit qui trouve à la surface de notre planète la totalité de son matériel imaginaire; qui a confiance dans le progrès et ignore les limites non humaines de la puissance humaine... Mais à ceux qui se sentiraient sur cette planète comme dans une prison si des fenêtres ne leur donnaient vue au-delà sur un monde plus vaste... aux hommes qui ne voient pas dans l'homme l'objet adéquat de leur adoration, le monde du pragmatique apparaîtra étroit et mesquin, dépouillant la vie de tout ce qui lui donne une valeur et privant l'univers qu'il contemple de toute sa splendeur [120].

Si nous dressons maintenant l'inventaire des explorations faites par la psychiatrie et la psychanalyse dans ce domaine fondamental, nous constatons que le développement de la théorie est loin d'avoir suivi celui de la pratique la plus répandue. Je me réfère ici spécifiquement aux techniques reconnues depuis longtemps comme valables dans la thérapeutique *ins-*

titutionnelle et appliquées à des malades souffrant de psychoses ou de graves névroses par des thérapeutes relevant tant de l'orientation psychiatrique générale que de la psychanalyse. Même dans les institutions où l'orientation psychanalytique est largement prédominante [144], où la cure se concentre essentiellement sur les processus intra- ou interpersonnels de la maladie, on n'en déploie pas moins d'importants efforts pour mettre en œuvre des activités ergothérapiques (travail du bois et du métal, tissage, etc.), pour entourer l'hôpital d'un parc attrayant et pour offrir aux patients la possibilité de jardiner et de visiter les beautés naturelles de la région. Dans son *Histoire de la psychologie médicale,* Zilboorg nous rappelle que l'ergothérapie fut introduite il y a un siècle environ et l'architecture de jardin, il y a au moins un siècle et demi [168]. Ce sont toujours des éléments de notre pratique mais nous n'avons pas su, je crois, leur faire une place adéquate dans notre théorie psychanalytique. Or cette lacune n'a pas qu'une importance de principe; elle explique en partie, si j'en crois ma propre expérience hospitalière, la difficulté notoire qu'ont les psychanalystes à s'associer et à rendre justice au travail du personnel chargé de l'ergothérapie et des activités de loisir. La théorie n'a pas su mettre en évidence un terrain commun pour l'intervention des uns et des autres.

On trouve parfois concernant notre sujet un très riche matériel dans les récits que nous donnent de leurs propres troubles des malades guéris. De tels récits, le plus suggestif que je connaisse est celui dans lequel John Custance décrit ce qu'il a éprouvé quand il était la proie d'épisodes maniaco-dépressifs [26]. Voici ce qu'il écrit de ses accès maniaques :

> L'un des traits les plus frappants... était une forte tendance à l'anthropomorphisme. Le soleil exerçait sur moi un effet extraordinaire. Il semblait investi de la toute-puissance; il n'était pas simplement le symbole de Dieu, il était réellement Dieu... La lune s'imposait à moi de la même manière, bien qu'avec moins de force, de même que les oiseaux, les animaux, les arbres [26a].

Dans un autre passage, il nous donne une description qui ne surprendra pas, je crois, quiconque a travaillé avec des maniaques. Il évoque ses idées de grandeur et ses aspirations à la puissance dans lesquelles il se prenait pour un félin :

> J'en fis pour la première fois l'expérience dans la cellule capitonnée de Brixton alors que je traversais une crise de manie aiguë. J'eus une série de visions qui imprimèrent dans mon esprit la certitude d'avoir un destin de chef. Je me représentais comme une sorte de lion appelé à conquérir le monde et, dans cette illusion, je faisais indéfiniment le tour de la cellule en posant la plante du pied d'une façon qui me donnait la sensation de faire jouer une musculature extraordinairement souple [26b].

Le psychanalyste Marcel Heiman a écrit une étude extrêmement intéressante intitulée « The Relashionship between Man and Dog » (La Relation entre l'homme et le chien) [73]. Il y présente à la fois une conception fort originale, étayée sur un abondant matériel clinique, et un recensement de la littérature psychanalytique concernant ce vaste sujet. On trouvera dans cet article d'importantes références que je n'ai pas reproduites dans la bibliographie du présent livre. Je suis reconnaissant au Dr Heiman de m'avoir envoyé un exemplaire de son travail avant publication et sous une forme plus développée que celle qui a finalement paru.

La littérature psychanalytique met en général l'accent sur la seule importance des animaux – et tout particulièrement des chiens – non pas en tant qu'elle réside dans leur parenté biologique profonde avec l'homme mais en tant qu'ils servent à fixer, chez l'individu humain, des sentiments de transfert, de projection ou d'identification. On a souvent l'impression à lire ces auteurs qu'ils ont perdu de vue, pour parler comme Gertrude Stein, qu'un chien est un chien est un chien, et qu'en tant que chien, il a une signification réelle pour les humains. Malgré tout l'intérêt que présente la contribution de Heiman, on y retrouve cette même déformation. Voici un extrait de sa conclusion :

> L'animal domestique, en particulier le chien, représente pour l'homme civilisé ce que l'animal totem était pour le primitif. Le chien figure un protecteur, un talisman contre la peur de la mort, telle qu'on l'éprouve pour la première fois dans l'angoisse de séparation. Celle-ci provoquant une intensification des pulsions cannibales, le chien joue un rôle protecteur en ce sens aussi. Par déplacement, projection et identification, le chien peut contribuer au maintien de l'équilibre psychique [73].

Parmi les critiques faites à la thèse du Dr Heiman, je souscris volontiers à celle que formule ainsi le Dr Louis Linn :

> Il est un aspect que mentionne le Dr Heiman mais qu'il n'a pas, à mon gré, suffisamment développé. Le chien, c'est clair, n'est pas un support inanimé de significations symboliques mais un être vivant qui mange, qui mord, qui détruit, qui urine et défèque, qui prodigue son affection, qui a une vie sexuelle et qui, enfin, est sujet à la maladie et à la mort... En bref, le chien est capable d'entrer avec l'homme dans une relation affective qui semble presque aussi complexe de part et d'autre [73].

Mais l'intéressant travail du Dr Heiman m'a écarté quelque peu de la préoccupation centrale de ce livre; les chiens et même l'ensemble des animaux ne constituent que l'une des facettes de mon sujet.

Le seul ouvrage publié dont j'ai connaissance et qui aborde ce sujet dans son intégralité c'est *Nature and Human Nature* [44] (Nature et nature humaine) de Lawrence K. Frank, qui est d'ailleurs plutôt un philosophe de la société. Ce livre, que j'ai lu alors que j'étais déjà fort avancé dans l'élaboration de celui-ci, m'a paru captivant et fort stimulant. La notion de personnalité humaine que nous propose Frank ouvre des horizons spirituels tout en restant en accord avec les apports récents de tous les domaines scientifiques, qu'ils portent sur les éléments humains ou non humains de l'univers. On peut considérer mon travail comme la contribution de cette science particulière qu'est la psychiatrie psychanalytique aux conceptions d'ensemble élaborées par Frank.

En résumé, Frank décrit l'infinie variété des constituants de l'univers comme le produit des mêmes processus physiques, chimiques et biologiques fondamentaux; il en rend compte comme de différentes configurations énergétiques, ne persistant que par un incessant et actif processus d'absorption, de libération ou de transformation de l'énergie. Il montre que chaque organisme, y compris l'homme, est une telle configuration, en voie de lente altération, à travers laquelle l'univers flue et reflue, dans la mesure où quotidiennement elle capte, emmagasine et rejette des éléments du milieu, avant de mourir et de se désintégrer quand elle devient incapable de ces échanges vitaux.

Piaget [113a] affirme, de même, qu'il est impossible de concevoir sans abstraction un « milieu » et un « organisme » distincts, car il existe entre eux un complexe de relations, de transformations et de réactions qui implique une totale continuité physico-chimique.

Mais plutôt que de continuer à produire ici le matériel que la littérature psychiatrique et apparentée recèle concernant mon sujet, je préfère me réserver de le faire dans la suite de l'exposé, à mesure que cela apparaîtra utile.

Je vais plutôt aborder un certain nombre d'objections qui, je le suppose, ont dû d'ores et déjà surgir dans l'esprit du lecteur à propos de ma thèse; car elles me sont apparues à moi-même, très tôt et parfois à plusieurs reprises, dans le cours de ma réflexion. J'en ajouterai une, très importante, qu'a soulevée un de mes collègues en prenant connaissance des grandes lignes de mon travail. Et il en reste bien d'autres, évidemment, que je ne puis imaginer.

On peut m'objecter, tout d'abord, que cet environnement non humain dont je parle n'existe pas, que tout ce qui entoure l'homme, non seulement ses propres créations mais aussi le pur produit du travail de la nature, se trouve, dans la perception qu'il en a, si investi de significations personnelles et culturelles que, du point de vue du sentiment de parenté qu'il éprouve à l'égard de cet entourage, celui-ci ne saurait être proprement qualifié de « non humain ». À cela je répondrai que je me rends bien compte que ces significations sont effectivement présentes, que l'ensemble de l'« environnement non humain » d'un individu peut représenter pour lui l'expression de l'amour maternel ou de la haine paternelle, par exemple; que la nature peut lui apparaître comme un objet soit d'exploitation par la technique soit de culte dévot, selon les attitudes culturelles qu'on lui a inculquées pendant son enfance. Si, à mon sens, c'est une grave lacune de la psychiatrie que d'avoir sous-estimé la signification de l'élément non humain, ce serait, en revanche, pure folie que de minimiser celle des autres hommes pour chacun de nous. Je ne doute pas, par exemple, que le bel érable qu'on a chéri dans son enfance ait pu tenir lieu de l'ami manquant.

Quand il m'est arrivé de me demander si cette réalité non humaine, à supposer qu'on puisse dépouiller la perception que nous en avons de ces significations affectives et culturelles, ne se trouverait pas dépourvue de toute signification psychologique, j'ai chaque fois buté contre la conviction qu'il serait bien illogique que l'homme reste psychologiquement sourd à cette réalité non humaine à laquelle il est apparenté à tant de niveaux – biologiques, chimiques, etc. En outre, ma propre expérience vécue, de même que mon expérience clinique avec des patients, m'a persuadé que notre relation avec l'environnement non humain s'établit à deux niveaux. Si important que soit le niveau de relation qui nous fait voir dans un chat ou dans un arbre, par exemple, des porteurs de significations impliquant essentiellement d'autres êtres humains – par déplacement et projection sur le chat ou l'arbre de nos sentiments inconscients, par transfert sur eux de nos attitudes relationnelles, par le jeu de diverses distorsions culturelles, etc. – il existe également un niveau où cette relation s'établit avec le chat en tant qu'il est un chat, avec l'arbre en tant qu'il est un arbre.

On peut, en second lieu, se demander quelle différence cela fait pour le patient d'une psychanalyse ou d'une psychothérapie. Si sa relation avec son entourage non humain est perturbée c'est seulement en raison de ses difficultés inter- et intrapersonnelles; une fois celles-ci résolues, il n'aura aucun mal à tirer de cet entourage non humain le meilleur parti psychologique possible. Ma réponse à cette objection est pour l'essentiel contenue dans le paragraphe précédent, à quoi j'ajouterai, et le matériel clinique fourni aux chapitres suivants le prouvera abondamment, je crois, que dans la vie d'un individu atteint psychiquement, sa capacité ou son incapacité à entretenir avec son entourage non humain une relation constructive peut contribuer de façon non négligeable à ses souffrances et constituer un facteur réel de sa maladie. L'expérience clinique n'a cessé de me confirmer dans l'impression que pour le malade sérieusement atteint, la hantise de la psychose, par exemple, provoque une terreur qui n'a pas seulement pour objet les expériences étranges, effrayantes et profondément troublantes qui l'accompagnent, telles que hallucinations, distorsions de la perception de soi-même et d'autrui, etc., mais aussi la perte de relations familières avec sa famille, ses collègues de travail, etc., et la perte d'un entourage non humain familier.

On peut, en troisième lieu, m'objecter, que si cet entourage non humain possède effectivement en lui-même une signification psychologique pour nous, on ne saurait en rendre compte, étant donné le nombre et la diversité infinis des éléments de cet environnement. Je répondrai qu'une science – la psychiatrie et les disciplines qui lui sont rattachées – qui a réussi jusqu'ici à fournir une formulation tout à fait respectable des processus complexes de la vie interne et relationnelle ne devrait pas baisser les bras devant la tâche que je lui propose, quelle que soit sa complexité de prime abord.

La quatrième et la plus redoutable des objections que je prévois pourrait se formuler ainsi : comment rattacher une réelle signification à l'environnement non humain dans le développement de la personnalité et dans la maladie psychique puisque, nous le savons tous, la schizophrénie paranoïde, par exemple, d'un individu élevé dans une ferme du Middle West ne diffère pas fondamentalement de la même maladie chez un individu élevé dans un milieu aussi différent que New York? Pour prendre un autre exemple, deux personnes, l'une grandie dans les monts Adirondacks et l'autre dans un désert de l'Arizona pourront développer des névroses obsessionnelles d'une structure très semblable. Ce fait n'ôte-t-il pas toute validité à la thèse soutenue dans ce livre?

Je ne le crois pas. On constatera, par exemple, chez deux individus atteints de névrose obsessionnelle, que ces affections sont très semblables par la structure mais diffèrent par le contenu. En outre, si l'on tente de comparer les deux *personnes* présentant ces troubles, on découvrira deux territoires bien plus vastes, bien plus complexes et bien moins comparables entre eux que les territoires simples et comme stéréotypés des deux maladies. Une maladie se décrit en relativement peu de mots; il faut au moins un roman pour rendre justice à la réalité d'un individu. J'ai la conviction que la relation que quiconque a eue avec le milieu non humain a exercé une forte influence sur le développement de sa personnalité *globale*. Les types de maladies psychiques sont relativement peu nombreux; mais les genres de personnes qui sont malades sont d'une diversité infinie. Chaque individu, nous le savons bien, est unique [1]. À quoi l'on peut ajouter que c'est la qualité de cette personnalité globale, dans la formation de laquelle l'environnement non humain a fortement joué, qui détermine si l'individu recèle ou non en lui-même la force nécessaire pour guérir de sa névrose ou de sa psychose. Et je suppose que le milieu non humain a joué un rôle équivalent dans le développement de la personnalité normale. L'infinie diversité des

1. Dans son livre, *Communication – The Social Matrix of Psychiatry* (La Communication, matrice sociale de la psychiatrie), écrit en collaboration avec Jurgen Ruesch, Gregory Bateson écrit : « Il semblerait que les phénomènes relevant de la pathologie soient en réalité plus simples, plus généraux et plus récurrents que ceux qui relèvent de la normalité et de la bonne santé » [119].

personnalités, normales ou pathologiques, ne le cède en rien à la diversité des milieux non humains dans lesquels elles se sont formées.

Le sentiment que ma thèse était valable s'est fréquemment trouvé conforté par la réaction que je suscitais chez mes interlocuteurs en évoquant mon sujet dans le cours d'une conversation : je provoquais ainsi bien souvent le rappel de souvenirs fortement chargés d'affectivité. L'un de mes collègues se souvenait avec émotion de l'importance cruciale qu'avaient eue à divers moments de sa vie des objets inanimés, notamment des livres qu'il chérissait. Une autre personne, l'une de nos infirmières les plus expérimentées et les plus appréciées, le sujet étant venu dans la conversation du déjeuner, déclara tout simplement, les yeux pleins de larmes : « Dans mon enfance, toute l'affection que j'ai obtenue m'est venue d'animaux. » On ne sentait dans son propos nulle rancœur envers qui que ce fût, nulle expression douloureusement détournée d'un reproche à ses parents; elle énonçait de façon simple et émouvante un fait subjectif. Ce qui m'a particulièrement frappé dans ce genre de réactions c'est l'impression que venait d'être mis au jour un domaine de la personnalité qu'on avait longtemps tenu à l'écart des échanges avec autrui et où abondaient des pensées et des sentiments qui, après être restés enfouis pendant des années, saisissaient avidement l'occasion de s'exprimer.

J'ai été frappé de voir relever cette même soif d'expression dans un article d'Olive Stevenson « The First Treasured possession : A study of the part played by specially loved objects and toys in the lives of certain children » (Le Premier Trésor : étude du rôle joué dans la vie de certains enfants par certains objets et jouets particulièrement chéris) [146]. Je reviendrai sur cet intéressant travail au chapitre III consacré à la signification du milieu non humain dans le développement normal de la personnalité. Je me contenterai d'en citer pour le moment deux passages qui font état de ce besoin d'expression. Dans une préface à l'article de Stevenson, D.W. Winnicott nous fait part de ses propres impressions concernant les récits qu'il a recueillis auprès de mères sur les premiers objets auxquels leurs enfants se sont attachés :

> ... En se remémorant ces détails, elles reprennent contact avec les premiers stades du développement de leurs enfants et, en

> général, cela ne les dérange pas du tout de se souvenir de ce genre de choses. Les parents sont le plus souvent heureux qu'on accorde une signification à ces détails. De même, un nombre étonnant d'enfants parviennent grâce à ce canal à remonter fort loin dans leur petite enfance; soit que l'original, quand il y en a eu un, serve toujours ou soit relégué au fond de l'armoire à jouets ou du tiroir, soit qu'on ait gardé le souvenir poignant du moment où il fut perdu, jeté, donné ou confisqué... [146a].

Et Stevenson observe de son côté que ce sujet se prêtait particulièrement bien à un contact facile et cordial avec les mères [146b].

Au cours des dernières soixante années environ, le champ de la pensée psychiatrique s'est progressivement élargi; principalement axée au début sur les processus intrapsychiques, et en particulier sur les conflits entre les exigences du ça, du moi et du surmoi, elle en est venue à intégrer les facteurs relationnels et plus largement, sociologiques et anthropologiques. Il semblerait tout naturel que dans une étape suivante elle s'attache à explorer la relation de l'homme avec le non humain.

Harry Stack Sullivan, par exemple, à la fin de sa vie, étendait le champ pratique de la psychiatrie au « monde de la culture et des gens » [150]. Pour ma part, j'estime que la psychiatrie devrait avoir un champ plus large encore, celui qui inclut, outre « la culture et les gens », la réalité non humaine. Sullivan ne prend celle-ci en compte qu'implicitement, sous le terme de « culture »; elle mérite une prise en considération explicite. Sullivan dit, en gros, que l'être humain fait indissolublement partie du monde de la culture et des autres individus; je dis, moi, qu'il fait indissolublement partie du tissu de toute la matière créée. Mais là, je n'entends pas affirmer, comme le faisait Sullivan, que le sentiment d'individualité, de singularité de la personne n'est qu'une illusion. À mon sens, l'homme, tant individuellement que collectivement, est unique dans l'univers et cette qualité ne saurait être effacée par sa parenté, à tous les niveaux qu'on voudra, avec le monde non humain.

Dans l'anthologie anthropologique qu'elle a composée avec Nicolas Calas [104], Margaret Mead décrit une forme de résistance analogue à celle que nous rencontrons en nous-mêmes lorsque nous tentons de nous accommoder de notre parenté avec le monde non humain. La résistance dont parle

Margaret Mead est celle que doit surmonter un peuple avant de pouvoir accepter l'idée de sa parenté fondamentale avec un peuple étranger, différent culturellement. Mead montre qu'une sorte de nouvelle objectivité, de nouvelle dimension de la conscience historique est née quand les membres d'une ethnie se désignent eux-mêmes par les noms que les autres leur appliquent, au lieu de se qualifier d'« êtres humains » et les étrangers de « mangeurs de serpents » ou de « ceux qui habitent plus loin à l'intérieur des terres » [104a].

Il est bien connu que toute analogie se révèle fausse si on la pousse assez loin; mais utilisée à titre d'hypothèse de recherche, en réservant son jugement final et sans se départir de son esprit critique, elle peut se révéler très féconde. Ces précautions prises, je soumettrai à l'appréciation du lecteur l'analogie suivante entre l'évolution de la psychiatrie et celle de la physique. La conception que les physiciens se font de l'univers est passée de la mécanique newtonienne à l'idée actuelle que tous les phénomènes physiques – qu'ils concernent l'hydraulique, la chaleur, la lumière, la gravité, l'électricité, ou ce que l'on voudra – ne sont que des manifestations diverses d'un champ fondamental unique, ne sont pas des phénomènes particuliers mais des phénomènes de champ. On sait que les mathématiciens s'efforcent de formuler une équation qui « expliquerait » tous ces phénomènes à la fois. Ce développement de la physique me paraît jeter un jour intéressant sur celui de la psychiatrie : avec bien des années de retard, celle-ci aussi a élargi sa visée au-delà de cette particule qu'est l'individu. Einstein, après avoir évoqué la façon révolutionnaire dont Faraday a réussi à appréhender les phénomènes électromagnétiques grâce à la notion de champ, donne sa propre conclusion sur la question :

> Ce qui me semble certain... c'est que, à la base de toute théorie de champ cohérente, aucune notion concernant les particules ne doit venir s'ajouter au concept de champ. La théorie tout entière doit reposer uniquement sur des équations différentielles partielles et sur leur résolution hors de toute considération de cas particuliers [30b].

On peut maintenant poser la question : pourquoi n'a-t-on pas formulé jusqu'ici une théorie psychanalytique plus globale, une théorie qui prenne en compte l'homme non pas simplement dans son milieu humain mais dans son environnement total c'est-à-dire également non humain?

La réponse réside sans doute pour une part dans le simple fait que la psychanalyse a eu assez affaire avec l'exploration et la théorisation des phénomènes intra- et interpersonnels. Cette tâche s'est révélée si pressante, si complexe et si féconde en nouveaux mystères surgis de ceux-là mêmes que l'on venait d'élucider, que nous n'avions, pour ainsi dire, pas le temps de lever les yeux sur le vaste monde pour prendre la mesure de l'importance qu'il revêt pour la vie psychique de l'homme et pour nous lancer dans l'exploration des mystères qu'à son tour il recèle. Il nous fallait d'abord élaborer quelques éléments d'explication relativement fiables des processus tant internes que relationnels avant de pouvoir, à partir de cette clairière, songer à ouvrir des chemins dans l'immense forêt.

Mais, grâce essentiellement au génie de Sigmund Freud, cela fait maintenant quelque temps que nous disposons d'une telle base solide. Le fait même de ce retard, plus un certain nombre d'autres faits que j'évoquerai plus loin, laissent penser que nous avons été freinés non seulement par le sentiment que le plus urgent était de dépasser notre ignorance des processus « purement humains » mais aussi par un autre facteur : l'angoisse qu'éveille en nous autres psychanalystes, comme en tout être humain, notre parenté avec le non humain. C'est l'étendue et les sources de cette angoisse que le prochain chapitre tentera d'élucider, en partie à l'aide de matériel clinique.

DEUXIÈME PARTIE

L'environnement non humain dans la vie de l'individu sain

CHAPITRE II

LA FUSION SUBJECTIVE DE LA PREMIÈRE ENFANCE AVEC LE MILIEU NON HUMAIN

La littérature psychiatrique et psychanalytique s'est beaucoup intéressée ces dernières années aux débuts du développement du moi et des relations d'objet. Dans leur description de la petite enfance d'un sujet normal, de nombreux auteurs ont signalé l'existence d'une phase, parmi les toutes premières, durant laquelle le bébé ne se perçoit pas encore comme distinct des autres êtres humains, et en particulier de sa mère. Ils nous décrivent la prise de conscience d'une existence séparée de celle de la mère comme une étape cruciale du développement de la personnalité. Parmi ces auteurs, citons notamment Hartmann, Kris et Loewenstein [72], Hoffer [79], Fenichel [40], Sullivan [149] et Hill [78].

Mais je crois que ce phénomène comporte une dimension que ces mêmes auteurs négligent totalement ou ne font qu'effleurer : ce moment crucial de l'individuation consiste pour l'enfant à se sentir distinct de son entourage non seulement humain mais aussi non humain. Avant cela, le bébé se perçoit comme ne faisant qu'un avec sa mère, certes, mais aussi avec tout le réel non humain entrant dans son champ d'expérience.

C'est là un aspect des premiers stades du développement qui mérite davantage qu'une brève mention, car, ainsi que j'espère le démontrer dans cet ouvrage, cette fusion subjective avec le milieu non humain – aussi bien qu'humain – du nouveau-né a des répercussions tout au long du développement ultérieur de la personnalité et même à l'âge adulte, chez le sujet « normal » comme chez le sujet psychiquement malade. L'individu livre sa vie durant une lutte pour se différencier toujours plus totalement de la réalité humaine et non humaine qui l'entoure, tout en nouant, à mesure qu'il y parvient, des liens de plus en plus chargés de sens avec cette même double réalité.

Si les opinions divergent sur l'explication théorique qu'il convient de donner aux premiers stades de la vie postnatale, nombre d'analystes souscriraient sans doute aux thèses des psychologues du développement, Werner et Piaget, selon lesquelles le nouveau-né se perçoit comme confondu à son environnement : il ne se sent pas distinct de ce qui l'entoure, qu'il s'agisse d'êtres humains ou non; il ne distingue pas entre sensations internes et externes; dans ses brefs moments d'éveil, lui-même et le monde qui l'entoure ne font qu'un.

Les longues périodes de sommeil du nourrisson sont ponctuées par des stimuli provenant du dehors – froid, brusques changements de position, bruits intenses, etc. – et par des sensations dont l'origine est située à l'intérieur de son organisme – la plus insistante et la plus régulièrement persistante étant la faim. La totale impuissance du petit enfant, sa dépendance complète envers le monde qui l'entoure, sont aussi des facteurs qui lui apprennent graduellement à apprécier la réalité; car ce sont des êtres humains qui peuvent soulager le désagrément des sensations de faim, ou, pour mieux dire, relâcher les tensions nées de ses processus physiologiques. De l'expérience des soins maternels point la conscience que le désagrément, la tension, la gêne sont soulagés par l'apparition de la mère. L'image de la mère se différencie peu à peu du reste du monde. Mais cela demande des mois. Et, de plus, ce que nous avons appelé l'image de la mère n'est en rien une représentation claire, ni comme perception ni comme idée, de la mère en tant qu'être humain doté de caractères personnels distincts. À ce stade, la mère est, selon l'expression d'Anna Freud [45c], un « objet défini en tant qu'il satisfait des besoins », qui comprend notamment le sein, le biberon et le flux de lait dans la bouche du nourrisson.

Ces descriptions de l'expérience subjective du nouveau-né sont bien entendu fondées sur le peu que nous savons du fonctionnement de l'appareil psychique primitif et en particulier de l'appareil perceptif. À moins d'attribuer des fonctions psychiques complexes au nouveau-né – ce à quoi se refuse la majorité des auteurs – on doit admettre que même le niveau perceptif est initialement si peu différencié qu'on y retrouve confondus des « objets » animés et inanimés.

On n'a pas, à ma connaissance, de preuve irréfutable que

le tout-petit puisse distinguer, au niveau perceptif, entre objets animés et inanimés. Les expériences de Spitz [143a] sur le sourire en tant que réponse ont démontré qu'il ne le pouvait pas visuellement. Un tel sourire n'apparaît pas avant trois mois et même alors, il est suscité par la perception d'une figure en mouvement et ressemblant à un visage humain; mais ce peut être un masque aussi bien qu'une personne.

Mahler [102], elle, assure que le nouveau-né sait distinguer tactilement entre objets animés et inanimés. Elle se réfère à Stirnimann et à von Monakow pour affirmer que, dès le premier jour de sa vie extra-utérine, l'enfant est capable de distinguer « sur le mode sensori-moteur, entre l'objet partiel vivant et la matière inanimée ».

En 1921, Stärcke, dans son article intitulé « The Castration Complex » (Le Complexe de castration) [145] soutient que l'enfant perçoit le sein de sa mère qu'il est en train de téter comme faisant partie intégrante de lui-même – au même titre que son propre pénis. Mais, dans les cas où l'allaitement au biberon remplace l'allaitement au sein, l'objet inanimé, le biberon, est également appréhendé par l'enfant comme une partie de lui-même; et Stärcke souligne l'importance pour l'enfant de cette partie de son image subjective que constitue le sein, si bien que « le mamelon... est perçu par lui comme le centre de sa personnalité... ».

Du raisonnement de Stärcke, qui me paraît profondément juste, découle cette conséquence surprenante que chez un enfant qui n'a été nourri qu'au biberon, un objet inerte constitue le centre même de sa personnalité. Et s'il en est vraiment ainsi, comme je suis enclin à le croire, on se demande si les répercussions sur le cours ultérieur du développement de la personnalité ne doivent pas être importantes, bien que difficiles à saisir. Nous verrons que c'est là la conviction de Stärcke. Mais je n'ai pas connaissance de recherches dont les résultats mettent en évidence, dans la personnalité de l'adulte, des différences liées à l'allaitement au biberon plutôt qu'au sein. Je trouve en tout cas l'idée stimulante; on voit tant de patients, névrosés ou psychotiques, affligés de doutes profondément ancrés quant à leur qualité d'êtres humains ou même d'êtres vivants. Il est certain que de tels doutes peuvent avoir de multiples causes; mais dans certains cas, l'une d'elles pourrait bien résider dans un allaitement exclusivement au biberon, surtout si l'enfant n'a pas été tenu et affectueusement serré contre elle par sa mère mais laissé seul avec son biberon bien calé.

Si l'on déborde le cadre étroit de l'alternative entre allaitement au sein ou au biberon pour envisager le vécu global du petit enfant, on peut se demander si la personnalité ne risque pas d'être marquée à vie dans un sens ou dans un autre selon que l'individu aura passé ses toutes premières années dans un milieu riche en contacts humains ou, au contraire, dans un cadre constitué presque exclusivement et la plupart du temps d'objets inanimés. Il y a quelques années, j'ai vu dans *Life magazine* une photo qui m'a donné le frisson, comme je pense, à bien d'autres lecteurs : on y voyait une boîte en verre très ingénieusement et scientifiquement conçue pour satisfaire, vraisemblablement, tous les besoins physiologiques du bébé contenu à l'intérieur, en sorte qu'il ne requière qu'un minimum de soins maternels dispensés par un être humain. Si un être de chair devait pour de bon passer sa petite enfance dans un tel engin, on imagine la cicatrice indélébile qu'une telle expérience laisserait sur sa personnalité – à supposer qu'il ait survécu.

Ces considérations rejoignent les faits rapportés par Margaret Ribble [118] en 1944 et montrant que, pour les tout-petits hospitalisés, l'abondance des contacts humains, autrement dit des attitudes maternelles de la part des infirmières, revêtait une importance littéralement vitale; en l'absence de tels soins, les bébés sombraient dans une apathie conduisant à la mort, surtout quand ils avaient déjà bénéficié auparavant d'un traitement maternel. Ces faits tendent à démontrer, et c'est d'ailleurs ainsi qu'on les a généralement interprétés, que le tout-petit a un besoin d'être pris dans les bras, caressé, etc., que l'on peut considérer comme au moins à demi physiologique et tout aussi réel et vital que son besoin d'air et de nourriture. Et pour interpréter ces mêmes données du point de vue qui nous intéresse ici, on serait sans doute fondé à dire que le malheureux enfant hospitalisé qui serait pratiquement privé de soins maternels, se trouverait la plupart du temps dans un monde constitué presque exclusivement d'objets inanimés et risquerait en conséquence de s'éprouver lui-même comme un objet inanimé, inerte par nature.

Dans le même sens, Spitz [140-143], dans ses observations publiées en 1945-1946 concernant l'hospitalisme et la dépression anaclitique chez les pensionnaires, parfois du premier âge, d'une institution pour enfants abandonnés, observations semblables à celles de Ribble, décrit « une attention anxieuse à éviter les objets inanimés » [141] ou « une curieuse répugnance à toucher des objets inanimés » [143].

Ces constatations laissent penser que les premières modalités de l'expérience de la réalité passent par les sensations tactiles-kinesthésiques. Ainsi, même au niveau de la perception primitive – et certainement aux niveaux de la symbolisation et de l'idéation – y a-t-il chez le tout-petit fort peu de discrimination entre les objets et pas de distinction entre lui-même et le reste du monde.

Si les analystes se retrouvent en gros d'accord sur la description que l'on peut donner de l'expérience subjective du petit enfant, ils diffèrent au plan de la théorisation. Celle-ci a évolué en même temps que la psychanalyse et reflète le dépassement qu'elle a accompli depuis la prise en compte presque exclusive de la libido jusqu'à l'introduction du point de vue structural.

En 1911, dans le cas Schreber [46] et en 1914 dans son étude « Pour introduire le narcissisme » [47], Freud a développé sa théorie de la relation d'objet – et la relation avec l'environnement non humain, qui m'intéresse ici, relève évidemment de la relation d'objet, puisque dans la terminologie psychanalytique, le terme objet se réfère à l'objet des pulsions, qu'il soit humain ou non [1]. Freud postulait un stade originel de narcissisme primaire comme premier état universel de la libido, le véritable amour objectal se développant plus tard. Melanie Klein [88] et W.R.D. Fairbairn [38], au contraire, pensent que les pulsions libidinales du nourrisson sont dès le tout début dirigées vers l'extérieur. Michael Balint [6, 7, 8], rejetant, comme le fit plus tard Edith Jacobson [84a], le concept de narcissisme primaire, définit comme « amour primaire » [2] le premier lien entre le nouveau-né et sa mère. À propos de cette même phase, Mahler [101, 102] parle de symbiose.

1. Dans la pratique, cependant, « objet » implique presque automatiquement « humain ». Cela tient assurément à l'importance primordiale des êtres humains dans le développement de la personnalité, importance que je ne prétends nullement contester.

2. Dans ce mode de relation, nous dit Balint, la mère revêt pour le nourrisson une importance si grande, il est vis-à-vis d'elle dans une dépendance si absolue, qu'il ne peut se permettre de lui laisser la moindre latitude, de lui témoigner aucun égard; pour le bébé, elle est seulement un *objet*, dont l'existence va de soi.

Posant le problème du point de vue structural, Hartmann [67] postule une première phase de développement indifférencié, dans laquelle « à strictement parler, il n'y a pas de moi avant la différenciation entre le moi et le ça, mais il n'y a pas de ça non plus, puisque l'un et l'autre sont les produits d'une différenciation... » [67a].

Les concepts analytiques trouvent leur équivalent dans la psychologie du développement de Heinz Werner [162]. Son ouvrage *Comparative Psychology of Mental Development* (Psychologie comparative du développement mental) fournit un riche matériel, puisé à des sources fort diverses, concernant la phase de fusion avec l'environnement non humain – ou de non différenciation par rapport à celui-ci. Une grande partie de ce livre est consacrée à la non différenciation, ou, selon l'expression de Werner, au « syncrétisme », qui imprègne les fonctions psychologiques d'animaux de nombreuses espèces, des enfants, des représentants de civilisations « primitives », des schizophrènes et de patients souffrant de lésions cérébrales organiques. Werner présente un matériel considérable, provenant de ses propres recherches et de celles de nombreux autres chercheurs, et montrant à quel point les individus de ces cinq catégories ne font psychologiquement qu'un avec la totalité de leur environnement. Voici trois passages qui donneront, je l'espère, une idée de la richesse de cet ouvrage et de sa pertinence à l'égard de mon sujet :

> ... C'est une caractéristique de la vie mentale primitive de ne manifester qu'une faible différenciation entre objet et sujet, perception et sensation pure, idée et action, etc. Selon le biologiste Buytendijk, « il apparaît que dans la totalité du monde animal, la corrélation entre l'animal et son milieu est presque aussi intime que l'unité du corps ». Les perceptions de l'animal n'existent donc qu'en tant que constitutives d'une totalité plus large, celle de l'action, dans laquelle objet et expérience interne forment une unité syncrétique, indivisible [162a].
>
> ... Radin et d'autres auteurs ont certainement raison d'insister sur l'admirable adaptation de l'aborigène à son cadre de vie; mais cette adaptation presque trop parfaite trahit une forme non pas supérieure mais inférieure de comportement. Une culture primitive parfaitement équilibrée et « à un seul axe » manque de cette friction entre l'individu et son milieu, de cette souplesse et de cette liberté de reprendre constamment l'effort d'adaptation qui constituent la vie et l'essence même des cultures supérieures et évoluées [162b].
>
> L'une des conditions préliminaires les plus fondamentales à

> toute forme de comportement magique réside dans une unité fortement intégrée (syncrétique) entre le monde et le moi. Le monde n'est qu'à peine séparé du moi ; il est essentiellement informé par les besoins émotionnels du moi (égomorphisme). Mais inversement, le moi, vu sous l'angle opposé, est extrêmement réceptif à la stimulation émotionnelle en provenance du milieu. La vision égomorphique du milieu signifie une « personnalisation » des choses telle que celles-ci perdent leur caractère d'objets rigides et inanimés pour devenir des entités vivantes et douées d'un efficace vital... [162c].

Dans la suite des idées exposées ci-dessus, Werner décrit des pratiques magiques connues sous le nom de « magie par continuité » : les Papous se frottent le dos et les jambes contre des pierres afin de s'approprier la dureté et la pérennité de celles-ci et enserrent de leurs bras et de leurs jambes des arbres puissants afin de drainer en eux la force et la résistance de ces arbres ; le guerrier africain Galla se tient debout sur des tortues et le valeureux Indien Cherokee se lie des tortues aux jambes afin que la plante des pieds de l'un et les muscles des jambes de l'autre acquièrent la dureté de la carapace du reptile. Ces pittoresques exemples illustrent bien, me semble-t-il, les conceptions psychanalytiques exposées par Hartmann notamment et concernant l'évolution de la structure psychique.

De tous ces travaux, il ressort qu'il existe un stade primitif du développement, dans lequel l'enfant n'est pas encore conscient de la distinction entre lui-même et ce qui l'entoure. Et si le nourrisson se trouve pendant un temps incapable de faire le partage entre lui-même et son entourage humain, incapable aussi, comme l'ont noté quelques rares chercheurs que nous citerons au chapitre III, de discerner, dans le monde extérieur, l'animé de l'inanimé, on peut supposer qu'il est également incapable, pendant au moins quelque temps après sa naissance, de faire la distinction entre lui-même et son environnement non humain, qu'il soit inanimé, végétal ou animal – incapable, donc, de prendre conscience du fait qu'il est vivant et non inanimé, qu'il est une créature humaine et non une plante ou un animal.

Il serait bien entendu du plus haut intérêt de connaître la durée que couvre normalement, après la naissance, cette phase de non différenciation. À ma connaissance, cependant, personne ne s'est encore attaché explicitement à la définir.

En revanche, divers auteurs ont précisé le moment où s'accomplissent les autres différenciations, vraisemblablement plus tardives. Selon Ackerman et Behrens [1], c'est entre le second et le cinquième mois que le nourrisson se différencie subjectivement de sa mère; la durée normale de la symbiose enfant-mère serait donc de deux à cinq mois. Hoffer [79] note que si, pour un bébé de quatre semaines qui a faim, cela ne semble guère faire de différence qu'il ait dans sa bouche ses doigts, un biberon ou un coin d'édredon, à seize semaines, il sait discerner entre ces différents objets.

Pour Inhelder et Piaget [82a], cette non différenciation entre le soi et le monde extérieur se manifeste à des niveaux différents aux trois stades d'une croissance normale : *a)* pendant la petite enfance, au niveau sensori-moteur et perceptif; *b)* dans l'enfance plus avancée, au niveau du langage « représentationnel » ou verbal; *c)* dans l'adolescence, au niveau de la formalisation des idées et de la cognition. À propos de l'adolescence, notamment, ces auteurs font remarquer que l'adolescent qui commence tout juste à savoir formuler des projets à long terme pour lui-même et des théories sur le monde, se révèle d'abord incapable, dans cette nouvelle activité, de distinguer entre le soi et le monde, tout comme il l'était auparavant au plan sensori-moteur puis verbal. Aussi se perçoit-il comme le centre du monde et comme appelé à le réformer.

On rapprochera cette observation du cas du malade qui, bien que d'âge adulte, vit une relation symbiotique. Capable depuis longtemps de se distinguer de son *alter ego* à un niveau conscient, perceptif, ce n'est qu'au terme d'un long travail thérapeutique qu'il parviendra, et pas toujours, à constituer une image conceptuelle, tant au niveau inconscient que conscient, de lui-même et de son partenaire comme des entités distinctes. On peut supposer qu'il en va de même pour notre relation à l'élément non humain : aux niveaux inconscients de la formation conceptuelle, la fusion subjective avec cet élément persiste longtemps après que nous ayons accompli la différenciation au niveau purement perceptif et conscient.

Si le psychothérapeute normalement névrosé s'était totalement et irrévocablement différencié de son environnement non humain aux niveaux tant inconscient que conscient, il serait incapable de percevoir, pour ainsi dire, par empathie l'angoisse que ressent le schizophrène du fait de sa profonde dé-différenciation d'avec cet environnement. Je reviendrai souvent dans ce livre sur les sensations angoissantes, étranges, bizarres que j'ai éprouvées, comme nombre de mes confrères, pour m'être confronté à l'angoisse d'un patient subjectivement indifférencié de l'élément non humain qui l'entoure. Dans chacune de ces circonstances, si le thérapeute n'avait pas recélé en lui-même le moindre vestige d'une telle non différenciation, il serait resté aveugle à la signification du phénomène clinique rencontré. C'est ce que Werner exprime ainsi :

> ... L'homme possède plus d'un niveau de comportement ; et... à différents moments, le même individu peut appartenir à des niveaux génétiques différents. C'est ce fait, parfaitement démontrable, qu'il existe une pluralité de niveaux mentaux qui explique cet autre fait, apparemment mystérieux, que le cerveau d'un Européen puisse comprendre des formes primitives de vie mentale [162d].

Si l'on garde ces remarques présentes à l'esprit en lisant le passage suivant de Fenichel, on parvient à se représenter quelque chose, que l'auteur n'a apparemment pas cherché à nous transmettre : cette angoisse probable du nourrisson face à un environnement qu'il est encore incapable de maîtriser et qui est totalement ou principalement constitué d'éléments non humains.

> Le moi se constitue comme entité différenciée sous l'influence du monde extérieur. En ce sens, on peut dire que le nouveau-né n'a pas de moi. Le petit d'homme naît dans un état de dénuement plus total que celui des autres mammifères. Il ne saurait vivre si on ne prend pas soin de lui. Il est atteint par d'innombrables stimuli qu'il ne peut maîtriser. Il n'a la capacité ni de se mouvoir volontairement ni de reconnaître pour tels les stimuli qui le pénètrent. Il ne connaît pas de monde objectal et n'a pas le pouvoir de « lier » les tensions. On peut conjecturer qu'il n'a pas de conscience claire, mais tout au plus une sensibilité indifférenciée à la douleur et au plaisir, à la plus ou moins grande intensité des tensions [40a].

Voilà qui nous donne une idée, je crois, de l'anxiété qui saisit quiconque s'aventure dans le domaine ici considéré. Le retard mis par la psychanalyse à prendre conscience de l'importance du milieu non humain tient pour une grande part, à mon sens, à cette anxiété, dont nous n'avons fait que trop douloureusement l'expérience dans nos premières semaines de vie, quand, autour de nous, le monde apparaissait bien souvent en totalité ou en majeure partie comme un chaos impossible à maîtriser d'éléments non humains. Anxiété dont nous continuons d'ailleurs à faire l'expérience dans notre vie quotidienne, qu'il s'agisse de notre sentiment d'impuissance face à une machine qui refuse de marcher, de l'impression de complexité insurmontable d'un bricolage domestique ou de notre détresse devant le chaos apparemment étranger à toute raison que constitue l'ensemble de chiffres et de règlements relatifs à l'impôt sur le revenu. Au-delà de la simple difficulté intellectuelle rencontrée dans l'effort d'organiser un ensemble non structuré, je crois que dans ces circonstances où l'on est, du fait même de l'activité dont il s'agit, largement coupé du monde des humains, ce qui nous étreint c'est la terreur d'être submergé par le non humain.

Mais cette anxiété qui entrave la recherche en ce domaine a, je crois, une autre source encore. Si nous avons des traces mnésiques inconscientes d'expériences infantiles dans lesquelles nous étions environnés par un chaos non humain et impossible à maîtriser, que nous ressentions comme une partie de nous-mêmes, nous avons gardé également de telles traces de moments où nous avons perdu un environnement non humain perçu jusqu'alors comme une extension harmonieuse de notre soi englobant le monde. Dans l'article cité plus haut, Stärcke écrit que « c'est cette séparation dans le moi primitif, cette constitution du monde extérieur, qui est à proprement parler la castration primitive » [145]. À quelque niveau de scientificité qu'on entende la mener, l'exploration de notre domaine se heurte donc à une anxiété profondément enracinée et double : liée, d'un côté, à la fusion subjective avec un monde chaotique et, de l'autre, à la perte d'un monde chéri et identifié à notre soi.

Cette hypothèse, qui découle de la précédente, me paraît cependant bien moins solidement ancrée dans le matériel observable. La raison que j'ai de croire à sa validité est celle-ci : le développement du moi d'un individu sain récapitule la phylogénèse de l'espèce humaine, autrement dit l'évolution de notre espèce depuis ses débuts dans un monde entièrement inorganique puis à travers l'apparition des formes primitives de matière vivante et la succession des formes de plus en plus élevées de vie, jusqu'au surgissement final et triomphal de l'homme au sein du règne animal. Non que je voie, bien sûr, le moi individuel revivant, dans le cours de son développement, chacune des formes revêtues par la vie dans l'arbre de l'évolution. Mais je crois assurément que dans ses très grandes lignes une telle récapitulation s'accomplit vraiment et que dans ses premières ébauches, le moi appréhende probablement l'existence comme totalement inorganique, totalement inanimée, y compris la sienne propre, avant de se percevoir comme quelque chose de vivant mais de non encore humain; et ce n'est que plus tard qu'il prend conscience d'être à la fois vivant, individualisé et humain. De cette histoire de notre espèce que le moi reparcourt ainsi schématiquement, je recommande à nouveau le beau récit que donne Rachel Carson dans *The Sea Around Us* [23].

La validité de ma seconde hypothèse repose à mes yeux sur deux faits essentiels. Tout d'abord, la lecture de tels récits relatant l'histoire de la vie sur terre exerce sur nous une fascination et nous donne un sentiment de bonheur tels qu'ils doivent nécessairement, à mon avis, toucher en nous une corde très profonde, qui vibre encore de nos premières expériences d'individu vivant, expériences pré-verbales, qui ne sauraient se formuler directement dans des souvenirs, remontant au moment où nous peinions nous aussi sur le chemin de l'accomplissement et de la prise de conscience de notre statut de personne humaine. En second lieu, on observe chez des psychotiques en très profonde régression des manifestations – que je présenterai plus loin – d'une régression « phylogénétique » jusqu'à un stade, sans doute comparable à divers égards à la toute première enfance, dans lequel ils s'éprouvent comme quelque chose d'infra-humain – quelque chose d'animal ou même d'inanimé. Je ne veux pas dire par là qu'ils perdent objectivement leur humanité, mais que subjectivement, ils semblent avoir régressé jusqu'à un stade phylogénétique antérieur. Or, John Custance déjà cité exprime, à partir de sa propre expérience de psychose maniaco-dépressive, une idée proche de ma seconde hypothèse :

> Tout comme, dans l'ordre physique, l'embryon humain reparcourt en quelques mois des siècles d'évolution – d'abord particule infime de protoplasme, puis grimpant l'échelle des invertébrés aux vertébrés, doutant par moment s'il deviendrait oiseau ou poisson et se retrouvant finalement mammifère – de même, dans l'ordre mental, l'âme de l'enfant semble suivre le

> chemin ouvert par ses ancêtres. Créature purement instinctive, à ses débuts, soumise à un petit nombre de pulsions et de besoins pressants, accompagnés des sensations correspondantes, il édifie peu à peu, tant sous l'action du milieu que du développement, l'appareil psychologique complexe de l'homme civilisé moderne [26c].

Sur cette question, la mythologie nous fournit un riche matériel qui apporte son témoignage à l'appui de l'hypothèse que je viens d'exposer. C'est ainsi que dans la Grèce antique, notamment, des mythes, tenus alors couramment pour des faits, dépeignaient l'homme comme interchangeable avec le monde non humain, bien avant que la science eût été en état de démontrer la rigoureuse filiation reliant l'humain au non humain par l'arbre de l'évolution. Il y a là une incitation à penser que, dans sa phase initiale, le moi individuel se vit comme interchangeable, lui aussi, avec l'élément non humain.

Dans ce trésor que nous offre la mythologie, je me limiterai arbitrairement à quelques exemples concernant l'origine de l'homme. Ces mythes, qui nous montrent l'homme surgissant d'un état primordial animal ou même inorganique me paraissent de nature à conforter mon hypothèse concernant le développement du moi individuel. Selon Edith Hamilton [66], la mythologie grecque faisait du ciel et de la terre les premiers parents. Ils eurent pour enfants les Titans et pour petits-enfants, les dieux, qui, finalement, créèrent l'homme. Sur les moyens mis en œuvre pour cette création, il existe plusieurs mythes divergents. Aux termes de l'un deux, les dieux expérimentèrent divers métaux. Une première race d'hommes fut façonnée d'or, puis une autre, d'argent et quand celle-ci se fut à son tour éteinte, les dieux essayèrent l'airain. Les hommes qui habitent aujourd'hui la terre furent faits de fer.

Selon un autre mythe, les dieux fabriquèrent les hommes à partir de pierres. Cela se passa quand Pyrrha et Deucalion descendirent du Parnasse, seuls survivants d'un grand déluge qui avait fini par s'assécher. Trouvant un temple, ils rendirent grâce aux dieux d'avoir été sauvés et implorèrent leur secours dans cette affreuse solitude. Soudain, ils entendirent une voix leur enjoignant de se voiler la tête et de jeter derrière eux les os de leur mère. Cet ordre les plongea d'abord dans l'horreur et dans la perplexité quant à son sens. Puis Deucalion comprit :

« La terre est la mère de tout », dit-il à sa femme. « Ses os, ce sont les pierres. Nous pouvons les jeter derrière nous sans commettre de profanation. » Ainsi firent-ils, et chaque pierre en touchant le sol prenait forme humaine. On appela ces créatures le peuple de pierre et c'était une race rude et endurante, comme on pouvait s'y attendre, et comme il le fallait pour effacer de la surface de la terre la désolation qu'y avait laissée le déluge [66g].

Robert Graves [64] nous fait du mythe de Deucalion et Pyrrha un récit voisin et nous présente d'autres versions de la création selon les Grecs, dans lesquelles se reflète tout autant le sentiment de l'homme d'avoir émergé, aux temps primordiaux, du monde non humain.

Je rapporterai plus loin le cas d'une schizophrène aux prises avec l'angoisse de « se transformer en roche ». Schilder [128c] note que certains mélancoliques se plaignent d'avoir été changés en pierre.

Les mythes nordiques de la création du monde nous racontent de même que « le premier homme et la première femme furent créés à partir d'arbres, lui d'un frêne et elle, d'un orme. Ce furent les ancêtres de toute l'humanité » [66h].

Dans *The Sane Society* (Société aliénée et société saine) [55], Erich Fromm se réfère à des mythes analogues provenant de divers autres peuples. Pour les Indiens Winnebago, rapporte-t-il, les premières créatures ne possédaient pas de forme permanente. Elles étaient toutes des êtres neutres pouvant se transformer soit en hommes soit en animaux. Un beau jour, elles décidèrent de devenir à jamais ce qu'elles sont restées depuis. Les Aztèques croyaient qu'à une époque, la terre ne portait que des animaux; l'homme ne serait arrivé qu'avec Quetzalcoatl. Aujourd'hui encore, certains Indiens du Mexique pensent qu'à tel animal correspond telle personne et, pour les Maoris, un certain arbre, planté le jour de la naissance d'un individu, sera assimilé à sa personne même.

Trevett [157], dans un récent article intitulé « Origin of the Creation Myth : A Hypothesis » (Hypothèse sur l'origine du mythe de la Création), en arrive à cette conclusion très proche de mes vues, que les mythes de la Création pourraient bien exprimer des réminiscences d'expériences très anciennes dans le cours du développement du moi et de la prise de conscience du monde environnant. Il cite un certain nombre de textes traitant de la question, dont un travail de George Field, publié en 1869, dans lequel l'auteur avance la même hypothèse sur l'origine des mythes de la création. Ma propre hypothèse élargit celle de ces auteurs en y incluant l'élément non humain. C'est ainsi, par exemple, que Trevett se limite à d'hypothétiques sensations infantiles ayant trait à la toute première prise de conscience de sa mère par l'enfant (ou de parties du corps de sa mère, notamment le sein) et à sa toute première prise de conscience de lui-même en tant qu'être humain. Pour ma part, je vais plus loin et j'avance que cette prise de conscience s'effectue en passant par : *a)* la perception de soi-même comme être vivant et donc distinct de tous les objets inanimés de l'environnement; *b)* la perception de soi-même comme non seulement vivant mais humain, et donc distinct de tout le reste de l'élément animé, soit le végétal et l'animal; et *c)* la perception de soi-même comme un être humain individualisé, distinct donc des autres êtres humains, y compris la mère [1].

C'est maintenant dans un autre domaine, celui de l'anthropologie, que je veux rechercher les manifestations de cette vulnérabilité enfouie de l'homme au sentiment d'être interchangeable avec l'élément non humain qui l'entoure. L'anthologie de Margaret Mead et Nicolas Calas [104] nous dit que les primitifs considèrent les figurations de l'art, peintures, sculptures, ou modelages, comme aussi réelles que leurs modèles :

> En Amérique du Nord, les Mandans croient que les portraits faits par Catlin sont vivants, tout comme leurs modèles, à qui ils ont dérobé une partie de leur vitalité... « Je sais, déclare un homme, que cet homme a mis un grand nombre de nos bisons dans son livre car j'étais avec lui et depuis, nous n'avons plus eu de bisons à manger, c'est la vérité. »
>
> « Ils m'ont proclamé le plus grand *medicine-man* du monde, écrit Catlin, car ils disent que j'ai fabriqué des êtres vivants – ils disaient qu'ils pouvaient voir leurs chefs vivants en deux endroits – ceux que j'avais fabriqués étaient *un peu* vivants – ils voyaient leurs yeux bouger – ils les voyaient sourire et rire

1. L'article publié par Lewin [92] en 1953 et intitulé « Reconsideration of the Dream Screen » (Retour sur l'écran du rêve) est à mettre en rapport avec l'hypothèse de Trevett. Lewin observe que certains patients vivent leurs rêves comme s'ils se projetaient sur un « écran du rêve » vierge, pareil à celui d'un cinéma, et certains indices lui permettent de penser que cet « écran du rêve » a pour origine les premières perceptions du sein maternel.

> et s'ils pouvaient rire, ils pouvaient certainement parler, il suffisait qu'ils essayent, et il fallait donc qu'ils aient quelque vie en eux. » Aussi la plupart des Indiens lui refusaient-ils la permission de recueillir leur image. C'eût été leur prendre une portion de leur substance et les placer à la merci de quiconque voudrait posséder l'image. Ils redoutent aussi de se retrouver face à un portrait qui, en tant que créature vivante, risque d'exercer sur eux une influence néfaste [104b].

Cette anthologie rapporte également une intéressante croyance professée par la tribu soudanaise des Jukun. Ceux-ci assimilent leur roi à la récolte annuelle de grain. Quand un roi meurt, sa mort est gardée secrète et son corps préservé de la décomposition jusqu'après la moisson, de crainte que les cultures ne dépérissent; on prend bien soin de l'enterrer à la saison sèche pour éviter que le grain ne périsse définitivement. Nous apprenons aussi que pour les Indiens Ogallala, la personnalité d'un mort lui survit dans son vêtement; ils ne portent donc jamais de vêtements ayant appartenu à un mort et que risquerait de hanter son esprit.

Du riche matériel anthropologique que nous propose le livre de Werner, citons ce seul passage :

> Un grand nombre de primitifs ne voient aucune contradiction à l'idée qu'une même identité puisse être représentée par divers êtres vivants en perpétuel changement. Un Congolais déclare à un Européen : « Dans la journée, tu bois du vin de palme avec un individu sans t'apercevoir qu'il y a en lui un esprit malin. Le soir, tu entends un crocodile qui est en train de dévorer un malheureux et pendant la nuit, la panthère te mange tous tes poulets. Eh bien, l'homme avec qui tu as trinqué, le crocodile qui mangeait quelqu'un et la panthère ne sont qu'une seule et même créature » [162d].

Pour en venir maintenant à notre propre culture et à l'époque actuelle, je vais explorer le matériel que nous fournissent d'une part les contes de fée que lisent les enfants et d'autre part, la littérature et le dessin humoristiques, qui amusent tant les adultes. Parmi les contes, prenons l'exemple de Pinocchio [25]; l'histoire de cette poupée de bois qui finit par se métamorphoser en un vrai petit garçon a fasciné des générations d'enfants. J'aurai l'occasion d'évoquer plus loin quelques-uns des nombreux contes où se retrouve le même grand thème de l'interchangeabilité de l'être humain avec l'élément non humain – ou, en d'autres termes, du défaut de distinction qualitative fondamentale entre l'humain et le non humain.

La littérature et le dessin humoristiques nous offrent l'une des sources contemporaines les plus riches de données sur le sujet qui nous occupe. C'est notamment le cas des écrits et des dessins de l'excellent humoriste qu'est James Thurber [155].

L'écrivain William Saroyan exploite un domaine voisin. Dans son récit semi-autobiographique *My Name is Aram* [125], nous le voyons, petit garçon, accompagner son oncle lors de la première visite que celui-ci fait à un terrain qu'il vient d'acheter et qui est à l'état sauvage. L'humour délicat de cette description joue de l'émerveillement enfantin, du mélange de familiarité et d'étrangeté et de la vague angoisse sous-jacente qu'éprouve un être humain – ici, l'oncle de l'auteur – à la découverte d'un élément nouveau de son entourage non humain. La fraîcheur enfantine des réactions de l'oncle nous éclaire avec une rare justesse, je crois, la signification qu'a eue le monde non humain pour chacun de nous dans la première enfance. L'oncle est à la fois comique et touchant dans le malaise évident qu'il ressent à se demander qui de lui-même ou de la faune sauvage de son domaine jouit d'une supériorité innée sur l'autre :

> Mon oncle regarda le crapaud droit dans les yeux. Le crapaud regarda mon oncle droit dans les yeux. Pendant une bonne demi-minute, ils se regardèrent droit dans les yeux; puis le crapaud détourna la tête et baissa les yeux à terre. Mon oncle poussa un soupir de soulagement [125].

Pour ce qui est du dessin humoristique, je remarque, par exemple, que dans le très populaire *New Yorker Album* [108], à peu près un dessin sur dix tire son comique d'une situation dans laquelle certaines distinctions des plus familières se trouvent soudain effacées ou du moins rendues très floues – distinctions entre l'homme et l'animal, l'homme et le végétal, l'homme et l'inanimé. Nous voyons des animaux se conduire comme des humains et des humains prendre l'apparence d'animaux, de plantes ou de minéraux; des objets inanimés présenter les signes d'une vie étrangement humaine tandis que des humains trahissaient une constitution semi-animale ou semi-inerte. Nous avons dans une si large mesure dominé la confusion que provoquaient ces divers éléments dans notre psychisme enfantin, et dans laquelle les adultes schizophrènes restent plongés, que si, aujourd'hui, nous en éprouvons encore un reste d'anxiété, nous le surmontons bien vite – et nous sourions [1].

Une autre source encore de matériel nous est offerte par les rêves, qu'ils soient produits par des sujets « normaux », névrosés ou psychotiques; en eux aussi se reflète intégralement le rôle que l'élément non humain joue dans la constitution de la personnalité humaine. Nous savons tous comme il est rare que la substance d'un rêve se limite à du matériel purement humain; le plus souvent, le rêve regorge d'éléments non humains, tels qu'animaux, objets inertes, paysages, etc. On m'objectera peut-être que si l'on veut représenter des êtres humains avec des activités humaines, on leur fera nécessairement utiliser des choses et se mouvoir dans un cadre matériel, puisqu'il en est ainsi dans la réalité. C'est indéniable; mais si l'on se souvient que l'ensemble du matériel des rêves est depuis longtemps considéré comme des projections du dormeur, ce serait à mon avis aller trop loin que de ne voir des représentations de la psyché du dormeur que dans les figurations humaines du rêve. Les éléments non humains doivent aussi être intégralement imputés à l'inconscient du dormeur. En outre, on rencontre de temps à autre un rêve dans lequel la personne du patient est représentée sous une forme infra-humaine, parfois même inanimée; il racontera lui-même : « Cette nuit, j'ai fait un rêve dans lequel j'étais... (ceci ou cela). » J'ai connu des patients, soignés par moi-même ou par mes collègues de Chestnut Lodge, qui faisaient souvent des rêves dans lesquels ils étaient représentés sous la forme de divers animaux domestiques ou sauvages ou de protozoaires; et une schizophrène chronique m'a raconté un rêve dans lequel elle était « un immeuble bombardé » [2].

1. Fort intéressante à cet égard est l'explication que donne Kris [89a] de l'apparition étonnamment tardive – à la fin du XVIe siècle – de la caricature dans l'art. Pour qu'elle soit possible, note-t-il, il a fallu que les transformations figurées d'objets ou d'animaux en êtres humains et vice-versa, sur lesquelles joue la caricature, ne soient plus perçues comme des actes magiques visant à effectuer dans la réalité de telles transformations. Ce qui implique, selon moi, qu'auparavant, les êtres humains n'étaient pas suffisamment assurés de leur humanité face à l'environnement naturel pour accepter une telle forme d'art et l'apprécier sur le mode humoristique.

2. Alors que je mettais la dernière main à mon manuscrit, j'ai pris connaissance d'un matériel onirique présenté en 1958 par Boss [15a]. J'y ai trouvé une illustration frappante de mon hypothèse selon laquelle le développement du moi

Dans les hallucinations également, une grande partie du contenu semble généralement constituée d'éléments non humains. J'ai vu un patient se trouver rassuré par l'hallucination d'une machine veillant constamment sur lui, et une femme terrorisée par la perception qu'elle avait d'une rangée de « dents explosives » montant le long de la cloison de sa chambre, traversant le plafond et redescendant sur l'autre cloison ; et une autre femme profondément désorientée parce que le paysage, en réalité, désert, qu'elle voyait par sa fenêtre lui apparaissait rempli d'un chaos indescriptible de trains cliquetants et de camions rugissants. Les passages suivants d'un article de Savage [126] qui contient des descriptions détaillées d'expériences hallucinatoires chez des sujets affectés de processus psychotiques transitoires par suite d'administration de LSD-25, donnent une idée de la multitude d'objets inanimés qui gisent pour ainsi dire dans notre inconscient :

> Le sujet qui ferme les yeux ou se tient dans une lumière faible est submergé par un kaléidoscope d'images fantastiques. On observe une progression depuis un simple changement d'aspect d'objets extérieurs (« une flamme bleue fusant de l'extrémité du crayon »), en passant par de vifs éclairs de lumière surgissant de la périphérie, des néons dessinant des formes géométriques,

récapitule celui de l'espèce humaine. Dans ce travail, Boss nous donne la teneur de plus de 800 rêves produits par un ingénieur schizoïde fortement porté sur l'intellectualité qui, à sa connaissance, n'avait jamais rêvé avant les débuts de sa psychanalyse.

Pendant les premiers six mois et demi, ces rêves se limitèrent dans leur contenu à des objets inanimés – turbines, cyclotrons, automobiles, avions... À la fin de cette période, il rêva pour la première fois d'un être vivant : une plante en pot. Il se mit alors à rêver de pins et de roses, mais celles-ci étaient malades et se fanaient. Puis, les vers et les insectes envahirent ses rêves ; en un peu plus de six mois, il rêva 105 fois d'insectes. Pendant les six mois suivants, ses rêves se peuplèrent de crapauds, de grenouilles et de serpents. Les mammifères firent ensuite leur apparition : une souris, d'abord, suivie d'un lapin puis de porcs.

Ce fut deux ans après le début de son analyse qu'il rêva pour la première fois d'un être humain ; il s'agissait d'une femme évanouie sous la surface d'un étang glacé. Mais bientôt ses personnages se manifestèrent comme des individus conscients et bien vivants.

Parallèlement à cette évolution de ses rêves, cet homme prit conscience, au cours de la première phase mentionnée ci-dessus, du fait que, tout en étant marié et parfaitement capable d'exercer sa profession, il n'avait jamais saisi pleinement jusque-là la réalité du monde extérieur, qu'il s'agisse des choses, des plantes, des bêtes ou des gens. Il ne s'était perçu lui-même que comme un rouage dans une machine et les autres n'étaient que marionnettes et fantômes. L'évolution de son appréhension de la réalité dans l'état de veille épouse fidèlement la séquence de ses rêves. Et l'auteur crédite Jung d'avoir été « le premier à attirer l'attention sur le " développement phylogénétique " des phénomènes de rêve ; sur les enchaînements de rêves qui accompagnent les périodes de maturation intense ».

des dentelles et des arabesques, jusqu'à l'apparition d'objets complets tels que des tapisseries, des personnages dessinés comme en fil de fer et animés, des avions avec leur pilote et enfin des figurations très réalistes d'êtres humains. « Tout est sombre maintenant, sauf une femme nue. Elle est certainement voluptueuse. » (...) « Un paysage avec des paysans binant du maïs dans un champ... » « Donald Duck, les yeux exorbités, irradiant une lumière émeraude – ses pieds avec des oignons scintillants », « Groucho Marx – sa perruque se change en rat et saute du piano » [126a].

Un sujet qui voyait une fleur dorée d'une beauté incomparable aurait voulu pouvoir la dessiner – et pourquoi pas, se dit-il, la photographier. C'est en exprimant cette idée à haute voix qu'il se souvint que c'était une hallucination [126b].

De récents comptes rendus faits par W.W. Heron et col., à l'université McGill [74] et par John Lilly au National Institute of Mental Health [95] d'expériences d'isolement sensoriel aussi complet que possible menées sur des êtres humains me paraissent de nature à confirmer mes idées sur l'importance essentielle de l'environnement non humain pour le fonctionnement de la personnalité. Dans la plupart des cas, ce fonctionnement se détériore avec une rapidité surprenante – bien plus vite, manifestement, que dans les cas connus de personnes ayant subi pour une raison quelconque – exploration polaire, naufrage, emprisonnement – un isolement par rapport à l'élément seulement humain. Parmi les nombreux commentaires tant dans le grand public que dans les milieux spécialisés, auquels ces remarquables expériences ont donné lieu, je n'ai trouvé nulle part cette observation.

En relation avec ces expériences, rappelons que Maine de Biran – cité par Piaget [115c] – disait vers 1800 que « la conscience naît au contact des choses ». Rapaport [117], évoquant ces mêmes expériences, énumère les indices que l'on a de ce que les structures du moi dont s'occupe la psychanalyse exigent pour se développer une « alimentation en stimuli » et se réfère à cet égard aux travaux de Piaget [114] et d'Erikson [35, 36]. Parmi les situations caractérisées par une privation de stimuli, il inclut : *a)* l'hypnose provoquée; *b)* le camp de concentration; et *c)* le cadre technique de la psychanalyse (le divan, l'analyste en tant qu'écran blanc, etc.); et il fait remarquer que les modifications que la psychanalyse juge utile d'apporter à ce cadre pour traiter les cas limites, par exemple le face-à-face ou une intervention plus active du thérapeute, aboutissent à procurer au patient une plus riche « alimentation en stimuli ». Dans ce même contexte, je citerai aussi l'analyse que donne Spitz [141] des conditions d'existence dans une institution pour enfants abandonnés, où les pensionnaires souffrent d'hospitalisme, par opposition avec ce qui se passe à la crèche maternelle, où l'on ignore ce syndrome. Bien que Spitz attache une importance quasi exclusive à la différence de qualité des soins [1], ce qu'il dit du niveau inégal des stimuli provenant du milieu non humain me paraît très suggestif. Il constate que si, à la crèche, presque tous les enfants ont un ou plusieurs jouets, on n'en trouve guère qu'un, chez les enfants abandonnés, qui possède un jouet. Et tandis qu'à la crèche, les enfants voient directement le ciel et un paysage avec des arbres, ainsi que des mères s'occupant de leurs bébés, Spitz note que dans l'orphelinat, « le couloir sur lequel donnent les box... est morne et désert, sauf au moment de la tétée... La plupart du temps, rien ne se passe qui puisse attirer l'attention du bébé... à cause du manque de stimulation sans doute, les bébés restent couchés sur le dos dans leur lit pendant de nombreux mois, marquant en creux dans leur matelas l'empreinte de leur corps » [141].

Mais la plus riche source de données à l'appui de mon hypothèse c'est, et de loin, la psychothérapie intensive et de longue durée des schizophrènes ; car chez les plus atteints de ces patients, on observe une incapacité consciente – et non pas seulement inconsciente, comme chez le sujet « normal » ou névrosé – de tracer une frontière nette entre le soi et l'environnement non humain.

C'est ainsi, par exemple, qu'un jeune homme, hospitalisé pendant plusieurs années pour une schizophrénie particulièrement grave, se révèle à son thérapeute (l'un de mes collègues) n'avoir qu'une perception confuse des contours de son visage et en particulier de sa bouche et de son menton. Il affirme de temps à autre qu'un côté de sa face « a glissé »,

1. « Il est vrai que les enfants de ce foyer sont isolés, chacun tout seul dans son petit lit. Mais nous ne pensons pas que ce soit le manque de stimuli perceptifs qui explique leurs carences affectives. Ils souffrent, croyons-nous, du fait que leur monde perceptif est vide de partenaires humains, que l'isolement les prive de toute stimulation émanant de personnes qui puissent représenter la mère pour un enfant de cet âge. Le résultat... est une grave restriction de la capacité psychique dès la fin de la première année... À la fin de la seconde année, le quotient développemental tombe à 45, ce qui correspond à un âge mental d'environ dix mois et fait de ces enfants des débiles » [141].

comme s'il parlait d'un objet inanimé. Lors d'une séance, comme un ouvrier de l'entretien frappait à coups de marteau sur une conduite d'eau dans une pièce située à l'autre bout du couloir, il se recula et dit sur le ton de la détresse, en se tapotant le menton : « Je n'aime pas qu'on me frappe le menton à coups de marteau comme ça. » Une autre fois, pendant l'un des longs silences qui ponctuaient les séances, il demanda soudain à son médecin : « Qu'est-ce que cela vous ferait à vous d'avoir les yeux carrés ? » Pris au dépourvu par cette question inopinée, le thérapeute commença par essayer de se sentir littéralement des yeux carrés. Puis, sur une subite inspiration, il interrogea le patient : « Est-ce parce que vous avez passé tant de temps à l'hôpital à regarder au-dehors par les fenêtres que vous avez l'impression que vos yeux sont carrés ? » Et à cette occasion, le malade donna l'une des rares réponses affirmatives que son médecin ait reçues à ses suggestions.

Travailler avec des patients tels que ce jeune homme, dont la maladie est particulièrement grave et la régression profonde, nous en dit long sur la condition vraisemblable du moi au tout début de son développement, et vérifie une prédiction formulée en 1945 par Fenichel :

> ... On peut s'attendre à ce que l'étude de la schizophrénie élucide les phénomènes de la toute première période de la vie du nourrisson, de la même façon que l'étude de la névrose obsessionnelle nous a éclairés sur le sadisme anal [40].

J'espère également que les observations recueillies par mes confrères ou moi-même auprès de schizophrènes en très profonde régression contribueront à combler nos lacunes, dues, selon Hartmann [69i] à notre manque de données cliniques vérifiables sur la phase du développement qui précède la différenciation. Comme Fenichel, Hartmann souligne l'importance de la méthode par reconstruction à partir d'observations cliniques de patients adultes pour la compréhension des débuts du développement :

> C'est un fait remarquable que Freud ait pu, par reconstruction, mettre en évidence non seulement certaines expériences de la toute petite enfance, typiques ou atypiques, mais aussi des séquences typiques de maturation qui avaient échappé à l'observation directe, comme dans le cas des stades du développement libidinal...
>
> Un grand nombre des situations infantiles qui ont l'impor-

> tance la plus décisive pour la formation de la personnalité adulte ont une faible « probabilité de manifestation directe »... ; mais dans ces cas-là, la connaissance analytique, qui se fonde pour l'essentiel sur la reconstruction, nous permet de comprendre le développement dans sa continuité... Les théories concernant les premiers stades du développement doivent reposer à la fois sur l'observation directe et sur la reconstruction [68b].

Je ne dispose malheureusement pas de faits observés; mais de mon travail avec des schizophrènes, je pense pouvoir inférer l'existence d'une phase très archaïque de fusion avec la totalité de l'environnement, suivie d'une phase – animiste – dans laquelle tous les objets sont personnifiés. Elles précéderaient la prise de conscience par le nourrisson de sa propre nature d'être vivant.

De telles hypothèses nous munissent, je crois, d'un cadre de référence bien plus ample, plus riche et plus vrai pour comprendre le développement initial du moi que si nous nous limitions, comme on le fait habituellement, à la différenciation d'avec la seule mère. Et je crois également que ces hypothèses nous placent sur une base plus solide pour appréhender la maturation de la personnalité individuelle tout au long de son existence ultérieure; cette maturation s'accomplirait donc à l'intérieur d'une matrice globale constituée non seulement des autres êtres humains mais, de façon prédominante, d'éléments non humains – arbres, nuages, étoiles, paysages, bâtiments et ainsi de suite à l'infini.

CHAPITRE III

L'ENVIRONNEMENT NON HUMAIN DANS LA SUITE DU DÉVELOPPEMENT NORMAL DE LA PERSONNALITÉ

Un certain nombre de raisons me commandent de traiter beaucoup plus brièvement du rôle de l'élément non humain dans la vie de l'individu sain que je ne le ferai, dans ma troisième partie, de ce rôle dans la vie du malade mental. La première, c'est que le sujet est trop vaste pour que je puisse espérer en aborder tous les aspects; ma contribution se limitera donc à des points que je juge significatifs et qu'à ma connaissance, mes prédécesseurs n'ont pas abordés. En second lieu, mon expérience professionnelle étant infiniment plus réduite en ce qui concerne la personnalité normale qu'en ce qui concerne celle du névrosé ou du psychotique, les observations dont je dispose en ce premier domaine sont donc plus rares. Troisièmement, je souhaiterais autant que possible éviter la banalité; il me semblerait, par exemple, oiseux de m'étendre sur ce fait évident que dans notre civilisation, on ne saurait appréhender la personnalité de l'adulte en bonne santé indépendamment de sa voiture, de son foyer, de ses vêtements et de ses nombreuses et diverses possessions matérielles, non plus que des aptitudes particulières qu'il déploie dans ses rapports avec la réalité non humaine – qu'il s'agisse de son travail ou de ses passe-temps – non plus que de ses animaux domestiques, etc. Tout le monde sait bien que ce sont là des éléments constitutifs de la personnalité moderne.

Enfin, je tiens à éviter les répétitions inutiles. L'expérience m'a appris qu'il n'existait pas de différences qualitatives mais seulement quantitatives entre le psychotique ou le névrosé, d'une part, et l'individu normal, de l'autre; aussi, tout ce que je dirai dans la troisième partie sur le rôle du milieu non humain dans la névrose et la psychose s'appliquet-il ici, au degré près. À un moment quelconque de sa vie, tout être humain a, je crois, éprouvé ces sentiments qui pèsent sur le psychisme du psychotique et, avec une moindre intensité, du névrosé : sentiment que certains éléments du milieu non humain font partie de soi et, si on les perd, sentiment d'avoir perdu une part de soi-même; amère conviction de recevoir moins d'attention ou d'amour que tel animal ou tel objet; angoisse de devenir ou de se révéler non humain; désir de devenir tel; sentiment de s'être conduit à l'égard d'une personne comme s'il s'agissait d'un animal ou d'une chose. Je crois, en outre, qu'on pourrait aisément montrer que l'adulte normal connaît de fréquentes « régressions phylogénétiques », dans sa vie éveillée aussi bien qu'en rêve, et que c'est là pour lui un moyen de se reposer des exigences de la vie relationnelle et de restaurer son énergie émotionnelle, de façon à être en mesure d'assumer avec une vigueur et une fraîcheur renouvelées ses liens proprement humains.

C'est d'un autre point de vue encore que les observations relatives au psychotique et au névrosé nous aideront par implication à enrichir notre description du rôle du non humain dans le développement et la vie du psychisme humain. Ce qui est impliqué ici c'est une certaine idée du normal dans la relation avec le monde non humain, idée qui apparaîtra par contraste, et à titre d'hypothèse, avec l'anormalité repérée dans cette relation. Ce genre d'implications hypothétiques ne saurait, bien entendu, tenir lieu d'une recherche directe et précise. Mais nos observations sur le pathologique peuvent à tout le moins servir de fondement à des hypothèses de travail pour l'étude de la personnalité normale dans sa relation à l'élément non humain.

L'une de ces hypothèses pourrait être, par exemple, que les parents d'un enfant sain ont à son égard, le plus souvent – mais sûrement pas toujours – une attitude impliquant qu'ils lui reconnaissent une plus grande valeur qu'à n'importe quel animal, végétal ou objet inanimé de leur entourage; ou bien que chez le nourrisson et le jeune enfant, le sentiment de sécurité et l'épanouissement de la conscience d'une identité personnelle ont été favorisés par une relative stabilité de leur environnement non humain, par opposition aux bouleversements kaléidoscopiques du cadre de vie qui font de tant d'enfants de futurs schizophrènes; ou encore que l'adulte a une perception suffisamment forte de son identité d'être humain pour n'être que rarement tourmenté par l'angoisse de voir la bête en lui établir son empire et pour n'être pas si fatalement attaché à des multitudes de biens matériels qu'il doive se sentir diminué dans son être s'il vient à les perdre...

Je vais maintenant passer en revue le matériel concernant le rôle de l'élément non humain dans le développement de la personnalité normale en examinant successivement un certain nombre de travaux portant sur la différenciation entre l'animé et l'inanimé, certaines hypothèses analytiques de nature à expliquer l'importance de cet élément non humain en tant que tel et la contribution de ce même élément au développement normal de l'enfant et de l'adolescent.

Ce faisant, je ne chercherai à être ni systématique, pour ce qui est de la succession chronologique, ni complet, puisque je n'exposerai pas en détail la totalité de la théorie psychanalytique de la relation d'objet. J'insisterai surtout sur les concepts qui me semblent les plus pertinents pour ma thèse.

La différenciation entre l'animé et l'inanimé

Nous avons effleuré au chapitre II la question de l'échelonnement de cette différenciation dans le temps. Là-dessus, cependant, les opinions varient, depuis celle de Mahler [102], pour qui, dès les premiers jours suivant la naissance, l'enfant est conscient de la distinction entre animé et inanimé dans son environnement, jusqu'à celle de Piaget [113] qui aboutit à la conclusion que cette distinction n'est pleinement acquise que vers la onzième ou la douzième année. Hartmann [67e] cite Bühler, selon qui les premiers signes d'intentionnalité apparaissent vers le troisième mois. Spitz [143] relève qu'après le sixième mois, l'enfant, qui possède désormais la locomotion, peut exprimer activement ses exigences de relations sociales, alors qu'auparavant il en était réduit à réagir passivement aux initiatives des adultes. Ces observations s'appliquent peut-être valablement à la chronologie de la prise de conscience par l'enfant de sa qualité d'être vivant; mais il ne faut pas oublier que sa prise de conscience peut se faire bien après que nous ayons nous-mêmes réalisé qu'il était une créature tout à fait vivante.

N'oublions pas non plus que la différenciation entre l'animé et l'inanimé s'effectue par étapes, en procédant d'un niveau d'intégration à l'autre, depuis le niveau perceptif jusqu'au niveau conceptuel. La question de la chronologie est donc reliée à celle de ces différents niveaux.

Selon Hoffer [79], je l'ai dit, c'est vers la seizième semaine que le nourrisson parvient à distinguer entre ses propres doigts vivants et le biberon inerte. Hartmann, Kris et Loewenstein [72d] notent qu'entre le troisième et le cinquième mois, le nourrisson reconnaît sa mère pendant qu'elle prépare son repas, ce qui suppose qu'à ce moment, il a acquis une capacité de différenciation assez fine entre l'animé et l'inanimé dans son entourage. De même, Mahler [102] estime que vers trois ou quatre mois, le bébé peut percevoir, au moins par moments, le sein, le visage et les mains de sa mère. Du travail de Spitz [140] sur l'hospitalisme et la dépression anaclitique on peut déduire qu'au cours des deux premières années de la vie, s'est établie une différenciation relativement stable du sujet comme être vivant par opposition aux éléments inanimés de son entourage. Spitz constate qu'après l'âge de deux ans, les enfants ne sont plus exposés au développement de ces syndromes (c'est-à-dire, dans les termes de ma propre hypothèse, exposés à retomber dans l'indifférenciation d'avec les éléments inanimés qui les entourent) – et cela malgré les mêmes privations qui engendraient ces troubles chez des enfants plus jeunes.

Les observations méticuleuses de Piaget sont cependant là pour nous rappeler que ces tout premiers degrés de différenciation entre l'animé et l'inanimé ne sont que partiels et relativement superficiels et qu'une mesure significative de non-différenciation peut persister, de façon sous-jacente, bien plus tard. Il note ainsi [115f] que ce n'est pas avant neuf ou dix mois que l'attitude active du nourrisson à la recherche d'objets disparus – cachés derrière un écran, par exemple – va jusqu'à déplacer les objets solides qui les dissimulent ou les recouvrent ; selon Piaget, cette expérience et d'autres analogues mettent en évidence l'incapacité de l'enfant avant cet âge de distinguer entre sa propre activité et l'objet, qu'il soit animé ou non, vers lequel elle est dirigée. Voici ce qu'il écrit :

> L'animisme enfantin, tout d'abord, montre que l'enfant prête à presque tous les corps une certaine spontanéité de mouvement. [C'est-à-dire réagit face à eux comme si tous, animés ou non, étaient animés.] Il montre surtout que la distinction entre

le mouvement propre et le mouvement déterminé ne se fait pas sans de multiples tâtonnements et de multiples difficultés [113b].

[Par exemple, dans l'explication que donnent les enfants du mouvement des nuages], on peut distinguer cinq stades... Le premier stade est magique : c'est nous qui faisons avancer les nuages en marchant. Les nuages nous obéissent à distance. La moyenne d'âge des enfants de ce stade est de cinq ans. Le second stade est à la fois artificialiste et animiste : les nuages avancent parce que les hommes ou Dieu les font avancer. La moyenne d'âge des enfants de ce stade est de six ans. Durant un troisième stade, dont l'âge moyen est de sept ans, les nuages sont censés avancer tout seuls... [Ce qui trahit quelque chose des difficultés que rencontre l'enfant dans sa tentative pour distinguer, dans son environnement, l'animé de l'inanimé] [113c].

Pour ce qui est du mouvement des corps célestes – soleil, lune, étoiles... – Piaget [113d] constate de même que l'enfant de six ans continue à les considérer comme vivants et conscients : s'ils le suivent dans sa marche, c'est qu'ils le « veulent ».

Aux premiers stades, nous dit Piaget [113e], tout mouvement est tenu pour une manifestation de vie. Pensant au petit garçon décrit par Elkisch et Mahler [33], qui se prenait pour une machine et qui traitait les machines autour de lui comme si elles avaient été douées d'une vie fascinante et terrifiante, Piaget écrit que, pour le jeune enfant normal,

> ...s'il perçoit le monde extérieur au travers de schémas d'origine interne, il ne perçoit en retour les phénomènes internes (la pensée, la parole, le rêve, la mémoire, etc.) qu'au travers de schémas dus à l'expérience externe. Autrement dit, si l'enfant anime le monde extérieur, il matérialise l'univers interne [113f].

Werner donne d'un travail antérieur de Piaget [112] un résumé qui retrace clairement le développement de la différenciation entre animé et inanimé :

> De ses études, Piaget conclut qu'on peut distinguer dans le développement quatre stades animistes : au premier, la vie est caractérisée par l'activité en général ; au second (6-8 ans), la vie est dénotée par le mouvement ; au troisième (8-10 ans), elle apparaît liée au mouvement spontané ; au quatrième (10-12 ans), elle est réservée aux animaux et aux plantes [162c].

Werner [162f] nous donne également un résumé succinct du processus concomitant et symétrique de « dépersonnalisation » des objets inanimés composant le monde de l'enfant; pour ce faire il s'appuie sur ses propres recherches mais aussi sur le travail de Piaget portant sur la causalité. Jusque vers l'âge de cinq ans, les événements matériels reçoivent des explications égomorphiques, anthropomorphiques; dans un second stade, les choses et les événements sont les produits de l'activité humaine [1]; et au troisième stade, c'est-à-dire vers sept ou huit ans, les choses inanimées sont « dépersonnalisées », perçues vraiment comme inanimées – encore que, je l'ai rappelé, Piaget ne considère pas que la conception adulte de la causalité soit acquise pleinement avant onze ou douze ans.

Avant de quitter temporairement Piaget, notons l'importance qu'il accorde au rôle joué par les personnes dans la différenciation de l'animé et de l'inanimé par l'enfant – et en cela, il se souvient de la thèse de Spitz selon laquelle l'enfant acquiert cette distinction grâce au spectacle des émotions qui se joue sur le visage de sa mère. Piaget affirme que les personnes constituent indéniablement les premiers objets permanents et très probablement aussi les premières sources objectivées de causalité [115g].

Dans un article de 1933 intitulé « The Delay of the Machine Age » (Le Retard dans l'avènement du machinisme), Hanns Sachs expose une théorie qui touche de près à notre réflexion sur la différenciation entre l'animé et l'inanimé et qui fait penser aux observations de Piaget concernant la persistance diffuse jusqu'à une étape relativement tardive du développement, d'une non différenciation entre ces deux catégories. Sachs se demande pourquoi les Grecs et les Romains de l'Antiquité, bien qu'ils eussent les compétences requises, n'ont pas inventé de machines, entendant par ce mot des dispositifs suffisamment complexes, tels que métier mécanique, marteau pilon ou locomotive, pour travailler pratiquement seuls, l'homme n'ayant à accomplir qu'un travail intellectuel de supervision. Dans sa réponse, Sachs prête à ces peuples un narcissisme si fort et si fortement lié à l'image corporelle que tout simulacre de la personne humaine sous la forme d'une machine, inanimée mais imitant l'homme dans son fonctionnement, aurait suscité en eux un intolérable sen-

1. L'une de mes patientes schizophrènes est actuellement dans une phase comparable pour ce qui est de son appréhension du monde qui l'entoure : son environnement matériel lui apparaît en totalité comme fabriqué par des personnes et même *avec* des personnes.

timent d'inquiétante étrangeté. Et Sachs de nous rappeler que

> ...de façon vague, et bien souvent sans nous l'avouer, nous éprouvons tous ce sentiment face à la manifestation soudaine d'une animation dans l'inanimé, quand, sans que rien le laisse prévoir, une chose se met à se déplacer ou à parler à la façon d'un homme. L'utilisation d'automates dans la littérature, au théâtre ou au cinéma pour produire un effet d'inquiétante étrangeté est si général qu'il est inutile d'en donner des exemples...

Dans le même ordre d'idée, il cite des cas de schizophrènes qui se croient soumis à l'influence de machines et se range à l'avis de Tausk que « les machines produites par l'esprit de l'homme sont modelées à la ressemblance de son corps et représentent une projection inconsciente de sa propre construction corporelle ».

Que l'on juge fécond ou non – et ce n'est pas mon cas – d'appliquer ici le concept psychanalytique de narcissisme primaire, il semble en effet plausible que ces hommes de l'Antiquité, même s'ils se considéraient pleinement conscients de la distinction entre animé et inanimé et entre leurs propres personnes vivantes et les éléments inanimés de leur environnement, n'aient pas, au niveau inconscient, acquis cette distinction avec une pleine clarté ; si bien que lorsque apparurent des ébauches de machines imitant l'homme, on s'en servit uniquement pour se divertir, ainsi que le fait remarquer Sachs, sans exploiter leurs possibilités productives. La rupture de cette résistance, des siècles plus tard, et l'entrée dans l'ère de l'invention et de l'utilisation des machines semble revêtir pour l'humanité la même signification psychodynamique – soit un approfondissement, dans la conscience, de la distinction entre animé et inanimé, entre humain et non humain – que le développement non moins tardif de l'art de la caricature, tel que l'a analysé Kris [89a].

L'ouvrage de Werner aborde à de nombreuses reprises la question de cette distinction. Voici, par exemple, ce qu'il écrit de l'aspect concret de la pensée primitive :

> Chez les primitifs, et aussi chez les enfants, on trouve un mode de pensée qu'on est en droit de qualifier de « concret ». Son caractère distinctif réside dans le fait que l'activité conceptuelle opère dans une conjonction indissociable avec les pro-

cessus perceptifs-moteurs et imaginatifs. Ce n'est que graduellement qu'un mode de pensée non sensori-moteur, autrement dit abstrait, s'individualise [162g].

La langue du primitif est nécessairement concrète s'il veut pouvoir désigner l'infinie diversité des choses et événements concrets qui constituent son monde. Il est fort possible que le primitif n'use pas d'un terme général tel que « couteau », car il s'intéresse au premier chef aux fonctions spécialisées du couteau appliquées à différents objets ou aux divers couteaux spécialisés dans des opérations spécifiques [162h].

On entrevoit ici à quel point l'homme « primitif » épouse étroitement le monde concret qui l'entoure; le caractère concret de son langage nous révèle, je crois, combien font partie de lui ces objets non humains qui abondent dans l'environnement de tout être humain. Dans un récent article [136], j'ai analysé la différenciation entre pensée concrète et pensée figurée chez le schizophrène en voie de guérison, et j'y reviendrai plus loin. Pour l'enfant, comme pour le « primitif » ou pour l'adulte schizophrène, la concrétude de la pensée suggère que la richesse non humaine du monde environnant est constitutive du psychisme de façon bien plus intime que pour le représentant adulte de notre culture; car chez celui-ci, ainsi que l'ont souligné Hartmann et Werner, le moi est clairement différencié de son environnement et sa capacité accrue de pensée abstraite l'aide à s'affranchir de la fusion originelle avec le non humain.

Notant que, chez le primitif comme, à certains égards, chez l'enfant, la perception des choses se construit à partir de la relation pratique ou affective que le sujet entretient avec elles, Werner aboutit à l'idée suivante :

... Le fait que les objets sont principalement compris à travers les attitudes motrices et affectives du sujet peut déboucher sur un type particulier de perception [la perception « physiognomonique »]. Les choses perçues de la sorte peuvent apparaître « animées » et, bien que dépourvues de vie, comme exprimant une sorte de vie intérieure [162k].

L'enfant, par exemple, désire obtenir quelque chose d'un objet inanimé et ce désir même lui confère une vie personnelle [162l].

Cette idée que le monde soit perçu sur le mode « physiognomonique » avant l'émergence de la personne comme telle touche à la question de la chronologie de la différenciation :

> Il se pourrait que l'enfant ait une appréhension physiognomonique des personnes plus immédiate que des autres objets de son entourage. Mais on risquerait de conclure de ce fait que l'enfant commence par découvrir des caractères physiognomoniques chez les êtres humains avant de les transférer aux objets non humains. Il paraît plus directement en accord avec les faits de penser que l'enfant, appréhendant le monde comme il le fait à travers son activité motrice-affective, l'interprétera en termes physiognomoniques avant de le faire en termes de personnes. La compréhension relativement facile des gestes et des expressions humaines est rendue possible par le développement précoce de la perception physiognomonique [162m].

À propos des langues primitives, Werner note qu'elles nous révèlent à quel point la catégorisation des divers composants de l'environnement – êtres humains, animaux, plantes et objets inanimés – repose bien plus sur la valeur affective que leur attribue le « primitif » que sur ce que nous considérerions comme des caractéristiques réelles. C'est ainsi que la langue bantoue, qui comporte une classe pour les personnes et une pour les choses, affecte à cette dernière toutes les personnes tenues, à un titre ou à un autre, pour méprisables ou sans valeur, telles que les aveugles, les infirmes ou les débiles.

Parallèlement, observe encore Werner [162o], pour les Zuni, tout objet fabriqué – bâtiment, ustensile ou arme – est doué d'une sorte de vie ralentie. Et il ajoute, que même dans notre civilisation, c'est une idée universellement répandue chez les enfants qu'ils peuvent, ou auraient pu, devenir un animal [162p]. En conclusion citons après lui Karl von den Steinen à propos des Indiens primitifs du Brésil :

> Nous devons totalement oublier la frontière entre l'homme et la bête. N'importe quel animal peut être plus ou moins intelligent, plus ou moins fort que l'Indien lui-même... Chez l'Indien primitif, il n'existe pas encore d'humanité au sens éthique [162q].

Le développement des relations d'objet

La façon dont un individu vient à apprécier l'élément non humain est, je l'ai dit, fonction du développement de relations d'objet. Or, il me semble que la théorie psychanalytique s'est presque exclusivement limitée aux relations interpersonnelles. Confrontés à des sujets dans la vie psychique de qui un objet non humain jouait un rôle décisif, les psychanalystes ont généralement postulé que cet objet tirait sa signification de sa valeur symbolique ou défensive [1]. Ils attribuent en somme cette signification à un déplacement de l'investissement initialement fixé sur une personne importante ou sur le corps de l'enfant lui-même. L'objet, quel qu'il soit, « tient lieu de » ou « représente » soit la mère, soit une partie du corps.

C'est ainsi que Spitz va jusqu'à écrire que :

> ...la perception est fonction de l'investissement libidinal et donc résulte de l'intervention d'une quelconque émotion. Les émotions sont apportées à l'enfant par l'intervention d'un partenaire humain, c'est-à-dire par la mère ou par son substitut. Le développement progressif des échanges affectifs avec sa mère pourvoit l'enfant en expériences perceptives de son environnement [141].

Autrement dit, pour Spitz et pour bien d'autres auteurs, l'intérêt que porte un individu à des objets non humains dérive directement d'un objet humain.

Nettement plus tôt, Ferenczi a formulé une autre hypothèse qui relie l'appréciation graduelle de la réalité par l'enfant à l'intérêt que celui-ci porte à son corps. Selon Ferenczi [41], l'enfant, pendant sa période animiste, considère tous les objets comme doués de vie et s'efforce de trouver en eux ses propres organes et leur activité. Ne s'étant préoccupé jusque-là que de son corps et des satisfactions qu'il pouvait en retirer en tétant, mangeant, déféquant, etc., il devient particulièrement attentif aux objets et aux phénomènes du monde extérieur qui présentent ne serait-ce qu'une analogie lointaine avec ses expériences favorites. C'est ainsi, poursuit Ferenczi, que s'établissent ces connexions intimes entre le corps humain et le monde objectif, qui persistent tout au long de la vie et que nous qualifions de *symboliques*. D'un côté, l'enfant au stade animiste ne voit rien d'autre dans le monde que des images de son soi physique; de l'autre, il apprend à représenter au moyen de son corps l'infinie diversité du monde extérieur.

Une conception intermédiaire est exposée par Winnicott [164] et Stevenson [146] à l'occasion de leurs recherches sur

1. Qu'on se réfère, par exemple, aux théories sur les phobies enfantines ou sur le fétichisme.

le rôle des « objets transitionnels » dans la vie du nourrisson et du jeune enfant. Dans sa préface à l'article de Stevenson, Winnicott écrit ceci :

> Dans une communication faite en 1953 à la Société psychanalytique de Grande-Bretagne [164], j'ai attiré l'attention sur l'importance du premier objet utilisé par le nourrisson... Il faut noter que cet objet ne fait pas partie du bébé, comme le poing, le pouce ou les deux doigts du milieu. Son usage se rattache à la succion du pouce. Certains nourrissons, tandis qu'ils sucent leur pouce, se tripotent le visage avec les autres doigts, ou bien, tout en se suçant une main, tortillent leurs cheveux ou un bout d'étoffe avec l'autre...
>
> L'objet transitionnel n'est pas non plus le même que le jouet en peluche le plus proche. On peut dire que ce dernier s'impose comme venant du monde... alors que l'objet transitionnel, du point de vue de l'enfant, a été créé par lui...
>
> ... Ce mode transitionnel d'existence entre réalité interne et externe représente un tiers aspect de la vie, dont il est surprenant que l'importance ait été à ce point méconnue par la littérature psychanalytique [146c].

De son côté, Olive Stevenson note :

> Les objets transitionnels manifestent de façon tout à fait saine et normale les débuts de la réconciliation entre la réalité et le fantasme : chez l'enfant normal, ils finissent par perdre leur importance à mesure que croît la conscience qu'il a du monde extérieur et l'intérêt qu'il lui porte. Mais, souligne Winnicott, ils peuvent devenir, et deviennent fréquemment, une défense contre l'angoisse et révèlent la tension dont s'accompagne nécessairement la progression vers l'unité de la personnalité – vers la fusion du fantasme et de la réalité [146d].

Stevenson souhaitait centrer son étude sur les fonctions que remplissent ces premiers objets chéris dans la vie d'enfants normaux. Pour obtenir des informations, elle s'adressa à des « clubs maternels » et passa une annonce dans la revue *The Nursery World*. Ces deux sources lui fournirent respectivement 50 et 60 cas. Elle affirme s'être intéressée aux manifestations saines, comparativement normales, apparues chez des enfants qui réussissaient apparemment plutôt bien leur adaptation.

On peut cependant se demander si la méthode employée ici pour réunir son matériel a permis à Stevenson d'entrer en contact avec les mères les plus normales; mais celles-ci ne sont sûrement pas faciles à rencontrer dans le cadre d'une recherche organisée et je ne vais pas invoquer cet argument pour chicaner Stevenson quant à la valeur de ses conclusions pour des cas « plus normaux » qui existent probablement.

À titre d'exemple du genre d'informations que reçut Stevenson, voici ce que lui raconta une mère à propos d'un objet que son petit garçon appelait « son oreiller à lui » :

> « Quand est-ce qu'il y renoncera ? Je ne sais pas, mais ce que je sais c'est que je n'insisterai jamais. Je crois que quand il n'en aura plus besoin, il le laissera tomber de lui-même. Il l'aime trop et ça l'a aidé à surmonter trop de difficultés pour qu'il puisse s'en détacher facilement. »

Et voici le commentaire de Stevenson :

> L'opinion exprimée ici était implicite dans les propos de presque toutes les mères à qui j'ai parlé. Elles paraissaient en outre se sentir en quelque façon connectées à ces objets et beaucoup d'entre elles reliaient ceux-ci à une certaine angoisse chez l'enfant. Dans un ou deux cas d'enfants qui s'accrochaient avec une ferveur exceptionnelle à leur « nounours », etc., à un âge où ils auraient peut-être dû s'en être détachés, la mère éprouvait manifestement cela en partie comme un échec de sa part. C'est ainsi que la mère de Mary m'écrivit à propos de l'ours « Vilain » : « Je suis convaincue que Vilain a rempli un vide entre ma fille et moi parce que par moments je n'ai pas su jouer pleinement mon rôle » [146c].

Stevenson indique que, parfois, la mère peut fort bien ne pas s'apercevoir de l'existence d'un tel objet transitionnel dans la vie de son enfant.

> Mais il est des cas où l'on sent que l'absence criante de tout objet transitionnel pourrait bien être l'indice d'un écart par rapport à la normale, que ce soit dans le sens d'une extrême dépendance ou d'une extrême indépendance à l'égard de la mère [146f].

Si l'on trouvait ainsi quelques cas atypiques dans le groupe des enfants normaux étudiés par Stevenson, ses observations recueillies lors d'une étude comparative de vingt enfants séjournant dans des crèches se présentent sous un jour tout différent :

> ... Le fait que ces enfants n'essayaient même pas de s'assurer la possession durable d'un de ces objets à câliner, pourrait bien signifier que les relations fondamentales, à partir desquelles l'enfant peut accéder à la satisfaction transitionnelle, n'ont pas été établies... Ces enfants des crèches ne chérissaient pas grand-chose, ou rien du tout – et détruisaient beaucoup. Sur les vingt enfants de un à cinq ans avec qui j'ai travaillé, il n'y en avait pas un qui donnât son affection à un joujou ou à un quelconque objet pour plus d'une heure ou deux – et encore, c'était en général pour contrarier un autre enfant [146g].

Stevenson nous donne un exemple du comportement ultérieur d'un de ces enfants qu'elle qualifie de « dépourvus d'objets » *(objectless)* :

> Caroline, qui a trente ans aujourd'hui, était la troisième enfant de ses parents; ses deux frères aînés n'avaient porté qu'une dévotion modérée aux nounours. Mais Caroline ne manifesta jamais le moindre besoin d'un objet de ce genre. Sa mère avait ardemment désiré une fille et son identification avec sa propre mère (la grand-mère de Caroline) était exceptionnellement forte. Cette mère témoignait d'une adaptation excessive aux besoins de sa fille, avec une tendance à l'hyperstimulation affective et érotique. Il existait de forts indices d'une situation œdipienne inversée, Caroline jouant en quelque façon un rôle masculin auprès de sa mère, qui compensait ainsi ses relations insatisfaisantes avec son mari. Les tendances homosexuelles de Caroline se manifestèrent clairement avec d'autres personnes.
>
> Nous avons là l'exemple d'un lien si étroit dans la petite enfance qu'il interdit la relation d'objet... Depuis sa naissance, Caroline n'eut jamais de nounours d'aucune sorte [1] [146h].

Le cas de ces « enfants dépourvus d'objet » illustre l'un des points que je développerai plus loin à propos de l'incapacité de certains enfants à nouer avec le milieu non humain un lien normal de parenté parce qu'ils ont été excessivement absorbés, chez eux, par les relations interpersonnelles.

Je crois, en outre, que le travail de Winnicott et de Stevenson constitue un cadre de référence valable pour l'étude de diverses manifestations de la schizophrénie. J'ai personnellement vu des schizophrènes se comporter en personnes

1. On peut comparer cette enfant à certains de ceux que Spitz [143] décrit comme atteints d'une dépression anaclitique par suite de la perte de la mère : « Dans les cas d'Aethelberta et d'un autre enfant, notamment, jouer consistait à faire rouler des pelotes de matière fécale, apparemment les seuls jouets qui leur aient plu... » Caroline, évoquée ci-dessus par Stevenson, est aussi manifestement dépourvue de mère, c'est-à-dire d'une mère perçue comme objet séparé.

« dépourvues d'objet »; certains détruisent tous les objets inanimés qui se trouvent à leur portée; et d'autres chérissent de tels objets pendant de longues périodes. Deux de mes patients qui manifestaient au départ une froideur ostensible à l'égard des objets inanimés, en vinrent à leur manifester une vive tendresse, la cure ayant progressé. Ce ne sont là que des observations rudimentaires dans un domaine qui, j'en suis sûr, recèle de quoi nourrir une étude approfondie.

Il est clair que les « objets transitionnels » décrits ci-dessus sont transitionnels de deux points de vue. Tout d'abord, bien que l'ours en peluche, par exemple, ne soit pas objectivement une partie du corps de l'enfant, il n'est cependant pas vécu par lui comme provenant du monde extérieur – à la différence des jouets qu'il aura par la suite. De même, il s'inscrit encore dans une étroite relation affective avec la mère. Aussi cet objet sécurisant aide-t-il l'enfant à franchir la période de transition qui le conduira à la reconnaissance de l'existence d'un monde extérieur. En second lieu, et du même coup, l'ours en peluche représente une étape dans la prise de conscience par l'enfant qu'il est un être vivant, car on voit ici un objet inanimé perçu comme faisant partie du corps de l'enfant, à peu près autant que le pouce, avant que soit atteinte la phase suivante, où les objets inanimés (jouets, couvertures, etc.) sont perçus comme provenant du monde extérieur, ou lui « appartenant », et non plus comme des parties du moi vivant.

Pour essayer de décrire les étapes suivantes au fil desquelles les objets non humains acquièrent un sens, je vais maintenant recourir à l'apport de Hartmann. Celui-ci a introduit deux concepts extrêmement utiles, à savoir ceux d'autonomie primaire et secondaire du moi.

Pour ce qui est de l'autonomie primaire du moi, Hartmann soutient, en résumé, qu'il existe, dès la naissance, dans le moi des dispositifs qui, d'emblée, possèdent une certaine autonomie, ou indépendance, vis-à-vis du ça et qui sont préadaptés à la réalité extérieure. Cela implique que l'état infantile de non différenciation n'est jamais total, même aux tout débuts de la vie extra-utérine. Inutile d'insister sur l'intérêt que présente une telle conception pour ma tentative présente d'évaluer le rôle du non humain dans l'existence humaine. Dans un article de 1950 [69c], Hartmann parle de « nuclei du moi » et de « stades préparatoires autonomes du moi », et, dans un article de 1956, il écrit :

> ... Il me paraît nécessaire de faire l'hypothèse que l'enfant naît, avec un certain degré de pré-adaptabilité, autrement dit, que les appareils de la perception, de la mémoire, de la mobilité, etc., qui nous aident à affronter la réalité, sont, sous une forme primitive, déjà présents à la naissance... [71b].

Allant plus loin, il soutient que non seulement l'existence de tels éléments est déjà établie à la naissance mais que leur développement à venir tend de façon innée à s'accomplir selon certains axes eux aussi établis à la naissance. Aussi, conclut-il dans le même article, « on peut parler d'un facteur autonome à l'œuvre dans le développement du moi de la même façon que nous considérons les forces pulsionnelles comme des agents autonomes du développement » [69d].

Hartmann [69c] fait observer que Freud [53] en 1937, revenant sur son hypothèse antérieure selon laquelle le moi se développait à partir du ça, avait admis que, même avant l'existence du moi, ses axes de développement ultérieur, ses tendances et ses réactions futures pouvaient être déjà déterminés.

Dans un article de 1950, Hartmann évoque, à côté de cette « autonomie primaire », une « autonomie secondaire » repérable dans le développement du moi :

> Le développement du moi, comme le développement libidinal, est en partie fondé sur des processus de maturation. Et s'agissant du moi, également, nous sommes quelques-uns à penser qu'il faut le considérer en partie comme une variable primaire, indépendante, dont on ne saurait rendre compte totalement par l'interaction des pulsions et du milieu ; et aussi qu'il peut se rendre partiellement indépendant des pulsions de façon secondaire. C'est ce que j'entends par autonomie primaire et secondaire dans le développement du moi... [68a].

Dans sa monographie de 1939, il met en évidence cette « autonomie secondaire » et l'explique par un « changement de fonction » :

> ... Le phénomène du « changement de fontion » semble jouer un rôle considérable dans la vie mentale et en particulier dans le développement du moi... Une forme comportementale apparue dans un certain domaine de la vie peut, au cours du développement, changer tout à fait de domaine et de rôle. *Telle attitude adoptée pour servir de défense contre une motion pulsionnelle peut, avec le temps, se transformer en structure indépendante* [c'est

> moi qui souligne – H.S.] auquel cas, la motion pulsionnelle ne sert que de déclencheur à ce dispositif automatique... Ce dispositif peut, en tant que structure relativement indépendante, finir par remplir d'autres fonctions (adaptation, synthèse, etc.); il peut également, et cela revêt une importance génétique plus ample encore, à la faveur d'un changement de fonction, passer du statut de moyen à celui de fin en soi... [67b].

En 1950, enfin, dans un autre article, il redéfinit le « changement de fontion » et donne un exemple de l'autonomie secondaire du moi que ce processus a engendrée :

> ... Ce qui est apparu comme le produit d'une défense contre une motion pulsionnelle peut se développer en une fonction plus ou moins indépendante et plus ou moins structurée. Cela peut remplir diverses fonctions, telles que l'adaptation, l'organisation, etc. Dans le caractère, par exemple, toute formation réactionnelle, apparue comme défense contre des pulsions, va peu à peu s'enrichir de toutes sortes d'autres fonctions dans le cadre du moi. Sachant que les produits de ce développement ont chance d'acquérir une certaine stabilité et même un caractère irréversible dans la plupart des conditions normales, on peut qualifier ces fonctions d'autonomes, encore que sur un mode secondaire, par opposition à l'autonomie primaire du moi que j'ai analysée auparavant [69f].

Il est clair que les formulations de Hartmann fournissent les outils théoriques permettant d'expliquer comment le milieu non humain acquiert une importance « en tant que tel », ainsi que je le pense. L'idée d'autonomie primaire implique que l'appareil perceptif fonctionne depuis le tout début; et c'est ainsi que le nourrisson est en possession des outils qui lui permettent d'entrer en relation avec son environnement. Quant à la notion d'autonomie secondaire, elle signifie qu'indépendamment de son origine dans un conflit – soit comme défense contre les affects suscités par la relation mère-enfant, soit comme dérivé direct des éléments positifs de cette symbiose – une activité ou un objet peut s'affranchir du conflit qui l'a fait naître et, grâce à un changement de fonction, jouer un rôle qui lui est propre.

J'étudierai la relation mature, c'est-à-dire sans conflit, de l'individu à son environnement aux chapitres IV et V. Ici, je voudrais évoquer brièvement certaines données relatives à des modes plus primitifs de relation. C'est ainsi que toute une série d'articles – notamment de Tausk [153], Hanns Sachs

[122], Lisbeth Sachs [123], Ekstein [32], Bornstein [14] et Rank et Macnaughton [116] – nous décrivent des patients qui *a*), soit se croient soumis à l'influence de machines fantasmatiques, soit gouvernent de telles machines avec un sentiment de grandeur; ou bien *b*), s'identifient à diverses machines réelles existant autour d'eux. Dans chaque cas, que la machine soit réelle ou imaginaire, l'auteur lui assigne, en raison de la signification symbolique dont elle est investie, une fonction défensive dans le fonctionnement du moi du patient. Je ne contesterai pas cette interprétation étant donné que chez chacun des patients étudiés, le moi témoignait d'une organisation partiellement adéquate et de limites assez fermement établies.

Mais il existe aussi des patients – et j'en décrirai certains plus loin – dont le moi a subi une désorganisation qui l'a ramené à un stade infantile à ce point primitif que ce moi est incapable de percevoir des éléments inanimés de son environnement, tels que des machines, comme suffisamment distincts de lui-même pour pouvoir les utiliser comme défense symbolique. Je rappellerai qu'un certain nombre de chercheurs, dont Ferenczi [41], Sharpe [138], Langer [91], Kubie [90], Little [97, 98] et Freeman [45], ont montré qu'avant d'être capable d'expérience et de pensée symboliques, l'individu devait d'abord affermir les frontières de son moi en sorte qu'elles le délimitent subjectivement du monde extérieur. En bref, je postule que dans les cas de nombreux patients, dont je rendrai compte plus loin, le milieu non humain fait subjectivement partie du moi et, dans cette mesure même, interfère avec son fonctionnement; la régression a atteint un niveau tel que les limites du moi sont trop faibles pour que le non humain soit vécu comme extérieur au moi et utilisé par lui sélectivement, en travaillant les significations symboliques, auxquelles divers éléments non humains du milieu se prêtent, pour les faire servir à sa défense contre des pulsions. C'est en ce sens que Rapaport [117] peut dire de l'état catatonique que c'est « le type même de la renonciation à l'autonomie par rapport à l'environnement ». De façon tout aussi juste, le même auteur qualifie le catatonique d'« esclave du stimulus ». Ces formules expriment éloquemment à quel point les patients en très profonde régression – qu'ils soient catatoniques, hébéphrènes ou paranoïdes – se trouvent, avec leur environnement, dans un état de fusion, d'indifférenciation.

Pour un certain nombre d'auteurs, le développement du

moi est un processus de différenciation, qui va croissant avec les années, entre le moi et le milieu – ou, en d'autres termes, d'autonomie croissante du moi par rapport à son milieu. Et Hartmann notamment insiste sur le fait que cette différenciation accompagne, à moins qu'elle n'en résulte, celle qui sépare le moi du ça. « ... Dans la mesure où cette différenciation a lieu, l'homme se trouve muni d'un organe spécialisé de l'adaptation, autrement dit, le moi... », écrivent Hartmann, Kris et Loewenstein [72b]. À Rapaport [117], nous devons ce tableau équilibré de l'ensemble du développement du moi :

> L'organisme est doté par l'évolution d'appareils qui le préparent à entrer en contact avec son environnement, mais il n'est pas, dans son comportement, l'esclave de cet environnement car il est également doté de pulsions émanant de son organisation et qui constituent son ultime garantie de ne pas devenir l'esclave du stimulus. En revanche, le comportement de l'organisme n'exprime pas seulement ces forces internes, car les appareils mêmes par lesquels l'organisme est en contact avec l'environnement sont son ultime garantie de ne pas devenir l'esclave des pulsions. Cette double autonomie se trouve également garantie, plus profondément, par les structures intrapsychiques. L'équilibre de ces facteurs qui se régulent mutuellement ne dépend pas de la résultante de leurs interactions aléatoires; il se trouve dans la dépendance des lois de cette épigénèse appelée développement autonome du moi.

Un bon nombre des cas que je présenterai mettront en lumière le degré de détérioration du délicat équilibre décrit ci-dessus qu'entraîne la schizophrénie grave et chronique et la rigueur de l'esclavage dans lequel certains des patients cités tombent à l'égard des stimuli provenant de l'environnement, notamment non humain. Ces cas autorisent à penser que, même si les appareils du moi existent déjà dans la toute première enfance, comme l'ont supposé Freud, Hartmann, Erikson et Rapaport, et protègent ainsi le nourrisson contre la fusion subjective totale avec l'environnement non humain, il se pourrait qu'il soit nettement moins bien différencié de ce vaste secteur de son entourage que nous n'avons été enclins à le penser jusqu'ici. À cet égard citons cette remarque de Hartmann :

> Les facteurs autonomes du développement du moi... peuvent secondairement passer sous l'influence des pulsions, comme c'est le cas dans la sexualisation ou dans l'agressivisation. Pour don-

> ner un exemple, dans l'analyse, on observe comment la fonction de perception, qui a assurément un aspect autonome, peut être influencée et parfois perturbée, parce qu'elle se fait l'expression de pulsions orales-libidinales ou orales-agressives... le moi de la réalité émerge peu à peu en s'affranchissant précisément de l'emprise de telles tendances pulsionnelles...
>
> Les facteurs autonomes peuvent aussi être appelés à participer à la défense du moi contre les tendances pulsionnelles, contre la réalité et contre le surmoi... [69h].

J'ai, pour ma part, constaté de façon répétée et sans ambiguïté que la dé-différenciation, impliquant l'abandon des limites du moi, est l'une des défenses du moi qui dominent dans la schizophrénie. Il serait donc concevable que chez les schizophrènes adultes jouissant d'une très faible autonomie par rapport à l'environnement, cette autonomie ait été beaucoup plus forte dans leur toute petite enfance; mais elle aurait été dans une large mesure submergée par les pulsions sexuelles ou agressives ou sacrifiée au nom de la défense du moi [1].

Elkisch et Mahler [33] nous fournissent un exemple de ce type de processus infantiles dans un article intitulé « The Influencing Machine in the Light of the Psychotic Child Body-Image » (La « Machine à influencer » à la lumière de l'image corporelle de l'enfant psychotique). Les auteurs nous décrivent un jeune garçon psychotique qui s'identifie à un personnage mécanique constamment en mouvement, chevauchant une bicyclette sur une grande affiche, dans le quartier; ainsi qu'à des pompes à incendie, aux ventilateurs du gymnase de l'école, au téléphone mural, aux interrupteurs et aux ascenseurs. Face à ces engins mécaniques, ses réactions allaient de la fascination à la terreur, selon les aspects de sa personne qu'il projetait sur eux. Pour nos auteurs, il était clair que

> ...une confusion complète entre les pulsions internes et les énergies externes... aboutissait à assimiler les machines fascinantes du monde extérieur et les sensations viscérales. Il en résultait, en retour, l'identification de ces sensations corporelles et de la machine, si bien que l'enfant parlait des processus physiologiques dont il était le siège *comme si son corps avait été une machine.*

1. Je ne peux cependant pas croire que la dé-différenciation que nous observons dans le présent puisse être si grave qu'elle n'ait eu aucun précédent dans le passé du sujet, y compris sa toute première enfance.

Les articles ci-dessus mentionnés de Tausk [153] et Mahler [102] fournissent d'autres exemples d'identification avec des machines remplissant une fonction défensive, autrement dit servant à faire face à des pulsions internes par concrétisation et projection.

Mais le propos de ce chapitre est le développement de l'enfant normal; aussi vais-je maintenant examiner la contribution qu'apporte à celui-ci le milieu non humain.

La contribution du milieu non humain au développement normal

1) Je voudrais tout d'abord montrer que cet élément non humain contribue de façon significative à la sécurité affective du nourrisson et de l'enfant, à la stabilité et à la continuité de leur vécu et à l'élaboration de leur sentiment d'identité personnelle.

Les liens qui unissent l'enfant à des animaux domestiques, à des plantes, à des objets créent un contexte de nature à l'aider à faire connaissance avec lui-même et à prendre conscience de ses traits de caractère et des sentiments qu'il est capable d'éprouver. C'est leurs relations enfantines avec leur chien qui éclaira bon nombre de mes patients sur leur sadisme et leur égoïsme, traits indésirables qui ne se manifestaient guère dans leurs relations avec leurs parents, leurs frères et sœurs et autres êtres humains. Car, sur ceux-ci, l'enfant pouvait assez facilement projeter la possession de ces « vilains » défauts et rejeter le blâme qu'ils encourent sans s'apercevoir de sa propre agressivité. Alors que lorsqu'il avait affaire à un chien innocent et confiant et qu'il le harcelait cruellement, rien ne venait dissimuler que la cruauté fût bien sienne. L'un de ces patients, qui témoignait d'une forte dose de sadisme dans le transfert et qui avait passé des mois à blâmer ses parents, finit par affronter son sadisme et raconta alors qu'il adorait, étant enfant, tourmenter son chien.

Il en va de même pour les sentiments positifs. Dans les soins affectueux qu'il dispense aux animaux et à d'autres éléments non humains de son entourage, l'enfant peut se découvrir une capacité de tendresse, par exemple, qui sinon lui resterait cachée. Qu'il s'agisse, d'ailleurs, de défauts ou de qualités, l'élément non humain constitue un milieu relativement transparent qui à la fois invite et aide l'enfant à se voir tel qu'il est réellement; alors que dans le monde beaucoup plus complexe des relations interpersonnelles, il lui est bien facile de se convaincre que ce qui se passe se déroule hors de sa participation et de sa responsabilité. Ainsi que me l'a personnellement fait remarquer le Dr Norman Rintz, joue également le fait que dans ses relations avec l'élément non humain, l'enfant est affranchi des mots – ces mots qui, dans ses rapports avec d'autres humains, jettent si souvent la confusion dans son esprit.

De la même façon, l'observation de ses parents et de ses frères et sœurs dans leur fréquentation du monde non humain aide l'enfant à se faire une représentation plus claire de leur personnalité. C'est ainsi qu'un obsessionnel commença enfin, après des mois d'analyse, à réaliser que sa mère avait vraiment eu envers lui une attitude de froideur et de rejet du jour où, lors d'une visite qu'elle lui fit chez lui, il remarqua avec quel soin elle évitait tout contact avec un petit chat que sa femme et lui possédaient. Tandis qu'elle était assise sur le sofa, le chaton cherchait constamment à se frotter contre elle et elle se reculait en manifestant à son égard une évidente aversion. L'analyse avait déjà mis au jour un important matériel relatif à cet aspect des relations de mon patient avec sa mère; mais ce fut cette simple observation de la réaction de sa mère face au chaton qui déclencha la prise de conscience décisive. D'autres patients ont découvert chez leur père ou leur mère, à leur façon de se comporter avec des bêtes ou des plantes, une capacité de tendresse qu'ils dissimulaient dans leurs relations avec des personnes.

J'ai cité plus haut les travaux de Mahler [102], Elkisch et Malher [33], Ekstein [32], Lisbeth Sachs [123] et d'autres auteurs qui décrivent la perception perturbée et mal différenciée qu'a l'enfant schizophrène des êtres humains et de son environnement non humain, la projection qu'il fait de diverses émotions insupportables sur des objets inanimés de son entourage et son identification régressive à de tels objets, tels que des machines, aux moments d'angoisse accrue. De telles observations laissent penser que dans le développement du moi normal également, l'élément non humain fonctionne comme une sorte de tampon, sur lequel l'enfant peut projeter des aspects partiels de lui-même, jusqu'au moment où son moi est suffisamment fort pour les intégrer dans l'image qu'il est en train de se former de lui-même.

Erikson [34] montre de façon très vivante comment les enfants utilisent leurs jouets pour symboliser leurs conflits internes. Entre autres cas intéressants, il cite celui d'un petit garçon de deux ans et demi aux prises avec son énurésie. Tous les soirs, l'enfant emportait dans son lit un cylindre fait du noyau d'un rouleau de papier hygiénique muni d'une capsule de bouteille de lait à chaque bout. Toute la nuit, il s'efforçait de garder bouché ce cylindre. Quand il parvint enfin à maîtriser sa vessie, son besoin persistant d'expulser quelque chose s'exprima encore à travers le non humain : avant d'aller se coucher, il jetait par la fenêtre tout ce qui lui tombait sous la main, puis, quand on l'en eut empêché, il se glissa dans les autres pièces pour y répandre sur le plancher le contenu de diverses boîtes et bouteilles. Erikson rend également compte d'une série de passionnantes expériences qu'il a conduites tant avec des étudiants qu'avec des enfants et dans lesquelles il demandait au sujet de composer un tableau dramatique à l'aide de jeux de construction et de jouets figurant des gens, des animaux et des véhicules. Les résultats montrèrent que des adultes et des enfants normaux ont une tendance involontaire étonnamment forte à disposer leur environnement non humain de façon à exprimer leurs attitudes et leurs conflits intérieurs.

Mahler [102] rapporte la signification que prenaient pour un jeune garçon pré-psychotique certains éléments de son environnement à un moment où, sa mère étant enceinte, il luttait contre la dissolution de son moi :

> Pendant les derniers mois de la grossesse de sa mère, il se mit à manifester un intérêt exclusif pour les objets inanimés de son entourage, qu'il examinait en les touchant... On commença à remarquer chez George un intérêt étrange et compulsif pour les barriques, en particulier les barriques de bière (il habitait près d'une brasserie). Il fut ensuite fasciné par les tuyaux de toutes sortes... Au bout de quelques mois, il se mit à se passionner pour les appareils électriques ; il refaisait indéfiniment le geste de brancher un fil dans une prise. Plus tard encore, George ne pensa plus qu'aux feux et c'était là sa préoccupation exclusive au moment où il fut hospitalisé, à six ans et demi.

Et voici l'interprétation que donne Mahler de ce cas :

> George semble avoir tenté désespérément de trouver des procédés de contre-investissement pour empêcher la fragmen-

tation de son moi si fragile. Pour prévenir la menace de perdre son objet-monde libidinal, il s'efforça de le ressaisir sur un mode concret... il s'efforçait manifestement de distinguer, de comparer, les barriques de bière et le corps de sa mère enceinte. Après la naissance de sa petite sœur, George compara, sur le mode tactile, des symboles concrets de l'anatomie masculine et féminine...

Le propos du présent livre, dans sa totalité, est certes de démontrer que le non humain présente pour nous des significations qui dépassent cette fonction de tampon que lui attribuent implicitement des travaux psychanalytiques comme ceux-ci ; mais ce n'est pas une raison pour la passer sous silence et je répéterai ici que, dans la mesure où le moi est parvenu à se différencier de son contexte non humain, divers constituants spécifiques de celui-ci, tels que les machines, peuvent être vécus par le moi, obligé de se défendre pour se développer, comme des symboles des pulsions et des affects qui le menacent.

On observera, au demeurant, que les diverses contributions de l'élément non humain au développement normal de la personnalité passées en revue dans ce chapitre impliquent, dans la plupart des cas, que le moi se soit déjà distingué des créatures et des choses en question. Les quelques paragraphes qui suivent, cependant, font exception en ce qu'ils traitent de l'époque précédant cette différenciation – précédant l'acquisition de véritables relations d'objets.

Dans son livre si stimulant, *Philosophy in a New Key – A Study in the Symbolism of Reason, Rite and Art* [91] (Une nouvelle approche de la philosophie – Étude sur les symbolismes de la raison, des rites et de l'art), Susanne K. Langer insiste sur le rôle décisif que joue l'environnement non humain dans l'élaboration de la conception du soi. Du fait, explique-t-elle, de sa simplicité et de sa stabilité relatives – par opposition à la complexité et à la mobilité déroutantes de l'entourage humain – il constitue une sorte de toile de fond face à laquelle l'individu immature parvient, par un processus de projection, à enrichir et à renforcer progressivement la conscience de son identité personnelle :

... L'un de mes plus anciens souvenirs c'est que les chaises et les tables *conservaient une apparence invariable,* à la différence des gens, et que cette permanence me stupéfiait.

Projeter des sentiments sur des objets extérieurs est le pre-

> mier moyen que l'on a de symboliser et donc de concevoir ces sentiments... La conception d'un « Soi », qui marque, estime-t-on généralement, le début de la mémoire réelle, dépend peut-être de cette formulation symbolique de nos sentiments [91a].

De même, dans son analyse du symbolisme chez les primitifs, Langer montre combien il est logique que tant de leurs divinités revêtent une forme animale ; il est en effet bien plus simple de prendre tel ou tel animal pour symbole de telle ou telle qualité morale plutôt que des individus humains, dont la diversité et la complexité déroutent et défient la généralisation. C'est pourquoi, selon cet auteur, les cultes animaux ont précédé presque partout, semble-t-il, des religions plus évoluées. « Avant de pouvoir reconnaître clairement ces caractères en eux-mêmes, les hommes peuvent les voir incarnés en tant que types dans des animaux » [91b].

Pour être en mesure de tirer un tel parti de son entourage non humain, il faut, je crois, que le nourrisson ou l'enfant le perçoive comme simple et stable ; et aussi comme se prêtant à une relation spontanée et non comme frappé d'interdit par de trop nombreuses mises en garde des parents, ni faussé par les appréciations qu'ils portent sur sa nature.

C'est ainsi qu'il ressort très clairement du travail avec des schizophrènes qu'un très grand nombre d'entre eux, du fait de changements de résidence trop fréquents dans leur enfance, ont été privés d'une source de sentiment de sécurité qui a beaucoup d'importance à cette époque de la vie, celle d'un cadre de vie familier et stable année après année. J'ai vu bien souvent les efforts que faisaient ces patients pour se rappeler où ils habitaient à tel âge, trahissant ainsi combien il était vital pour leur sentiment d'identité et d'intégrité personnelle de parvenir à rétablir la continuité de leurs souvenirs.

De tels sentiments, éprouvés par des adultes schizophrènes, doivent présenter, selon moi, de grandes similitudes avec ceux que suscitent chez un très jeune enfant en bonne santé un environnement non humain perçu comme étranger. Ceci me rappelle un voyage en train que nous avons fait ma femme et moi avec notre fils, alors âgé de moins de deux ans. La joie et le soulagement qu'il manifesta lorsque, l'ayant conduit aux toilettes, ma femme tira d'un sac son « pot » familier pour l'installer sur le siège inquiétant du cabinet, en disaient long sur la tension qu'avait dû causer en lui tout cet univers inconnu, fait de gens, certes, mais aussi de tout ce qui constituait le train.

L'article de Szalita-Pemow [152], « Further Remarks on the Pathogenesis and Treatment of Schizophrenia » (Nouvelles observations sur la pathogénèse et le traitement de la schizophrénie), insiste sur le danger que représentent, pour le développement normal de l'enfant, des représentations trop grossièrement fausses que les parents plaquent sur son environnement et qui en compliquent pour lui l'accès :

> ... Le monde animal et la nature inanimée sont souvent présentés à l'enfant sous l'aspect déformé d'un monde animiste et fantastique. La littérature que les adultes ont tant de plaisir à lire aux enfants contribue pour beaucoup à cette déformation et trahit la force que conservent les croyances animistes même chez nos contemporains adultes [152a].

Si j'en crois mon expérience, une forte proportion des schizophrènes a une vision du monde qui est, à la fois, vague et d'une écrasante complexité et d'où ne se dégage aucune signification fondamentale saisissable. Je ne veux pas dire que les gens « normaux » soient totalement étrangers à une telle vision du monde, mais je crois que les difficultés qu'éprouve à cet égard le schizophrène sont bien plus graves. Cela apparaît avec une évidence particulière chez les schizophrènes paranoïdes qui ne sont pas encore parvenus à constituer un pseudo-sens par cristallisation d'un système hallucinatoire relativement fixé, et chez les catatoniques, qui, généralement entre de longues périodes de mutisme, arrivent à donner une expression verbale aux pensées très abstraites et très compliquées portant sur la morale et sur le sens de la vie, dans lesquelles ils sont, apparemment, souvent plongés. La pensée des hébéphrènes, caractérisée par son extrême fragmentation, témoigne aussi de leur incapacité à appréhender les réalités essentielles de leur situation. Pour illustrer ce phénomène dans sa généralité, je citerai un passage de *L'Expérience religieuse* [85], de William James. Les schizophrènes ne s'expriment généralement pas avec cette clarté et cette objectivité; mais il s'agit bien là de l'une des innombrables visions « irréelles » du monde auxquelles je me réfère :

> « Quand je me dis que j'ai fait mon apparition par accident sur un monde que fait tournoyer dans l'espace le jeu des catas-

trophes célestes », dit Mme Ackermann ; « quand je me vois environnée d'êtres aussi éphémères et aussi incompréhensibles que moi et tous lancés dans la poursuite passionnée de chimères, j'éprouve un étrange sentiment d'être dans un rêve. J'ai l'impression d'avoir aimé, d'avoir souffert et de devoir mourir avant longtemps, dans un rêve. Mon dernier mot sera : " j'ai rêvé " » [85d].

Sans entrer dans la question du diagnostic d'hystérie ou de schizophrénie, ni dans celle des symptômes, tels que dépersonnalisation et déréalisation, je voudrais maintenant avancer l'hypothèse suivante : une incapacité chronique aux premiers stades de l'enfance d'établir une relation avec un monde d'objets inanimés relativement simple et stable et perçue sur un mode réaliste, et non animiste, n'aurait-elle pas beaucoup à voir avec l'incapacité éprouvée à l'âge adulte de découvrir dans sa propre vie des réalités fondamentales saisissables, une signification tangible? Ce n'est là qu'une hypothèse – et la transformer en certitude exigerait infiniment plus d'observations que je n'en ai accumulé, dont certaines qu'il n'est pas à ma portée de réaliser, car elles impliqueraient de suivre des individus depuis la petite enfance jusqu'à l'âge adulte. Il me paraît néanmoins hautement significatif que tant de schizophrènes profondément déroutés quant au sens de leur vie aient eu, dans leur tout jeune âge, une expérience profondément déroutante de leur entourage non seulement humain mais aussi non humain. J'en conclus que la relation du nourrisson et de l'enfant avec, par exemple, ses jouets, ses vêtements, le mobilier de sa maison, la maison elle-même et ainsi de suite, a, pour le meilleur ou pour le pire, des répercussions beaucoup plus décisives sur la vie adulte que la théorie psychanalytique ne l'a admis jusqu'à présent.

2) Le second grand fait que je voudrais exposer maintenant c'est que l'entourage non humain du nourrisson et du jeune enfant, du fait qu'il est en général plus simple, plus stable et plus manipulable que l'entourage humain, lui offre une sorte de terrain d'entraînement pour développer des capacités qui lui seront utiles dans ses relations interpersonnelles.

Les jouets, par exemple, incapables de mouvements physiques autonomes comme de pensées et de sentiments, dispensent l'enfant de toute préoccupation quant à leurs « réactions propres » et se prêtent à ses volontés bien mieux que les personnes qui l'entourent. Le maniement des jouets développe en lui l'adresse manuelle, l'imagination, la réflexion suivie, le discernement, etc., toutes qualités dont il aura besoin dans la suite de son existence, où les relations humaines prédomineront. La petite fille apprend quelques rudiments des soins maternels en s'occupant de sa poupée, tellement plus docile que son futur bébé. Et le petit garçon qui joue avec des avions, des bateaux, des voitures et divers outils en miniature, donc relativement maniables, s'initie aux connaissances et aux techniques qui lui serviront dans sa vie d'homme.

Mais on trouve également des cas d'adultes pour qui le monde non humain sert de terrain d'apprentissage pour l'établissement d'une relation qu'ils transposeront plus tard dans le domaine interpersonnel. Mon travail avec des névrosés m'a mis à de nombreuses reprises en présence d'un phénomène qui n'est certainement pas rare chez les gens « normaux » : un couple sans enfant qui, en apprenant à soigner des plantes et des animaux domestiques, se prépare au rôle de parents. J'en donnerai pour illustration des propos tenus par un obsessionnel de trente-trois ans pendant des séances d'analyse avec moi. Il avait eu une enfance très solitaire, pendant laquelle il n'avait joui que fort peu d'une présence active et chaleureuse de la part de son père, renfermé et peu viril. Le patient s'était marié trois ans avant la séance analytique en question. Dès le départ, ce mariage n'avait apporté que conflits et malheur ; mais depuis quelques mois, la présence d'un chien avait notablement contribué à rendre l'atmosphère de ce foyer plus vivante et plus gaie. À présent, l'épouse entamait sa première grossesse et le patient exprimait ses doutes quant à sa capacité d'assumer son rôle de père. Les échantillons suivants de ses ruminations montrent la valeur considérable que le chien avait revêtu, de ce point de vue, aux yeux de sa femme et de lui-même. J'ai souligné par des italiques certains passages :

> Les choses se passent plutôt bien [il commence sur un ton de confidence qui ne lui est pas habituel ; puis, parlant de sa femme :] Elle m'a fait remarquer, ce matin, que si le Petit Magicien [C'est le nom qu'ils me donnent] me rendait encore plus sûr de moi, il faudrait faire quelque chose – ce qui m'a fait bien plaisir, surtout en pensant à tout ce qu'il y avait d'incertain dans le passé...
>
> Et plus je pense à l'enfant... plus je me dis que ça sera chouette [lentement et pensivement] – euh – et je crois que je serai un

peu fier d'être le père d'un petit ange – je crois que ça sera assez excitant – sûrement une expérience – euh – et je pense, c'est sûr, que si on doit avoir des enfants, il faut sûrement les avoir maintenant et pas attendre, parce que je crois que plus on vieillit, moins on sait s'adapter et plus les enfants vous posent de problèmes. Je pense que l'enfant – je *sais* que ce sera une bonne chose pour ma femme, qui n'a pas assez d'occupations... Je crois qu'elle sera une bonne mère [d'un ton convaincu] Et je n'arrête pas de penser que ça pourrait être un garçon – et je n'arrête pas de me demander : « Que diable peut-on bien apprendre à un garçon sur la vie, sur ce que c'est que la vie? » – je me dis que je pourrais sans doute faire ça – J'imagine que j'aurais tendance à trop insister sur les choses qui m'ont manqué dans les débuts de mon existence – euh – et j'imagine qu'il faudrait que je prenne garde à ne pas trop insister là-dessus – J'ai l'impression que notre cadre de vie [une ferme aménagée] est très favorable, très pratique pour avoir un enfant, des enfants.

C'est sûr que si le plaisir que nous a donné cette bête peut en donner une vague idée – ça a été un plaisir, bien moins grand, bien sûr, que d'avoir un enfant, mais *une responsabilité commune* [sur un ton de pleine satisfaction] *même quand nous nous éloignions l'un de l'autre, pour ce qui est des sentiments, le chien toujours nous rapprochait* – euh – je m'aperçois que certaines des choses qui m'irritaient chez ma femme, il me semble qu'elles ne m'irritent plus autant – ...les mêmes choses [celles qu'ils se reprochaient l'un à l'autre] sont dites, mais plus de la même façon – c'est presque comme si on les disait sur une base d'estime, plutôt que de mépris...

Si j'ai souligné les propos mentionnant explicitement le chien, il faut remarquer combien étroitement ils se mêlent aux remarques sur le plaisir et la confiance croissante avec lesquels le patient considère son ménage et plus précisément la perspective de l'arrivée d'un enfant.

3) De bien des façons, le milieu non humain du nourrisson et de l'enfant apaise les tensions et les appétits que suscite en lui la présence d'autres êtres humains. Il y trouve souvent la paix et la stabilité et une compagnie à des moments où le monde des hommes ne lui offre qu'angoisse et solitude; et souvent aussi, il y trouve un exutoire à des sentiments qu'il ne peut exprimer face à des personnes. C'est notamment le cas des relations qui lient un enfant à son animal préféré.

Je ne m'étendrai pas sur ce point, que j'ai déjà abordé à propos des articles de Stevenson [146] et de Heiman [73], en particulier; je renverrai le lecteur intéressé à la description que donne Margaret Mead [104c, d] de l'éducation d'un enfant chez les Arapesh, une tribu océanienne, et dans laquelle on trouve un exemple extrême d'expression réprimée de l'agressivité dans les relations interpersonnelles combinée avec une latitude quasi illimitée laissée à l'enfant de la déverser sur les objets non humains qui l'entourent. La maison qu'habite l'enfant n'est pas le réceptacle tabou des trésors des adultes, auxquels il n'a pas le droit de toucher et quand il est fâché, la liberté qui lui est laissée de se livrer à des destructions va bien plus loin que celle de claquer la porte et autres manifestations bénignes depuis longtemps en honneur chez nous pour servir d'exutoire aux ressentiments. La description que fait Mead des mœurs arapesh met en relief l'importance que revêt chez nous pour l'éducation d'un enfant la latitude qu'on lui laisse de reporter sur son entourage non humain l'expression des « sentiments interpersonnels tabous ».

4) Dans la ligne de ce qui précède, j'ajouterai que l'élément non humain offre à l'enfant un milieu dans lequel il est en mesure de prendre conscience de ses capacités – force physique, adresse, ingéniosité, et autres aptitudes intellectuelles – aussi bien que des limites qui leur sont imposées. Il trouve dans ses échanges avec ce milieu l'occasion de comprendre de façon claire et réaliste qu'il dispose de divers pouvoirs mais qu'il n'est pas tout-puissant.

L'évocation par les patients de ce genre d'expérience enfantine est souvent fort rafraîchissante à entendre. Un névrosé, au bout de presque quatre ans d'un pénible travail analytique qui l'avait mis aux prises de façon chronique et intense avec l'angoisse, le désespoir, le cynisme et un esprit de compétition maladif, avait fini par renouer, pour ainsi dire, avec des aspects sains de la fin de son enfance. Lors d'une séance, il se mit à évoquer la passion qu'il avait pour l'escalade des falaises surplombant une rivière proche de chez lui. D'une voix qui trahissait le plaisir et la confiance en soi, il déclara : « C'était une façon de me mettre à l'épreuve... Il ne s'agissait pas tant d'entrer en compétition avec autrui que de voir ce dont j'étais capable *moi-même,* et je me régalais. » Il semble que rien ne puisse ternir le souvenir de ces expériences dans lesquelles un enfant a appris à connaître ses capacités franchement, sans détour et du plus profond de son être.

5) J'aborde maintenant un point qui concerne l'adolescence ; je m'y étendrai quelque peu car, en dépit de son importance, et pour autant que j'aie pu m'en rendre compte, il a

été entièrement passé sous silence jusqu'ici par la littérature psychanalytique et psychiatrique.

Je pense que l'un des phénomènes majeurs de l'adolescence, l'une de ses significations les plus profondes et sa contribution la plus importante à la formation de l'individu est de permettre à celui-ci d'assumer son statut d'être humain. Non seulement le garçon devient un homme et la jeune fille, une femme, mais chacun d'entre eux devient plus profondément humain, prend mieux conscience de son humanité face à l'élément non humain et l'accepte. Au cours de cette période de transition, ses préoccupations primordiales se détournent du monde de la nature et des autres objets non humains pour se concentrer sur le monde des autres hommes.

Ce déplacement est exigé de l'adolescent par le développement de ses besoins sexuels, qui ne peuvent trouver de satisfaction adéquate qu'auprès d'un autre être humain, ainsi que par l'ardente ambition, que la société nourrit en lui, de s'établir comme époux et père, ou comme épouse et mère. Et il est rendu possible à ce stade par le développement désormais suffisant, chez l'adolescent, de divers pouvoirs – sexuel, musculaire, intellectuel, culturel – qui lui donnent les moyens de se tailler une place dans le monde des humains, ce qui était hors de sa portée auparavant.

La pratique de la psychanalyse ou de la psychothérapie nous fournit l'occasion de voir des patients accomplir cette transformation sous nos yeux, avec retard, puisqu'elle aurait dû s'effectuer dans leur adolescence. À titre d'exemple, je vais rendre brièvement compte de l'expérience que j'ai retirée de l'analyse d'un homme âgé de vingt-huit ans et souffrant d'une grave névrose obsessionnelle.

Cet homme avait eu une enfance solitaire, affligée, tout au long, de forts sentiments d'inacceptabilité et d'infériorité. Jusqu'à l'âge de six ans, il passa une grande partie de son temps à jouer avec ses jouets dans le grenier de sa maison. Pendant son analyse, le souvenir lui revint très vivement de la peur qu'il avait éprouvée à l'idée d'avoir à « quitter son grenier », puis d'avoir à aller à l'école secondaire. Bien qu'il eût fait de brillantes études jusqu'au premier cycle universitaire inclusivement, il ne réussit jamais à nouer des relations confiantes et satisfaisantes avec d'autres garçons et filles. C'est ainsi que pendant tout le premier cycle secondaire, il passa toutes les récréations seul dans un coin de la bibliothèque de l'école, se sentant terrifié et méprisé par ses camarades qui jouaient ensemble dans la cour; à l'université, tout en faisant les gestes de sociabilité que les conventions exigeaient, il n'en continua pas moins à se sentir aussi à l'écart des autres que jamais. S'il avait voulu commencer une analyse, c'est parce que certains rituels compulsifs le gênaient sérieusement dans l'exercice de ses fonctions de juriste auprès de l'administration.

L'analyse révéla bientôt que cet homme n'avait jamais vraiment quitté son grenier, pour ce qui est de sa perception d'autrui. Il persista longtemps à traiter les autres personnes comme s'il s'agissait d'objets inanimés; dans ses rares moments de relative euphorie, il avait l'impression de pouvoir les manipuler, pour sa plus grande gloire personnelle, tout comme il jouissait, dans son enfance, à faire manœuvrer un grand nombre de figurines d'animaux; mais la plupart du temps, il ressentait les autres individus comme autant d'obstacles mécaniques sur son chemin, devant lesquels il éprouvait à la fois découragement et fureur. Il ne pensait pas le moins du monde aux sentiments qu'ils pouvaient éprouver ni à leurs susceptibilités. Il fallut plusieurs mois d'analyse avant qu'il ne parvienne à me laisser intervenir verbalement, si peu que ce fût, dans le travail analytique; auparavant, pour peu que j'insistasse pour dire quelque chose, il semblait le redouter avec une angoisse confinant à la panique.

Au cours des quatre années de son analyse, cet homme finit par se marier; il devint père; il établit des relations plus proches, plus chaleureuses et plus vivantes avec ses collègues; et simultanément, dans le travail analytique, il adopta avec moi une attitude plus détendue, plus spontanée et plus coopérante. Quant à ses rituels obsessionnels qui, au début de l'analyse, menaçaient de l'isoler de plus en plus radicalement des autres, ils disparurent presque.

Il abandonna l'analyse à un moment où, en dépit des progrès que je viens de mentionner, j'avais de fortes raisons de penser qu'il était sur le point non seulement de consolider ces progrès mais d'en accomplir d'autres, bien plus profonds. Il restait en proie à de graves doutes sur lui-même, à un esprit de compétition maladif et à des attitudes défensives à l'égard d'autrui. Il y avait cependant un pas décisif que nous avions accompli ensemble : il avait quitté son grenier. J'avais la certitude que quelque difficulté que la vie lui réservât dans ses relations avec les autres, il s'était irréversiblement décidé à vivre dans le monde réel, comme un être humain parmi les autres.

On trouve une expression particulièrement belle de ce tournant par lequel l'individu se détache du monde non humain pour se rapprocher de ses semblables, dans le poème de Wordsworth intitulé *Vers composés à quelques milles de l'abbaye de Tintern, en revoyant, au cours d'une excursion, les rives de la Wye, le 13 juillet 1798* [167]. Le poète, se rappelant les heures passées jadis parmi les falaises, les collines et les ruisseaux que son œil contemple à nouveau, se souvient que

... Nature then
to me was all in all [1]...

mais, depuis, un tournant s'est produit dans sa vie :

... That time is past,
And all its aching joys are now no more,
And all its dizzy raptures. Not for this
Faint I, nor mourn, nor murmur; other gifts
Have followed; for such loss, I would believe,
Abundant recompense. For I have learned
To look on Nature, not as in the hour
Of thoughtless youth; but hearing oftentimes
The still, sad music of humanity...[1]

Comme l'écrit Fountain [43] dans un article intitulé « Adolescent into Adult : An Inquiry » (Enquête sur le passage de l'adolescence à l'âge adulte) l'adolescent :

> ...devient dans une certaine mesure « responsable » de son semblable...

Ce changement d'orientation qui va, au cours de l'adolescence, du non humain vers l'humain m'apparaît au cœur de cette « crise idéaliste » de l'adolescent qu'ont décrite Inhelder et Piaget [82b], crise pendant laquelle il se sent appelé à réformer un monde

1. ... ... La Nature alors
pour moi était tout...
... Ce temps est révolu,
Et toutes ses joies cuisantes à présent ne sont plus,
Et ses transports vertigineux. Ce n'est pas cela qui tirera de moi
Un cri, un pleur, un murmure : d'autres bienfaits
Depuis, m'ont été donnés; telle perte, je crois,
Me fut richement payée. Car j'ai appris
À regarder la Nature, non plus comme à l'heure
De la jeunesse étourdie; mais j'y entends souvent
La muette, la triste musique de l'humanité...

dont il est lui-même le centre; et au sortir de cette crise, s'effectue

...le retour à la réalité, qui marque le chemin conduisant de l'adolescence à la véritable entrée dans l'âge adulte.

Il se pourrait que ce besoin qu'éprouve l'adolescent de réformer l'humanité, à laquelle il a un sentiment plus profond d'appartenance, découle pour une part de la projection sur ses semblables d'un résidu de son identification antérieure avec le monde non humain : il se sentirait appelé à les sauver de cette condition non humaine, de laquelle il a lui-même tout juste fini de se dégager. Je crois que ce changement d'orientation est également applicable à la « crise d'identité » qu'Erikson [37a] situe dans l'adolescence. Je présenterai, au chapitre VIII, un certain nombre d'exemples cliniques d'où il ressort que ces crises d'identité, ces conflits dont l'enjeu est de devenir tel type d'être humain ou tel autre, s'enracinent dans une ambivalence plus profonde, où ce dont il s'agit c'est d'être ou non humain.

Cette transition que vit l'adolescent nous est dépeinte sous des traits particulièrement évocateurs dans le roman classique de W. H. Hudson, *Green Mansions* (Vertes demeures) [81] qui nous conte les amours d'un jeune homme et d'une fille-oiseau qu'il a découverte dans les forêts tropicales d'Amérique du Sud. L'amour que le héros, Abel, porte à la fille-oiseau s'adresse encore pour une bonne part à la Nature; Rima ne se dégage jamais de la Nature qui l'environne pour apparaître comme un être humain de chair et de sang. Je dirai un mot plus loin de la dynamique psychique que je crois à l'œuvre dans cet amour typiquement adolescent dont le récit de Hudson offre une magnifique illustration. Mais auparavant, il me faut donner ici certains passages de ce roman, dont le premier sera assez long pour laisser percevoir ce parfum de beauté poétique, d'amour éthéré attisé par l'attente d'un émoi inconnu et merveilleux, que Hudson évoque avec tant de talent. Dans la préface qu'il écrivit en 1915 pour ce roman, John Galsworthy qualifie Hudson de plus éminent naturaliste vivant; quant au roman, selon lui, « il immortalise l'amour le plus passionné de toutes les belles choses qui fut jamais dans le cœur d'un homme » [81a].

La popularité que connaît ce récit depuis quarante ans signale à elle seule que Hudson a touché là une corde fort sensible chez nombre de représentants de notre culture : il donne éloquemment la parole à l'adolescent que chacun d'entre nous a en lui.

Voici tout d'abord la description de la première rencontre d'Abel avec Rima ; il l'entend seulement, il ne la voit pas encore :

> Après cette tempête de mouvements et de bruits confus, le silence de la forêt semblait très profond ; mais à peine m'étais-je reposé quelques instants, qu'il fut rompu par les lents accents d'un exquis chant d'oiseau, merveilleusement pur et expressif, pareil à nulle autre musique que j'aie entendue auparavant. Il semblait provenir d'une épaisse touffe de larges feuilles que portait une plante grimpante, à quelques mètres à peine de l'endroit où j'étais assis. Les yeux fixés sur cette cachette verte, retenant mon souffle, j'attendais qu'il se reproduisît et je me demandais si un civilisé avait jamais ouï de tels accents auparavant. Sûrement non, me disais-je, sinon la rumeur d'une mélodie aussi divine se serait répandue au loin depuis longtemps. Je pensais au rialejo, le fameux oiseau-orgue ou oiseau-flûte et aux évocations variées qu'il suscite chez ceux qui l'entendent. Pour certains, ses roulades ressemblent au son de quelque bel et mystérieux instrument tandis que d'autres croient y entendre le chant plein de joie d'un enfant à la voix infiniment mélodieuse. J'avais souvent écouté avec délice le chant du rialejo dans les forêts de Guyane mais cette mélodie-ci, par son phrasé musical, était bien différente. Elle était pure, plus expressive, plus douce – si ténue qu'à quarante pas de là on aurait eu du mal à l'entendre. Mais son charme le plus prenant tenait à sa ressemblance avec la voix humaine – une voix épurée et lumineuse qui évoquait un ange... [81b].

Il me semble significatif que Rima émerge, encore que jamais complètement, de la Nature environnante dont elle fait partie ; et que l'amour d'Abel émerge de son amour premier pour la Nature. Et je crois que ce récit nous précise quelle transition s'accomplit durant l'adolescence, et qu'il s'agit moins d'un déplacement des élans affectifs de l'adolescent depuis son environnement non humain vers le monde de ses semblables que de l'émergence d'une relation d'amour, désormais primordiale dans sa vie affective, tournée vers des êtres humains à partir d'une relation d'amour tournée vers la Nature et d'autres éléments non humains. L'amour intense que porte Abel à la Nature, indissolublement mêlé à l'amour qu'il porte au possesseur encore invisible de cette voix d'oiseau, est dépeint explicitement dans de nombreux passages qu'il n'est nul besoin de reproduire ici. Il est clair que la Nature même apparaît aux yeux d'Abel de plus en plus irrésistiblement parée de séduction et de sens à mesure que croît son amour pour Rima ; ce qui implique que la maturation de la personnalité doit atteindre au moins le stade de l'adolescence si l'on veut faire l'expérience de l'amour dans sa profondeur, qu'il s'adresse à la Nature ou à la nature humaine.

D'ailleurs, quand Abel aperçoit enfin Rima pour la première fois, elle ne cesse pas pour autant de faire partie de la Nature. Et quand elle disparaît, après s'être laissée brièvement entrevoir, c'est « comme si elle s'était fondue dans la verdure ». Plus tard, Abel exprimera son amour à Rima ; il le fera dans les termes dont usent tant d'adolescents, en pensée ou à haute voix, pour dire la beauté de leur bien-aimée : il la comparera, l'identifiera même parfois, à des éléments de la Nature.

Quant aux processus psychodynamiques que met en jeu cet amour si typiquement adolescent d'Abel, le récit nous fournit de nombreux indices des principaux facteurs qui sont à l'œuvre. Il apparaît tout d'abord que l'amour d'Abel pour la Nature est proche de celui qu'un enfant porte à sa mère :

> Ah, ce retour dans la forêt où habitait Rima, après toute une journée d'anxiété, quand sous le soleil déclinant mais encore vif et chaud, les ombrages des bois se montraient si accueillants! ... Je me sentais comme un enfant qui, frappé par quelque chose qu'il a vu tandis qu'il jouait dehors au soleil, s'enfuit auprès de sa mère pour sentir sa main caressante sur sa joue et oublier ses frayeurs. La pensée de ce rapprochement me fit un peu honte et je me moquai de moi-même ; ce sentiment n'en restait pas moins doux. En cet instant, Mère et Nature semblaient confondues... [81d].

En second lieu, la représentation que se forme Abel d'une Rima qui serait une partie de la Nature et d'une Nature idéalisée, totalement belle et innocente et immaculée, me semble traduire le combat que mène cet adolescent caractéristique pour garder à son amour sa forme idéalisée, pour le préserver des « souillures » de la concupiscence, de l'hostilité, des pulsions cannibales, etc. C'est ainsi que jamais la relation entre Abel et Rima ne comporte de désir sexuel clairement éprouvé comme tel. De même Rima, qui ne tolère pas qu'on tue aucune des créatures de la forêt, se détourne-t-elle d'Abel avec dégoût pendant quelque temps quand il cède à son appétit de viande et mange un morceau de coati cuit.

À la fin, Rima est tuée par des sauvages, qui mettent le feu à un arbre gigantesque dans la ramure duquel ils l'ont cernée. Abel se révèle alors capable d'une agressivité meurtrière qu'il avait réussi à écarter totalement de son amour pour Rima tant qu'elle était en vie. Pour la venger, il tue le chef des sauvages et incite une tribu ennemie à exterminer un bon nombre d'entre eux. Galsworthy a tout à fait raison, je crois, quand il écrit dans sa préface [81e] que ce roman « symbolise l'aspiration de l'âme humaine à la beauté et à l'amour parfaits en ce monde – impossible perfection que nous devons tous apprendre à voir tomber du plus haut de son arbre et se consumer dans les flammes, telle Rima, la fille-oiseau ».

Il apparaît ainsi que cette façon particulière qu'a l'adolescent de considérer l'objet de son amour comme appartenant à une Nature idéalisée est fonction de son effort inconscient pour maintenir cet amour « pur », à l'abri de toutes sortes d'émotions incompatibles avec cet idéal. C'est, je crois, la même lutte que mène l'enfant pour préserver l'image qu'il a de sa mère. Pour devenir un homme, il faut donc résoudre victorieusement les conflits de l'adolescence, c'est-à-dire intégrer cet idéalisme aux diverses autres émotions dont on est capable – concupiscence, sentiments meurtriers, etc. – et que l'on finit par accepter. Dans la perception qu'a l'adolescent de l'objet de son amour comme faisant partie d'une Nature idéalisée, entre certainement une part de projection : celle d'une image inconsciente de lui-même comme indissociable de la Nature. L'aboutissement réussi de l'adolescence impliquerait donc la renonciation à une telle image de soi-même ou d'autrui.

Avant de quitter le roman de Hudson, je veux en citer un dernier extrait pour en dégager le contenu psychologique. Il se situe après la mort de Rima et après le bain de sang qui l'a suivie. Abel se trouve à l'évidence dans un état de chagrin et de remords réprimés quand il se voit

> ...seul sur une vaste plaine caillouteuse, dans un perpétuel crépuscule, sans un mouvement, sans un bruit ; mais toutes choses, et même les arbres, les fougères, les herbes, étaient de pierre. Et en ce lieu j'étais assis depuis des milliers et des milliers d'années, dressé et immobile, mes doigts de pierre étreignant

> mes jambes, le front appuyé sur les genoux; et en ce lieu je resterais, sans me mouvoir et sans que rien puisse me mouvoir, pendant des milliers et des milliers d'années – moi, non plus moi, dans un univers où *elle* n'était pas et où Dieu n'était pas [81f].

Tout se passe ici comme si Abel avait perdu le sens de son identité non seulement d'être humain mais même de représentant de la Nature animée; or cette dernière identité, l'enfant l'acquiert avant de parvenir, notamment grâce à la transition réussie de l'adolescence, à la conscience d'être une créature humaine complète. Dans le cas d'Abel, l'expérience amoureuse de l'adolescent a abouti à un tel désastre que le sentiment qu'il a de son identité régresse, en même temps que sa perception du monde environnant, au point qu'il se sente comme un objet inanimé au sein d'un monde inanimé.

Nous savons, au demeurant, que certains psychotiques restent couchés ou assis pendant des jours et des jours, à l'image de la statue de pierre en laquelle Abel se croit changé. J'ai eu une patiente schizophrène qui exprimait sa conviction inébranlable d'avoir été « une statue, encore et encore ». Elle me fit cette déclaration après m'avoir assuré que certaines statues célèbres qu'elle avait été voir dans les alentours, à Washington, étaient en réalité des gens, « enfermés dans le ciment » et elle s'exclamait avec indignation que si seulement nous autres, les médecins d'ici, « nous allions faire la tournée des statues pour les décaper » et libérer les personnes emmurées à l'intérieur, ce serait une bonne action – au lieu de faire le mal comme à présent. Moins atteint, un malade suivi par un de mes collègues exprimait ce sentiment sur le mode imagé en parlant de sa « croûte de haine »; mais je suis persuadé que les patients qui ont régressé le plus profondément partagent littéralement l'expérience d'Abel dans le roman.

La fusion subjective de l'entourage humain dans le non humain, thème dominant de *Green Mansions,* exerce sur nous une séduction toute particulière. Le passage suivant de *Walden* [154] nous propose une variation sur le même thème. Ici, ce n'est pas un individu que Thoreau perçoit comme mêlé à la Nature, c'est la collectivité humaine représentée par le son des cloches :

> Parfois, le dimanche, quand le vent était favorable, j'entendais les cloches, celles de Lincoln, d'Acton, de Bedford ou de Concord, mélodie douce, ténue et, pour ainsi dire, naturelle, –

juste ce qu'il valait la peine d'en emporter dans ce désert. En survolant les forêts sur une distance suffisante, ce son s'entoure d'une sorte de bourdonnement vibrant, comme si les aiguilles de pin jusqu'à l'horizon étaient les cordes d'une harpe qu'il caressait. Tout son entendu du plus loin possible produit un même et unique effet, la mise en résonance de la lyre universelle, tout comme l'air qui nous sépare d'une crête lointaine la rend attrayante à nos yeux en la parant d'une teinte azurée. Ce qui me parvenait alors c'était une mélodie que l'air avait filtrée et qui avait dialogué avec chaque feuille, chaque aiguille de la forêt – cette portion du son que les éléments ont remaniée et modulée et qu'ils se renvoient de vallon en vallon. L'écho est, pour une part, un son original, et c'est de là qu'il tient sa magie et son charme. Il n'est pas simple répétition de ce qui valait d'être répété dans le tintement de la cloche, mais aussi la voix de la forêt; les mêmes notes et les mêmes paroles dérisoires que chantait la nymphe des bois [154d].

Une nouvelle source d'énergie, nous l'avons vu, ainsi que de nouveaux et intenses besoins, qui conjointement permettent et enjoignent à l'adolescent de dépasser cette fusion subjective, découlent des pouvoirs et des besoins génitaux qu'il s'est nouvellement découverts. Ceux-ci lui permettent et lui enjoignent, donc, de se percevoir, ainsi qu'autrui, comme véritablement différencié de la Nature, malgré tant de ressemblances avec elle. Mais, dans *Green Mansions*, je crois qu'Abel ne parvient pas à cette ultime différenciation qui fait l'être humain à part entière. Les gens dont l'adolescence, comme la sienne, ne trouve pas son aboutissement normal continuent toute leur vie à se reconnaître davantage dans la Nature que dans le genre humain. Avec la Nature, ils se sentent dans une relation de parenté étroite et passionnée; avec leurs semblables, dans une relation d'étrangeté : ce sont des misanthropes.

CHAPITRE IV

MATURITÉ AFFECTIVE ET ENVIRONNEMENT NON HUMAIN

Il m'a fallu des mois de réflexion et de travail sur l'ensemble de la question de l'environnement non humain pour aboutir à la conclusion qu'il n'existe vraisemblablement qu'une seule attitude envers cet environnement, qui caractérise vraiment l'individu parvenu à la maturité affective. On a de bonnes raisons d'hésiter à formuler une hypothèse qui peut paraître aussi réductrice. Le monde non humain est d'une telle complexité! Que l'on songe, par exemple, aux significations psychologiques si différentes que peut présenter une forêt pour un bûcheron, un agent immobilier, un naturaliste, un artiste ou un simple promeneur. Et l'on sait bien, d'autre part, que la maturation affective qui s'accomplit depuis l'enfance se traduit non pas par une simplification des émotions, non pas par une incapacité croissante à éprouver des émotions diverses mais bien au contraire par une aptitude à ressentir des émotions de plus en plus riches et complexes.

Mon collègue Joseph Smith m'a fait justement observer que la difficulté même que l'on éprouve à définir l'attitude de l'individu arrivé à maturité à l'égard de son milieu non humain était significative; il se pourrait ainsi que la maturité se traduise par la capacité de se poser la question de la position que l'on occupe face à cette portion – de loin la plus vaste – de son environnement au lieu de se contenter d'une explication toute faite – telle que la vision animiste qui serait celle des peuples primitifs ou l'hypothèse prévalant dans la psychiatrie actuelle, qui fait de cet environnement un simple cadre pour le vécu psychiquement significatif plutôt qu'un élément constitutif de ce vécu. La véritable maturité se traduit donc par un intérêt curieux et jamais satisfait jusqu'au dernier jour pour les multiples sens que peut offrir cette facette de l'existence.

Mais, à vrai dire, je crois qu'il existe une attitude fondamentale universellement repérable, une orientation affective centrale à laquelle l'individu arrivé à maturité revient, si amples et si riches que soient les fluctuations de ses sentiments envers le monde non humain dans les circonstances diverses de la vie quotidienne. Cette attitude joue en quelque sorte pour l'homme le rôle d'un îlot de terre ferme sur lequel il trouve une assise pour scruter alentour la mer des significations plus ou moins difficiles à saisir et parfois insondables, que recèle ce domaine de la vie humaine.

Ce sentiment fondamental peut s'exprimer en un seul mot : apparentement *(relatedness).*

Par là, j'entends, d'une part, la perception d'une parenté intime, le correspondant psychique de cette parenté structurelle avec tant d'éléments non humains que j'ai décrite au chapitre I et qui peut s'exprimer en termes de physiologie, d'anatomie, de structure atomique et aussi d'évolution de l'espèce et de destin de l'individu, dont le corps est voué à devenir partie intégrante du monde non humain.

Mais d'autre part et simultanément, ce sentiment d'apparentement comporte le maintien de la conscience de son individualité en tant qu'être humain, et de l'impossibilité de se fondre dans le monde non humain, si étroitement que l'on soit lié à lui et à tant de niveaux. Ainsi la maturité ne cherche-t-elle à se protéger ni contre le sentiment d'une parenté réelle et immédiate avec un chien ou un arbre, par exemple, ni contre la conscience d'appartenir indéfectiblement à l'humanité. Elle ne renonce pas aux frontières du moi et ne se laisse pas leurrer par l'illusion de pouvoir se fondre avec tel ou tel élément du milieu non humain, qu'il appartienne ou non à la nature. Qu'elle fasse notre joie ou notre désespoir, l'appartenance à l'espèce humaine est irrévocable et l'individu parvenu à maturité le sait. En cela, son expérience du non humain est qualitativement différente de celle du mystique; celle-ci comporte un effacement des limites du moi qui, pour autant qu'il puisse se produire au stade de la maturité, en représente un aspect atypique et signale plutôt l'immaturité que la maturité. Martin Buber [20] a fait observer que l'« entrée en relation » présuppose « une mise primordiale à distance ». De même, pour parvenir, avec le monde non humain, à cette relation d'apparentement que j'analyse ici, l'homme doit au préalable avoir été capable de « le mettre à distance » – il doit s'en être reconnu séparé.

On voit ainsi combien cette relation diffère de celle que tend à établir l'adolescent, telle que nous l'avons définie au chapitre précédent. L'adolescent n'a pas encore pleinement accepté son statut d'être humain, l'écart infranchissable qui le sépare du non humain. Il en a émergé partiellement, à la différence du nourrisson incapable, lui, de distinguer entre lui-même et son environnement. Mais la maturité signifie l'accomplissement total de cette émergence, la prise de conscience et l'acceptation complètes du statut d'être humain; et c'est là, j'en suis convaincu, l'un des indices significatifs de la maturité affective.

L'état adulte, cependant, on ne saurait trop y insister, s'accompagne d'une lutte incessante pour maintenir, élucider et développer toujours davantage sa spécificité humaine face au monde non humain environnant. Ainsi que nous le rappelle cette observation d'Erikson [34], l'indifférenciation entre le moi et le monde extérieur persiste subtilement :

> ... Les hommes identifient volontiers les femmes aux désirs qu'elles excitent. S'ils apprennent à mépriser leurs pulsions « basses » (et leurs éléments prégénitaux), ils peuvent aussi mépriser les femmes dans la mesure où elles sont l'objet de leurs désirs...

Cette incapacité à discerner la pulsion de l'objet de la pulsion évoque la tendance de l'enfant, constatée par Piaget, à confondre sa propre réaction devant un objet, qu'il soit humain ou non, avec l'objet lui-même. Et comme le phénomène décrit par Erikson n'est certainement pas rare dans notre civilisation, il y a de fortes chances pour que persiste insidieusement dans le prétendu état adulte une fusion subjective avec les objets, qu'ils soient ou non humains.

Plus loin dans ce chapitre, je reviendrai en détail sur le sentiment d'apparentement. Mais auparavant, je voudrais traiter de toutes les variations et ramifications accessoires de ce thème émotionnel, dans la mesure où je les ai perçues. Il s'agit de types de sentiments autres, que l'individu parvenu à maturité peut éprouver envers son environnement non humain, mais qui sont concomitants avec le sentiment fondamental d'apparentement; et peut-être faut-il voir surtout en eux leur contribution à la riche complexité du sentiment d'apparentement.

J'ai déjà exprimé ma conviction que tous les phénomènes affectant l'appréhension du monde non humain par le névrosé ou le psychotique se retrouvent, au degré près, dans l'expérience de l'individu en bonne santé. Je présume qu'il n'est personne d'assez mûr, d'assez assuré de son humanité et en même temps de ses liens avec le non humain pour ne pas se trouver de temps à autre confronté à la « bête » qu'il a en lui et horrifié de son inhumaine férocité; ou bien tenté de renoncer à son statut d'homme pour embrasser l'existence paisible d'un chien ou d'un arbre; ou bien si absorbé par les problèmes des hommes qu'il perde tout contact avec le sol nourricier de la nature; ou encore si ravi par ces moments de grâce où l'on jouit de son animalité qu'il n'est pas éloigné d'éprouver la même conviction que certains maniaques d'être pour de bon un animal. Et ainsi de suite.

Dans tous ces sentiments, que je vais analyser à présent, il s'agit en somme du conflit qui oppose à l'intérieur de l'homme la conscience de faire partie de la nature à celle d'être à l'écart de tout ce qu'elle comporte de non humain; ou plutôt du conflit entre l'aspiration à se fondre totalement dans le monde non humain et l'angoisse d'y parvenir et de perdre ainsi sa singularité d'être humain.

Il paraît inévitable que l'homme, même parvenu à maturité, éprouve à l'égard du non humain des sentiments variés et conflictuels, car c'est sa situation existentielle, innée, qui est conflictuelle : il est à la fois enraciné dans la nature et irrémédiablement séparé d'elle. Erich Fromm exprime avec force cette réalité dans *The Sane Society* [55]. Cet ouvrage définit ce que Fromm appelle « psychanalyse humaniste », dont la thèse centrale est celle-ci :

> ... Les passions fondamentales de l'homme ne plongent pas leurs racines dans ses besoins instinctifs mais dans les conditions spécifiques de son existence, dans le besoin de tisser de nouveaux liens avec l'homme et avec la nature, une fois perdus les liens primordiaux du stade pré-humain [55b].

Fromm décrit ainsi cette situation conflictuelle :

> La conscience de soi, la raison et l'imagination rompent l'harmonie qui caractérise l'existence animale. Leur apparition a fait

de l'homme une anomalie, le monstre de l'univers. Il fait partie de la nature, il est assujetti à ses lois et incapable de les modifier et pourtant, il transcende le reste de la nature. Tout en en faisant partie, il est mis à l'écart; sans lieu, il est pourtant enchaîné à ce lieu qu'il partage avec toutes les créatures [55c].

La nécessité de trouver des solutions toujours neuves aux contradictions de son existence, de s'unir à la nature, à ses semblables et à lui-même à un niveau toujours plus élevé, est la source de toutes les forces psychiques qui meuvent l'homme, de toutes ses passions, ses affects et ses angoisses [55d].

La naissance... dans l'acception courante du mot, n'est que le début de la naissance en un sens plus large. La vie entière de l'individu n'est qu'un processus d'enfantement de soi-même; en fait, notre naissance n'est vraiment accomplie qu'à notre mort, encore que le sort tragique de la plupart soit de mourir avant d'être né.

Nous ne nous affranchissons jamais de deux tendances conflictuelles : l'une est de nous dégager de la matrice, de l'existence animale pour aller plus loin dans un mode d'existence humain, de passer de la servitude à la liberté; l'autre, de rentrer dans la matrice, dans la nature, dans la certitude et la sécurité. Dans l'histoire de l'individu et de l'espèce, la tendance progressiste s'est révélée la plus forte, encore que le phénomène de la maladie mentale et la régression de l'espèce vers des attitudes apparemment abandonnées depuis des générations témoignent de l'intensité de la lutte qui accompagne chaque nouvel effort de naissance [55e].

Cette situation conflictuelle explique les variations, dont on trouve de si nombreux exemples, sur le thème fondamental de l'apparentement avec le monde non humain, qu'il s'agisse du désir de se fondre en lui ou de l'angoisse de perdre son humanité dans une telle fusion.

L'attrait que l'expérience d'une union subjective avec la nature exerce sur l'homme – et même sur l'individu affectivement mûr, encore qu'à mon sens, je le répète, il ne s'agisse là que d'un aspect atypique de son attitude – éclate dans les descriptions d'expériences mystiques. Dans *L'Expérience religieuse* William James [85] rapporte de nombreux récits de conversions religieuses d'un type essentiellement mystique. En voici un exemple :

« Je me rappelle la nuit et presque l'endroit précis du sommet de la montagne où mon âme s'est, pour ainsi dire, déployée dans l'Infini, et les deux mondes, l'intérieur et l'extérieur, se précipitaient l'un vers l'autre. La profondeur appelait la profondeur – à la profondeur interne que mon combat avait ouverte répondait l'insondable profondeur extérieure qui atteignait aux étoiles. Je me trouvais seul avec Celui qui m'avait fait, et toute la beauté du monde, et l'amour et la peine et même la tentation. Je n'étais pas en quête de Lui mais je sentais mon esprit parfaitement à l'unisson avec le Sien. La perception ordinaire des choses qui m'entouraient s'effaçait. Ne restaient en cet instant qu'une joie, une exultation ineffables... » [85e].

Si délectables que soient de telles expériences et si essentielles au développement normal de la personnalité quand elles surviennent pendant l'enfance et l'adolescence, je crois qu'elles ne caractérisent pas l'attitude mature à l'égard du monde non humain. Le récit ci-dessus nous parle d'une dissolution des frontières du moi, d'une perte de l'identité individuelle, d'une perception de soi-même comme fondu dans son environnement qui évoque la toute-puissance ressentie par le jeune enfant. Tout cela diffère fortement de l'expérience d'apparentement à l'élément non humain, dont j'ai parlé. Là, au contraire, le sujet perçoit une parenté réelle et étroite mais sans perdre la conscience de son individualité : cette conscience, à l'inverse, s'approfondit.

Ce serait pourtant une grave erreur que d'affirmer que des expériences d'union subjective avec le milieu non humain n'ont aucune place, à aucun moment, dans l'existence de l'individu mature. Elles peuvent marquer un tournant décisif dans la phase qui suit les plus graves crises, celles où nous jette une perte tragique ou une déception majeure, celles où le chagrin, le désespoir, l'angoisse nous donnent le sentiment d'être radicalement coupés du monde extérieur. Pour surmonter de telles crises, il arrive qu'il nous faille accomplir une régression transitoire jusqu'à un stade très archaïque du moi, qui nous permet de renouer le contact avec le monde environnant grâce, initialement, à une expérience de fusion totale avec lui, comparable à celle que nous avons connue dans la petite enfance. Ce processus est, je crois, qualitativement identique à celui de la guérison par régression phylogénétique que j'étudierai plus loin à propos de certains cas de schizophrénie. Ces expériences de fusion avec la totalité de l'environnement peuvent également constituer un moment vital de créativité; j'y reviendrai bientôt.

Mais, à mon avis, le sentiment, marqué de l'omnipotence infantile, de ne faire qu'un avec l'univers, un univers saturé de Dieu, est presque aussi éloigné de l'attitude mature à l'égard du monde que celle du mélancolique pour qui celui-ci est saturé de mal. Ce sentiment, si heureux soit-il, se ramène fondamentalement à l'expérience enfantine d'union avec la Bonne Mère, alors que le mélancolique se sent uni à la Mauvaise Mère. Cette similitude apparaît clairement dans ce passage du livre de James :

> Quand on étudie le phénomène de la conversion ou de la régénération religieuse, on constate assez fréquemment que de la transformation opérée chez le sujet résulte une transfiguration, à ses yeux, de l'aspect de la nature. Il semble qu'un nouveau paradis resplendisse sur une terre renouvelée. Chez les mélancoliques, on observe habituellement la même transformation mais dans le sens opposé. Le monde leur apparaît désormais lointain, sinistre, étrange, inquiétant. Il a perdu ses couleurs, son haleine est froide, aucune spéculation n'anime son regard... [85g].

La distorsion affectant la perception de l'environnement non humain, bien que qualitativement différente, n'est pas plus accentuée chez certains psychotiques que chez certains individus marqués par une expérience religieuse comme celle dont James nous donne ces deux exemples :

> Dieu est plus réel pour moi que toute pensée, que toute chose, que toute personne. Je sens sa présence positivement, et d'autant plus que je mets davantage ma vie en harmonie avec sa loi telle qu'elle est inscrite dans mon esprit et dans mon corps. Je le sens présent dans la lumière du soleil ou dans la pluie qui tombe... [85h].
>
> Dieu m'environne comme l'atmosphère matérielle. Il m'est plus proche que mon propre souffle. En lui littéralement j'habite, je me meus, j'ai mon être [85i].

On pourra m'objecter que l'expérience mystique, pour représentative qu'elle soit du désir de fusion avec le monde non humain, ne constitue cependant pas une manifestation saillante de la civilisation occidentale moderne. Je mentionnerai donc de ce désir de fusion une autre forme d'expression qui nous est bien plus familière : la fascination qu'exerce sur un grand nombre de représentants de notre culture la littérature exploitant le thème de l'unité avec la nature ou de l'étroite parenté avec celle-ci.

Green Mansions [81] en est un exemple, et mieux encore,

peut-être, *The Sea Around Us* [23] de Rachel Carson. La séduction exercée par ce beau livre, qui est resté parmi les best sellers pendant deux ans, tient à ce thème qui le porte : l'intimité du lien de l'homme avec la nature, avec ses éléments inorganiques aussi bien qu'organiques. Voici quelques passages particulièrement évocateurs :

> En abordant la terre, les animaux qui devaient y élire domicile emportaient avec eux dans leur corps un peu de mer, un héritage qu'ils devaient transmettre à leurs descendants et qui aujourd'hui encore relie chaque créature terrestre à ses origines dans la mer primitive. Qu'il soit poisson, amphibien ou reptile, oiseau ou mammifère à sang chaud, chacun de nous recèle dans ses veines un flot salé, dans lequel le sodium, le potassium et le calcium sont combinés presque dans les mêmes proportions que dans l'eau de mer. Cela nous vient du jour où, il y a des millions d'années, notre ancêtre, étant passé du stade monocellulaire au stade pluricellulaire, se dota d'un système circulatoire dont le fluide était tout simplement l'eau de la mer... Et de même que la vie a commencé dans la mer, de même chacun de nous commence sa vie individuelle dans l'océan en miniature que contient le ventre de sa mère, et répète tout au long de son développement embryonnaire les stades par lesquels nos ancêtres à branchies qui hantaient le monde aquatique ont acquis la capacité de vivre sur terre...
>
> Plus tard, l'homme... a retrouvé le chemin de la mer... Il ne pouvait physiquement s'immerger à nouveau dans l'océan comme l'avaient fait les phoques et les baleines. Mais au fil des siècles, grâce à son adresse, à son ingéniosité et à ses facultés de raisonnement, il s'est acharné à l'explorer et à l'étudier jusque dans ses parties les plus cachées afin de pouvoir s'y replonger par l'esprit et par l'imagination...
>
> Et encore n'a-t-il fait retour à sa mer maternelle qu'en se pliant à sa loi. Il ne peut maîtriser ni transformer l'océan... [23a].

On retrouve le même thème, exerçant la même fascination, dans le récit d'Alain Gheerbrant, *L'Expédition Orénoque-Amazone* [59]. Ce livre raconte le voyage de l'auteur et de ses trois compagnons depuis le Venezuela jusqu'au Brésil, depuis le bassin de l'Orénoque jusqu'à celui de l'Amazone, à travers des jungles jusque-là inexplorées et réputées infranchissables. Dans les épreuves presque incroyables qu'ils endurèrent pendant quatorze mois, ces hommes furent soutenus par la conviction profonde de pouvoir nouer des relations amicales avec les membres des diverses tribus indigènes de la région, si distantes qu'elles fussent de l'humanité civilisée et si agressives que les fît leur réputation. Nous voyons les quatre voyageurs quitter la civilisation à Bogota pour s'enfoncer lentement dans des zones habitées par des peuples de moins en moins civilisés jusqu'à atteindre le territoire des Guaharibos, le moins civilisé de tous ceux qu'ils rencontrèrent, vivant à bien des égards comme des animaux parmi les animaux. Mais même avec ces derniers, les explorateurs éprouvèrent un sentiment de fraternité; c'est là, à mon sens, le moment suprême de la description implicite que nous donne ce livre du fil réunissant sans discontinuité l'homme civilisé au monde animal. Peu après être sortis de l'aire des Guaharibos, au cœur d'une jungle jamais visitée, les voyageurs pénétrèrent dans le bassin de l'Amazone et, descendant des affluents de plus en plus larges de ce fleuve, rencontrèrent des peuples de plus en plus civilisés.

Une photo, dans le livre de Gheerbrant, nous montre une femme Guaharibo allaitant un chien et l'auteur nous dit avoir constaté que ces femmes allaitaient des chiens et leurs propres enfants indistinctement; il a vu plus d'une fois un bébé partager le sein de sa mère avec un chiot. Une fois, ses camarades et lui-même observèrent une femme qui donnait le sein à deux petits singes comme s'ils avaient été des bébés jumeaux. Selon lui, les Guaharibos se considèrent comme descendant des singes et leur vouent un culte. Et il cite d'autres peuples parmi ceux qu'il a rencontrés qui se donnent pour ancêtre des animaux.

Ce livre contient également un passage exprimant de façon frappante le sentiment de parenté qu'éprouvaient les quatre hommes à l'égard des objets qu'ils transportaient avec eux – ce même sentiment de parenté, donc, que leur donnaient les êtres humains appartenant aux diverses ethnies rencontrées. Le passage en question relate les sentiments des membres de l'expédition quand, vers la fin de leur voyage, ne disposant plus que de deux pirogues, il apparut que s'ils voulaient sauver leurs vies, il leur faudrait abandonner une grande partie de leur équipement et du matériel scientifique recueilli depuis le départ :

> Le tri commença. Les quelques objets que nous avions réussi à garder avec nous avaient acquis une telle valeur sentimentale à nos yeux qu'il nous était extrêmement pénible d'avoir à partager entre une série noire et une série blanche ceux dont le sort resterait lié au nôtre et ceux que nous allions abandonner.

> Il semblait que chacun d'entre eux, tant il avait partagé nos peines et nos sueurs, eût acquis une liberté individuelle, un droit à la vie, comme s'il avait été un être humain [59b].

Après avoir évoqué le désir que peut éprouver l'adulte de se fondre dans son environnement non humain, venons-en à son angoisse de perdre, dans le cours d'une telle fusion, son statut d'être humain ; mais ici non plus je ne tenterai pas de donner une description exhaustive des formes dans lesquelles cette angoisse peut se manifester ; je n'en citerai que deux, à titre d'exemples. La première consiste dans la forte tendance qu'ont les hommes, même adultes, à développer à l'égard d'êtres humains appartenant à d'autres communautés des préjugés traduisant la conviction que ces autres membres de l'espèce humaine sont en réalité des infra-humains, plus animaux qu'humains. Ces préjugés, j'en suis persuadé, existent chez chacun de nous à des degrés divers : ils trahissent notre propre incertitude inconsciente quant à notre appartenance intégrale et indubitable à l'humanité. En chacun de nous est à l'œuvre une tendance, faible ou forte, à projeter sur d'autres hommes appartenant à une race ou à une religion différentes, ou hospitalisés pour maladie mentale, ou susceptibles pour une raison ou pour une autre d'être taxés par nous d'étrangers, la créature moins qu'humaine que nous sommes inconsciemment convaincus d'abriter en nous-mêmes.

Une seconde manifestation de la même angoisse réside, je crois, dans la satisfaction que nous donne l'emploi de tournures – métaphores, comparaisons, analogies, etc. – dans lesquelles une créature non humaine ou un objet inanimé se trouvent dotés de qualités humaines ou dans lesquelles des êtres humains se voient affublés de caractères non humains. Je pense à des expressions ou à des locutions telles que « il s'est transformé en taureau furieux », « elle a une démarche de félin », « une détermination de roc », « le murmure de l'eau », « les soupirs du vent », et ainsi de suite. En parlant de la sorte, nous ne cherchons pas seulement à donner de la couleur à notre langage, mais aussi à apaiser notre angoisse de perdre notre humanité ; nous exprimons notre satisfaction de nous prouver capables de discerner l'humain du non humain, et d'abord nous-mêmes du monde qui nous entoure. C'est comme si, en comparant et en identifiant l'humain au non humain avec tant de désinvolture et tant de sûreté à la fois, nous voulions nous administrer à nous-mêmes la preuve que nous dominons toute angoisse de confusion entre ces deux domaines. Ici est mise en œuvre la même dynamique psychique que Freud a décrite à propos du mot d'esprit et de l'humour. Nous verrons plus loin que l'incapacité du schizophrène à employer un langage figuré de cette sorte découle au moins en partie de son incapacité à distinguer clairement entre lui-même et son environnement non humain et entre les éléments humains et non humains de cet environnement.

Après avoir ainsi indiqué quelques-unes des innombrables variations possibles autour du thème fondamental que constitue le sentiment, caractéristique de la maturité affective, d'un apparentement de l'homme avec la nature, nous allons revenir plus en détail sur ce sentiment fondamental.

Je voudrais d'abord préciser mon propos. Je ne cherche pas ici à isoler sur le vaste spectre des sentiments dont l'homme est capable une bande extrêmement étroite que je définirais comme « l'attitude mature » à l'égard du monde non humain, celle qui subsisterait une fois éliminées toutes les autres réactions affectives face à l'environnement en tant que relevant de la névrose ou de la psychose. Il serait erroné de concevoir la maturité comme une étroite bande dans un spectre ou comme une frêle passerelle enjambant un gouffre où bouillonneraient en abondance les expériences infiniment variées de la névrose et de la psychose. C'est l'inverse qui est vrai : le vécu de la maturité est le plus riche et le plus varié; en lui sont inclus les éléments affectifs que mettent en relief la névrose ou la psychose, et bien d'autres encore.

C'est ma conviction que l'individu mature est capable d'éprouver l'essence de ce qu'éprouve le malade – sinon la psychothérapie ne serait pas possible – ainsi que d'autres sentiments et attitudes psychiques qui exigent un moi beaucoup plus fort et plus différencié que ne l'est encore celui du malade. On peut attendre d'une attitude mature face à l'environnement non humain qu'elle ressente celui-ci, par exemple, comme entièrement menaçant dans les situations où une telle pensée est parfaitement réaliste – comme lorsqu'on se trouve dans une zone fortement contaminée par des retombées radioactives. Mais à la différence du schizophrène paranoïde, incapable de toute autre attitude que celle-ci, qu'il maintient de façon rigide sans tenir aucun compte du caractère réellement maléfique, bénéfique ou inoffensif de l'environnement, l'individu mature peut immédiatement modifier sa réaction si la situation réelle change. On est donc, je crois, fondé à dire qu'il existe, face à l'environnement non humain, un type de réaction que l'individu psychiquement atteint est incapable d'avoir et qui constitue, en revanche, l'essence, le cœur de l'expérience mature. C'est ce cœur que je voudrais tenter de définir.

Avant d'exposer mes propres idées sur cette question, il me paraît utile de citer le point de vue de William James [85], qui en diffère grandement et qui offre une ressemblance quasi caricaturale avec celui qui a implicitement cours dans de nombreux milieux psychiatriques. Voici ce qu'écrit James :

> Essayez de vous imaginer soudain dépouillé de toute l'émotion que votre monde vous inspire et efforcez-vous de vous le représenter *tel qu'il existe,* totalement livré à lui-même, privé de votre jugement favorable ou défavorable, de vos espoirs et de vos craintes. Il vous sera presque impossible de vous figurer un tel état de négativité et de mort. Pas une portion de l'univers, alors, qui importe plus qu'une autre. La collection complète des choses, l'infinie succession des événements seraient dépourvues de signification, de caractère, d'expression ou de perspective. Quels que soient la valeur, l'intérêt ou le sens dont nos mondes respectifs apparaissent dotés, ce ne sont purement et simplement que des dons de l'esprit qui les envisage [85f].

Ma conviction est, à l'inverse, que plus directs sont les liens que nous parvenons à établir avec le monde non humain *tel qu'il existe* – plus ces liens sont affranchis des distorsions de la perception qu'engendrent la projection, le transfert, etc. – plus authentiquement significatives et plus affectivement satisfaisantes sont les impressions que nous en recevons. Bien loin de nous le livrer dans un état de négativité et de mort, celles-ci nous révèlent une parenté avec lui, qui est aussi vivante que réelle.

Et James écrit plus loin :

> Dans sa totalité, l'univers des objets concrets tels que nous les connaissons, non seulement pour un transcendantaliste comme Emerson, mais pour nous tous, baigne dans un univers plus vaste et plus élevé d'idées abstraites qui lui confèrent une signification.

Nous sentons, écrit-il, que les abstractions telles que l'essence du bien, du beau, de la force, de la signification, de la justice, etc., imprègnent toutes choses auxquelles nous attribuons ces qualités ; et il ajoute :

> Chaque chose que nous connaissons est « ce que » elle est en tant qu'elle participe de ces abstractions... Quand nous avons affaire au monde réel, nous sommes frappés d'impuissance dès lors que nous perdons ces objets mentaux, ces adjectifs, ces adverbes, ces prédicats, ces rubriques et ces catégories. ... Ce sont des êtres, des êtres aussi réels dans le domaine qu'ils habitent que les objets changeants des sens dans le domaine de l'étendu.
>
> Platon a donné de ce sentiment courant une illustration si brillante et si frappante que la doctrine de la réalité des objets abstraits a conservé depuis l'appellation de théorie platonicienne des Idées [85j].

Avec James, je pense que « l'univers des objets concrets... ; baigne... dans un univers plus vaste et plus élevé d'idées abstraites... ». Mais je ne le suis pas quand il affirme que c'est cet état de choses qui confère une signification à ce que nous percevons – à notre environnement non humain, par exemple. Je crois, au contraire, que moins cet état de choses a de prégnance, plus nous trouvons de signification à cet environnement. Plus nous nous révélons capables d'entrer en relation avec lui tel qu'il est – plus complètement nous éliminons de nos représentations toute imprégnation par l'idée du Bien, du Mal, ou que sais-je – plus riche et plus satisfaisante est notre relation avec lui.

Ma conviction en ce domaine se fonde sur mon expérience tant intime que professionnelle. Dans les chapitres traitant des psychotiques et des névrosés, je citerai de nombreux cas dans lesquels la relation du patient avec son milieu non humain se trouve gravement faussée du fait qu'il traite des idées abstraites comme si elles possédaient une réalité concrète, une réalité bien plus tangible pour lui que celle de toutes sortes d'objets qui apparaissent au plus haut point concrets, « réels », à l'individu non psychotique et, dans une certaine mesure, non névrosé. À mon sens, plus complètement l'homme parvient à traverser ce genre d'écrans que constituent les idées abstraites réifiées et qui atteignent à leur maximum d'opacité chez le psychotique, plus vivante et plus satisfaisante sera sa relation avec le monde non humain.

C'est là une question qu'a puissamment éclairée la pensée du philosophe et théologien Martin Buber. Sa philosophie du

« Je-Tu », ou « philosophie du dialogue » ouvre des perspectives extrêmement fécondes pour la théorie et la pratique psychanalytiques. Voici quelques extraits de l'étude que Maurice Friedman [54] a consacrée à la pensée de Buber ; ils définissent les concepts de relation « Je-Tu » et « Je-Ça » et montrent à quel point Buber se préoccupe du lien de l'homme non seulement avec l'homme mais aussi avec ce que j'appelle le non humain.

> ... Les deux attitudes et modes de relation primaires de l'homme : « Je-Tu » et « Je-Ça »... Le je de l'homme accède à l'existence dans l'acte d'articuler l'une ou l'autre de ces expressions premières. Mais les deux « je » ne sont pas identiques : « la formule première Je-Tu ne peut être prononcée qu'avec l'être entier. La formule première Je-Ça ne peut jamais être prononcée avec l'être entier ».
>
> Le véritable déterminant de l'expression première par laquelle un homme se pose n'est pas l'objet qu'il a devant lui mais la façon dont il entre en relation avec cet objet. Je-Tu est la formule première de relation ; elle est réciproque, directe, présente, intense et ineffable. Bien que ce ne soit qu'à l'intérieur d'une telle relation que personnalité et caractère personnel existent vraiment, le Je-Tu ne s'applique pas aux seuls humains mais éventuellement aussi aux animaux, aux arbres, aux objets de la nature et à Dieu. Je-Ça est la formule première de l'expérience et de l'usage. Il se situe à l'intérieur de l'homme et non pas entre lui et le monde. Elle est donc entièrement subjective et dépourvue de réciprocité... Le Ça du Je-Ça peut aussi bien être un lui, un elle, un animal, une chose, un esprit ou même Dieu sans que change la formule première. Aussi le Je-Tu et le Je-Ça recoupent-ils nos lignes habituelles de clivage pour mettre l'accent non pas sur les objets isolés et sur leurs connexions causales mais sur les relations entre les choses, sur le *dazwischen* (« ce-qui-est-entre ») [54a].
>
> ... Celui qui traite une personne comme un autre « Je » ne voit pas vraiment cette personne mais seulement une image projetée de lui-même. Une telle relation, en dépit des sentiments « personnels » les plus chaleureux, est en vérité « Je-Ça » [54c].
>
> « C'est seulement à travers de vrais rapports avec les choses et les êtres que l'homme atteint à la vraie vie... » ... Pour exister pleinement, nous devons établir des relations authentiques avec les gens qui partagent notre vie et nos travaux, avec les animaux qui nous aident, avec la terre que nous labourons, avec les matériaux que nous façonnons, avec les outils que nous manions [54d].

On voit que la pensée de Buber rejoint sur des points importants les préoccupations de ce livre, notamment à propos des personnes qui en traitent d'autres comme si elles n'étaient pas humaines ou de celles qui traitent des éléments non humains comme s'ils l'étaient. Mais je voudrais surtout mettre l'accent sur cette idée que la relation Je-Tu, de même que la relation Je-Ça, peut s'établir aussi bien entre l'homme et l'homme qu'entre l'homme et ce que j'appelle ici le non humain. Il semble que pour Buber, le sentiment d'apparentement que l'individu mature éprouve à l'égard du non humain soit identique à celui qu'il éprouve à l'égard d'autrui. Je suis pleinement d'accord avec cette conception de Buber, conception dont je n'ai pris connaissance qu'après être parvenu moi-même à la conclusion que les attitudes matures face au non humain avaient pour fondement le sentiment d'apparentement. Et j'ai pu constater combien Buber avait su donner à cette conception une profondeur et une subtilité dont j'avais été incapable.

J'ai en outre appris avec beaucoup d'intérêt qu'au cours de sa vie longue et féconde, la pensée de Buber avait évolué sur le point de savoir si, pour utiliser ma propre terminologie, face au non humain, l'attitude mature était caractérisée par le sentiment d'unité ou par celui d'apparentement. Or il ressort de l'étude de Friedman que si, dans ses premiers écrits, Buber considérait le sentiment d'unité comme l'expérience la plus élevée et la plus significative de maturité, il en était venu plus tard à penser que c'était le sentiment d'apparentement du Je-Tu qui témoignait de l'attitude la plus mature.

Je reviendrai maintenant brièvement au livre d'Erich Fromm cité plus haut pour constater qu'à ses yeux aussi, la forme la plus élevée de l'existence humaine, celle qu'il qualifie d'« orientation productive », consiste en un apparentement créatif non seulement avec autrui mais aussi avec l'environnement non humain, autrement dit la nature, les matériaux que l'on travaille, etc. :

> L'amour est l'un des aspects de ce que j'ai appelé l'orientation productive : un apparentement actif et créatif de l'homme avec autrui et avec la nature. Dans le domaine de la pensée, cette orientation productive s'exprime dans la saisie adéquate du monde par la raison. Dans le domaine de l'action, l'orientation productive prend la forme du travail productif, dont le prototype est l'art et l'artisanat. Dans le domaine du sentiment,

> l'orientation productive s'exprime dans l'amour, qui est l'expérience de l'union avec une autre personne, avec tous les hommes et avec la nature, à condition que soit préservé le sentiment de l'intégrité et de l'indépendance du sujet [55f].

Il est clair que lorsque Fromm parle d'unité, il ne l'entend pas sous la forme que rejette Buber, c'est-à-dire au sens mystique impliquant la dissolution des frontières du moi. Cette « unité » qui selon lui doit préserver « le sentiment de l'intégrité et de l'indépendance du sujet » semble bien proche de l'apparentement dans le Je-Tu, selon Buber.

CHAPITRE V

LES BÉNÉFICES PSYCHIQUES D'UNE RELATION MATURE AVEC L'ENVIRONNEMENT NON HUMAIN

Je voudrais, dans le présent chapitre, donner une idée des bienfaits psychologiques que l'individu retire d'une relation avec le monde non humain qui soit fondée sur le sentiment d'apparentement. Ces bienfaits peuvent se ranger sous quatre rubriques : 1) un soulagement à divers états affectifs douloureux et chargés d'angoisse; 2) une contribution à l'accomplissement de soi; 3) un approfondissement du sens de la réalité; 4) une chance de mieux apprécier et accepter autrui. Il va de soi que la distinction entre ces quatre rubriques est quelque peu artificielle.

Les extraits d'œuvres littéraires que je vais présenter au titre d'illustrations de ces divers bénéfices psychiques ne se réfèrent qu'à un aspect – mais fort vaste – de notre environnement non humain, la nature. Les créations de la nature sont, non seulement chez moi mais sans doute chez une majorité de mes semblables, la partie de l'élément non humain qui touche la fibre la plus profonde. Pour commencer, cependant, et pour faire contraste avec les citations qui suivront, je reproduis ici un passage du récit que Philip B. Smith a donné d'une expérience scientifique au cours de laquelle il a absorbé une dose de mescaline [139]; il montre bien quel lien chaleureux peut s'établir avec une production humaine inanimée :

> Je gisais sur le plancher des toilettes au milieu d'une tache de soleil. Je savais que ça pouvait paraître inepte, mais pour le moment c'était fort satisfaisant. Je savais que je ne pourrais l'expliquer aux autres, mais je n'arrivais pas à m'en soucier. J'étais comblé! Envers ce plancher ensoleillé, j'éprouvais compassion et tendresse! Je ressentais une compassion douce-amère envers l'existence de chaque objet. J'étais heureux qu'il

> existe et je l'aimais d'exister! Cette émotion tenait beaucoup de l'affection chaleureuse que l'on porte à un animal familier ou de la satisfaction attendrie avec laquelle on console un enfant fatigué. Je tapotais le plancher en disant : « Béni soit ton petit cœur. » Le comique de la chose me frappa aussitôt, mais cette drôlerie restait si purement intellectuelle et si insipide, comparée au sentiment que j'éprouvais à l'égard de l'existence même du plancher, qu'un simple rire n'eût vraiment pas rendu justice à ce que je ressentais.

Quand je me hasardai à soumettre ce texte, non sans marquer quelque ironie à l'endroit de son auteur, à un collègue qui s'intéressait fortement à la peinture, il me répondit sans hésiter : « C'est ce que ressent tout artiste. »

Les citations que je vais présenter maintenant nous parlent, elles, de la nature ; or celle-ci peut nous intéresser à des titres divers : une montagne n'apparaît pas sous le même jour au simple touriste, à l'alpiniste ou au géologue. J'ai choisi les textes qui vont suivre de façon que la signification des attitudes qu'ils décrivent n'y apparaisse pas liée exclusivement à des préoccupations professionnelles, sportives, ou autres.

L'apaisement qu'apporte le sentiment de parenté avec la nature

L'homme trouve là un soulagement à sa solitude existentielle dans l'univers, la solitude de celui qui sait qu'en tant qu'être conscient et doué de raison il est condamné à rester toujours dans une certaine mesure séparé du reste de la nature. Il y trouve également un apaisement à sa peur de la mort. Et aussi un sentiment de paix, de stabilité, de continuité et une certitude. Et enfin un antidote à ses sentiments d'insignifiance et d'absurdité.

Ce sont là les divers thèmes qu'illustrent, chacun avec sa beauté, les textes que je vais maintenant reproduire.

Voici tout d'abord ce qu'écrit le théologien et philosophe Paul Tillich dans son ouvrage *The Courage to Be* (Le Courage d'être) [156] :

> L'angoisse du destin et de la mort est absolument fondamentale, absolument universelle et inéluctable. Toute tentative pour l'écarter par des arguties est futile [156a].
>
> L'individu surmonte l'angoisse du destin en s'affirmant lui-

même comme une représentation microcosmique de l'univers infiniment signifiante [156b].

Même la solitude n'est pas absolue solitude grâce à la présence en lui [l'homme] du contenu de l'univers [156c].

Réfléchissant sur la philosophie sociale, Lawrence K. Frank insiste lui aussi sur la parenté entre l'homme et la nature comme un tout et sur les bénéfices que nous pouvons retirer d'une prise de conscience de cette parenté. Voici ce qu'il écrit à ce sujet dans son ouvrage déjà cité, *Nature and Human Nature* [44] :

En voyant dans l'organisme humain... une partie de la nature, obéissant aux mêmes processus dynamiques et révélant les mêmes formes sous-jacentes d'organisation qui sont à l'œuvre partout dans l'univers, de l'étoile à l'atome, l'homme commence à se dégager des croyances et des conceptions erronées qui lui enjoignaient de mépriser son corps et de considérer la vie humaine comme n'ayant guère d'autre sens que de préparer à l'au-delà. Il n'a plus à postuler son incapacité de nature à mener une vie chargée de sens en termes humains [44a].

De son côté, William James notait, il y a bien des années déjà, dans *L'expérience religieuse* [85] que

...hors de tout sentiment religieux, nous connaissons tous des moments où la vie universelle semble nous envelopper d'une amitié chaleureuse. Il y a des jours de jeunesse et de bonne santé, des jours d'été dans les forêts ou sur les montagnes où l'air semble n'être qu'un murmure de paix, où la saveur et la beauté de l'existence nous saisissent comme une bouffée de chaleur sèche ou bien tintent en nous comme si se laissait subtilement entendre à notre oreille intérieure toute la sécurité du monde [85k].

Le poème de Wordsworth déjà cité [167] chante la joie et le réconfort, la paix et l'énergie que l'on puise dans le mariage avec la nature :

... Nature never did betray
The heart that loved her; 'tis her privilege,
through all the years of this our life, to lead
From joy to joy; for she can so inform
The mind that is within us, so impress
With quietness and beauty, and so feed
With lofty thoughts, that neither evil tongues,
Rash judgments, nor the sneers of selfish men,

Nor greetings where no kindness is, not all
The drairy intercourse of daily life,
Shall e'er prevail against us, or disturb
Our cheerfull faith that all which we behold
Is full of blessings... [1].

Dans *L'Expédition du Kon-Tiki*, le récit du voyage de Thor Heyerdahl et de ses compagnons à travers le Pacifique, de nombreux passages pourraient illustrer mon propos. Voici un extrait du chapitre intitulé « À mi-chemin » :

> Les semaines passaient. On ne voyait ni bateau ni débris flottant indiquant qu'il y eût au monde d'autres êtres humains. La mer entière était à nous, et par toutes les portes béantes de l'horizon, il tombait du firmament même une paix et une liberté véritables.
>
> C'était comme si la fraîcheur du sel tintait dans l'air et que toute la pureté bleue qui nous environnait avait lavé et rincé tant l'âme que le corps. À nous qui étions sur le radeau, les grands problèmes de l'homme civilisé apparaissaient faux et illusoires – des produits pervers de l'esprit humain. Seuls comptaient les éléments. Et les éléments semblaient ignorer le petit radeau. Ou peut-être l'acceptaient-ils comme un objet naturel, qui ne brisait pas l'harmonie de la mer mais se pliait aux courants et à la mer comme l'oiseau ou le poisson. Loin d'être des ennemis terrifiants acharnés après nous, les éléments étaient devenus des amis de confiance qui nous aidaient avec constance et sûreté à poursuivre. Tandis que le vent et les vagues nous poussaient et nous propulsaient, le courant océanique, par en dessous, nous tirait, droit sur notre but [77a].

Dans *Alone* (Seul) [22] l'amiral Byrd relate les quatre mois et demi qu'il a passés en 1934 sur la Barrière de Ross, à 200 kilomètres de Little America en direction du Pôle Sud, seul dans une cabane, environné la plus grande partie du

1. ... La Nature n'a jamais trahi
Le cœur qui l'a aimée; c'est son privilège,
Tout au long des années de notre vie, de nous conduire
De joie en joie; car elle sait si bien modeler
L'intelligence qui est en nous, et l'empreindre
De calme et de beauté, et la nourrir
De pensées élevées, que ni les propos venimeux,
Les jugements sommaires, ni les ricanements des égoïstes,
Ni les compliments d'où toute bienveillance est absente,
Ni tout le morne commerce du quotidien
Ne prévaudront jamais sur nous, n'ébranleront
Jamais notre joyeuse certitude que tout ce que nous contemplons
regorge de bienfaits...

temps par la nuit polaire et affrontant des froids de - 65° C. En de nombreux passages, Byrd nous décrit la paix, la joie, le réconfort et surtout l'apaisement à sa solitude qu'il a trouvés dans l'expérience d'une relation étroite avec la nature. En voici un :

> Vers une heure du matin, juste avant de me coucher, je suis monté jeter un coup d'œil alentour. La nuit était spacieuse et belle. D'innombrables étoiles se pressaient dans le ciel. Je n'en avais jamais vu autant. Il aurait suffi de s'élever pour ramasser les scintillants galets à poignées. Plus tôt une monstrueuse lune rouge avait monté dans le quadrant nord, mais elle avait disparu, à présent. Les étoiles étaient partout. Un ciel de marin, me dis-je, dominé par la Croix du Sud et les constellations tournoyantes de l'Hydre, d'Orion et du Triangle en lente dérive à jamais. Ce mouvement était beau à regarder. Et tout cela était à moi : les étoiles, les constellations, même la terre tandis qu'elle tournait sur son axe. Si une paix et une joie intérieures intenses peuvent exister simultanément, alors, en cette première nuit de solitude, c'était cela qui devait s'être emparé de mes sens [22b].

La contribution du sentiment de parenté avec la nature à l'accomplissement de soi

Le sentiment de parenté avec le monde non humain, surtout quand il s'accompagne d'un travail actif en relation avec celui-ci, aide l'individu à se réaliser en approfondissant la conscience qu'il a de son identité, de son individualité, en contribuant au développement de ses facultés créatrices et en l'éclairant sur ses capacités et sur leurs limites.

Brooks Atkinson, dans son introduction à *Walden and Other Writings of Henry David Thoreau* (Walden et autres écrits de Henry David Thoreau) [154] nous rappelle l'importance qu'eut le long séjour de Thoreau à Walden pour l'affermissement de sa personnalité et pour l'épanouissement de ses capacités créatrices. C'est en observant les humeurs changeantes d'un étang, en les écoutant, en y rêvant, et en y réfléchissant, en écrivant son journal et en jaugeant le mérite du vaste monde extérieur à l'aune des vérités simples de sa vie retirée que Thoreau féconda son talent philosophique. Si, quand il eut quitté sa cabane, Thoreau gagna sa vie grâce à des métiers aussi modestes que celui d'arpenteur ou de fabricant de crayons, c'est à Walden qu'il avait trouvé la voie de la sagesse et à partir de là son destin lui apparut clairement tracé. Il le dit en termes incomparables :

> Je n'ai pas lu de livres, le premier été; j'ai biné les haricots. J'ai même souvent fait mieux que cela. Il y avait des fois où je ne pouvais sacrifier la fleur de l'instant présent à un travail quelconque, qu'il fût mental ou manuel. J'adore prendre mon temps. Le matin, en été, parfois, après mon bain habituel, je restais assis au soleil sur mon seuil de l'aube à midi, emporté par ma rêverie parmi les pins, les hickorys et les sumacs, dans une solitude et une tranquillité sans accroc, tandis que les oiseaux chantaient alentour ou traversaient furtivement la maison, jusqu'à ce que le soleil frappant ma fenêtre ouest ou le bruit de quelque charroi sur la route lointaine vînt me rappeler l'écoulement du temps. J'ai crû durant ces saisons comme le blé durant la nuit et elles furent bien plus profitables qu'aucun travail de mes mains [154e].

De l'homme, Erich Fromm écrit que :

> Il émerge de la nature en la maîtrisant; il développe ses capacités de coopération et de raison, son sens de la beauté. Il se sépare de la nature, de son union originelle avec elle mais dans le même temps, il s'unit à nouveau à elle en tant que maître et édificateur. Son individualité se développe en proportion de son ouvrage [55g].

Rappelons, à cet égard, combien le malheureux individu qui s'est vu pendant sa croissance accorder par ses parents moins d'importance que divers objets de son cadre de vie, tels que le mobilier, se trouve handicapé dans son enfance et même à l'âge adulte lorsqu'il s'efforce, par le travail ou par le jeu, de développer ses capacités créatrices à travers des objets inanimés. Qu'il s'agisse, par exemple, d'un piano dont il voudrait apprendre à jouer, ou de matériaux qu'il s'applique à façonner, il se trouve pénétré face à eux d'un respect et d'une déférence démesurés. Il éprouve de façon durable et caricaturale cette timidité que décrit Henry Moore à propos du sculpteur explorant un nouveau matériau :

> La première fois qu'on travaille directement un matériau dur et cassant tel que la pierre, le manque d'expérience et le grand respect qu'elle vous inspire, la peur de la maltraiter aboutissent trop souvent à un relief plat et sans puissance plastique [60].

J'ai tendance à penser qu'il est essentiel au processus de création de s'ouvrir au sentiment d'étroite parenté et même de fusion avec la totalité de l'environnement; ou si l'on veut, d'être prêt à revivre des stades très archaïques de fusion du moi avec cette totalité. Dans un article intitulé « Narcissism, The Body, The Body Image and The Body Scheme » (Le Narcissisme, le corps, l'image du corps et le schéma corporel) [131], Clifford M. Scott affirme que « sous une forme primitive, de nombreux phénomènes qui s'avèrent par la suite être des actes de création sont d'abord reconnaissables dans le cours de régressions momentanées », et il parle de « créativité omnipotente infantile ». Kris parle lui aussi de « régression du moi durant les processus de création » [89b].

De même, dans ce précieux ouvrage qu'est *The Creative Process* (Le Processus de création), on trouve réunis par Brewster Ghiselin [60] de nombreux témoignages sur de telles phases de fusion régressive du moi avec l'environnement qui accompagnent souvent la création. Dans le paragraphe suivant extrait de l'introduction de Ghiselin, on notera combien, sous sa plume, cette régression ressemble à des descriptions psychiatriques d'états très archaïques du moi, qualifiés de sans relief, océaniques, etc. :

> Typiquement, la création commence par une excitation vague, confuse même, une sorte d'aspiration, de pressentiment, ou encore une annonce préverbale d'un dénouement prochain ou possible. La formule de Stephen Spender est juste : « Un lointain nuage d'idée dont je sens qu'il devra se condenser en une averse de mots. » Alfred North Whitehead parle de l'« état de suspens confus de l'imagination qui précède l'induction généralisante réussie », et on trouverait bien d'autres témoignages dans le même sens.
>
> La conscience d'un stade plus primitif encore accompagne certains moments d'invention, un état de complète indécision – de « suspens complet », comme dit Isadora Duncan – dans lequel rien ne tend vers la détermination, rien de caractérisé ne paraît sous-entendu, dans lequel, donc, tout reste apparemment libre [60a].

Le livre de Ghiselin contient le compte rendu par Christian Zervos d'un entretien avec Picasso. Voici, dans cette paraphrase, certains aperçus de Picasso sur l'art :

> L'artiste est le réceptacle d'émotions venues de n'importe où : du ciel, de la terre, d'un bout de papier, d'un passant, d'une

toile d'araignée. C'est pourquoi il ne faut pas faire de discrimination entre les choses. Il n'y a pas de hiérarchie entre elles. On doit prendre son bien où on le trouve [60b].

Le peintre traverse des états de plénitude et de vide. C'est tout le secret de l'art. Je me promène dans la forêt de Fontainebleau. J'y attrape une indigestion de verdure, il faut que j'évacue cette sensation dans un tableau. Le vert y domine. Le peintre peint comme s'il était en proie au besoin urgent de se décharger de ses sensations et de ses visions [60c].

C'est, au fond, de la même expérience que parle le peintre Julian Levi cité par Ghiselin :

Il y a un autre aspect du choix de son sujet par l'artiste que l'on pourrait explorer avec profit. C'est, je crois, qu'il est lié affectivement à certaines formes et à certaines figures. Son choix est, je pense, guidé par le besoin de trouver un véhicule objectif à ses images plastiques intérieures. Je ne sais vraiment pas pourquoi, mais je suis ému par certaines relations géométriques, des formes rectangulaires et des arabesques d'où naissent des harmonies et des rythmes particuliers. Dans le choix de mon sujet, je suis irrésistiblement attiré par des objets qui recèlent le squelette de telles structures plastiques. Que je passe l'été à Barnegat Bay ou à Cape Cod, ou tout simplement que je dessine au bord de Harlem River, je m'arrange pour trouver l'ensemble précis de lignes et de courbes qu'exige mon appétit intime [60d].

J'ai indiqué au chapitre III que l'élément non humain constituait pour l'enfant un milieu favorable à l'exercice et à la prise de conscience de ses capacités – à une juste évaluation par lui de son pouvoir et de ses limites. Or ce rôle, l'élément non humain continue à le jouer à l'âge adulte. Je voudrais en dire à présent quelques mots.

Individuellement et collectivement, les hommes ne cessent de se découvrir, dans leur lutte avec le monde non humain, des capacités insoupçonnées – et parfois non encore développées – que les relations des hommes entre eux ne suffisent pas à susciter mais seulement l'affrontement avec ce milieu plus vaste dans lequel baigne l'humanité. L'an dernier, par exemple, un homme a pour la première fois couru le mile en moins de quatre minutes et d'autres êtres humains ont, pour la première fois aussi, foulé le sommet du mont Everest. Comme le dit Byrd, orfèvre en la matière,

> Rares sont les hommes qui au cours de leur vie ont approché l'épuisement des ressources qu'ils renferment. Il y a de profondes réserves de force qui ne sont jamais utilisées [22e].

Si nous vibrons à chaque nouveau sommet atteint par un de nos semblables dans le domaine physique, intellectuel, artistique ou spirituel c'est sans doute que de telles prouesses représentent pour nous symboliquement une victoire remportée sur l'élément non humain de notre personnalité par l'élément humain. En nous identifiant aux auteurs de ces exploits, nous éprouvons une jouissance et un approfondissement de l'estime que nous nous portons. Mais comme le prouve l'effet que fait sur nous le passage suivant de *King Solomon's Ring* du naturaliste Konrad Lorenz [100], nous pouvons ressentir le même type de sensation en nous identifiant à des créatures d'une autre espèce que la nôtre, mais vivantes comme nous, quand elles triomphent de cette partie du monde non humain qui nous est peut-être la plus étrangère, la partie inorganique. Par la fenêtre de son bureau Lorenz admire les évolutions – ou plutôt, insiste-t-il, le jeu – d'un vol de choucas dans le vent d'automne, au milieu des sapins :

> Et voyez ce qu'ils font du vent! À première vue, pauvre humain, vous pensez que la tempête joue avec les oiseaux, comme le chat avec la souris; et puis vous ne tardez pas à découvrir, à votre stupéfaction, que c'est la furie des éléments qui tient le rôle de la souris et que les choucas traitent la tempête exactement comme le chat son infortunée victime. Ils lui donnent presque – mais seulement presque – un avantage : ils se laissent projeter par elle bien haut dans le ciel, au point qu'ils semblent tomber vers le haut, puis, d'un simple battement d'aile, ils se retournent, pour une fraction de seconde, redressent leurs rémiges contre le vent et plongent – avec une accélération bien supérieure à celle d'une pierre qui tombe – vers les profondeurs inférieures. D'un autre infime coup d'aile, ils se remettent en position normale et, toutes voiles bordées, fusent à une vitesse suffocante jusque dans la gueule de la rafale, à des centaines de mètres vers l'ouest. Et tout cela en se jouant, sans effort, juste pour vexer ce vent stupide qui veut les entraîner vers l'est. Et c'est le monstre aveugle lui-même qui fait le travail de propulser les oiseaux à travers les airs à 150 kilomètres à l'heure; les choucas se bornent à quelques paresseuses corrections de la position de leurs ailes noires. Domination souveraine de la puissance des éléments, triomphe

enivrant de l'organisme vivant sur la force impitoyable de l'inorganique [1] [100a].

C'est cependant le plus souvent à l'homme, lorsqu'il triomphe de l'élément non humain, que s'adressent notre admiration et notre jubilation. Mais face à de tels triomphes qui font appel à nos ultimes forces, la satisfaction que nous éprouvons ne provient pas seulement de la découverte en nous d'énergies insoupçonnées. Elle provient aussi, je crois, de la constatation irréfutable que nous ne sommes pas tout-puissants. Nous y puisons un sentiment de soulagement, de réconfort, dont on peut véritablement dire qu'il nous satisfait. C'est ce qu'exprime Byrd au terme d'une épreuve qui avait clairement tracé la limite extrême de ses capacités. Voici ce qu'il dit du moment où il quitta sa cabane après y avoir enduré pendant des mois la solitude, un froid intense et, juste avant qu'une expédition de secours parvînt jusqu'à lui, un empoisonnement à l'oxyde de carbone qui faillit lui coûter la vie :

> Je me hissai au-dehors par la trappe et m'éloignai sans un coup d'œil en arrière. Une partie de moi est demeurée à jamais par 80° et 8′ de latitude Sud : ce qui subsistait de ma jeunesse, ma vanité, peut-être, et à coup sûr, mon scepticisme. En revanche, j'emportais avec moi quelque chose que je ne possédais pas pleinement auparavant : la conscience de la pure beauté, du vrai miracle que c'est d'être en vie, et quelques humbles valeurs. C'était il y a quatre ans. La civilisation n'a pas altéré mes idées. Je vis à présent plus simplement, davantage en paix [22f].

L'approfondissement du sens de la réalité à travers le sentiment de parenté avec la nature

Le troisième effet fructueux de l'apparentement, propre à la maturité, avec l'environnement non humain se confond presque avec le second, au point de ne mériter qu'à peine un développement séparé. Je veux parler de la conscience plus vive, plus aiguë, plus profonde, plus vigoureuse que prend

1. Le livre de Lorenz est fort précieux pour quiconque s'intéresse au sujet ici traité. Les seules émotions que suscite sa lecture suffisent à attester le sentiment, latent mais fort, de parenté que nous éprouvons à l'égard des autres êtres vivants : à lire ses récits d'expériences réussies de communication entre l'homme et l'animal ou ses descriptions profondément neuves des échanges entre poissons, entre oiseaux ou entre mammifères, on est saisi par une fascination et souvent par une joie extraordinaires.

l'individu de sa propre existence et de celle du monde qui l'entoure.

Pour illustrer ce point, je recourrai une fois encore à un passage superbe de Thoreau. Le voici :

> Parfois, après être resté en visite au village jusqu'à ce que toute la famille se fût retirée, je regagnais la forêt et, non sans penser à mon dîner du lendemain, je passais les heures de la pleine nuit à pêcher, en bateau, au clair de lune, accompagné par la sérénade des chouettes et des renards et, de temps en temps, par la note criarde d'un oiseau inconnu, tout proche. Ce furent des moments mémorables et que je prisais fort – ainsi ancré par douze mètres de fond et à cent ou cent cinquante mètres du rivage, environné, par moments, de milliers de minuscules perches et goujons qui faisaient frémir à coups de queue la surface de l'eau éclairée par la lune, et communiquant par un long fil de lin avec de mystérieux poissons nocturnes gîtés douze mètres plus bas, ou parfois, comme je dérivais sous la douce brise de nuit, traînant à travers l'étang vingt mètres de ligne où se faisait sentir, de temps à autre, une fugitive vibration, indice de quelque vie rôdant alentour, cherchant encore obscurément son appétit, lente à se décider. À la fin, vous remontez lentement, une main après l'autre, quelque brochet, crissant et frétillant dans l'air. C'était bien étrange, surtout par nuit sombre, alors que vos pensées embarquées sur des thèmes cosmiques vagabondaient parmi les sphères lointaines, de sentir cette légère secousse venir interrompre vos rêves pour vous relier à la Nature. On aurait dit que j'allais pouvoir lancer ma ligne en l'air aussi bien que dans cet élément qui était à peine plus dense. Ainsi, j'attrapais pour ainsi dire deux poissons sur un seul hameçon [154f].

Cette pêche et cette méditation nocturne et solitaire nous rappellent symboliquement combien il importe, pour maintenir un contact avec la réalité de préserver au moins un fil ténu de conscience et d'acceptation de notre parenté avec la Nature. En travaillant avec des psychotiques, à l'inverse, on constate très régulièrement que leur intolérance à l'égard de leurs besoins et de leurs pulsions « animales » est telle qu'ils s'absorbent totalement dans « des thèmes cosmiques, parmi les sphères lointaines ». En se préoccupant exclusivement de problèmes de la plus haute abstraction – problèmes de morale, d'éthique, et diverses spéculations purement cérébrales – ils ont aggravé le processus qui les retranche de leur conscience d'une parenté avec la nature et qui, du même coup, les retranche de leur propre inconscient.

La psychothérapie intensive des schizophrènes conduit à la conclusion, déjà mentionnée plus haut, que les patients relativement rares, qui apparaissent le plus proches de l'animalité, le plus infra-humains, sont ceux qui répriment le plus rigoureusement leurs besoins animaux normaux. Chez ces personnes, les besoins animaux luttent pour combattre le refoulement qui les frappe et pour ramener le sujet au contact d'une réalité qui lui fait certes horreur mais qui pourrait lui sauver la vie ou à tout le moins la santé. L'individu normal, lui, c'est-à-dire celui qui ne devient jamais psychotique ni gravement névrosé, ne cherche ni à se dissimuler ni à refuser ce fait qu'il appartient à une espèce animale et qu'en tant que tel, il a des besoins animaux qui sont naturels et normaux et qu'il faut satisfaire. Quel que soit le nombre d'heures qu'il consacre chaque jour à la réflexion abstraite, l'accès à son inconscient reste ouvert, l'accès à la reconnaissance de ses besoins animaux reste ouvert, l'accès au sentiment d'apparentement avec l'élément non humain, avec tout ce qu'une telle expérience a de rafraîchissant, de revigorant, de pacifiant, de rassurant, reste ouvert.

Les possibilités de mieux apprécier et accepter autrui qu'offre la conscience d'une parenté avec l'environnement non humain

J'ai déjà parlé de la façon dont l'expérience d'un apparentement avec la nature apaisait l'appétit de toute-puissance ou, en d'autres termes, offrait l'occasion d'une acceptation plus totale de soi-même. Du même coup, dans la mesure où l'on est capable de voir ses semblables, comme soi-même, à la fois enchaînés par de multiples liens structurels et fonctionnels au monde non humain et en même temps transcendés par lui, ramenés à des dimensions infimes, on est enclin à leur rendre justice, à les accepter, à compatir à leur sort. Cette attitude est même la seule tenable quand on prend conscience de la fraternité qui unit les hommes, voués à un même destin biologique et à la fois isolés dans un univers infiniment plus vaste et en même temps indéfectiblement liés à lui.

Le schizophrène paranoïde se situe à l'opposé de cette attitude de compassion, propre à la maturité affective – ou peut-être est-il particulièrement terrifié à l'idée d'éprouver de tels sentiments. À l'égard d'autrui comme de lui-même, son attitude se fonde sur la conviction que tout être humain est potentiellement tout-puissant. Il ne peut concevoir que les autres soient incapables d'améliorer une situation; ce sont seulement leurs entreprises malveillantes qui expliquent les insatisfactions, les souffrances, les tragédies qu'il traverse ou a traversées. Il ne peut pas admettre non plus sa propre incapacité à transformer la terre entière en un Paradis. L'une de mes patientes, par exemple, qui formulait de telles idées avec une rare clarté, se disait convaincue que les maladies ou les blessures ne surviennent que par l'action mauvaise de quelqu'un; que la mort n'est en réalité qu'une métamorphose opérée par ces individus méchants qui officient dans ce qu'on prétend être des entreprises de pompes funèbres; que la vieillesse n'a pas des causes naturelles; que les phénomènes météorologiques et climatiques sont toujours l'œuvre d'êtres humains, et ainsi de suite. Elle affirmait volontiers, par exemple, que

> ...dans le monde d'aujourd'hui, il n'y a aucune raison pour que quiconque soit dans le malheur ou dans la misère. Ils ont des antidotes pour tout. Mais ils continuent à faire prendre aux gens des vessies pour des lanternes.
>
> Les gens ne meurent pas... [Elles poursuit en disant qu'en réalité, les gens qu'on croit morts ont été « changés », déplacés à la surface du globe, mis sans qu'ils le sachent dans des distributions de films, etc.] C'est un gouvernement qui a plongé le monde dans l'horreur et l'enfer.
>
> [Au matin d'une nuit d'orage, elle affirmait avec conviction :] Cette histoire d'orage, c'était l'argent des contribuables qui s'en allait en flammes.

Pendant à peu près deux ans, cette femme consacra l'essentiel des séances de psychothérapie à m'adresser de violents reproches, à moi-même et à tous les gens de son entourage. Il devint vite clair que derrière cette obstination à voir dans autrui l'incarnation du mal, se cachait une lutte inconsciente contre une condamnation refoulée d'elle-même – une condamnation si radicale qu'elle menaçait de l'annihiler. Il fallut que le traitement surmonte deux années pendant lesquelles vinrent au jour les pires jugements à mon égard ainsi que des sentiments meurtriers très intenses pour que cette femme parvînt, peu à peu, à éprouver de la sympathie pour autrui. Il apparut par la suite que le cœur de sa maladie était formé de sentiments longtemps refoulés et violemment conflictuels à l'égard de sa mère – des envies de meurtre couplées à une tendresse et à une compassion profondes.

TROISIÈME PARTIE

L'environnement non humain dans la psychose et la névrose

CHAPITRE VI

CONFUSION ENTRE LE SOI ET L'ENVIRONNEMENT NON HUMAIN

J'ai analysé au chapitre II cette situation fondamentale qui est celle du nourrisson incapable de se différencier, comme individu, du milieu, qu'il soit humain ou non. J'ai noté que dans les affections psychiatriques, et particulièrement dans la schizophrénie, qui m'a fourni la plupart de mes observations, on retrouvait de nombreux indices de cette même incapacité. Une telle confusion entre le soi et le milieu chez l'adulte semble témoigner, d'une part, de l'impossibilité plus ou moins complète d'opérer à l'âge normal, dans la petite enfance, la distinction tranchée et profonde entre soi et le milieu qui caractérise l'enfant en bonne santé; et, d'autre part, de la profondeur de la régression actuelle, survenue sous l'effet d'une angoisse intense et traduisant la réactivation d'un mode de conscience de soi chaotiquement indifférencié, tel qu'on peut supposer qu'il existe chez tous les nourrissons, normaux ou non, à une phase très primitive de développement du moi.

Récapitulation des points de vue sur la question

Aux chapitres II et III, à propos de l'organisation du moi du nourrisson et du petit enfant, j'ai précisé les points de convergence et de divergence entre mes propres conceptions et celles qui ont cours dans la littérature psychanalytique. On retrouve *ipso facto* les mêmes points de convergence et de divergence ici, à propos de l'interprétation de la régression observée dans la schizophrénie.

Hartmann, bien qu'il ait introduit en 1937 le concept

valable de dé-différenciation [67f] [1], reste fidèle, dans son article de 1953 intitulé « The Metapsychology of Schizophrenia », à la notion freudienne de retrait de l'investissement libidinal :

> Freud (1911), dans le cas Schreber, nous a donné la description classique du processus pathologique de la schizophrénie : le retrait de la libido de ses objets et son investissement dans le soi... Je crois que la corrélation établie par Freud entre la perte de réalité et le retrait de la libido a de fortes chances d'être exacte [70a].

Hanns Sachs [122], dans son article de 1933 intitulé « The Delay of the Machine Age », s'en tient lui aussi aux conceptions freudiennes :

> Pour Freud, le changement de distribution de la libido, qui forme la base de la schizophrénie, consiste en une régression vers le narcissisme. Dans l'état catatonique, ce processus s'exprime directement en un retrait complet de la libido de l'investissement objectal...

L'explication théorique que donne Sachs au retard intervenu dans l'apparition du machinisme cadre fort bien, je l'ai dit, mais seulement par implication, avec ma conception de la non différenciation par rapport à l'environnement non humain; ce qu'il met au premier plan, c'est l'idée freudienne de conflit narcissique. C'est le même raisonnement que Tausk, à qui l'on doit la très valable conception de perte des frontières du moi dans la schizophrénie, adopte pour expliquer le délire d'influence portant sur les machines :

> Le sentiment d'étrangeté est une protection contre l'investissement libidinal de l'objet, qu'il s'agisse d'un objet du monde extérieur, de la personne propre ou d'une partie de celle-ci... Lorsqu'au cours de la paranoïa, ce sentiment d'étrangeté échoue dans sa fonction protectrice, la pulsion libidinale orientée vers l'objet homosexuel est projetée dans ce même objet et apparaît alors dans une direction inverse comme agression contre celui qui aime, comme persécution. Les étrangers deviennent des ennemis. L'hostilité est une tentative d'autoprotection, nouvelle et renforcée, contre la libido inconsciente refusée.
>
> Il peut en être de même en ce qui concerne la libido organique narcissique au cours de la schizophrénie. L'organe aliéné – dans le cas qui nous intéresse, le corps tout entier – apparaît comme

1. Terme dont use également Werner [162b].

un ennemi extérieur, comme un appareil dont on se sert pour nuire au malade [153a].

Pour Bak [5], je l'ai indiqué, la schizophrénie s'accompagne d'une régression jusqu'à une phase d'indifférenciation et pour qualifier cette phase, il va jusqu'à rapporter des propos de malades tels que « Je me transforme en animal » ou « Je me change en une masse de protoplasme ». Et pourtant, il limite son cadre conceptuel de référence à la relation mère-nourrisson, plutôt que de voir l'importance du milieu non humain en tant que tel et de penser en termes « phylogénétiques ». Il souscrit aux conceptions psychanalytiques courantes :

> Un large accord existe parmi les psychanalystes pour voir à l'œuvre dans la schizophrénie trois processus majeurs : d'abord, le retrait de l'investissement libidinal des représentations d'objet ; ensuite, la régression du moi jusqu'au narcissisme primaire ; enfin, la tentative de retour à l'état initial.

Dans mon travail avec des schizophrènes, aucune des deux premières notions ne m'a paru utilisable ; quant à la troisième, on observe une telle tentative de retour à l'état initial chez tous les êtres humains, schizophrènes ou non, et pour tous les symptômes de la schizophrénie. On trouve, à mon sens, une explication bien plus adéquate des phénomènes en question chez Werner [162t], quand il décrit le processus schizophrénique comme une régression vers des modes primitifs de perception, de pensée et d'affectivité dans lesquels joue une dé-différenciation ou un « syncrétisme » entre ces diverses sphères. Une expérience du monde tant intérieur qu'extérieur persiste, mais, à l'insu du sujet, elle est gravement faussée par des contenus psychiques qui, tout en « relevant » de l'intérieur ou de l'extérieur, ne se distinguent plus comme tels. Werner se fonde sur les travaux de Schilder, Storch, Piaget et d'autres psychiatres et psychologues ainsi que sur ceux d'une multitude de chercheurs dans des disciplines connexes.

Revenons brièvement à Hartmann pour constater qu'il fait un bon bout de chemin dans cette même direction lorsqu'il déclare que plus un organisme est différencié, plus il a d'indépendance à l'égard des stimuli de l'environnement immédiat [67g] et que « la fusion du soi et du monde est un problème central pour la symptomatologie de la schizophrénie » [70b]. À cet égard, j'ai observé avec intérêt que pour un grand nombre de mes patients schizophrènes chroniques les plus gravement atteints, il a fallu plusieurs années de psychothérapie intensive avant que s'opère une différenciation suffisante du moi – impliquant une indépendance suffisante à l'égard de l'environnement immédiat – pour qu'ils soient capables de rêver et de fantasmer à proprement parler. Au début de leur thérapie, de telles expériences psychiques leur étaient inconnues et ils décrivent souvent le premier rêve ou le premier fantasme avec un mélange d'émerveillement et de jouissance. Dans chaque cas, pendant les premières années de notre travail, le patient avait fourni en abondance ce qu'un observateur qualifierait objectivement de fantasmes ou de rêves mais qu'il avait vécu, lui, comme des représentations de la réalité [1] ; jusqu'alors, donc, et sans qu'il le sût, il avait été privé non seulement du bénéfice d'une appréciation réaliste de la réalité mais aussi de l'impression de plaisir et de liberté que donnent le fantasme et le rêve vécus comme tels.

Eissler [31], décrivant les symptômes d'une femme schizophrène, nous donne ce qui me semble un excellent exemple d'une dé-différenciation combinant une fusion subjective avec les autres humains à une différenciation entre l'humain et le non humain qui n'a pas été totalement sacrifiée à un processus schizophrénique resté relativement modéré. Voici ce que Eissler écrit de cette femme :

> ... Elle était fixée à un niveau qu'on pourrait appeler animisme social. Son appréhension du groupe social avait pour principe que toute émotion éprouvée par elle en présence d'autrui devait avoir une répercussion tangible sur le groupe... Il est remarquable que ce principe n'ait jamais contaminé le monde physique mais soit resté circonscrit au domaine social.

L'auteur décrit de façon frappante comment, dans ses plus forts accès d'angoisse, cette femme s'éprouvait comme morte. On peut dire que dans ces moments-là, elle régressait jusqu'à un stade du moi analogue à l'une des phases de développement du nourrisson que j'ai postulée : celle dans laquelle il perçoit certaines figures du monde extérieur – par exemple,

1. Rien de plus normal, évidemment, pour le dormeur, que de vivre son rêve, au moment où il le fait, comme une représentation de la réalité ; mais ces malades continuent à le vivre comme tel alors même qu'ils sont en train de le raconter.

sa mère – comme vivantes sans que la qualité de vivant lui apparaisse comme un trait qu'il possède aussi. La perte de la distinction entre animé et inanimé – perte qui n'est manifestement que partielle chez la patiente d'Eissler – est appelée « dé-animation » par Elkisch et Mahler [33].

Les articles déjà cités d'Ekstein [32], Furman [56], Lisbeth Sachs [123], Mahler [102] et Elkisch et Mahler [33] présentent tous, avec pertinence, des cas d'enfants s'identifiant à des machines ou révélant d'autres façons leur incapacité à distinguer entre l'humain et le non humain, entre l'animé et l'inanimé. Mais dans leur interprétation de ce matériel, dont j'ai rendu compte au chapitre II, les auteurs mettent toujours l'accent sur les aspects interpersonnels; ils ignorent entièrement l'importance de l'environnement non humain comme tel. Aux yeux d'Elkisch et de Mahler, par exemple, les machines qui fascinent et terrifient l'adolescent psychotique ne font que concrétiser des pulsions intérieures dont l'origine réside exclusivement dans ses relations avec des êtres humains. Dans l'article de Mahler, l'objet inanimé n'a d'autre valeur pour l'enfant psychotique que celle de « symbole de l'objet introjecté »; et si elle reconnaît chez l'enfant autistique une incapacité perceptive à distinguer l'animé de l'inanimé et donc à percevoir la mère comme être vivant, elle n'en persiste pas moins à faire remonter l'origine de cet état à la relation mère-enfant. Or, il ne me paraît pas du tout impossible que le nourrisson ait besoin, disons, d'une certaine stabilité de son environnement non humain comme tel pour pouvoir élaborer, sur une telle assise, une image de sa mère comme être vivant.

Matériel clinique

Avant d'aborder d'autres aspects de la théorie psychodynamique, je voudrais exposer quelques cas de schizophrènes qui, comme celui dont j'ai parlé au chapitre II, se révèlent incapables de distinguer entre le soi et le milieu non humain. Je produirai d'ailleurs d'autres exemples d'une telle confusion à mesure que, dans les chapitres suivants, je tenterai de suivre les ramifications de ce thème central.

Une schizophrène de vingt-deux ans profondément perturbée bredouilla, au cours d'une séance avec moi, quelque chose à propos d'un poteau dans sa tête, se demandant si elle s'en était débarrassée. Son message avait la violence choquante, horrifiante, que mes collègues et moi-même avons toujours ressentie chaque fois qu'un patient trahissait devant nous sa confusion entre son moi vivant et des objets inanimés. Une autre fois, la même femme me fit cette confidence insupportable que tout le côté gauche de sa tête « était parti... éboulé », comme s'il s'agissait d'une chose; et l'on sentait l'horreur et le désespoir qu'elle en éprouvait. Elle faisait souvent le geste de s'arracher quelque chose du crâne et, une fois, elle parla, ce faisant, d'insectes; comme elle avait dit d'elle-même en une autre occasion qu'elle était « des insectes », on peut penser qu'elle vivait sa psychose comme le fait d'avoir, littéralement, des insectes dans la tête et son geste semblait traduire un effort pour, en quelque sorte, s'arracher les idées folles.

Elle demanda un jour à une infirmière : « Pourquoi m'avez-vous enlevé ce morceau de tête? » Au cours d'une séance, elle me parla d'une partie de canotage qu'elle avait faite et ajouta : « Ça a été le naufrage de mon corps. » C'était son ton qui était particulièrement significatif; on y sentait la marque d'un choc, comme si son corps ne lui apparaissait pas comme son moi physique vivant mais comme un objet inanimé qui aurait été irréparablement endommagé. À une autre infirmière, elle confia qu'elle avait du coton dans la tête, dans les épaules, dans les jambes. N'entendre dans de tels propos que la formulation imagée de ce qu'elle sent en elle ne rendrait pas justice à l'angoisse et au trouble intenses qu'elle éprouvait; je n'ai pour ma part aucun doute qu'elle ressentait ce coton, ce poteau, etc., tout à fait littéralement.

Tant les antécédents de cette femme que le contenu des séances avec moi apportent d'autres indices encore de son incapacité, pendant sa maladie, à distinguer entre son moi et son environnement non humain. L'hôpital où elle avait d'abord été admise, un an avant son transfert à Chestnut Lodge, avait indiqué qu'« elle semblait avoir l'impression que, d'une façon ou d'une autre, les choses étaient " changées " sans pouvoir préciser en quoi ni pourquoi cela la préoccupait si fort ». Au terme d'un long travail avec elle, j'ai acquis le sentiment qu'elle percevait les transformations essentiellement internes, psychologiques, survenant en elle à mesure qu'évoluait sa psychose, comme des changements matériels affectant son cadre de vie. Ce même rapport du premier hôpital notait ensuite : « Elle a exprimé l'idée que son père était d'une certaine façon à l'origine des étranges sensations qu'elle éprouvait – mouvements du lit, mouvements des murs... » À plusieurs reprises, dans ce premier hôpital, elle exprima des idées délirantes quant à la forme et à la couleur de son corps et lors d'une séance avec moi, elle me dit en regardant son bras : « J'ai l'impression de me transformer en négresse. » Par la suite, à deux ou trois occasions, elle examina de près sa main droite, comme si son apparence la fascinait et l'intriguait et me déclara : « Mes mains me paraissent grosses. »

Une semaine ou deux après son admission, lors de notre première promenade autour de l'hôpital, elle me confia, avec son élocution bredouillante et fragmentaire, qu'elle sentait les bâtiments et le paysage changer constamment d'une façon qui provoquait en elle un trouble terrifiant. Cela me rappela les rêves de certains névrosés dans lesquels une maison, par exemple, peut être tantôt celle de leur enfance, tantôt celle où ils vivent, adultes, avec leur famille. Une autre fois, elle dit à une infirmière, sur un ton de grande angoisse : « Le mur bouge... Je ne sais pas ce qu'ont mes mains, mais je ne peux pas les garder immobiles », comme si ses mains étaient, de même que les murs, des objets échappant à sa volonté. On pourrait citer à propos de cette femme, bien d'autres indices encore de son incapacité à distinguer son soi de son entourage non humain – et aussi humain, bien sûr – et de la confusion de ses idées à propos de l'un comme de l'autre.

Une autre patiente, elle, n'était plus hospitalisée; au moment où elle venait d'entamer, dans sa thérapie, une exploration en profondeur des sentiments extrêmement ambivalents qu'elle vouait à sa mère et qui se trouvaient au cœur de la psychose qui l'avait naguère terrassée, elle entra un jour très alarmée dans mon cabinet en déclarant que le plancher du bâtiment ployait; or, cela faisait des mois qu'elle marchait dessus pour entrer et sortir de mon cabinet et il était significatif qu'elle ne s'en soit pas aperçue avant ce moment-là. Un autre malade, un homme cette fois, qui séjournait à l'hôpital, ne cessait de répéter de façon lancinante pendant ses séances de psychothérapie qu'il allait bien, à présent, et qu'il pourrait vivre hors de l'hôpital; mais il exprimait aussi, de temps à autre, l'inquiétude taraudante que le bâtiment ne s'effondre d'un moment à l'autre. La précarité qu'il attribuait au bâtiment s'appliquait en réalité fort bien au fonctionnement de sa personnalité, ainsi que l'expérience le montra. Il ne pouvait apparemment pas distinguer entre son moi et le bâtiment où il habitait et poursuivait sa thérapie et projetait sur lui la fragilité de son moi.

Un schizophrène très gravement atteint contemplait avec stupeur le mobilier des plus simple de sa chambre et, déployant apparemment les plus grands efforts conceptuels pour appréhender ces quelques éléments de son environnement, demanda, en désignant le carreau de sa porte et la lampe du plafond : « À quoi ça sert? » De la même façon, le nourrisson et le tout jeune enfant, à un certain stade de leur développement normal, sont incapables de maîtriser un environnement matériel qui ne soit pas absolument élémentaire et peuvent se trouver plongés dans un trouble profond pour peu que cet environnement se complique ou change.

Les antécédents de malades rapportés par les thérapeutes lors des réunions du personnel soignant à Chestnut Lodge révélaient souvent chez les patients un traumatisme infantile marqué dans leurs relations avec l'environnement non humain. L'extrait suivant d'une telle présentation de cas portant sur une schizophrène profondément atteinte n'est qu'un exemple de ce fait parmi bien d'autres, semblables par leur signification générale mais très divers par leur contenu vécu :

> ... La patiente et sa mère passaient une grande partie de leur temps à San Francisco ou dans leur maison de campagne, un bâtiment moderne que la patiente décrit comme affecté par un remue-ménage constant, avec des adjonctions et de nouvelles pièces rajoutées. Le père [entrepreneur de bâtiment] a de nouvelles idées de construction, il les réalise et tout est déplacé. Elle est allée jusqu'à préciser que d'une semaine à l'autre elle ne savait pas dans quel lit elle allait coucher, que parfois, elle couchait dans la chambre de sa mère et celle-ci dans la sienne, etc., et elle paraissait en faire toute une affaire.

Ce dernier détail est révélateur du rôle que peut jouer la stabilité de l'affectation des chambres pour aider l'enfant dans son effort d'individuation par rapport à sa mère et dans sa lutte contre ses pulsions incestueuses.

Cette femme avait en outre fréquemment changé de résidence au cours de son enfance. On peut se demander si cet aspect de son histoire n'avait pas un lien étroit avec l'altération du sens de son identité dont elle souffrait. C'est ce que laisse penser le passage suivant de la présentation de cas, où le thérapeute raconte une séance avec cette malade :

> Je lui dis que ça m'intéresserait qu'elle me parle d'elle et de ce qu'elle faisait ici. Je crois que j'ai dû formuler ma demande ainsi : « Je voudrais entendre parler de Miss Baldwin [le nom de la patiente [1]]. » Elle me répondit : « Je ne suis pas Miss Baldwin. Elle habite au numéro tant de Pacific View, à San Francisco », qui avait été un moment l'adresse de sa famille. « Je suis Miss Williams. » Ce nom était celui d'une infirmière que nous avions eue ici quelque temps en stage après son diplôme...

Mon propre travail avec une schizophrène m'a mis en présence d'un indice encore plus net d'un lien entre le sens qu'elle avait de son identité personnelle et son environnement matériel familier. Cette malade révéla à plusieurs occasions combien ténu était ce sentiment d'identité. C'est ainsi qu'elle ne cessait de rappeler avec des accents poignants combien elle était plus compétente et moins harcelée par l'angoisse à propos de mille choses avant que sa maladie se déclare. Elle se demandait tristement : « Qu'est-ce que je suis donc devenue ? » signifiant ainsi qu'elle avait perdu le sentiment d'être soi-même sous le coup de l'intrusion de toutes les expériences psychiques étranges dont la psychose l'avait habitée. Mais je voudrais surtout citer un propos d'elle indiquant que l'un des facteurs décisifs pour qu'elle ait ou non conscience de son identité consistait en la présence ou en l'absence d'un environnement matériel familier. Ce propos survint au cours d'une séance pendant laquelle elle me raconta comment elle était allée de chez elle, dans la banlieue d'une grande ville du Sud, jusqu'au quartier des affaires de cette ville, afin de se faire embaucher comme sténographe. Elle s'exprimait de façon embrouillée et hachée, avec une expression d'égarement sur le visage :

> C'est drôle – 162 Central Avenue – je me demande ce que j'ai bien pu devenir en allant là [cela dit sur un ton signifiant clairement qu'elle avait perdu son moi en allant là] – ce n'était pas un quartier résidentiel – tous ces gros, grands immeubles – ces immeubles si imposants [comme terrifiée] – c'était un quartier de bureaux – ce n'était pas un quartier résidentiel, comme celui où j'habitais...

1. Il s'agit là d'un pseudonyme et il en va de même avec tous les noms de malades cités dans ce livre.

Plus tard dans le cours de la même séance, elle tint des propos indiquant qu'elle éprouvait la même perte du sens de l'identité actuellement, quand elle quittait le bâtiment un peu écarté où était sa chambre pour se rendre dans le bâtiment principal et relativement grand de l'hôpital, où se trouvait mon cabinet.

Après ces divers cas de confusion entre le moi et l'environnement non humain, il nous faut examiner la répercussion que peut avoir sur le sujet la perte, ou la menace d'une perte, des éléments de cet environnement porteurs de la signification analysée ci-dessus, autrement dit des choses qu'il traite comme des parties de soi-même.

Pour l'essentiel, cette répercussion corrobore les formulations théoriques présentées par Stärcke [145] dans son article classique de 1921 intitulé « The Castration Complex ». Il y décrivait le sevrage de l'enfant nourri au sein comme une castration. Il affirmait, en résumé, que pour le nourrisson, la perte du sein représentait la perte d'une partie inestimablement précieuse de lui-même. Pour des malades comme ceux dont je viens de parler, la perte de divers éléments de leur environnement non humain qui sont devenus partie intégrante de leur image corporelle, peut être ressentie comme une mutilation de leur corps physique même. On a là une réaction entièrement assimilable à celle que peut provoquer la perte d'une personne proche, ou, comme dans le cas du sein maternel, d'une partie de cette personne qui se trouvait jusque-là inscrite dans l'image corporelle du sujet. En d'autres termes, j'ai l'impression que ce dernier réagit à la séparation d'avec des éléments significatifs de son environnement non humain par les mêmes sensations de mutilation physique que s'il avait été réellement castré ou amputé.

Ce n'est là qu'une hypothèse, car je ne dispose pas de matériel clinique suffisamment univoque pour en faire une certitude. Mes observations les plus décisives sur ce point consistent dans les manifestations de l'affect de mes patients et dans les sentiments que celles-ci suscitaient en moi : c'est un matériel difficile à transmettre par écrit.

Cette femme, par exemple, qui se plaignait d'avoir perdu le côté gauche de sa tête, « éboulé », avait précisément le même ton désolé, dépossédé, pour marmonner de fréquentes allusions à la misère (bien réelle) de l'ameublement de sa chambre qui offrait un contraste poignant avec les meubles somptueux de sa maison natale. C'était une émotion inoubliable que d'entendre, au milieu de l'extrême confusion de ses propos fragmentaires, les mentions qu'elle faisait de temps à autre, tout en regardant la commode nue et les quelques autres pauvres choses que renfermait sa chambre, du « beau napperon de lin », du « tapis », de la « ravissante argenterie », etc., le visage empreint de la plus amère affliction. La souffrance qu'elle exprimait alors, et que la gravité de ses autres symptômes interdisait de soulager rapidement, évoquait par son caractère immédiat et intense celle qu'elle aurait éprouvée à perdre des parties de son corps. Dans les premiers mois de la cure, il lui arrivait fréquemment d'agripper mon pénis, mes lunettes, ma montre-bracelet et ma ceinture, tout en exprimant par bribes sa détresse de ne pas posséder tout cela et j'avais l'impression très nette qu'elle souffrait autant du manque de montre, de lunettes et d'autres objets que du manque de pénis.

Un autre psychotique, souffrant d'un état maniaque, tandis qu'il se trouvait lui aussi dans un service pour malades agités, me parut clairement, au cours des premiers mois de thérapie, ne parvenir à sauver quelques vestiges de rationalité que par une obstination désespérée à acquérir et à conserver jalousement un bon nombre des objets matériels – tels que beaux livres, vêtements de luxe, etc. – grâce auxquels il avait tenté pendant des années de rehausser son prestige tant aux yeux des autres qu'aux siens propres.

Voici ce qu'écrit Schilder [128c] :

> Stärcke a émis l'hypothèse que le complexe de castration joue dans la psychose le même rôle que le complexe d'Œdipe dans la névrose. Ce serait inexact si l'on n'envisageait le complexe de castration que sous l'aspect génital ; cette thèse contient, en revanche, une part de vérité si l'on fait porter la peur sur l'intégrité du corps dans son entier, en y incluant les activités pré-génitales aussi bien que génitales. La peur de la mutilation quelle qu'elle soit repose sur notre amour narcissique pour notre propre corps. Le thème du démembrement exprime le complexe de castration au niveau de l'amour narcissique de soi ; dans la mélancolie, en particulier, où les tendances sadiques sont si vives et si cruelles, la dislocation du schéma corporel est fréquente. Le mélancolique dénie l'existence de presque toutes les parties du corps. Il se plaint de la disparition de ses intestins, de ne plus pouvoir uriner ni déféquer, de n'avoir plus de membres ; ou encore d'avoir des membres devenus énormes.

Si l'on rapproche cette citation de Schilder des autres passages de son livre que nous avons reproduits, on constate qu'il nous a fourni tous les éléments requis par l'hypothèse exposée ici, à savoir que si divers objets matériels sont perçus par le sujet comme inscrits dans son image corporelle, la séparation d'avec ces objets peut être ressentie comme un démembrement du corps ou une mutilation. Schilder ne va pas jusqu'à formuler cette hypothèse, toutefois; quant à Stärcke, il y parvient au terme d'une construction théorique de ce qui doit se passer pour le nourrisson normal mais il ne produit pas de matériel clinique, comme je tente de le faire ici, qui révèle ce type d'expérience chez l'adulte.

À cet égard, je citerai à nouveau Thoreau qui, au cours des deux années solitaires qu'il a passées dans sa cabane de Walden Pond en n'ayant emporté de la civilisation que les ustensiles les plus rudimentaires, a eu une occasion exceptionnelle de réfléchir à la signification d'un certain nombre d'éléments de ce que j'appelle l'environnement non humain; or, pour la plupart d'entre nous, ces éléments sont présents dans nos vies en si grande abondance qu'il est bien difficile d'apprécier leur importance. Voici ce que dit Thoreau des vêtements, notamment :

> Nous endossons un vêtement après l'autre, comme si, telles des plantes exogènes, nous croissions par additions extérieures. Nos habits de dessus, souvent légers et fantaisistes, sont notre épiderme, ou fausse peau, qui ne participe pas de notre vie et que l'on peut arracher par places sans lésion fatale; les vêtements chauds, que nous portons en permanence sont notre enveloppe cellulaire, ou cortex; mais la chemise est notre liber, notre écorce véritable, qu'on ne peut ôter sans entailler et donc sans détruire l'homme [154].
>
> ... Un homme est riche en proportion du nombre de choses qu'il peut supporter de laisser de côté [154a].

La dernière de ces deux citations de Thoreau me rappelle une photo de presse publiée au lendemain de la mort du Mahatma Gandhi et montrant les biens matériels que ce grand homme, dont la richesse spirituelle n'aura sans doute guère eu d'égale dans l'histoire, possédait au moment de sa mort. Il n'y avait là qu'une dizaine d'objets – une paire de sandales, deux ou trois livres, une paire de lunettes, une robe et deux ou trois autres choses. Leur valeur n'atteignait pas deux dollars. Mais, à cet égard, Gandhi et Thoreau sont sûrement des exceptions; pour la plupart d'entre nous, d'innombrables biens matériels font partie intégrante de notre existence.

Si la perte d'objets matériels inscrits dans notre image corporelle peut susciter des impressions de mutilation physique, la menace d'une telle perte imminente provoque l'angoisse. Celle-ci est particulièrement évidente, si j'en crois mon expérience, chez les sujets que les rapides progrès d'une psychose ont privé du contact avec presque tout leur environnement, humain ou non, et qui tentent désespérément de s'accrocher, pour ainsi dire, aux rares choses avec lesquelles ils sont restés psychologiquement en contact. J'ai déjà parlé de ce jeune homme qui, venant d'être hospitalisé dans un état de schizophrénie aiguë, donnait la mesure de cette perte de contact en demandant avec stupeur à quoi pouvaient bien servir le plafonnier et le carreau dans sa porte. On sent dans quelle incapacité totale il se trouvait de faire face à la moindre complexité dans son entourage proche et avec quelle énergie désespérée il tentait d'enregistrer la perception des plus simples choses.

Un autre jeune homme, qui suivait une cure analytique pour une névrose obsessionnelle, se rappelait en détail ce qu'il avait éprouvé quelques années auparavant lorsqu'il avait failli sombrer dans la schizophrénie. Les symptômes se déclarèrent avec une soudaineté foudroyante, dans un contexte où il se trouva menacé d'avoir à reconnaître des conflits œdipiens jusqu'alors profondément refoulés. En moins de deux heures, il fut à ce point submergé par d'étranges expériences somatiques et si coupé subjectivement de son entourage humain – son père et sa mère – qu'il fut en grand danger de perdre tout contact avec la réalité. Il y eut un objet, cependant, avec lequel il réussit à maintenir une relation sensible : un tableau, accroché au mur de sa chambre, un paysage. Il trouva en cet unique objet une assurance suffisante de rester relié à la réalité pour pouvoir s'endormir; et le lendemain matin, les symptômes psychotiques avaient été de nouveau pour une part refoulés, si bien qu'il put continuer à vaquer à ses occupations, encore que ces symptômes eussent subsisté, se traduisant par une incapacité partielle, pendant au moins deux ans.

Savage, dans un article encore inédit sur les psychoses provoquées au L.S.D., rapporte une observation clinique voisine :

... Nous avions interdit à quiconque de prendre du L.S.D. en l'absence d'un contrôle médical. Une personne [qui n'était pas malade] décida d'en prendre malgré tout. Cet homme absorba 100 microgrammes de L.S.D. et s'enferma tout seul avec un magnétophone pour enregistrer ses impressions... [Après avoir ressenti divers symptômes] il eut l'impression d'être complètement enveloppé de gaze et isolé du reste du monde par un champ électrique. Il pouvait à peine changer le disque. Il avait la sensation d'être aspiré ou entraîné dans la machine. Il dut alors affronter le fait qu'il était absolument incapable de dissiper ces impressions, que le produit le dominait absolument, qu'il avait perdu toute maîtrise sur les événements et se trouvait frappé d'incapacité totale.

... Voici certaines de ses remarques : « J'ai entendu un bruit, me suis dit que c'était le réparateur qui venait me remplacer. J'ai cru entendre le chariot de l'entretien... Ils ont mis en route la machine pour me donner des secousses... C'est à coup sûr une bonne idée de torture, être branché à un appareil à lire dans le cerveau, les pensées diffusées dans le monde entier. »

... Il haïssait le magnétophone, se sentait enchaîné à lui, aurait voulu le fracasser mais il n'était pas certain de ne pas se détruire lui-même... [Six heures plus tard, environ] tantôt, il arpentait le plancher, tantôt il s'asseyait et contemplait un bonbon qu'il avait. Il désirait désespérément manger le bonbon mais il sentait que c'était son dernier lien avec la réalité et que s'il le mangeait, la dernière prise qu'il avait sur le réel disparaîtrait et qu'il resterait définitivement fou [127].

On voit l'importance que revêtent, dans cette psychose provoquée, des objets matériels – le magnétophone, le bonbon – perçus par le sujet comme aussi vitaux que des parties de son corps. Dans la dernière partie de son article, Savage se risque, sur la base du matériel clinique dont nous venons d'avoir un aperçu, à critiquer les méthodes établies de traitement des schizophrènes en état de crise aiguë :

J'aimerais montrer que notre façon de traiter la réaction schizophrénique aiguë est totalement erronée. Au moment où le malade tente désespérément de s'accrocher à quelque vestige de réalité, nous faisons tout ce qui est en notre pouvoir pour ruiner cet effort. Nous l'arrachons à son foyer pour l'emmener au poste de police, de là aux urgences, puis au service des admissions, et ensuite, soit dans un service de traitement soit dans un hôpital psychiatrique. Nous obscurcissons ses perceptions avec de puissants somnifères et des électro-chocs, portant un coup à la prise qu'il a sur la réalité. Nous l'isolons. Nous le plaçons dans une pièce calme, le cadre le plus irréel que l'on puisse souhaiter [127].

Bien que, dans cet article, Savage insiste surtout sur les facteurs humains et ne mette pas explicitement en évidence le rôle joué par l'élément non humain en tant que tel, il ressort du passage ci-dessus qu'une part considérable du traumatisme infligé au schizophrène en crise aiguë par le traitement habituel tient au fait qu'on l'arrache non seulement à ses proches mais aussi à tout son cadre familier de vie. Freud a décrit autrefois un symptôme des premiers stades de la schizophrénie, dont on a pu constater par la suite la fréquence : le fantasme de la fin du monde [46]. La littérature psychanalytique attribue ce symptôme à un retrait de la libido que le malade avait investie dans d'autres personnes [40b]. On peut supposer que chez les patients soumis aux changements successifs d'environnement décrits par Savage, un autre facteur déterminant réside dans la perte de leur monde familier, sous tous ses aspects [1].

Quand on pense à la valeur dont le schizophrène peut revêtir certains objets matériels, on mesure la violence castratrice qu'exerce sur lui le froid dédain avec lequel bien des parents traitent de tels objets. Un adolescent schizoïde, par exemple, qui n'avait pas d'amis, élevait quelques canards dans la ferme de ses parents et aimait les nourrir et les regarder évoluer. Sa mère, gênée par le bruit que faisaient ces canards le matin, s'en débarrassa purement et simplement, sans le moindre égard pour ce qu'ils représentaient aux yeux de son fils. C'est peu après que se déclara chez lui une schizophrénie paranoïde qui entraîna une série de longs séjours à l'hôpital. Je ne prétends pas que cette affaire fut le seul facteur qui déclencha le premier accès psychotique ; mais mon travail avec lui m'a laissé le sentiment très net que ce fut là un grave traumatisme. Quand j'entrepris une cure avec lui, quelques années après l'incident des canards, il en était à sa quatrième hospitalisation et était considéré comme incurablement aliéné. Dans les débuts de mon travail avec lui, j'eus un entretien avec son père, qui était également son tuteur. Il me raconta qu'il venait d'avoir avec son fils une brève conversation au

1. Si j'insiste sur les effets néfastes de l'arrachement du patient à son cadre familier c'est qu'à mon sens les auteurs ne le font pas assez. Ils en soulignent bien plus souvent les aspects positifs, comme le fait, par exemple, Rapaport [117] : « ... Enlever le malade à son milieu habituel pour l'installer dans un hôpital tend, tout comme la psychothérapie elle-même, à retirer aux structures défensives qui sont devenues parties intégrantes de sa pathologie, les stimuli qui les alimentent et sapent donc leur efficace et leur persistance. »

cours de laquelle celui-ci avait paru très affecté d'apprendre que son père avait récemment vendu sa voiture préférée. Le père s'était révélé incapable de comprendre l'importance qu'avait cette voiture pour son fils, à la fois comme une sorte d'amie et aussi comme symbole de l'espoir qu'un jour il serait de nouveau en mesure de vivre hors de l'hôpital. Avec la même insensibilité glaçante, le père me confia avoir dernièrement jeté tout un paquet de lettres que son fils avait reçues d'une petite amie, la seule personne avec laquelle le jeune homme eût réussi à entretenir une relation un peu étroite avant son hospitalisation.

La voiture revêtait, aux yeux d'un autre malade, un schizophrène de trente-six ans, une aussi grande valeur ; elle avait été pour lui une sorte d'amie intime et, à présent qu'il avait sombré dans une psychose profonde, elle représentait un lien symbolique essentiel avec la vie en dehors de l'hôpital. Le plaisir et la confiance en soi que lui donnait la conduite avaient été, semblait-il, parmi les dernières de ses activités normales à être affectées par la maladie. Au cours d'un entretien que j'avais eu avec son père et sa mère, à un moment où l'on pouvait douter fortement que ce patient parvienne jamais à répondre à nos efforts thérapeutiques, et où il avait un besoin vital de s'assurer que les membres de sa famille pensaient vraiment à lui et souhaitaient sincèrement sa guérison, sa mère me dit, du ton le plus banal, comme en passant : « Nous avons vendu sa voiture. Nous ne le lui avons pas dit. Nous avons pensé que si jamais il sort [sur le ton où l'on dit " s'il ne pleut pas demain "] nous pourrions toujours lui en acheter une nouvelle. »

Une autre mesure encore de la signification affective que peuvent revêtir des objets matériels nous est fournie par le chagrin du malade qui, séjournant depuis longtemps dans des chambres d'hôpital nécessairement quasi nues comparées à son cadre de vie antérieur, se trouve soudain dans un décor relativement riche en meubles et autres objets : ceux-ci ravivent en lui le souvenir de l'existence tellement plus pleine qu'il menait avant le déclenchement de sa maladie.

Je pense par exemple à une jeune femme longtemps hospitalisée dans le service des agités en raison de la gravité de sa schizophrénie. Le premier jour où elle se rendit à mon cabinet pour commencer la cure, elle parut submergée par le chagrin lorsqu'elle vit les cendriers de verre, le tapis, l'élégant bureau, les rideaux aux fenêtres, etc., tous accessoires où un regard normal n'aurait vu que banalité, mais absolument insupportables pour une femme affectée de tendances aussi destructrices qu'elle. Elle manifesta clairement que sa souffrance provenait du rappel de la maison belle et bien meublée dans laquelle elle avait passé son enfance. Il s'agit, du reste, de la même personne dont j'ai dit plus haut que ses impressions de mutilation physique semblaient pour une part imputables à la séparation qui lui avait été infligée d'avec son cadre de vie familier. Les biens matériels et autres éléments non humains avaient compté beaucoup plus qu'à l'ordinaire dans son enfance si frustrée de l'amour des êtres humains qui l'entouraient.

J'illustrerai ce point par un second exemple, celui d'un de mes patients, un schizophrène qui m'a aidé à discerner les processus psychodynamiques expliquant ce fait fréquemment observé que les schizophrènes veulent tout ou rien. Ils fonctionnent sur le mode suivant, qu'ils expriment d'ailleurs souvent oralement : « Je veux vivre exactement comme avant; sinon, je ne veux rien du tout. Ça ne m'intéresse pas d'avoir seulement la possibilité d'aller à Rockville ou à Washington; ce que je veux, c'est qu'on me rende ma vie d'avant dans tous ses aspects. » Ils veulent, en somme, le gâteau tout entier et non un quart, ou la moitié, ni même les neuf dixièmes.

Ce patient m'a fait comprendre qu'il était en un sens bien moins pénible pour lui de ne pas quitter son lit et d'y rester sans rien faire plutôt que d'aller se promener autour de l'hôpital et dans le quartier proche. Par la suite, quand il se mit tout de même à le faire, il put voir des gens tondre leur pelouse et soigner leurs fleurs, ce qui le plongea dans la plus noire nostalgie pour la pelouse et les massifs de fleurs qui avaient été en quelque sorte ses compagnons préférés, chez lui. Cet homme m'agaçait par son extrême lenteur à quitter mon bureau à la fin de chaque séance – jusqu'au jour où je compris que, s'il s'attardait, ce n'était pas tant pour me compliquer la vie que pour pouvoir contempler le téléphone, qui lui apparaissait comme un fragment de sa vie antérieure, et qu'il n'avait pas d'autre occasion de contempler au cours de son existence à l'hôpital. Il lui était donc, en somme, plus tolérable de ne rencontrer dans son cadre de vie actuel aucun élément relevant de son existence antérieure que de s'exposer à ce que divers objets ne la lui rappellent, alors qu'il était si loin de pouvoir la retrouver dans son intégralité. Je pense qu'on a là l'explication des grandes difficultés rencontrées par maints patients à passer du service des agités avec ses pièces presques nues, à un bâtiment hospitalier non clos ou à une résidence extra-hospitalière, dont l'aménagement plus complexe rappelle davantage celui d'un foyer normal.

Je voudrais encore évoquer deux autres cas illustrant ce même point. Une femme récemment admise pour psychose maniaco-dépressive chronique et alors dans une phase hypomaniaque, m'émut un jour profondément en me décrivant les impressions qu'elle avait éprouvées lors d'un séjour d'un jour ou deux qu'on l'avait autorisée à faire à son foyer, où elle avait vécu tant d'années avec son mari et ses enfants et qu'elle n'avait pas revu depuis bien longtemps par suite de son hospitalisation. Ce ne fut qu'un bref intermède avant son entrée à Chestnut Lodge. Ses enfants étaient tous adultes, à présent, et avaient quitté la maison. Les moments les plus poignants de son récit étaient ceux où elle disait quels précieux instants elle avait passés à retrouver les objets qui peuplaient sa maison – meubles, tableaux, etc. – et qu'elle avait connus et aimés si longtemps avant de tomber malade. Il était clair qu'alors c'était à ces objets qu'était allée une grande part de son amour. Mon impression était que son mari et ses enfants avaient de bonnes raisons de fuir son amour dévorant et dominateur et qu'elle avait senti dans les éléments inertes de son entourage matériel les seuls objets disposés, pour ainsi dire, à accepter son amour. De même, une autre patiente déclara à son thérapeute, au retour de sa première visite chez elle en deux ans et demi, qu'elle s'était rendu compte à cette occasion à quel point ses sentiments en général s'étaient adressés à des choses plutôt qu'à des gens.

Il me faut maintenant avancer l'hypothèse suivante : le contenu idéal d'une psychose résulterait d'un effort pour combler le vide laissé par la perte de réalité, qu'elle soit constituée d'individus ou de l'environnement familier. À la lumière de mon expérience clinique et notamment des quelques cas que je viens d'évoquer, il apparaît que la perte par le malade des éléments familiers de son cadre de vie matériel est ressentie beaucoup plus fortement par lui, aux niveaux conscient et, plus souvent encore, inconscient, qu'on ne l'a admis jusqu'ici et que des phénomènes psychotiques tels que les hallucinations faisant surgir en grand nombre des représentations non humaines autant qu'humaines pourraient constituer une tentative inconsciente pour éviter d'avoir à vivre cette perte dans sa radicalité.

La terreur que suscite chez des névrosés ou des pré-psychotiques la perspective de « devenir fou » s'exprime certes le plus souvent dans l'appréhension de voir surgir dans leur vie des expériences en elles-mêmes terrifiantes; la psychiatrie sait bien, cependant, qu'une fois écartées ces terreurs (qui cachent souvent, c'est bien connu, des désirs inconscients), le plus grave traumatisme que provoque en réalité la psychose et la plus cruelle souffrance qu'elle provoque quand elle se déclare, résident dans la perte dont elle s'accompagne – perte des liens perçus avec autrui, perte de fonctions psychologiques et physiologiques due à la régression et, j'y insiste, perte de ces innombrables choses qui constituent l'environnement familier et qui ont fait partie intégrante du fonctionnement de la personnalité.

À cet égard, citons Fenichel :

> Dans les névroses, il faut distinguer deux étapes : *a)* le refoulement des revendications inacceptables du ça et, *b)* leur retour sur un mode déformé. Dans le développement des psychoses, on discerne deux étapes analogues : *a)* la rupture avec la réalité; *b)* les tentatives pour retrouver la réalité perdue.
>
> Comme Freud l'a indiqué, cependant, il existe des différences caractéristiques. Dans les névroses, la seconde étape, le retour du refoulé, joue un rôle plus important dans l'engendrement de la maladie; dans les psychoses, c'est la perte de réalité qui provoque la pathologie [40c].

C'est ainsi qu'à ses yeux, les délires représentent « une tentative pour suppléer les parties perdues de la réalité » [40d].

Fenichel insiste donc sur l'importance de la perte inhérente à la psychose, tout en laissant entendre, comme il se doit, qu'il ne s'agit que de la perte d'autres êtres humains. Hill, lui, reconnaît au moins une certaine importance à ce que j'appelle l'environnement non humain quand il écrit, à propos des transformations introduites par la schizophrénie dans l'expérience subjective du sujet, que « ce qui est perdu, c'est une appréhension adéquate de l'environnement perceptible, en particulier l'environnement humain, et la capacité d'évaluer sa signification » [78b]. Mais même implicite, une telle reconnaissance de la valeur psychologique possible de l'élément non humain est bien rare dans la littérature psychanalytique et psychiatrique.

Selon Werner,

> ...aux premiers stades de la schizophrénie, l'invasion du monde objectif par les formes subjectives d'activité est ressentie non comme un enrichissement du contenu de la vie personnelle, ainsi que c'est le cas chez le type primitif normal, mais comme un appauvrissement. Un patient déclare : « La réalité, comme elle était auparavant, n'existe plus. La vie réelle a subi un déclin [1]. » Il y a un signe spécifique, un signe non présent chez les autres types primitifs, qui caractérise la réalité schizophrénique, c'est son insubstantialité. Le schizophrène qui n'est pas encore complètement enveloppé de ses délires, qui ne s'est pas encore installé dans une réalité totalement autistique, ressentira fréquemment la dé-différenciation de l'objectivité comme la perte d'un monde stable, substantiel, sûr [162u].

Furman [56], dans la description qu'elle donne d'une grave perturbation du moi chez une petite fille de trois ans et demi, fait cette remarque qui donne la mesure de la perte infligée à la perception de l'environnement non humain et humain par le recours à la dénégation comme moyen de défense du moi :

> Carol utilisait largement la dénégation interne et externe. Elle ne voyait ni n'entendait... Quand elle commença à s'exprimer par la parole, elle résuma sa méthode de défense un jour devant un grand bâtiment. « Parfois, dit-elle, je suis fâchée contre le bâtiment, et alors ce n'est pas un bâtiment. »

On ne saurait exagérer l'appauvrissement que subit la perception chez certains schizophrènes sous l'action du mécanisme de la dénégation, notamment ; elle équivaut à celle des sujets soumis à des expériences d'isolement telle que la décrivent Heron et ses collaborateurs [74] et Lilly [95]. Au cours de ces expériences, les hallucinations surviennent comme pour combler le vide dû à la privation sensorielle provoquée. L'une de mes patientes, une schizophrène adulte que je savais depuis longtemps sujette à de fréquentes hallucinations auditives, visuelles et olfactives, provoqua ma stupéfaction le jour où elle réussit à me donner une idée du morne désert qu'était son monde perçu, sur lequel elle projetait ses hallucinations.

1. Notation reprise de l'ouvrage de Storch [148].

Au cours d'une séance, alors qu'elle était assise à deux pas de moi et qu'elle me regardait en face, elle me confia avec angoisse qu'elle se sentait dans une rue déserte; et cette angoisse excédait largement celle qu'aurait appelée le simple reproche, adressé à moi, de ne pas intervenir assez. Une autre patiente finit par m'avouer, après des années de cure, avoir longtemps douté que quiconque existât réellement. Une autre schizophrène, en traitement avec l'un de mes collègues, un jour que je l'avais prise dans ma voiture près de l'hôpital, me demanda au moment de s'asseoir à côté de moi : « Croyez-vous qu'il y ait un monde, là? » « Bien sûr, répondis-je d'une voix chaleureuse et rassurante, il y a une abondance de monde, là. Vous arrive-t-il d'en douter? » Et elle me dit alors, avec un accent qui me bouleversa : « Je doute qu'il reste quelque chose du monde, après ce que j'ai vécu [1]. »

Revenons à Byrd et à son isolement de plusieurs mois dans l'Antarctide. Vint un moment où il se trouva intoxiqué par des émanations d'oxyde de carbone provenant d'un moteur défectueux. Il faillit en mourir. Décrivant le désespoir où le plongea sa dégradation physique, il montre éloquemment, dans le passage ci-dessous, combien notre environnement, humain mais aussi non humain, contribue à donner à notre vie son prix, son sens le plus profond :

> Le côté noir de l'esprit humain ressemble à une antenne orientée de façon à capter les pensées affligeantes de toutes provenances. J'en ai fait l'expérience. Ce fut une nuit affreuse. C'était comme si toute la vindicte du monde était concentrée sur moi, moi qui aurais été son ennemi. Je sombrai dans des abîmes de désillusion que je n'aurais pas cru possibles... jusqu'à ce qu'une certitude commence à se faire sentir; et en me concentrant sur elle et en réaffirmant ce qui me paraissait la vérité

1. Dans ce refus inconscient de la réalité extérieure, comme dans tout autre symptôme de la schizophrénie, on discerne l'indice non seulement d'un processus pathologique mais également d'un effort vers la guérison. Ce refus de la réalité permet en effet au patient de disposer d'un écran plus ou moins vierge, en quelque sorte, sur lequel peut s'accomplir la nécessaire reprojection des éléments introjectés, l'extériorisation des conflits internes découlant du passé. Il constitue un outil de même nature que l'atmosphère d'« écran neutre » que l'analyste s'efforce délibérément de susciter dans son travail avec le névrosé parce qu'il sait qu'une telle atmosphère favorise une projection et une extériorisation potentiellement utiles au patient. Le psychotique est en général à tel point submergé par la masse des éléments introjectés qui surgissent sur l'écran vierge dont j'ai parlé qu'il est difficile au thérapeute – lui-même souvent aussi submergé par cette masse – de percevoir le côté potentiellement constructif de ce qui se passe là.

> quant à l'univers, je parvins à peupler mon esprit des choses belles et réconfortantes du monde que j'avais cru irrémédiablement perdues. Je plaçai autour de moi ma famille et mes amis; je me projetai dans la lumière du soleil, dans la verdure, au milieu des plantes en pleine croissance... [22a].

Ce que j'expose ici reste une hypothèse, je l'ai dit, car je ne dispose pas d'un matériel clinique démontrant sans équivoque l'utilisation par des malades de leurs représentations psychotiques pour combler le vide laissé par la perte de la réalité familière. Le cas suivant, cependant, tout en restant circonscrit à l'aspect humain de cette réalité, n'en illustre pas moins, je crois, le type de processus qui est également à l'œuvre en ce qui concerne le non humain.

Il s'agit d'un jeune schizophrène qui était en psychothérapie avec moi dans une clinique pour patients non résidents. La violence de ses idées paranoïdes rendait précaire son existence hors de l'hôpital et il vivait dans un isolement extrême. Sa demande initiale de psychothérapie était motivée par les pensées homosexuelles obsédantes qui le torturaient. Alors qu'il commençait à réagir à la cure, je notai un jour deux indices d'amélioration : il n'évoquait plus son sentiment de solitude comme permanent mais comme intermittent; et il me dit qu'il n'avait plus d'« idées perverses », comme il les appelait. Mais lors de la séance suivante, insistant sur sa solitude, il me déclara sur un ton de regret : « Je n'ai même plus les peurs [c'est-à-dire les " idées perverses "] que j'avais. Je me demande parfois ce qui est le pire [les " idées perverses " de naguère ou son sentiment actuel de solitude]. Avant, j'avais tellement à penser qu'il ne me restait plus de temps pour me sentir tout seul. Maintenant, je n'ai plus rien à penser. Il n'y a plus que la solitude. »

J'ai insisté tout au long de ce chapitre sur l'importance plus que normale que revêt l'environnement non humain pour le moi d'un sujet en cours de développement et futur schizophrène – sujet généralement très solitaire. Aussi, nous venons de le voir, la perte de cet environnement est-elle ressentie très durement par le même individu devenu psychotique et séparé alors de son cadre familier dont il avait fait, jusqu'à un certain point, une part de son moi.

On observe chez des névrosés aussi bien que chez des psychotiques une autre forme de « perte » du cadre familier qui revêt un aspect plus chronique. Je veux parler des cas où le sujet échoue à établir avec le milieu non humain des liens, même ténus, parce que les tensions existant au sein de sa famille l'ont contraint, au moment où il se formait, à prêter une attention constante aux flux affectifs profonds circulant entre les seules personnes. De même, certains parents entravent chez leurs enfants le développement d'un sentiment de parenté directe avec leur entourage non humain en les « gâtant » à force d'admiration et d'approbation – ou de mépris et de critique, ni plus ni moins destructeurs – pour la façon dont ces enfants se comportent avec les éléments de cet entourage. Dans ces cas-là, le besoin qu'a l'enfant d'entrer en relation avec le non humain comme tel, d'établir directement avec lui une relation significative et potentiellement source de joie par elle-même se heurte à la tendance à n'y voir qu'un moyen d'obtenir l'approbation des parents ou d'éviter leur réprimande. Il y a de nombreux moments dans la vie d'un enfant où il a besoin de rester seul avec ses partenaires, pour ainsi dire, non humains; et si le père ou la mère survient alors pour déverser sur l'enfant ses louanges, par exemple, c'est une étape importante de l'édification du moi qui peut se trouver « gâtée ». Dans un chapitre ultérieur, je verserai quelques documents cliniques à ce dossier [1].

Cette dernière forme de « perte » de l'environnement non humain semble affecter surtout les personnes qui s'efforcent encore de se faire accepter par autrui. Des sujets plus gravement atteints, ceux qui se sont dans une large mesure

1. Depuis la rédaction du paragraphe ci-dessus, j'ai eu connaissance d'un article de Brodey [19] présentant des résultats intéressants de son travail au National Institute of Mental Health. Il a participé à une recherche passionnante, dirigée par Murray Bowen et portant sur la psychothérapie de schizophrènes et de leurs familles logés dans le même service hospitalier. À partir d'une expérience de deux ans, il aboutit notamment à la conclusion que le schizophrène efface une grande partie de la réalité extérieure pour ne considérer comme réels que les processus psychiques de sa mère.

Au demeurant, cette expérience schizophrénique de la réalité qu'évoque Brodey me fait penser à la façon dont l'environnement non humain se voit dénier toute signification propre par des auteurs tels que Elkisch et Mahler, Spitz, Tausk, Hartmann et les autres que j'ai cités. Ces auteurs ont, je crois, érigé en prototype d'un état normal du moi dans la petite enfance une situation de la relation mère-enfant qui est en réalité gravement pathologique – la situation même que décrit Brodey à propos de schizophrènes et dans laquelle l'organisation du moi de la mère est si fragile que l'enfant doit prendre les projections et les dénégations de celle-ci pour seuls éléments constitutifs de sa réalité à lui.

Le matériel de Brodey est très proche de celui que m'a fourni ma propre expérience relativement au transfert. Je présente plus loin (cf. p. 321) le cas d'une malade qui me percevait comme englobant la totalité de la réalité extérieure, y compris les murs de sa chambre.

résignés à être inacceptables aux yeux de leur entourage, se tournent vers le monde non humain pour entreprendre d'en tirer le meilleur parti possible.

J'ai dit que, selon moi, l'individu normal et le schizophrène avaient en commun d'avoir connu une phase de leur développement dans laquelle le moi était subjectivement indiscernable de son entourage immédiat; et qu'ensuite ils avaient également en commun le fait qu'une bonne part du contenu de leur inconscient – devenu très largement du conscient chez le schizophrène – avait pour origine la perception dans le passé d'objets non humains. J'ai dit également qu'on observe chez le schizophrène, par opposition au sujet normal, une perturbation de la capacité de distinguer entre le soi et l'environnement, qui s'accompagne parfois d'une angoisse très intense. Je tenterai par la suite, à diverses reprises, d'expliquer pourquoi le schizophrène diffère à cet égard de l'individu sain. Je m'en tiendrai pour le moment à un seul des facteurs qui affectent le développement de l'un ou de l'autre et rendent compte de leur différence. Dans son enfance et dans son adolescence, le schizophrène a dû davantage se tourner vers des objets non humains – des livres, des animaux, des arbres... – pour chercher auprès d'eux une compagnie et l'assurance que la vie a un sens, assurance que ne lui donnaient pas en suffisance ses relations avec d'autres êtres humains.

Les antécédents et le traitement psychothérapique intensif de nombreux schizophrènes m'ont fourni un abondant matériel évoquant ainsi un début de vie solitaire, dans lequel l'élément non humain ne jouait pas seulement un rôle important mais véritablement vital.

Voici les remarques qu'avait inspirées à une assistante sociale son entretien avec la mère d'une de mes patientes schizophrènes : « À partir de ce que dit la mère, on obtient le tableau d'une enfant soucieuse de se conformer, qui avait compris que les choses lui seraient plus faciles si elle ne faisait rien qui puisse contrarier sa mère. Elle a dû avoir une enfance solitaire car je n'ai pas entendu parler d'amis ou de camarades. Les biens matériels étaient présents à profusion et la jeune fille et son frère ont fréquenté les meilleures écoles, sortaient beaucoup, etc. À la fin de sa scolarité, elle reçut une Packard décapotable. » Mon travail avec cette patiente me convainquit que, pour elle, les « biens matériels » avaient compté autant que s'il s'était agi de sa chair et de son sang, littéralement.

J'ai rencontré un bon nombre de cas dans lesquels un schizophrène avait manifestement réussi à tenir à distance, pendant des années, la psychose qui devait finalement l'accabler, en maintenant sa relation avec un chien.

L'un de ces malades révéla, au moment où la schizophrénie se déclara, une pénétration psychologique que sa famille n'avait jamais soupçonnée. Alors que celle-ci le croyait parfaitement satisfait de son existence – une existence d'un dénuement incroyable pour ce qui était des relations humaines et que seule la fidélité d'un chat rendait supportable – cet homme déclara : « Les gens devraient aimer des gens, pas des chats. » Beaucoup plus tard, après de nombreux mois de psychothérapie, il parvint à me dire combien il tenait à notre relation ; il ne savait pas encore exprimer ses sentiments affectueux sans ambivalence, mais lorsqu'il se récria devant moi : « Pourquoi m'avez-vous traité comme un animal, ici? » ce fut sur un ton d'amour et de gratitude qui démentait catégoriquement le reproche apparemment contenu dans sa question. Il était clair qu'à ses yeux, être traité comme un animal signifiait être traité avec un amour sincère, l'amour que lui-même avait voué à son chat pendant des années, faute d'un membre de sa famille qui pût le recevoir et l'apprécier.

Une femme schizophrène avait grandi dans une famille méthodiste très stricte, à la campagne, son entourage se réduisant pratiquement à sa mère paranoïaque, à son grand-père maternel paranoïaque, à sa brute de frère aîné, à son chien et à des chevaux. Je n'avais encore jamais rencontré une folie à deux aussi résistante à la cure que celle dans laquelle étaient prises ma patiente et sa mère. On constatait sans surprise que le peu de santé affective qui subsistait chez elle tenait à ses relations avec des éléments non humains de son cadre de vie. Les infirmières racontaient souvent que dans le pavillon, elle « jouait au cheval » – l'un des indices de son identification avec ces chevaux qui avaient assurément été parmi les compagnons les plus sains de son enfance. Cette patiente qui s'appelait Miss Holden, restait sans enfant alors que sa période de fécondité tirait à sa fin, et pendant des années, elle avait exprimé son désir de transmettre à un descendant le nom de sa famille – dont aucun rejeton mâle n'était marié – en baptisant plusieurs de ses chevaux successivement « Holden-x », « Holden-y », « Holden-z », etc. Elle ne manifestait jamais aucun chagrin d'avoir été séparée de l'entourage humain de son enfance; mais un jour, au cours d'une séance, elle dit en regardant un arbre par la fenêtre, « Il y avait un arbre comme ça, à Reedville [la bourgade où elle avait grandi] » et des larmes coulèrent sur ses joues. Deux des rares occasions où j'ai eu l'impression qu'elle me laissait apercevoir les zones non psychotiques de sa personnalité survinrent au cours de promenades autour de l'hôpital. L'une d'elles se passait par un magnifique matin d'hiver et les arbres étaient scintillants de givre; ce fut l'un des rares moments où elle s'affranchit de sa psychose : elle montra que ce spectacle lui plaisait. Au cours d'une autre promenade, au printemps, comme nous passions à côté d'un enclos où se tenaient deux chevaux, elle s'approcha d'eux, leur tapota le front et leur parla tendrement, avec une sorte de familiarité confiante, une absence d'angoisse que je ne l'avais jamais vue manifester envers aucun être humain.

Hill décrit un cas comparable, celui d'une jeune fille dont la vie affective était concentrée sur son environnement non humain :

> Je me souviens d'une patiente qui, craignant que sa maison soit truffée de micros, refusait de me parler à l'intérieur et insistait pour que nous allions nous promener dans le jardin, que traversait un ruisseau. Elle trouva dans l'eau un scorpion rouge, un têtard et une grenouille et tint absolument, à mon grand embarras, à ce que je les garde dans ma main pendant que nous parlions. Il apparut que cette fille vivait dans ce jardin ce qui était à ses yeux sa vraie vie. Elle était intime avec tous les animaux à sang froid et avec un bon nombre de plantes. Je fis une remarque sur l'absence d'êtres humains et la jeune fille me rétorqua qu'elle se serait attendue à ce que moi, un psychanalyste, j'interprète le scorpion – ce petit gars tout rouge – comme ayant quelque rapport avec le pénis de son père. Elle ajouta qu'elle ne pouvait supporter son père sous quelque forme que ce fût et qu'elle était heureuse que je n'aie pas vu dans le scorpion sa représentation. Elle m'expliqua ensuite lesquels parmi les animaux à sang froid représentaient sa mère. Une tortue, en particulier, lui rappelait maman, bien retranchée derrière ses défenses. D'autres animaux représentaient une sœur et un frère défunt. Je n'ai jamais pu deviner lequel me représentait. Cette fille écrivait des poèmes dans lesquels il n'était jamais question d'un autre être humain qu'elle-même [78a].

J'en viens maintenant à la dernière hypothèse théorique que je voudrais avancer dans ce chapitre : l'incapacité du schizophrène à distinguer clairement entre lui-même et son environnement non humain et entre les éléments humains et non humains de l'environnement expliquerait pour une part son incapacité, telle que l'ont décrite Goldstein [62], Benjamin [10] et d'autres auteurs, à user du langage figuré en connaissance de cause, c'est-à-dire en sachant qu'il est figuré. N'est-ce pas cette incapacité qui se manifeste, par exemple, dans ces particularités langagières du schizophrène relevées par Arieti?

> Si l'on dit : « Quand le chat n'est pas là, les souris dansent », l'auditeur normal comprendra que par chat on entend une personne investie d'une certaine autorité. Un schizophrène a donné de ce proverbe l'interprétation littérale suivante : « Il y a toutes sortes de chats et toutes sortes de souris, mais quand le chat n'est pas là, les souris en profitent. » Autrement dit, pour le schizophrène, le mot « chat » ne pouvait acquérir de connotation spéciale...
>
> Bien des novices dans le domaine psychiatrique ont l'impression que le langage et la pensée des schizophrènes sont richement métaphoriques et poétiques. En réalité, il n'en est rien... C'est ainsi qu'un schizophrène sera capable d'*identifier* un homme et un loup à l'aide d'un caractère commun, la « voracité » mais ne pourra pas accepter le concept de *loup* comme symbolisant l'homme vorace, cupide [4a].

Si j'en crois mon expérience, la pensée du schizophrène est pour l'essentiel confinée au niveau littéral, concret. Il lui faut en effet lutter pour distinguer entre êtres humains et animaux, par exemple, ou entre l'humain et l'inerte. La difficulté qu'il rencontre à établir ces distinctions l'empêche de s'élever au niveau supérieur où l'esprit appréhende ces réalités en termes abstraits, figurés, car de tels termes impliquent souvent une équivalence entre tel objet et tel autre, fort dissemblables au niveau perceptif. Sa pensée n'est que trop encline à tout mêler, trop vulnérable à la confusion, même au niveau littéral.

Au cours d'une séance, le patient, un schizophrène, assis près de moi sur le divan et me regardant en face, me posait diverses questions sur un ton de plaidoyer, de protestation. Comme d'habitude, je m'y dérobais, insistant au contraire pour qu'il me livre davantage des pensées que cachaient ces questions. Et lui, comme c'était sa longue habitude, s'efforçait de me faire réagir en m'interrogeant, en essayant de me faire rire, ou que sais-je. Son attitude exprimait cependant la conviction qu'il n'arriverait pas à me faire renoncer à mes efforts d'investigation qu'il interprétait ainsi : « Toujours fâché – mon thérapeute est toujours fâché après moi. » Et, à un moment, il me raconta que son père venait d'acheter des lampadaires d'appartement extrêmement lourds, si lourds qu'on ne pouvait que très difficilement les déplacer.

« Vous vous dites, peut-être, observai-je, que votre thérapeute est comme ces lampadaires – très difficile à faire bouger? » Je voulais l'encourager à exprimer des sentiments que trahissaient depuis des mois ses expressions faciales et ses intonations mais qu'il n'avait jamais traduits en détail par des mots.

Ma remarque suscita son rire, comme si elle était grotesque. « Mais non, fit-il, je sais bien que vous n'êtes pas un lampadaire, Dr Searles. » J'insistai : « Mais est-ce que vous sentez qu'il y a certaines similitudes, que les lampadaires et moi, nous sommes lourds et difficiles à déplacer? » Il répondit, toujours riant, comme si cette idée était vraiment ridicule : « Non, je sais que vous n'êtes pas un lampadaire. Voici un lampadaire », et il désigna celui de mon bureau, « et voici le Dr Searles », conclut-il en me montrant du doigt.

Pendant plus de deux ans, cet homme ne cessa d'affirmer sa conviction, une conviction indubitablement sincère, que j'étais fou. L'une de ses raisons, parmi d'autres, était que mon discours comportait des figures du genre de celle que je viens de décrire. Il devint clair par la suite que les limites de son moi étaient d'une telle précarité – ce qu'avait longtemps dissimulé la façade relativement saine qu'il maintenait face à autrui – qu'il était incapable de penser en termes figurés. Un indice de sa tendance à la confusion était la préoccupation extrême dont il témoigna pendant des mois à l'hôpital d'éviter que ses affaires personnelles ne se trouvent « confondues » avec celles d'autres patients. Au bout d'environ trois ans et demi de cure, un changement fondamental commença à se manifester chez cet homme : il devint de plus en plus capable de penser et de converser en termes figurés et, du même coup, comparatifs. Il lui fut désormais possible de comparer entre eux des individus ou des relations; ou encore de comparer ses propres sentiments, si mêlés et si changeants, au temps variable, où la pluie coexiste parfois avec un rayon de soleil; et ainsi de suite. Sa pensée avait fini par s'affranchir de son ancrage dans le concret, le littéral; et la cure prit un nouvel essor.

Des données cliniques comme celle-là indiquent que, pour un développement normal, l'établissement de limites fermes du moi est nécessaire à l'apparition de la pensée symbolique et notamment métaphorique, ainsi que l'ont écrit de nombreux auteurs [41, 45, 90, 91, 97, 98, 138]. Mais ce même matériel permet de penser que ce processus fonctionne également en sens inverse : la formation d'une pensée symbolique constitue l'un des facteurs qui contribuent à libérer l'enfant – ou le schizophrène adulte en voie de guérison – de son identification initiale avec le monde non humain.

J'ai déjà eu l'occasion de me référer à l'explication de Kris quant au retard avec lequel la caricature était apparue dans l'histoire de l'art, à savoir le déclin de la croyance dans la magie des images, et j'ajoutais que les mêmes faits qu'il invoquait à l'appui de sa thèse laissaient penser que les hommes avaient maintenant réussi à creuser entre eux-mêmes et le monde non humain un écart suffisamment confortable pour pouvoir rire, et non plus s'alarmer, de se voir caricaturés en animaux ou en choses. Dans le chapitre que Kris consacre à cette question, il est un passage qui me fait irrésistiblement penser à la nouvelle liberté qu'avait conquise mon patient par rapport à l'expérience concrète :

> La naissance de la caricature en tant qu'institution marque la conquête par l'esprit humain d'un nouvel espace de liberté; pas davantage, certes, mais peut-être pas moins, que la naissance de la science rationnelle dans l'œuvre de Galilée [89c].

CHAPITRE VII

L'ANGOISSE DE DEVENIR, OU DE SE RÉVÉLER, NON HUMAIN

Les phénomènes psychopathologiques que je vais passer en revue maintenant, et jusqu'à la fin de cette Troisième partie, se rapportent tous à la déficience fondamentale du moi [1] que je viens de définir : l'incapacité du psychotique – et, à un moindre degré, du névrosé – à distinguer pleinement entre son soi et l'élément non humain qui l'environne. Ces phénomènes se révéleront des facettes, des ramifications ou des causes partielles de cette confusion essentielle.

Comme l'indiquaient déjà les brèves observations cliniques présentées jusqu'ici, celle-ci a pour résultat, d'un côté, une perturbation de la conception qu'a le malade de son soi, et, de l'autre, une perturbation de la conception qu'il a de son environnement. Bien que ces deux ordres de conséquences soient profondément liés, nous les distinguerons pour les besoins de l'exposé. Les chapitres VII à IX inclus traiteront des perturbations de la conception du soi; et les chapitres X à XII, des perturbations dans la conception de l'environnement. Quant au chapitre XIII, il replacera ces deux ordres de phénomènes dans le cadre de la relation thérapeutique.

Je commencerai par l'angoisse qu'éprouvent certains psychotiques et certains névrosés de devenir non humains ou de se révéler tels.

Dans un article sur la schizophrénie, Szalita-Pemow [152]

1. « Fondamentale », bien sûr, pour ce qui concerne la question de l'environnement non humain; je ne prétends nullement que cette déficience soit plus importante que d'autres qui affectent la relation avec autrui – en particulier, l'absence d'une perception claire, en profondeur, des limites qui séparent d'autrui le soi. Ce dont traite tout au long ce livre c'est d'un aspect, à mes yeux, essentiel, de la psychologie et de la psychopathologie du développement et non de la totalité de leurs aspects.

fit en 1952 cette remarque suggestive : « Si le terme de régression sert au premier chef à désigner un mécanisme précis de défense, je considère que, dans l'essentiel de sa structure, la régression est ce contre quoi nous nous défendons. »

Dans ma propre pratique, un bon nombre de cas sont venus corroborer cette assertion : ceux de patients manifestant clairement une angoisse – tout à fait fondée – de régresser à un stade infantile et de se voir ainsi privés des diverses fonctions d'un adulte. Il me semblait être en présence d'une sorte d'angoisse de castration ; et, de fait, on imagine mal une forme plus radicale de « castration » que celle qu'entraîne une telle régression.

Mais la conception que je voudrais exposer va, je crois, plus loin et n'a pas encore été formulée à ma connaissance. Je pense que nous, les êtres humains, sommes habités par l'angoisse – généralement inconsciente ou portée à la conscience par des circonstances exceptionnelles – non seulement de régresser ontogénétiquement, au stade infantile ou intra-utérin, par exemple, mais même plus loin, phylogénétiquement, pour ainsi dire, à un stade animal, végétal ou inorganique. Cette angoisse se fait particulièrement intense, si j'en crois mon expérience, dans la névrose et dans la psychose et surtout dans cette dernière.

À l'appui de cette conception, on peut invoquer des faits relevant de bien des domaines. Je ferai quelques emprunts à la sphère de la culture avant d'en venir à la psychiatrie.

La mythologie grecque et romaine exprime éloquemment le mélange d'angoisse et de fascination qu'inspire à l'humanité le thème de l'être humain changé en animal, en arbre ou en pierre, parfois par de méchantes créatures mais le plus souvent par des dieux vindicatifs. Qu'on pense à la Gorgone, qui pétrifiait celui qui la regardait, à Circé, changeant les hommes en pourceaux, à la pétrification de Niobé, jugée arrogante par les dieux, à la jeune Callisto, aimée de Zeus et transformée en ourse par Héra jalouse, ou encore à Dryope, changée en arbre pour avoir cueilli quelques fleurs de lotus qu'elle voulait offrir à son enfant : ce faisant elle avait blessé la nymphe Lotis...

On retrouve la même hantise dans les contes de fées ; mais ici, il arrive souvent que le héros ou l'héroïne, après avoir été ravalé à quelque forme inhumaine, finisse par triompher et ce triomphe consiste en sa libération et en son retour à la forme humaine, ou parfois, en une nouvelle métamorphose animale flatteuse.

La littérature de l'époque moderne exploite elle aussi ce thème. Après le *Dr Jekyll et Mr. Hyde* de Stevenson et *La Métamorphose* de Kafka, il a revêtu une forme souvent littérairement contestable mais sous laquelle il occupe une large part du rayon « littérature d'horreur ».

Citons, pour finir, un passage de *L'Enfer* de Dante [27] dans lequel il décrit le châtiment d'un groupe de damnés changés en arbres épineux et vénéneux :

> Alors, je portai la main un peu en avant et je cueillis un petit rameau d'un grand arbre : et son tronc cria : « Pourquoi me déchires-tu ? »
>
> Dès qu'il se fut teint d'un sombre sang, il recommença à crier : « Pourquoi me mutiles-tu ? Tu n'as donc aucun sentiment de pitié ? Hommes nous fûmes et nous voici devenus broussailles. Bien devrait ta main être plus pieuse, si même nous eussions été des âmes de serpents. »

J'en viens maintenant au matériel clinique illustrant cette angoisse de régresser à un stade infra-humain, et plus précisément aux cas de deux schizophrènes; on trouvera plus loin, cependant, à propos d'autres points théoriques, des exemples allant dans le même sens. La thèse dont il s'agit maintenant pourrait se formuler ainsi : l'utilisation habituelle, face à l'angoisse récurrente ou chronique, de ce moyen de défense particulier du moi qui consiste en une dé-différenciation, ou une régression à un état de fusion subjective avec le monde non humain, interfère plus que d'autres moyens de défense du moi, tels que l'intellectualisation pour l'obsessionnel ou la dramatisation pour l'hystérique, avec le développement et l'entretien du sentiment d'appartenir à l'humanité, d'avoir une identité d'être humain.

Une angoisse du type dont il est question constituait l'un des éléments les plus saillants du système délirant fort complexe d'une schizophrène paranoïde de trente et un ans que j'eus en psychothérapie intensive pendant plus de deux ans et demi.

Voici, par exemple, un passage du rapport d'une infirmière :

> Entre une et deux heures du matin, couchée sur le sofa du hall, l'air profondément malheureux. « Je me sens horriblement mal à tous points de vue, et s'ils me changent de nouveau en

poisson, j'en mourrai. » (Il tonnait à ce moment-là et il pleuvait à verse.)

Lors d'une séance, elle me dit qu'elle avait tremblé de peur, dernièrement, et exigea de savoir ce qui allait venir ensuite, car, protesta-t-elle, elle avait déjà été « toutes les sortes d'animaux qui se trouvaient dans l'Arche, y compris les oiseaux ». Et elle ne cessa de revenir sur le thème de la « peur ». Il lui arrivait de produire ce genre de matériel sur un ton facétieux, mais le plus souvent c'était avec des manifestations de terreur, dans l'angoisse visible d'être transformée, non pas métaphoriquement mais littéralement, en poisson, en vache, en arbre, en pierre. Lors d'une autre séance, elle me désigna, avec une expression angoissée, une autre patiente qui, depuis des mois, restait presque tout le temps dans le hall, muette et immobile, et s'écria : « Regardez donc Grace Phillips! Quelle différence y a-t-il entre elle et une vache qui rumine ou un cheval dans son pré? C'est vraiment l'entourage le plus malsain qui soit! » Elle insista alors sur sa propre détermination à continuer à parler, me donnant nettement l'impression de se sentir ici menacée de régresser, comme, à ses yeux manifestement, d'autres malades l'avaient déjà fait, à un état animal.

Au cours de nombreuses séances, elle me fournit bien des signes que la menace sous laquelle elle se débattait était, en un sens, bien réelle; son surmoi archaïque disposait d'une supériorité si écrasante sur son moi extrêmement faible que chacun de ses actes quotidiens devait être conquis par elle sur de terribles tabous. Beaucoup des activités – l'ergothérapie, par exemple – qu'elle réussissait à poursuivre étaient pour elle une source d'inquiétude; elle avait l'impression qu'elles profitaient à diverses personnes malveillantes qu'elle haïssait et si elle s'adonnait à ces activités c'était pour cette seule raison que, sinon, la vie lui aurait été intolérable. On comprend bien, également, pourquoi elle se sentait menacée par le spectacle de nombreux malades frappés de graves incapacités; c'était comme s'ils avaient été encore plus complètement vaincus qu'elle-même par leur surmoi.

Au cours d'une séance, un aspect de la dynamique psychique à l'œuvre dans ce type d'angoisse se manifesta avec une clarté particulière.

Vers le début de la séance, elle déclara : « J'ai mal à la

gorge », ajoutant d'un ton résolu : « Ils ne vont pas me changer en arbre. J'ai déjà été un rocher, une fois », comme pour dire : « Et je ne vais pas subir ce genre de chose à nouveau ! »

Elle continua longuement à faire alterner plaintes et protestations contre le fait – selon elle – qu'« ils changent les gens en arbres ». Elle insistait sur l'absurdité de cette pratique, étant donné qu'on ne manque pas d'arbres produits naturellement, c'est-à-dire à partir des graines d'autres arbres. Et elle indiqua, au passage, « j'ai déjà déterré des plants pour les transplanter et j'en ai pris soin », comme pour prouver qu'on pouvait effectivement obtenir des arbres naturellement.

Elle dit : « Un jour, j'étais dans un endroit où ils changeaient les gens en arbres. C'était sur la côte Ouest, soi-disant. On les appelait " chênevifs " » et elle me jeta un regard appuyé, comme pour me signifier que ce nom en disait long. Elle poursuivit, l'air écœuré et anxieux : « C'était inquiétant – je n'ai pas envie d'en parler. » Plus tard, comme je l'encourageais à poursuivre, elle ajouta : « Il y avait un bras, [se reprenant] une branche, arrachée à l'un d'eux, et ça ne ressemblait pas à du bois. On pouvait voir les fibres, comme des fibres musculaires. » Elle avait l'air particulièrement mal à l'aise et remuée en disant cela.

Plus tard encore, elle dit, sur le ton de la protestation : « Ça serait compréhensible, s'ils finissaient par s'ennuyer et décidaient la fois suivante de changer un arbre en une personne, pour se faire un ami », mais, insista-t-elle, il ne manque ni de gens ni d'arbres, alors pourquoi est-ce qu'ils changent les gens en arbres et les arbres en gens? Ce dernier propos avait quelque chose de particulièrement poignant ; on y sentait sa solitude profonde, encore qu'énergiquement déniée, son besoin d'amitié. Je remarquai qu'à un moment de cette même séance, elle fit une allusion, exceptionnelle de sa part, à ses deux jeunes enfants, pour dire qu'à sa connaissance, ils étaient grands, à présent, et mariés et avaient des enfants. « Mais je n'ai personne », ajouta-t-elle, émue.

En deux occasions, pendant la séance, les interdits de son surmoi se manifestèrent. À un moment, elle dit qu'elle aimerait s'abonner à un magazine, *The American Home,* qu'elle lisait chez elle avant son hospitalisation, mais qu'elle était bien ennuyée parce que tous les chiffres et toutes les initiales figurant sur le bulletin d'abonnement lui semblaient se référer au « complot » et elle craignait qu'en s'abonnant, elle ne soit considérée malgré elle comme volontaire pour être changée en animal ou en quelque autre créature non humaine. À un autre moment, elle me confia qu'elle ne voulait pas me rapporter les propos qu'elle entendait autour d'elle, parce qu'avec cette capacité qu'ont les gens de se faire prendre pour d'autres, elle risquait d'accuser des innocents.

Le matériel produit durant cette séance fait apparaître un certain nombre de déterminants probables de son angoisse : 1) son besoin d'amitié induit un délire propre à satisfaire ce désir, à savoir qu'on peut changer les arbres en personnes, d'où la possibilité pour elle de trouver un ami de cette façon, mais d'où aussi sa conviction terrifiante que ce mécanisme marche en sens inverse également : on peut changer des personnes en arbres ; 2) son besoin d'amour alimente sa croyance délirante qu'elle risque d'être changée en arbre : on prend soin des arbres, elle-même a dit avoir « pris soin » d'eux ; 3) son agressivité, ses désirs de mettre des gens en pièces, se laissent voir quand elle parle des « chênevifs » ; c'est comme si elle était si avide de voir des gens démembrés, en représailles des souffrances qu'ils sont censés lui avoir infligées, qu'elle se plaît inconsciemment à penser que les arbres endommagés sont en réalité des personnes amputées. Mais, évidemment, si on peut changer des gens en arbres, cela la menace aussi ; 4) son surmoi furieusement auto-punitif menace constamment de proscrire ses activités humaines et le fonctionnement de sa personnalité jusqu'à ce qu'elle ait atteint un état qu'elle considère littéralement comme celui d'une vache ou d'un arbre.

Nous touchons là, en fait, au contenu du prochain chapitre consacré au désir, conscient ou inconscient, de devenir non humain. Nous reviendrons alors sur les déterminants de cette angoisse qui nous occupe actuellement.

L'angoisse de cette femme ressemble beaucoup a celle d'un catatonique dont un article de Nunberg a brillamment décrit la dynamique psychique. C'est ce qui ressort du passage suivant de cet article [109] :

> Comme l'analyse détaillée de l'ensemble du système délirant nous entraînerait trop loin, je me limiterai aux traits essentiels : ce qui nous paraît d'abord le plus trouble est la crainte délirante du patient d'être changé en un animal, un ver. Cette « procédure », ainsi que notre patient dénommait sa « Théorie de la transformation », ne se limite pas aux êtres humains ; c'est un

> processus qui se déroule dans le monde entier, tout être vivant accomplissant une « migration », qui le change en des êtres toujours inférieurs, jusqu'à devenir des objets inanimés tels que végétaux, minéraux, terre, etc. À partir de la terre, cependant, une nouvelle vie surgit, une transformation en sens inverse s'amorce, qui remonte jusqu'à l'homme ; et cela continue sans fin. Les hommes ne sont pas les seuls à subir ces métamorphoses, la terre aussi, le monde entier.

Les délires de ces deux malades évoquent irrésistiblement certains mythes antiques et aussi les théories bouddhistes de la transmigration des âmes.

Le second cas que je voudrais évoquer est celui d'un homme de vingt-six ans qui, au moment de son admission à Chestnut Lodge, souffrait d'une schizophrénie catatonique aiguë et entreprit une psychothérapie avec un autre thérapeute de notre équipe. Dans sa présentation du cas en réunion, celui-ci mentionna plusieurs points indiquant chez ce patient l'angoisse de devenir non humain. Avant son hospitalisation, il s'était fait parfois remarquer par la raideur de sa démarche, « pareille à celle d'un automate ». Au début de son séjour à l'hôpital, il manifestait une perte si marquée des limites de son moi qu'il lui arrivait de se sentir confondu non seulement à d'autres personnes – sa femme, ses camarades de chambre – mais aussi à des choses. Gisant sur le sol en position fœtale, il parlait de lui-même en disant « ça ». Il dit un jour à son thérapeute, en bredouillant : « Je ne suis pas tout le pavillon – je ne suis pas un pavillon de l'hôpital. » On pouvait interpréter cela métaphoriquement, d'autant qu'il avait été question précédemment, mais non récemment, de le faire enfermer ; mais cette phrase semblait avoir pour lui un sens littéral : comme s'il n'était pas sûr de ne pas être un pavillon, un service de l'hôpital.

Dans *L'Expérience religieuse* [85], William James donne une description très vivante d'une telle angoisse, d'après la relation vécue qu'un individu lui avait faite d'une crise de mélancolie :

> ... Soudain s'abattit sur moi à l'improviste, comme surgissant des ténèbres, une peur horrible de ma propre existence. Et simultanément surgit dans mon esprit l'image d'un épileptique que j'avais vu à l'asile, un jeune homme aux cheveux noirs, à la peau verdâtre, complètement idiot, qui passait toute la journée sur l'un des bancs, ou plutôt l'une des étagères placées

> contre le mur, les genoux au menton, sa grossière camisole grise, qui était tout son vêtement, tirée par-dessus et l'enfermant entièrement. Il restait assis là comme une sculpture de chat égyptien ou comme une momie péruvienne, ne remuant que ses yeux noirs et n'ayant absolument rien d'humain. Cette image et ma terreur se combinèrent en quelque sorte l'une à l'autre. *Je suis fait comme ça,* me disais-je, potentiellement. Rien de ce que je possède ne saurait me défendre contre un tel sort, si l'heure vient à sonner pour moi comme elle a sonné pour lui. Il me faisait tellement horreur et le sentiment était si fort de n'être séparé de lui que provisoirement, que ce fut comme si quelque chose de ferme, jusque-là, dans ma poitrine lâchait d'un coup – et je ne fus plus qu'une masse tremblante de terreur [85b].

Rappelons le cas, cité par Savage, de cet homme qui avait absorbé une dose de L.S.D. avant de s'enfermer avec un magnétophone et qui avait déclaré s'être senti « aspiré ou entraîné dans la machine » [127].

Il m'est apparu que l'incertitude que manifestent fréquemment des schizophrènes quant à leur sexe recouvre – masque, en somme – une incertitude plus fondamentale quant à leur humanité. J'ai noté avec intérêt que Nunberg parlant du catatonique en proie à l'angoisse de se « changer en un animal, un ver », rapporte que « selon lui, il avait toujours été incertain du sexe auquel il appartenait ». Et il cite ce propos de son patient : « Je suis à un moment un homme, à un autre, une femme » [109a].

La plupart de mes patients schizophrènes ont produit un matériel de cet ordre, mais c'est tout particulièrement vrai d'un jeune homme que j'ai soigné depuis son hospitalisation pour une schizophrénie aiguë du type catatonique. À titre d'échantillon, je rapporterai ici certains moments des séances que j'ai eues avec lui alors qu'il ne résidait plus à l'hôpital, la crise aiguë étant passée.

Au début de la séance, il me dit qu'il « voulait être sûr » d'obtenir le poste d'enseignant dans une université qu'il avait demandé. Il avait l'air très tendu en disant cela. Je l'invitai à essayer de savoir ce que « vouloir être sûr » lui suggérait.

Après un moment de blocage, il répondit d'une petite voix : « Vouloir être sûr que vous êtes un homme ou une femme. » Le « vous » semblait se référer à moi plutôt qu'à un sujet indéfini. Plus tard, je revins sur ce « vouloir être sûr que vous êtes un homme ou une femme » et l'invitai à associer à partir de là; il précisa : « J'ai dit " vous ", mais c'est à moi-même que je pensai. »

Ce n'est là qu'un fragment du matériel produit tout au long de mon travail avec lui et suggérant ses doutes non seulement quant à mon sexe mais aussi quant au sien. Je voudrais maintenant revenir sur ce qui se manifesta au cours de cette même séance entre les deux moments où il fut question de « vouloir être sûr ». Les associations qui surgirent alors consistaient en souvenirs précis et inhabituellement attendris des relations qu'il avait eues enfant, dans sa famille, avec un homme à tout faire noir, relations dont la richesse affective tranchait sur le dénuement de celles qu'il avait eues avec ses parents; il fit également quelques allusions, tendres, elles aussi, à son chien; il avait depuis longtemps, dans son analyse, exprimé l'affection qu'il avait vouée à ce chien.

Tandis qu'il se remémorait les histoires que lui racontait ce domestique noir, les menus travaux qu'il lui apprenait à faire et aussi le plaisir qu'ils prenaient tous deux aux bons tours que mon patient jouait à cet homme, je lui fis remarquer combien cette relation empreinte de tendresse, de vivacité et de joie contrastait avec celle, à tant d'égards tendue et malheureuse, qu'il avait avec son père. Il acquiesça, disant qu'en effet, il n'avait pas eu de relation aussi proche ni aussi heureuse avec son père, ni, ajouta-t-il, avec sa mère. Un peu plus tard, il me laissa clairement sentir le désespoir qu'il avait éprouvé à tenter de s'identifier avec son père ou avec sa mère.

Me fondant sur ce matériel, que corroboraient bien d'autres éléments recueillis ici et là au cours des séances précédentes, je lui suggérai que son incertitude quant à son sexe pourrait bien recouvrir une incertitude plus profonde quant à sa qualité de personne et je lui rappelai l'incapacité qu'il avait éprouvée à s'identifier à l'un ou à l'autre de ses parents et le sentiment qu'il avait dans son enfance de se trouver affectivement plus proche de son chien ou de ce serviteur noir que, peut-être, hasardai-je, il ne considérait pas comme une personne. Il confirma aussitôt mon impression sur ce dernier point en précisant : « On ne le considérait pas comme doué d'intelligence. » Dans cette phase de son analyse, ce patient se montrait rarement réceptif à une interprétation; celle-ci pourtant lui parut manifestement pleine de sens pour lui.

Le sentiment d'être partiellement non humain

On rencontre de temps à autre dans le travail clinique des patients qui réagissent à certaines parties d'eux-mêmes comme si elles n'étaient pas d'un homme. Tout se passe comme si leur angoisse de cesser tout à fait d'être humains se fondait sur le fait qu'à leurs yeux ils ne le sont pas totalement au départ.

J'ai déjà évoqué de tels cas au chapitre VI à propos de la confusion entre le soi et l'environnement non humain. Qu'on se rappelle, par exemple, cette malade qui demandait à une infirmière : « Pourquoi m'avez-vous enlevé ce morceau de tête? » comme s'il s'agissait d'une chose inanimée, et qui m'avait donné un choc, un jour, en m'annonçant que tout le côté gauche de sa tête « était parti... éboulé ».

Voici comment Fenichel décrit la forme primitive de projection qui est à l'œuvre dans ce qu'éprouvent ces malades :

> Le premier jugement du moi distingue entre le mangeable et le non-mangeable : la première acceptation consiste à avaler, le premier rejet, à recracher [51]. La projection dérive de la première négation; elle a la valeur de « Je veux recracher ça », ou du moins, « je veux mettre une distance entre ça et moi ». La projection est essentielle à ce stade primitif du développement que Freud a dénommé le moi-plaisir purifié [48], dans lequel tout ce qui est agréable est vécu comme appartenant au moi (« quelque chose à avaler ») et tout ce qui est douloureux, comme étant du non-moi (« quelque chose à recracher »).
>
> Tant que la ligne de démarcation entre le moi et le non-moi n'est pas très tranchée, ce qui est le cas dans les premières années puis, à nouveau, dans les psychoses, les mécanismes en jeu au stade du moi-plaisir purifié peuvent servir au moi à des fins défensives. Les émotions ou les excitations dont le moi veut se garder sont « recrachées » et perçues ainsi comme extérieures au moi [40c].

Au cours d'une séance avec une schizophrène, elle brandit devant moi son bras gauche tout rigide, en me disant sur un ton de dégoût et d'hostilité : « Voilà, vous voulez réparer la raquette de tennis? » Et j'éprouvai un sentiment d'horreur à découvrir ainsi qu'elle n'était pas très sûre que son bras ne fût pas une raquette. Le lecteur trouvera peut-être cette interprétation forcée, jugeant que la malade avait simplement voulu faire éclater la sottise de son thérapeute, incapable de distinguer le bras de sa patiente d'une raquette. À cela, je ne puis qu'opposer ma conviction quant à ce qu'elle ressentait, conviction fondée sur la confusion angoissée qu'elle manifestait à l'égard d'elle-même – derrière son expression de dégoût et d'hostilité – et sur de nombreux autres signes, recueillis en d'autres occasions, d'une confusion dépassant ce que j'avais cru possible.

Le patient d'un de mes collègues lui confia sa certitude délirante qu'un loup s'était introduit dans son estomac et l'avait peu à peu dévoré de l'intérieur, devenant de plus en plus gros jusqu'à l'occuper tout entier, à l'exclusion de sa peau. L'une de mes patientes m'assura qu'elle ne reconnaissait pas sa voix pour la sienne, car cette voix disait des choses qu'elle-même n'aurait jamais dites.

Il m'est arrivé d'avoir à traiter une femme de trente et un ans hospitalisée pour dépression. Si sa symptomatologie était névrotique, présentant un mélange de traits dépressifs, hystériques et obsessionnels, sa personnalité était fondamentalement narcissique par l'immaturité de ses relations d'objet. La cure progressant, je découvris avec intérêt qu'elle avait une seule et même attitude, à la fois, à l'égard d'autrui, de son environnement non humain et de parties d'elle-même qui relevaient subjectivement du non-moi : tout cela était pour elle de l'inanimé, impossible à manier. Pour nous en tenir à notre préoccupation présente, en deux ans de travail avec elle, je l'ai entendue vitupérer un bon nombre de ses fonctions psychologiques ou physiologiques et de parties de son corps comme s'il s'agissait d'un phénomène matériel extérieur à elle. Elle s'en prit ainsi notamment à sa mauvaise mémoire, à ses larmes, à son écoulement nasal chronique, à sa main qui lui faisait encore mal de temps à autre des suites d'une brûlure vieille de plusieurs années, à ses règles, à son cerveau (« un cerveau infernal »), à ses épaules rondes, à son corps frileux...

Ce qu'il en coûte au malade de recourir à un tel moyen de défense, de renoncer à se percevoir globalement comme un être humain, ressortira, je pense, du cas suivant.

Au moment où j'entrepris une psychothérapie intensive avec elle, cette femme de trente et un ans présentait les signes d'une schizophrénie paranoïde avec un noyau extraordinairement dur de défenses chroniques contre l'angoisse. Elle séjournait à l'hôpital depuis deux ans et demi déjà et un autre thérapeute avait renoncé à la traiter, découragé par la résistance de son mode de pensée délirant et de ses autres défenses psychotiques.

L'un de ses délires les plus marquants se résumait dans ce propos : « Je suis une machine... Je n'ai aucune prise sur moi-même. » Elle était convaincue qu'un mécanisme avait été installé dans son abdomen, qu'une chaîne avait été assujettie à son cœur, voilà bien longtemps, pour la diriger et qu'on avait également trafiqué sa tête aux mêmes fins. Elle interprétait rétrospectivement le but de diverses opérations chirurgicales qu'elle avait subies pour les faire cadrer avec son délire. Elle était persuadée qu'une opération des sinus frontaux effectuée quand elle avait sept ans « leur » avait servi à ménager dans sa tête un trou permettant de la conduire comme une machine; que l'extraction d'une tumeur bénigne de son sein gauche, à quatorze ans, avait été pour « eux » l'occasion de fixer une chaîne à son cœur; et qu'une appendectomie subie à dix-neuf ans s'était soldée par l'installation dans son ventre d'un mécanisme « leur » permettant de la manœuvrer. Depuis des années, elle ne cessait de réclamer d'être transférée dans un « véritable hôpital » où des chirurgiens de confiance pourraient l'opérer pour ôter ces machines et cette chaîne.

Et j'insiste sur la signification littérale ici aussi qu'elle donnait à ses délires et qui ressortait sans aucun doute possible de la façon dont elle les exprimait.

Il apparut bien vite que le refoulement de divers affects se trouvait à la base de sa perception de ces parties, et d'autres, de son corps comme étant les instruments, essentiellement non humains, de « leur » volonté, ou comme étant chargées d'objets matériels (chaîne, machine).

Au début de mon travail avec elle, l'ensemble de ses façons d'être indiquait à quel point ce refoulement l'avait fait ressembler, au figuré, cette fois, à une machine. Son visage, au lieu de refléter le jeu spontané et changeant des sentiments, comme le font les expressions faciales d'un individu normal, était comme un masque de muscles tendus. Dans mes notes concernant l'une de nos premières séances, je décrivais son expression comme celle d'un « désespoir pétrifié » et je me souvins de cette formule des mois plus tard quand elle me révéla son angoisse d'être « changée en rocher ». Son massif refoulement avait effectivement tendu à la pétrifier, au figuré pour l'observateur, au propre dans son expérience subjective à elle. Son élocution, elle aussi, avait une platitude d'intonation et une propension à la répétition stéréotypée des phrases qui évoquaient une machine.

Avec le temps, cette image d'elle-même comme étant si largement constituée ou remplie de pièces en métal ou autre matériau dur, céda peu à peu la place à une expression plus libre et à une conscience manifestement plus claire des émotions qui, précédemment, sous l'emprise du refoulement, ne lui étaient apparues que sous cette forme figée, faussée par le délire. Dans la cinquième semaine de cure, par exemple, son comportement auparavant pétrifié laissait déjà passer alors tant de signes d'angoisse (tremblement des mains, dilatation des fentes palpébrales, etc.) que lorsqu'elle se dit « bourrée de matériel radioactif », il était facile de traduire « matériel radioactif » par « angoisse », encore qu'elle ne se fût pas encore autorisé une telle traduction.

De même, quand, au bout d'un an de cure, sa souffrance fut près d'affleurer à sa conscience, elle se mit à pleurer beaucoup. Pendant plusieurs mois encore, cependant, elle continua de ne pas éprouver clairement cette souffrance; elle sentait seulement que quelque chose – peut-être, pensait-elle, le gaz toxique lâché par « eux » dans la pièce où elle se tenait – faisait que, disait-elle, « les cordes de mon cou se tendent et les larmes me montent aux yeux ». Au début, elle décrivait ce genre d'impressions sur un ton extraordinairement dépassionné, comme si elle se voyait dans la position d'un observateur assistant à une démonstration d'engin mécanique effectuée sur son corps. Un jour qu'elle se sentait plus en confiance avec moi que d'habitude, elle me déclara : « L'église devrait surveiller mes canaux lacrymaux car les larmes jaillissent tout d'un coup, sans être reliées à aucune idée. » Je répondis : « Cela vous fait donc penser que leur apparition est due à quelque cause extérieure? » « Oui », fit-elle. Et je poursuivis : « Vous ne pensez pas qu'elles pourraient provenir de l'intérieur? » D'un ton de doute, elle admit : « Bien sûr, je sais qu'il y a un subconscient [c'était la première fois qu'elle reconnaissait une chose pareille en dix-neuf mois de cure]; mais avec ça, il vous vient au moins une *idée* », en même temps que l'émotion. Ces propos m'aidèrent à réaliser à quel point était compréhensible son impression qu'un pouvoir extérieur était la cause de ses pleurs.

Dans la même période, tandis que ses sentiments de chagrin et de tendresse émergeaient de plus en plus ouvertement et que ses tirades paranoïaques, naguère incessantes, devenaient exceptionnelles, je me rendis compte que je n'avais plus rien entendu depuis des mois à propos de sa chaîne au cœur, autrefois objet de ses plaintes ou de ses imprécations presque à chaque séance. On eut dit qu'une chaîne .en vérité, avait été ôtée de ses sentiments positifs.

Vers la même époque, également, ses allusions à la « machine » placée dans son ventre se transformèrent peu à peu en communications plus riches de sens qui révélaient de plus en plus clairement l'origine essentiellement affective, relationnelle, de ce délire. Au seizième mois de notre travail, elle eut cette formule : « différentes parties de mon anatomie ont été compromises par différentes nations » – c'est-à-dire dominées par différentes nations – ses intestins par une nation, son cœur par une autre, et ainsi de suite. Elle fournit ensuite des indications sur son enfance, desquelles il ressortait que son délire devait se rattacher à des conflits d'allégeance à l'égard de plusieurs domestiques de nationalité différente. Elle continuait, cependant, d'avoir à refouler dans une large mesure tout sentiment d'affection et de dépendance et à ne pouvoir vivre son conflit en termes psychologiques; elle proclamait bien haut n'aimer personne et n'avoir jamais aimé personne.

Pendant quelque temps encore, elle parla de ses sensations abdominales comme s'il s'agissait d'objets inertes : elle réitérait sa demande d'être opérée du ventre pour qu'on « coupe les fils » qui la liaient à diverses personnes, en particulier à des personnes qui représentaient manifestement des figures maternelles pour elle, qu'elle haïssait et redoutait au niveau conscient et envers qui, au niveau inconscient, elle éprouvait tendresse et sentiment de dépendance. Mais au vingtième mois, elle exprima cela en termes franchement humains le jour où elle émit cette protestation – sur un ton senti, non avec son habituelle rage paranoïaque mais comme déterminée à me faire partager ce qu'elle éprouvait – : « Je ne suis même pas moi-même! Si vous ne trouvez pas ça humiliant! Ces gens sont dans mes tripes, dans mon estomac et dans mon cœur! Si vous ne trouvez pas ça humiliant! » Puis elle en revint bien vite à son exigence d'être transférée dans un « vrai hôpital » pour qu'on lui « coupe les fils » la liant à tous ces gens.

Le travail long et fructueux qui suivit, et dont je ne peux donner le détail ici, poussa beaucoup plus loin cette tendance qui, passant de l'inerte au vivant, du non humain à l'humain, restaurait sa santé affective et dont j'ai retracé rapidement les phases initiales.

Ekstein [32], d'une part, et Lisbeth J. Sachs [123], d'autre part, ont publié deux cas à propos desquels ces auteurs, pourtant fidèles habituellement à la ligne d'interprétation psychanalytique, dépeignent l'évolution de leurs patients comme une transition réussie, grâce à la psychothérapie, d'une identité à dominante non humaine à une identité à dominante humaine, soit dans des termes qui rappellent mon expérience avec cette femme.

Dans son article intitulé « The Space Child's Time Machine » (La Machine temporelle de l'enfant de l'espace), Ekstein rend compte de son travail avec un jeune borderline âgé de neuf ans au début de la cure et de douze à la fin. Ekstein indique les transformations qui affectent, la thérapie progressant, la machine temporelle fantasmée par le patient. Alors qu'il s'agit au début d'un engin des plus bizarres, loin de toute expérience courante, cela devient une jolie petite maison avec des portes et des fenêtres de couleur. Quand il eut livré cette dernière forme de son fantasme, l'enfant demanda, bouleversé : « Est-ce que ça veut dire que je vais mieux, maintenant que je construis des choses qui ont l'air de maisons même si ça n'en est pas? » De plus, cette machine ne l'entraînait pas des millions d'années en arrière mais seulement cinq ans, par exemple, et Ekstein nous dit que l'enfant « ne parlait plus du passé en termes archéologiques et historiques; le passé avait maintenant revêtu une signification personnelle. C'était le passé de sa propre vie ».

Quant à Lisbeth J. Sachs, dans son article intitulé « On Changes in Identification from Machine to Cripple » (De la machine à l'infirmité – un changement d'identification) elle nous donne le récit extraordinairement émouvant de l'évolution d'un petit garçon qui, à cinq ans, quand il commença sa thérapie, se prenait manifestement pour une machine et qui, au bout de trois ans de traitement, s'était constitué de lui-même une représentation bien définie d'être humain, mais infirme. Au début de la cure, il fuyait toute compagnie humaine et passait son temps tout seul à personnifier des machines, tout en émettant des sons bizarres et en affectant des allures mécaniques. Quand on lui demandait de dessiner une personne, il dessinait une machine. La thérapie avançant, ses gestes et son élocution prirent un tour de plus en plus humain et ses dessins – dont une série est reproduite dans l'article – acquirent de plus en plus de traits humains :

> Les changements de son identification s'exprimaient clairement dans ses dessins. Avec les progrès du traitement, Robert se mit à dessiner des machines munies d'attributs humains tels que des yeux. Ses dessins ressemblèrent de plus en plus à des êtres humains, bien qu'ils eussent plus l'air d'embryons que de garçons de son âge, comme ceux d'un enfant en bonne santé. Plus tard, il fut capable de dessiner des personnages fort compliqués et avec beaucoup de détails, mais ils étaient infirmes. Ils avaient soit une jambe de bois, soit un crochet à la place de la main [123].

Et plus tard encore, l'enfant en vint à dessiner des êtres humains normaux, enfants et adultes. Mais, à des moments de tension accrue, l'enfant revenait provisoirement à son identification avec des machines, alors même qu'il y avait renoncé comme *modus vivendi* permanent [1].

Les observations que j'ai présentées plus haut à propos de ma patiente et qui montrent l'humanisation progressive de son affectivité d'abord dominée par des machines, contribuent, je crois, à combler au moins en partie la lacune signalée par Tausk [153] dans le matériel scientifique relatif aux machines à influencer :

> Il est nécessaire de postuler... que l'appareil à influencer représente le stade terminal de l'évolution du symptôme, qui commence par de simples sensations de transformation. Je ne crois pas qu'on ait pu jusqu'ici étudier sur un même cas la séquence complète du développement du symptôme. Mais j'ai observé la connexion entre au moins deux stades... et je persiste à penser que des circonstances exceptionnellement favorables devraient permettre d'observer chez un même patient la série complète des stades de ce développement.

1. L'une de mes patientes adultes, une schizophrène qui, pendant des années s'était essentiellement identifiée à l'élément non humain, m'a récemment annoncé qu'elle sentait une fleur lui pousser sur la jambe. Au ton sur lequel elle me dit ces quelques mots tout en désignant sa jambe, il était clair que cette expérience lui inspirait du plaisir et non du dégoût. On eût dit qu'elle voyait avec attendrissement dans cette fleur un dernier lien avec ce monde non humain auquel elle s'était sentie auparavant appartenir dans une si large mesure.

Depuis l'époque de Tausk, la psychothérapie de la schizophrénie, si imparfaite qu'elle reste, a progressé au point que, dans certains cas au moins, tels que ceux de la femme dont j'ai parlé et des deux enfants décrits par Ekstein et Sachs, nous avons eu la chance d'assister à une évolution favorable de ces phénomènes et non à l'aggravation retracée par Tausk.

Genèse de cette angoisse : sa racine « externe »

Dans la genèse fort complexe de l'angoisse de devenir non humain ou de se révéler tel, nous distinguerons, pour la clarté de l'exposé, deux racines, l'une consistant en causes extérieures à l'individu, c'est-à-dire à l'œuvre dans l'environnement de ses années de formation, et l'autre plongeant dans la dynamique psychique, donc « interne », de l'individu. Une telle dichotomie constitue pour une part un artifice ; elle n'appartient pas en propre aux processus psychiques qui se déploient dans le champ, en réalité, unitaire formé par l'individu dans son environnement [1].

Je traiterai dans le prochain chapitre de la racine interne de cette angoisse, en m'efforçant de démontrer que celle-ci se développe comme produit et comme déguisement du désir refoulé de devenir non humain.

Pour le moment, je m'efforcerai de cerner la racine externe – ce fait que pendant sa formation, l'individu ait été traité comme s'il n'était pas un être humain mais une chose, un animal, etc. Si j'en crois mon expérience, pour que le sujet se forge une conception, par la suite refoulée, de lui-même comme autre qu'humain, il a fallu qu'il soit traité comme tel assez souvent, assez longtemps, et par des gens dont l'opinion comptait suffisamment pour lui.

Des observations concordantes me conduisent à penser qu'une telle attitude de la part des parents trouve son origine dans l'angoisse que leur inspire l'étroite proximité de l'enfant ;

1. Il est probable qu'il existe également, dans chaque cas, une troisième racine, que je n'entreprendrai pas d'analyser ici car elle n'est pas spécifique : tout accès d'angoisse, quelle qu'en soit la source, – né, par exemple du surgissement dans la conscience de sentiments jusque-là refoulés, incestueux, meurtriers, ou autres – qui atteint une intensité suffisante pour précipiter le malade dans une régression vers un état du moi qui est celui de la fusion subjective du nourrisson dans son environnement peut être considéré comme l'une des causes de l'angoisse particulière dont il est ici question.

d'où le besoin de le traiter comme si son existence se situait dans un plan complètement différent du leur, comme s'il était d'une nature différente. L'une des conséquences de ce comportement c'est que l'enfant est laissé seul face à ses pulsions « animales » – son besoin de donner et de recevoir caresses et baisers et plus tard, ses désirs sexuels. La constatation qu'il fait par la suite que ses parents n'accordent guère ou pas du tout d'intérêt à ses idées, ses opinions, ses préoccupations personnelles, ne fait que le confirmer dans la pensée qu'il ne possède pas pleinement la dignité d'un être humain, qu'il appartient plus ou moins à une espèce infra-humaine.

Pendant un entretien avec la mère d'une jeune schizophrène, j'entendis une expression mémorable de ce qu'une femme, pleine d'angoisse face à ses propres désirs « animaux », peut ressentir à mettre au monde et à soigner ce véritable paquet de tels désirs qu'est un nouveau-né. Elle me dit, à propos de ses quatre enfants au premier âge, qu'elle désirait intensément les prendre dans ses bras mais que, sachant combien son enfance et son adolescence à elle avaient été nerveuses, elle craignait que la même chose arrive à ses enfants. D'autant qu'elle avait lu dans une brochure publiée par le ministère sur les soins à donner aux enfants qu'on risquait de rendre les bébés nerveux « si on les prenait dans ses bras et les manipulait trop souvent ». Elle poursuivit : « J'y prenais un si grand plaisir, à les tenir dans mes bras, que je me demandais s'il n'y avait pas chez moi quelque chose qui n'allait pas. Vous savez : avoir la tête d'un bébé sur son épaule et la serrer tout contre soi. » Je comprenais, à ces propos poignants, qu'elle possédait une grande tendresse maternelle mais que cela l'emplissait d'angoisse. Elle ajouta en hésitant : « Au fil des années, je me suis posé des questions à propos de ce sentiment » – à propos de son caractère normal ou non. Récemment, elle avait constaté avec soulagement qu'elle éprouvait les mêmes sentiments quand elle prenait ses petits-enfants dans ses bras. « C'était donc bien moi, dit-elle, et pas mes glandes, comme chez une mère chatte. » Mais elle ajouta qu'elle se posait toujours des questions à ce sujet et n'y comprenait rien.

On imagine sans peine l'effet qu'une telle attitude maternelle peut avoir sur la formation de l'image de soi chez le nourrisson, puis l'enfant, qui la subit Ce qu'avait de remarquable la mère citée plus haut, ce n'était pas tant cette attitude que sa capacité de l'exprimer; ce n'était que rarement le cas chez les mères de schizophrènes que j'ai rencontrées, peut-être parce que leur angoisse était encore plus forte [1]. On retrouve d'ailleurs chez de nombreux pères cette même angoisse d'une proximité trop étroite avec l'enfant.

Les parents de ce type sont décrits en détail par Kanner, dans le troisième de ses articles consacrés à ce qu'il appelle l'« autisme infantile précoce », et qui constitue selon lui la toute première manifestation de la schizophrénie enfantine car elle peut apparaître dès les deux premières années. Cela ne signifie pas que tous les patients adultes à propos desquels le présent travail fournit des observations cliniques aient présenté dans leur première enfance ce syndrome particulier de l'« autisme infantile précoce » – encore que l'un de ces patients, selon Darr et Worden [28], ait constitué un tel cas. C'est la description que donne Kanner de tels parents qui m'intéresse ici car elle me fait précisément penser, dans la mesure où je les ai connus directement ou indirectement, aux parents de mes patients schizophrènes adultes souffrant d'une angoisse de devenir non humains.

Je reproduis ici à titre introductif un paragraphe définissant l'autisme infantile précoce :

> ... Les traits caractéristiques consistent en un retrait profond de tout contact avec des personnes, en un désir obsessionnel d'uniformité, en une relation habile et même affectueuse aux objets, en une expression intelligente et pensive constante et soit dans le mutisme, soit dans un genre de langage qui ne semble pas destiné à la communication avec autrui [87].
>
> [Concernant les parents], on est constamment frappé par ce que j'aimerais appeler une mécanisation des rapports humains [87a].
>
> Pour apprécier pleinement le comportement des parents avec leurs enfants, il faut le voir. Chez la mère, le manque de vraie chaleur est souvent évident dès la première visite à la clinique. L'enfant monte l'escalier tristement derrière sa mère, qui ne prend même pas la peine de lui jeter un regard. Dans la salle d'attente, elle accepte l'invitation à s'asseoir tandis que l'enfant reste assis ou debout à quelque distance, ou encore vagabonde. Ils n'ont pas un geste l'un vers l'autre. Ensuite, dans le cabinet, quand on demande à la mère sous un prétexte quelconque de

1. Dans son livre déjà cité, Hill écrit : « Un petit nombre de mères [de schizophrènes] disent qu'elles ont cessé d'allaiter parce qu'elles y prenaient plaisir » [78c].

> prendre l'enfant sur ses genoux, elle le fait avec raideur et application, en tenant l'enfant tout droit et en ne se servant de ses bras que pour la fonction purement mécanique de le maintenir dans cette position [87b].
>
> Les enfants ont été, comme on dit aujourd'hui, « planifiés et désirés ». Et pourtant, les parents n'avaient pas l'air de savoir quoi faire de leurs enfants, une fois qu'ils les avaient... Les mères se sentaient tenues par devoir d'appliquer à la lettre les règles et les prescriptions de l'obstétricien et du pédiatre. Soucieuses de bien faire, elles s'acquittaient de leurs tâches avec le zèle mécanique d'un employé de station-service trop consciencieux [87c].

Brodey [18] présente, à propos de la relation mère-enfant, d'intéressantes observations qui laissent deviner la façon dont l'enfant, de par l'interaction particulière qui l'unit à sa mère, peut tendre à établir une équivalence entre son soi et un objet inanimé :

> Cette mère, que j'appellerai Mrs. Crompton, était venue à la clinique pour enfants dans la terreur qu'il arrive quelque chose d'horrible à son petit garçon de cinq mois, parce que, disait-elle, « il ne peut pas roter ». Mais au total, il semblait bien que ce fût la mère qui était en train de s'engager rapidement dans un épisode psychotique. Son symptôme hypocondriaque, elle l'avait logé dans le corps de son enfant. En la regardant jouer avec son bébé, je remarquai qu'elle ne prenait conscience d'un mouvement de l'enfant que si elle l'avait suscité – si l'enfant souriait pour répondre au sourire de sa mère, celle-ci réagissait. S'il souriait de son propre chef, Mrs. Crompton, bien que passionnément attentive aux moindres mouvements de son enfant, restait absolument dépourvue de réaction et comme aveugle. Le sourire autonome de l'enfant ne semblait pas exister pour elle, en aucune façon. Il ne modifiait même pas le rythme des efforts frénétiques de Mrs. Crompton pour faire sourire l'enfant. Mrs. Crompton s'était rendu compte que son bébé ne rotait pas comme elle s'y attendait ; elle en concluait, « logiquement », qu'il « devait être plein de gaz ». C'est sur ce décalage par rapport à ce qu'elle attendait que se fixèrent les craintes de Mrs. Crompton pour la santé de l'enfant et son diagnostic de maladie.
>
> Une telle relation fonctionne très différemment de celle où la mère répond au sourire de l'enfant quelles que soient les circonstances de ce sourire. Mrs. Crompton ne pouvait à aucun moment reconnaître l'initiative de l'enfant. Celui-ci n'existait que comme un « soi » extérieur de sa mère ; une image surimposée sur lui, qui lui déniait toute existence séparée. Une image qu'il lui appartenait à elle de mouvoir et de diriger.

Que des malades fonctionnent comme s'ils étaient des objets inertes, cela pourrait bien résulter pour une part des comportements maternels que décrivent Kanner et Brodey. Un exemple particulièrement frappant nous en est donné par Elkisch et Mahler [33] avec ce jeune garçon que fascinaient les interrupteurs électriques et autres mécanismes et qui, nous disent-ils, se comportait comme s'il était lui-même une machine :

> Stanley se révéla incapable d'exprimer ses émotions et ses affects autrement que sous la forme la plus primitive et la plus extrême... Quand il lui arrivait de manifester une émotion, c'était soit une extrême panique, soit une extase orgiaque. À d'autres moments, il était dans un état d'apathie complète ou même de stupeur quasi catatonique. Comme ces deux formes de comportement affectif brutalement opposées se succédaient parfois plusieurs fois dans la même séance, on eût dit que ce garçon manœuvrait un commutateur pour passer d'un comportement à l'autre. Quand il s'était « allumé », on avait souvent l'impression que l'émotion était engendrée de l'intérieur de lui comme par un moteur – un moteur qui prenait une telle puissance que l'enfant n'avait plus moyen de l'arrêter. De plus, les émotions que Stanley semblait « allumer » et « éteindre », comme avec l'un de ses interrupteurs, il les créait d'une façon très particulière et comme « à froid ». Sachant qu'on attendait de lui qu'il manifeste certaines émotions et s'efforçant de s'adapter aux exigences de son milieu, il donnait parfois l'impression de s'obliger à « apprendre » des émotions.

En cela Stanley ressemble beaucoup à la schizophrène décrite par Eissler [31], qui dans beaucoup de situations relationnelles, se percevait comme morte. « Cette mort subjective, écrit l'auteur, établissait une sorte de *tabula rasa* sur laquelle le moi pouvait artificiellement disposer l'émotion requise par les autres, comme un peintre pose la couleur convenable sur la toile. »

Je voudrais maintenant mettre plus en évidence le facteur étiologique défini plus haut, à l'aide de brèves présentations cliniques de neuf cas.

I. – Une schizophrène de vingt-neuf ans, au moment de son admission, avec qui j'ai mené pendant plusieurs années une psychothérapie intensive. Elle avait fréquemment un fonctionnement qu'on pourrait qualifier de non humain. Parfois, elle se peignait et se mouvait à la façon d'une marionnette ; en d'autres occasions, à la façon de quelque indescriptible apparition. Elle émettait souvent des sons qui n'avaient rien d'humain.

Ce bref passage d'un rapport quotidien d'infirmière donne une idée de ce comportement : « Patiente dans le service au changement d'équipe, au bout du hall caquetant comme une poule et piaillant comme un chiot à qui on tord la queue. » À diverses reprises, le personnel s'accorda à lui trouver un rire qui évoquait tantôt une sorcière, tantôt une poule, tantôt un chien qui jappe. Pendant plus de deux mois, elle passa toutes les séances debout sans bouger dans un coin de mon cabinet, en silence et absolument rétive aux encouragements verbaux comme aux efforts physiques pour la faire asseoir ; par la suite, elle révéla qu'elle avait l'impression d'être traitée « comme un meuble », ici à l'hôpital – autrement dit, complètement ignorée – et qu'elle avait décidé en conséquence de se conduire « comme un meuble ».

Pendant plusieurs mois après son admission, elle manifesta une véritable terreur d'être violée. On pouvait en faire monter l'origine à ses relations avec son père, que les sentiments sexuels angoissaient très fortement et qui lui avait appris à voir dans l'activité sexuelle quelque chose qui vous dépouillait littéralement du statut d'être humain. C'est ce qui apparut quand ses terreurs sexuelles s'apaisèrent suffisamment pour qu'elle pût en parler ; au cours d'une séance, elle me fit cette déclaration : « Il *doit* y avoir une autre façon [d'avoir un enfant] qu'avec le pénis d'un homme. Ça doit exister, avec ce qu'on mange, ou autrement... Faire l'amour au-dessus de la taille devrait satisfaire n'importe quel homme... Mon père disait que les gens se changent en bêtes [pendant l'acte sexuel]. »

Un incident survenu quelques mois après son admission contribua à mettre en lumière la part qu'avait dans sa terreur de la sexualité l'extrême sadisme auquel, à ce qu'elle en savait, et notamment par son père, celle-ci était depuis longtemps liée à ses yeux. L'une de nos auxiliaires psychiatriques, chargée d'assister à une visite du père à sa fille, fut stupéfaite de ce qu'elle avait vu. La malade avait eu tout un jeu de séduction, avec sa jupe relevée sur ses cuisses et ses gloussements – ce qui n'avait rien d'étonnant car, à ce moment-là, elle se conduisait constamment comme cela à l'hôpital. Mais ce qui stupéfia notre collaboratrice ce fut de voir le père réagir par des bourrades et des coups de coude qui n'avaient rien d'amical ni de facétieux mais qui donnaient l'impression que sa fille était une espèce d'animal bizarre qu'il asticotait du bout de son bâton.

Par la suite, j'eus l'occasion de voir se répéter dans la cure le transfert paternel de la patiente ainsi que son identification à son père. Elle avait établi un transfert sur un psychologue de notre équipe pris pour figure paternelle, transfert qui résista étonnamment longtemps aux efforts thérapeutiques. Il fut décidé que ce psychologue ainsi qu'une thérapeute participeraient aux séances de psychothérapie, comme ils l'avaient déjà fait d'autres fois dans des cas où le traitement piétinait. J'espérais que cela contribuerait à clarifier mes relations en général avec la patiente et plus précisément son transfert sur le psychologue – que j'appellerai ici le Dr Graham. Mes notes prises après les séances de cette période consultative – et bien avant que j'aie élaboré les conceptions exposées dans ce livre – ont tout à fait leur place ici :

> *Seconde séance :* Pendant cette séance, il m'est venu une nouvelle idée sur la possible psychodynamique de Betty. J'ai remarqué à quel point elle traite le Dr Graham comme un animal, souvent elle l'asticote et le tourmente, parfois apparemment sans cruauté, mais toujours comme s'il appartenait à une espèce vivante tout à fait différente de la sienne. En plus, elle a fait plusieurs remarques pour exprimer combien « il serait peu civilisé » de sa part à elle de vouloir ceci ou cela – je crois qu'elle a dit qu'il serait peu civilisé d'avoir envie d'un coït énergique avec le Dr Graham... Ce que je me demande, en ce qui concerne la dynamique psychique de Betty, c'est si elle n'a pas une représentation refoulée d'elle-même comme d'un animal, représentation qu'elle projette sur d'autres personnes, dont le Dr Graham, si bien qu'elle les traite comme des animaux.
>
> *Troisième séance :* Ce qui m'a particulièrement frappé aujourd'hui, plus encore qu'hier, c'est la façon dont elle s'adresse au Dr Graham pour le tourmenter, comme quelqu'un qui arrache ses ailes à une mouche et la fait mourir lentement ou comme un geôlier qui couvrirait un prisonnier de moqueries et de sarcasmes, souvent avec des airs d'affection et de sollicitude, avant de le tuer.
>
> *Sixième et dernière séance :* Au début, elle est venue s'asseoir aux pieds du Dr Graham, comme elle le fait souvent ; mais cette fois, elle avait nettement l'air triste plutôt que séducteur, et pendant toute la séance, même si elle ne s'est pas privée de

jouer le petit chien, la marionnette et même, jusqu'à un certain point, la putain, il était clair qu'elle avait le cœur lourd.

À plusieurs reprises, elle s'est adressée au Dr Graham comme s'il était son père et lui a demandé souvent : « Ne trouvez-vous pas que j'ai l'air d'un bébé-chien ? » À un moment, elle voulait absolument savoir s'il ne trouvait pas qu'elle serait plus belle en s'épilant les sourcils avec de la crème Imra et en se les redessinant au crayon.

II. – Une schizophrène paranoïde de vingt-cinq ans. Au début de mon travail avec elle, il lui arrivait souvent de se tromper sur son identité et de se confondre soit avec d'autres personnes soit même avec telle ou telle espèce animale. Lors d'une séance, elle me confia d'un ton faussement détaché : « Je suis Rin-tin-tin, bien sûr », du nom d'un chien qu'elle avait vu au cinéma peu avant son hospitalisation. Pendant des mois, en effet, elle avait vu plusieurs films par semaine et s'était si fortement identifiée à divers personnages qu'elle avait l'impression littérale de les incarner non seulement pendant le film mais encore longtemps après.

Comme j'exprimais des doutes quant à son identité de Rin-tin-tin, elle laissa tomber nonchalamment : « Oh, les personnes peuvent se changer en animaux. » « Pensez-vous, lui demandai-je, qu'ils peuvent se mettre à ressembler à des animaux par leurs sentiments, leur comportement, ou bien physiquement pour de bon » « Physiquement », répondit-elle, avant d'ajouter : « Avez-vous vu ce film, *Fantasia*, [de Walt Disney] ? » Je dis que oui. Elle me rappela alors avec le plus grand sérieux que dans ce film, les gens se changeaient en animaux. Et tout mon travail avec elle a corroboré ma conviction d'alors qu'elle était tout aussi incapable de discerner un dessin animé de la réalité qu'elle-même d'un chien.

Au cours d'une autre séance, elle m'expliqua ainsi une éruption cutanée qu'elle avait : « Je change de peau ; ça m'arrive tous les ans », comme si elle se prenait pour un serpent. Dans la phase aiguë de sa psychose, elle raconta un jour qu'elle avait vu un film sur une femme vampire et ajouta, un peu gênée, en regardant sa main gauche : « Ça m'a pas mal transformée pendant un bon moment après. » Puis, toujours regardant sa main et se mettant à en replier les phalanges, elle bredouilla quelque chose à propos de « griffes ». Lors de bien d'autres séances encore, elle produisit un matériel suggérant qu'elle se percevait elle-même, consciemment ou inconsciemment, comme un animal, dangereux de préférence. L'angoisse liée à ses sentiments meurtriers constitua l'un des problèmes les plus ardus de sa cure.

Pendant les quinze mois de mon travail partiellement fructueux avec elle, elle se révéla l'être le plus intensément méprisant que j'aie connu. Il s'avéra que les autres lui apparaissaient aussi dépourvus d'humanité qu'elle-même. Elle parlait de l'assistante sociale comme d'un « fonctionnaire... tout juste un instrument du docteur... [le psychiatre qui la suivait] »; de ce dernier comme « tout juste un obstacle sur mon chemin »; de son père comme « rien du tout... un zéro »; des autres patients, comme s'ils n'étaient eux aussi que des sous-hommes; et souvent de moi, ainsi que je le préciserai au chapitre suivant, en termes tout aussi déshumanisants.

Ce mépris de roc, qui lui servait de défense, ce n'est qu'avec les plus grandes difficultés qu'on réussit à l'entamer suffisamment pour avoir une idée des humiliations qu'elle avait subies dans son enfance et qui avaient provoqué l'érection de cette défense. Sa mère avait été la principale responsable de ces humiliations. Elle se passionnait pour les activités locales et sa fortune héritée lui avait permis d'acquérir un grand prestige social grâce à de généreuses donations à divers organismes. Elle s'était séparée de son mari quand leur fille avait six ans, et chaque année depuis lors jusqu'à ce que celle-ci en eût dix-sept, la mère l'expédiait depuis sa maison du Midwest jusque dans divers pensionnats – en Nouvelle-Angleterre, au Canada, puis en Italie et en Espagne. Dans toutes ces écoles, la jeune fille souffrit terriblement de solitude et d'angoisse; en Italie et en Espagne, elle ne connaissait pas la langue du pays et même ailleurs, souvent, ses façons d'Américaine lui attiraient les sarcasmes des autres filles. À neuf ans, elle écrivit d'Italie à sa mère : « Si tu ne me tires pas de là d'ici lundi prochain, je me tue. » Mais cette menace resta sans effet. La mère choisissait ces écoles selon son caprice et surtout, apparemment, en fonction de l'impression qu'elle pourrait produire sur ses relations en leur apprenant que sa fille fréquentait telle ou telle institution lointaine et chère. La fille ne voyait que rarement son père, qui passait son temps à se faire soigner pour divers symptômes psychosomatiques.

Au sortir de l'adolescence, la jeune fille fut inscrite par sa mère dans une université féminine de la côte Est. Ses symptômes schizophréniques de plus en plus graves l'obligèrent à abandonner dès la fin de la première année et elle était alors trop malade pour pouvoir faire semblant de continuer des études où que ce fût. Sa mère la taxa d'idiotie – « Je n'aurais jamais imaginé que j'aurais une idiote pour fille » – et la fit admettre dans un hôpital psychiatrique. Là, peu après, elle se donna un coup de couteau dans la poitrine qui l'aurait tuée si on était intervenu moins promptement.

Plus tard, au moment d'une seconde hospitalisation, à nouveau pour schizophrénie paranoïde aiguë, le médecin responsable de son admission écrivit : « J'ai vu la mère et l'ai écoutée se plaindre du comportement agressif et désagréable de sa fille ; mais elle restait aveugle ou indifférente aux aspects délirants de ce comportement. Le principal grief de la mère était que sa fille ne la traitait pas avec assez de déférence. Elle raconta également s'être disputée avec sa fille, à qui elle avait reproché d'être un bien mauvais placement : elle avait dépensé des sommes énormes pour la faire soigner et n'en avait retiré aucun dividende. » Traiter ainsi sa fille comme un objet matériel, un « mauvais placement », semble avoir été typique de cette femme.

La jeune fille en était à sa quatrième hospitalisation quand je fis sa connaissance. Pendant le temps que dura mon travail avec elle, relativement bref eu égard à la gravité et à la chronicité de sa maladie, elle ne parvint jamais à révéler que quelques rares détails sur les affronts qu'elle avait subis autrefois de la part de sa mère et d'autres personnes. Elle parlait en revanche volontiers d'affronts à propos de la façon dont elle estimait qu'on se conduisait avec elle à l'hôpital. C'est le plus souvent dans ce contexte qu'elle exprimait son sentiment d'être traitée comme une chose. Elle me disait, par exemple, avec une amertume sans recours : « On ne fait pas des choses *pour* moi, on fait des choses *sur* moi », et « on ne pense pas à moi, on pense à mon sujet. »

III. – Une femme de trente-deux ans atteinte d'une schizophrénie paranoïde qui dura plusieurs années. Cette femme, la plus violemment agressive que j'aie eue en psychothérapie, avait été élevée par sa mère et sa grand-mère maternelle, toutes deux nettement paranoïdes. Pour préserver leurs précaires défenses psychiques, ces deux femmes avaient besoin d'avoir à leur disposition quelqu'un qu'elles pussent précipiter, chaque fois que le besoin s'en faisait sentir, dans l'enfer de leur damnation. La petite fille servait très régulièrement à cette fin.

De façon fragmentaire, elle réussit à me parler un peu de la manière dont elle avait ressenti le traitement qu'elle subissait chez elle. Un jour, par exemple, elle se mit à me raconter, d'abord de façon allégorique puis en termes de plus en plus directs, des histoires où il était question de chats, du propriétaire ordonnant aux chats de s'asseoir et enfin : « Ma grand-mère me dit : " Assise! – et quand je dis assise, je veux dire assise! " » Elle me parla ensuite d'une fois où elle avait donné un coup de pelle à un chat, et l'avait pourchassé à travers la cour, puis sur un arbre, sur le toit du garage, etc. La grand-mère avait laissé entrer le chat dans la maison mais avait laissé la petite fille dehors, « pour qu'elle apprenne à ne plus être méchante avec les chats ». Cet incident paraissait résumer sa conviction qu'aux yeux de sa mère et de sa grand-mère, elle était moins acceptable encore qu'un animal. Il est certain que sa conduite dans ce cas précis lui aurait valu de vifs reproches de n'importe quels parents. Mais tout ce que j'ai pu apprendre, tant d'elle-même que d'entretiens répétés avec sa mère, m'a convaincu que l'enfant avait été amenée de force à assumer une telle place à l'intérieur de sa famille. Pendant les huit mois que dura mon travail avec elle, nous ne réussîmes pas à entamer sa conviction que sa mère était une sorte de sainte, la personnification de l'amour et de la vertu, et elle, une meurtrière en puissance, irrémédiablement indigne, donc, de figurer parmi les êtres humains.

IV. – Une autre schizophrène paranoïde de vingt-neuf ans. Elle dévoila, lors d'une séance, son sentiment, comparable à celui de la patiente décrite ci-dessus, d'avoir moins de valeur que les êtres vivants inférieurs. Comme elle me racontait qu'on lui avait fait récemment, malgré ses vives protestations, un électrocardiogramme, elle insista sur la futilité de cet acte, sur le gaspillage qu'il avait représenté. Ça avait consommé tant de papier! – et, entre ses mains, elle indiquait une longueur d'un mètre environ – « presque, fit-elle sur le ton de la préoccupation indignée, un arbre entier ». Ses mots comme ses intonations disaient clairement qu'à ses yeux, elle ne valait pas tout ce papier, une si grosse part d'un arbre. Les larmes m'en vinrent aux yeux et, dans un élan de tendresse plus fort que je n'en avais jamais eu en près de deux ans de travail avec elle, je lui dis simplement : « Vous valez plus que tous les arbres de la terre. »

C'était loin d'être la première fois qu'elle manifestait ainsi le très peu d'estime qu'elle se portait. L'une des causes principales en était que, dans son enfance, elle avait été traitée, surtout par sa mère, comme une créature dépourvue, ou presque, d'importance par elle-même mais pouvant servir à sa mère – manifestement schizophrène pendant toute la période de formation de sa fille – pour projeter sur elle ses sentiments et ses attitudes inacceptables et pour satisfaire, à travers elle, ses aspirations grandioses. Comme dans le cas immédiatement précédent, le père aurait été davantage capable de donner de l'amour à sa fille, mais il était trop complètement dominé par la mère pour permettre à l'enfant de développer sainement son moi.

V. – Une femme souffrant de schizophrénie latente. L'extrait suivant de la présentation de ce cas par un autre thérapeute nous donne un aperçu du genre d'expérience enfantine qui tend à inculquer à l'individu en formation la certitude d'avoir moins de valeur que bien des objets matériels de sa maison familiale :

> Alice parle de sa mère comme d'une personne obsessionnelle et incapable d'aimer quiconque. Pendant l'enfance d'Alice, sa mère avait la passion des antiquités. Elle les collectionnait et en avait presque entièrement meublé la maison et Alice raconte qu'un jour, étant toute petite et marchant à peine, elle jouait à côté d'une des chaises anciennes de sa mère; celle-ci lui avait dit d'un ton sans réplique : « Ne fais pas ça! » et s'était vantée après cela que la petite fille n'ait plus jamais touché à aucun des objets précieux de la maison... La patiente a l'impression que sa mère n'a jamais aimé les enfants ni les animaux. Les animaux ne sont bons qu'à mettre la pagaïe, et moins on a affaire à eux, mieux c'est.

VI. – Un homme de vingt-cinq ans, à personnalité hystérique. L'analyse fit apparaître qu'il avait été élevé de telle manière qu'il ne puisse envisager son existence que sous la forme d'un animal sauvage, ou bien d'une mignonne petite poupée, mais non d'un être humain. Cette conviction était dans une large mesure liée aux relations qu'il avait avec ses deux parents, qui le traitaient généralement comme une jolie poupée et se gardaient de tout sentiment réellement charnel, donnant ainsi au patient l'idée inconsciente que les sentiments de cette sorte qu'il éprouvait étaient intolérables entre êtres humains et n'avaient cours que chez les animaux. Son père, dans la conversation, l'appelait généralement « Kewpie-Boy » et sa mère, ainsi qu'il ne s'en rendit compte que tard dans son analyse, voyait en lui moins un fils de chair et de sang que, selon ses mots à lui, un joli bijou qu'on arbore sur son costume pour aller dans le monde [1].

Voici deux rêves qui, à un an d'intervalle, éclairent les deux rôles antithétiques auxquels il se sentait voué – les deux créatures si opposées qu'inconsciemment il s'était toujours senti incarner. Le premier survint au bout d'environ deux ans d'analyse :

> J'étais... – vous étiez dedans – j'étais déjà venu [à mon cabinet] et cette fois j'arrivais et tout était changé de fond en comble. Ce n'était plus cette pièce avec ses meubles familiers, c'était une terrifiante tanière dans la jungle. Il y avait un tas d'os sur le sol, comme si un animal avait souvent mangé là; mais ces os ressemblaient beaucoup au jeu de jonchet que j'avais quand j'étais petit. J'entrais et j'étais très surpris. Je regardais et dans ce coin là-bas, il y avait un tigre à dents de sabre et il se mettait à hurler ou à rugir et il retroussait ses babines; je hurlai et m'éveillai en sursaut.

1. Au cours d'une séance, une schizophrène de trente-sept ans, hospitalisée depuis des années, chez qui les vestiges d'un sentiment de dignité ne se fondaient plus que sur sa beauté physique et qui avait peu à peu réussi à formuler les attitudes extrêmement rigides qui étaient les siennes depuis si longtemps face à la vie, me tint des propos tout à fait révélateurs des phénomènes analysés ici.

« On considère une personne séduisante comme un objet mécanique, vous savez commença-t-elle, – comme un bon film, un livre ou un joli vêtement. » Et elle se mit à m'expliquer qu'une « personne séduisante » est là pour procurer « du plaisir », et qu'il n'est pas « convenable » de sa part de se rendre déplaisante. Mais le plus frappant était le ton sur lequel elle tenait ces propos – un ton qui ne trahissait pas le moindre doute ni la moindre protestation – comme s'il s'était agi de constater un fait évident et connu depuis toujours. Elle manifesta pendant presque toute la séance la plus grande confusion d'esprit et ses seules paroles à peu près claires furent celles que j'ai rapportées.

Une autre de ses idées qui transparaissaient, cependant, était que les hommes sont des êtres supérieurs et qu'une « personne séduisante » n'existe que pour apporter du plaisir à un homme, elle-même n'étant pas censée éprouver le moindre sentiment, qu'il s'agisse de plaisir, de souffrance physique ou affective, etc. L'histoire de sa relation avec son père, chez qui des tests psychologiques firent apparaître de fortes tendances au donjuanisme et qui avait manifestement éprouvé un grand plaisir narcissique à s'exhiber avec l'une ou l'autre des trois beautés qu'il avait pour filles, expliquait suffisamment qu'elle eût formé une telle conception de la raison d'être d'une femme séduisante.

Le second rêve, un an plus tard me fut raconté ainsi :

> Je me trouvais avec un bébé. Je ne savais pas très bien m'occuper d'un bébé et il fallait que je lui donne le biberon. Ce bébé était si menu; c'était alternativement un bébé et une poupée et la poupée avait une toute petite tête. Je n'arrivais pas à respirer, difficilement [il eut une exclamation; il avait l'air très angoissé pendant tout ce récit]. Sa figure s'en allait, aussi – aussi, elle [il se bloque] n'avait pas de figure du tout. Elle était sans visage, comme une marionnette qu'on n'a pas encore peinte. Je faisais du gâteau de pain et je le mangeais, moi, parce que c'était une poupée et que si je mangeais le gâteau, elle vivrait – c'était de la magie. Elle n'arrêtait pas de se changer de poupée en bébé et inversement.

Il apparut clairement au cours de cette séance, et de bien d'autres, que la poupée-bébé, de même que le tigre du premier rêve, représentaient une conception inconsciente qu'il avait de lui-même. Sous son double aspect, il la projeta longtemps, pendant l'analyse, sur d'autres personnes. C'est ainsi que dans la suite de la séance où il me rapporta le second de ses rêves, il me parla d'un rendez-vous qu'il avait eu récemment avec une jeune femme belle et très en vue. Il s'exaltait : « Cette fille – cette chose si belle – aller au bal avec moi!... » Quatre mois plus tard, il déclara, exaspéré, à propos des sentiments conflictuels que lui inspirait sa sœur : « Si seulement on n'avait pas à faire attention aux sentiments et aux émotions – si seulement les gens étaient des espèces de poupées et de coquilles vides et n'avaient rien d'aucune sorte à l'intérieur – les choses seraient simples. » Pendant longtemps, il rangea les gens, selon la perception qu'il en avait, dans trois catégories : celle des normaux, qu'il traitait comme des robots à tête vide; celle, peu nombreuse, des névrosés qui lui apparaissaient parés d'une aura tout à fait irréelle; et enfin, celle des quelques individus à qui il prêtait une sorte de passion bestiale qui à la fois l'effrayait et le fascinait. Nulle part, on ne trouvait ce qu'on pourrait appeler des êtres humains réels.

Il est un autre aspect de sa situation que je voudrais mentionner ici. Tout indiquait qu'il avait effectivement été traité par ses parents moins comme une personne que comme un objet, une poupée. Mais à présent, dans sa vie quotidienne d'adulte, il faisait inconsciemment ce que font tant de malades, quels que soient leurs troubles : il s'attachait à maintenir une emprise fantasmatique sur un processus qu'il vivait, plus profondément, comme totalement hors de son emprise. Dans le cas présent, il encourageait inconsciemment les autres à le traiter comme un objet.

Un jour, par exemple, il exhala sa fureur contre son camarade de chambre, à l'université. « Il me traite comme si j'étais une chose, s'indignait-il. Ce matin, il m'a dit : " fais ta part de ménage! ", comme si j'étais une chose. » Mais il lui restait à comprendre que ce camarade, comme bien d'autres personnes qui avaient affaire à lui, avait essayé de lui témoigner plus de considération en bien des occasions, jusqu'à ce que, à bout de patience et désespérant d'obtenir la moindre coopération, il se soit résolu à lui donner des ordres comme, mettons, à un chien. C'est du moins ce que j'infère de diverses expériences de ce type que j'ai faites moi-même avec ce patient.

VII. – Une schizophrène de vingt-deux ans. Au moment de son admission et à plusieurs reprises au cours des mois qui suivirent, elle se montra sous un jour très nettement non humain. Lorsque je me rendis au pavillon fermé où elle logeait, pour un premier entretien avec elle, je trouvai une note d'infirmière disant : « Cette femme a parfois l'air d'un démon. » Je souris à l'idée que l'auteur de cette note devait être inexpérimentée ou trop impressionnable. Mais quand je vis la malade, je dus reconnaître qu'elle avait par moments vraiment l'air d'un démon. Elle me rappelait l'interprétation que Lionel Barrymore avait donnée de Raspoutine, le moine fou, et de certaines incarnations fantastiques et démoniaques de Lon Chaney, dans de vieux films. Son psychiatre, qui avait plus de trente ans d'expérience des malades mentaux en milieu hospitalier, déclara, un an et demi après l'admission d'Irma : « C'était l'une des choses les plus répugnantes que j'aie jamais vues, quand elle est entrée ici. Elle avait plutôt l'air d'une bête sauvage domptée ou je ne sais pas quoi. » Il ajouta que ça avait changé, pour dire qu'elle avait davantage figure humaine. Et je profite de cette occasion pour préciser qu'à mon avis, l'une des contributions les plus précieuses que fasse Chestnut Lodge à la guérison de beaucoup de ses malades tient à la capacité du personnel de percevoir, jusque chez une patiente telle que celle-ci, l'un de nos semblables.

La surveillante du service avait de cette malade la même impression générale, qu'elle fonctionnait comme un animal. Plusieurs mois après son admission, quand ce trait eut pris un tour plus aimable que répugnant, cette infirmière notait avec humour dans un rapport : « Galope dans les prés – je veux dire dans le pavillon. Très amicale et hyperactive... » Une autre fois, une autre infirmière rapporta que la malade s'était enfuie jusque dans l'appentis où elle avait levé la jambe au-dessus d'une poubelle et uriné dedans, comme un chien.

Au cours de mon travail avec cette femme, j'obtins de nombreuses preuves qu'elle se percevait souvent comme un animal, ainsi que nombre d'indices sur l'origine de cette particularité. Je n'en mentionnerai que quelques-uns.

Durant les deux années précédant sa psychose, elle avait une respiration ronflante très bruyante, due, pour une part, à une sinusite chronique exceptionnellement grave. Son père, lors de l'entretien que j'eus avec lui au moment de l'admission, parla de cela avec un dégoût extrême, disant combien il était choqué d'entendre cette respiration quand il se trouvait à côté de sa fille. De même sa mère : ce symptôme la plongeait dans l'angoisse; les parents n'avaient ni l'un ni l'autre réussi à aborder cette question avec leur fille. Un second facteur dont on peut supposer qu'il a contribué à cette vision animale d'elle-même c'est que, dans le premier hôpital où elle fut admise quand la psychose se fut déclarée, le personnel n'avait encore jamais eu affaire à quelqu'un dont la maladie fût si profonde et prît un tour aussi caricatural; le rapport de cet hôpital laisse deviner une attitude de recul choqué face à elle. Une troisième cause, qui avait dû agir bien plus fortement et à plus long terme, se révéla dans un rejet, particulièrement total et constant, de l'enfant par sa mère et, plus tard, par son père.

VIII. – Une catatonique de quarante ans. Pendant les premiers mois de sa psychothérapie, elle restait inerte comme une chose et bien souvent muette d'un bout à l'autre de la séance. La gravité de ses symptômes exigea un an et demi d'hospitalisation et ce ne fut qu'après plusieurs autres années de traitement en consultation externe qu'elle commença à approcher d'une mobilité physique normale et d'une certaine liberté d'expression verbale, lors des séances. Son comportement et les informations relatives à ses antécédents, qu'elle finit par pouvoir fournir, indiquaient abondamment que des aspects essentiels de sa personnalité tenaient à une identification inconsciente avec divers éléments du cadre de son enfance. L'une des images d'elle-même qui comptait le plus était celle d'une poupée. Elle s'habillait souvent comme une poupée; sur le divan analytique, elle restait étendue sans bouger comme une poupée; dans la vie sociale, elle encourageait les hommes à la traiter comme une poupée, que l'on prend pour jouer avec quand l'envie survient, pour la jeter dans un coin si la lassitude se fait sentir, quitte à la reprendre si l'envie revient; elle-même, dans les associations libres, vers la fin de sa psychothérapie, s'assimilait fréquemment à une poupée.

Dans son cas, comme dans la plupart des cas similaires que j'ai rencontrés – mais pas tous – de telles identifications à des objets non humains me sont apparues principalement liées à certains aspects de la relation avec la mère. Un jour, par exemple, après plus de quatre ans de thérapie, elle me dit : « Parfois, quand ma mère me regarde, j'ai l'impression qu'elle regarde un mannequin de couturière. » Elle avait un ton embarrassé et mal à l'aise comme si ce genre d'expérience lui donnait la chair de poule. Je demandai : « D'un air de réfléchir et de juger? » « Ouais, fit-elle, j'ai l'impression à tout instant qu'elle va me dire que j'ai une allure impossible, que je devrais me teindre les cheveux et me les faire couper autrement et onduler autrement, que je devrais porter des vêtements moins vieillots, et utiliser un rouge à lèvres d'une autre couleur, etc., etc. » Mes entretiens avec la mère corroborèrent mon impression qu'elle traitait sa fille comme un objet que l'on prend quand le besoin s'en fait sentir, pour s'en préoccuper et le transformer, avant de le laisser tomber. Mais c'est aussi sur un autre mode qu'elle avait l'habitude de traiter sa fille comme une chose inerte. Cette femme extrêmement énergique, obsessionnelle, passionnément ambitieuse, considérait les résultats obtenus par ses deux enfants comme la mesure rigoureuse de ses qualités maternelles et elle faisait de sa fille, ma patiente, une sorte de batterie d'accumulateurs qu'il fallait constamment recharger et qui ne disposait pas, comme tout être humain, d'abondantes sources d'énergie interne.

IX. – Un schizophrène de trente-cinq ans, célibataire. Il avait été élevé dans une famille où l'on prisait à l'excès la réussite, au sens conventionnel du mot, tandis qu'on refoulait ses besoins humains, ou qu'on les ignorait chez les autres. Chacun des deux autres enfants avait suffisamment bien mené sa barque socialement pour que le prestige qu'ils en avaient tiré les préservât de la déroute psychologique. Mais notre patient, lui, était un raté, aux yeux de sa famille, qui le méprisait profondément et faisait, autant que possible, comme s'il n'existait pas.

L'effet obtenu sur lui par l'application prolongée d'un tel traitement se traduisait dans son comportement à l'hôpital. Par moments, on eût presque dit qu'il n'existait pas. Pendant plusieurs mois après son admission, il restait étendu sans bouger dans son lit à longueur de journée et on aurait pu prendre ce long corps mince pour un simple pli de la literie. Quand il réussit, au bout de plusieurs mois, à descendre l'escalier jusqu'à mon cabinet, ce fut en se déplaçant lentement, sans bruit, comme un fantôme. Parfois, je le découvrais dans le couloir, derrière ma porte ouverte, debout dans l'étroite encoignure que faisait ma porte avec le mur. Un jour que je venais d'appeler le service pour demander à l'infirmière de l'envoyer à sa séance, et que j'étais resté ensuite plongé dans mes fiches pendant quelques minutes, je m'aperçus tout d'un coup qu'il était là, dans le fauteuil habituel, à moins d'un mètre de moi et je ne l'avais pas entendu. Pendant les séances, qui restèrent longtemps presque entièrement silencieuses, il m'est souvent arrivé de me dire, en le voyant ainsi, inerte, recroquevillé sur son siège, qu'il avait plutôt l'air d'un sac vide ou d'un ballot de vêtements que d'une personne. Pendant les journées chaudes d'été, il prit l'habitude d'aller s'asseoir sur la pelouse et l'un de mes collègues me dit un matin, à son arrivée à l'hôpital, combien il avait été frappé par la ressemblance qu'offrait l'aspect de ce malade avec un tas de chiffons. Devenu un peu plus vivant à mesure que passaient les semaines et les mois, il se mit à se traîner sur la pelouse en décrivant un petit cercle avec une allure que tout le monde comparait à celle d'un oiseau maigre et minable, qui a une aile cassée; et plus tard, disposant d'un peu plus d'énergie, il s'en allait par les rues du quartier avec l'air d'un chat abandonné.

De fait, pendant des années, dans la maison familiale, les relations « interpersonnelles » les plus vivantes qu'il eût entretenues, avaient pour partenaire son chat. Lorsque sa maladie se déclara, il surprit sa famille par des propos psychologiquement pénétrants du genre de celui-ci : « Les gens devraient aimer des gens, pas des chats. » Dans le cours de sa psychothérapie avec moi, il revécut, dans le transfert, sa relation avec son chat; il me traitait par moments comme si j'étais son cher petit chat, m'offrant, par exemple, une friandise avec une façon de me taquiner gentiment comme pour me faire dresser sur mes pattes de derrière et miauler. Et plus tard, au moment où il allait quitter l'hôpital pour poursuivre le traitement en consultation externe, il me dit ces mots, explicitement chargés de reproches mais prononcés d'une voix affectueuse et nostalgique : « Docteur Searles, pourquoi m'avez-vous traité comme un animal, ici? » Il n'était pas encore conscient de l'attitude que cette question trahissait et qui apparut clairement à d'autres personnes : il assimilait la façon dont on lui avait témoigné ici attention et amour à celle dont il traitait lui-même son cher petit chat, et bien que, consciemment, il désirât ardemment quitter l'hôpital, il avait le cœur brisé que nous le laissions partir.

Mais les moments sporadiques d'affection manifeste, tels que celui où il m'avait offert une friandise, n'avaient fait que ponctuer de longs mois durant lesquels il avait l'air de se sentir complètement ignoré de moi et des autres membres du personnel. Il était ainsi convaincu que nous accordions plus de prix à divers biens matériels qu'à lui – que nous nous occupions des locaux, par exemple, mais que nous ne songions pas à nous occuper de lui. Un jour, il hésita longtemps avant de poser quelque chose sur mon bureau, près de son siège et finit par m'avouer qu'il avait peur d'érafler le bureau et alors, fit-il, « vous me chasseriez ». Toutes ces réactions reflétaient manifestement ce qu'il avait vécu chez lui.

Son père et sa sœur aînée, qui régnaient sur cette famille, étaient des personnalités fort rigides, incapables d'imaginer qu'il puisse devenir, dans le cours du traitement, autre chose que le Charles d'avant sa maladie, tel du moins qu'il leur était apparu. Lors d'une visite, sa sœur lui reprocha sévèrement de s'être « comporté comme un animal » pendant la phase initiale, aiguë, de sa psychose. Ce reproche ne fit probablement que le renforcer dans la conviction qui était manifestement la sienne, à savoir qu'il ne saurait être que, soit, un animal, soit quelqu'un qui se conforme, comme il l'avait consciemment fait avant sa maladie, aux principes familiaux stricts, réprime ses besoins de relations intimes et accepte, en fait, un statut d'objet inanimé.

À titre de dernière illustration clinique, si je puis dire, du facteur étiologique analysé ici – l'enfant traité comme s'il n'était pas humain – je citerai un bref passage du roman d'Alberto Moravia *La Désobéissance* [106]. La pénétration psychologique de cet ouvrage de fiction en fait à mes yeux un matériel clinique précieux. L'auteur rend magnifiquement le sentiment qu'a l'adolescent d'être traité par ses parents comme un objet sans vie et d'être ainsi condamné à n'avoir de relations qu'avec le monde des objets sans vie, monde qu'il perçoit comme profondément hostile.

Voici ce qu'écrit Moravia des fureurs auxquelles Luca est périodiquement sujet :

> Plus que tout c'était la résistance muette et inerte des objets inanimés, ou plutôt, son incapacité à lui de faire usage de ces objets sans s'épuiser ou se faire mal qui le précipitait dans ces fureurs dévastatrices.

Luca achève de se convaincre de la malignité du monde qui l'entoure le jour où, en voulant réparer l'installation électrique de la maison, il reçoit une décharge qui le laisse dans un état de choc prolongé; il en impute la responsabilité non aux seuls fils électriques mais à tout ce monde détesté. Un second incident significatif se produit au cours d'un voyage en train avec ses parents pendant lequel ils lui ont fait miroiter une réjouissance exceptionnelle : un repas pris au wagon-restaurant; mais il découvre au dernier moment qu'ils ont décidé tranquillement entre eux de faire comme d'habitude et de se passer de cet extra :

> Ce qui le blessait le plus, c'est que ni l'un ni l'autre ne lui avait demandé son avis et qu'ils l'avaient traité comme un objet inerte, qui, comme tel, n'avait ni préférences ni idées, ni goûts ni désirs... [Il débordait à présent] de la fureur qui l'assaillait chaque fois qu'il se heurtait à la révolte et à l'insubordination de choses ou de gens faisant obstacle à sa volonté... En tout cas, l'important n'était pas tant de déjeuner au wagon-restaurant ou dans le compartiment que de sentir ses parents faits de la même substance hostile et provocante qu'il rencontrait dans les autres choses. Et comme les autres choses, ils étaient, en dépit de tout l'amour qu'ils lui portaient, intolérables [106a].

Étudiant la genèse de l'angoisse de perdre son humanité, nous nous en sommes tenus jusqu'ici à la racine « externe », c'est-à-dire au rôle qu'ont pu jouer les parents, ou l'un d'eux, dans cette genèse, en traitant leur enfant comme s'il n'était pas un être humain. Mais, on le sait bien, l'individu n'est pas un bloc d'argile dans lequel viendraient s'empreindre des influences pathogènes. Il est certain que dès la très petite enfance, les énergies et les besoins internes contribuent puissamment au développement de la personnalité. Il nous faut donc voir maintenant la part que prend l'individu lui-même à l'élaboration de son angoisse.

Dans l'extrait que je viens de citer du roman de Moravia, par exemple, ce qui transparaît de Luca ce n'est pas seulement que ses parents le traitent comme une chose. L'adolescent est manifestement retranché dans une attitude infantile d'omnipotence à l'égard du monde extérieur, qu'il consiste en êtres humains – les parents – ou en objets inanimés. Il est, par conséquent, si exclusivement préoccupé de ses propres désirs et de ses propres frustrations qu'au niveau du sentiment réel, il se comporte avec ses parents comme s'ils participaient, au même titre que tout ce qui est extérieur, de la nature essentiellement frustrante des choses inertes qui refusent de satisfaire ses besoins et de se plier à sa volonté. Son sentiment d'être traité par *eux* comme une chose n'apparaît donc que comme partiellement fondé dans les faits ; il se nourrit également de la projection qu'il fait sur eux de sa propre propension, largement inconsciente, à traiter autrui comme une chose.

J'ai retrouvé ce même processus à l'œuvre dans chacun des neuf cas évoqués plus haut comme dans bien d'autres. Dans le premier de ces cas – cette jeune femme que son père avait l'air de vouloir aiguillonner de ses bourrades comme un bizarre animal – le rapport du psychologue qui l'avait soumise au test du « dessin d'un bonhomme » conclut de façon significative que la patiente voyait dans les hommes des objets étranges plutôt que ses semblables :

> Les dessins de la patiente et la façon dont elle y réagissait suggèrent une forme très simple de narcissisme, centré autour de son aspect extérieur de femme attirante, l'accent étant mis sur les vêtements. Son dilemme pourrait tenir en partie au fait que le pendant indispensable de cette image, à savoir, le mâle, est vraiment une dimension inconnue d'elle : elle ne connaît rien de lui et *ne s'y intéresse guère* [je souligne]. Elle ne peut donc pas le séduire bien longtemps et s'expose à des rejets répétés et pour elle incompréhensibles.

Mais à cette projection, que fait le malade sur les autres, de sa propension à leur dénier leur humanité vient s'ajouter une autre contribution importante du sujet à son angoisse de devenir non humain, à savoir *son désir,* en grande partie inconscient, *de devenir tel.* C'est ce qui nous retiendra dans le prochain chapitre.

CHAPITRE VIII

LE DÉSIR DE DEVENIR NON HUMAIN COMME DÉFENSE CONTRE CERTAINS AFFECTS

Ce désir a, bien sûr, de multiples déterminants et je m'en tiendrai à ceux que l'expérience clinique fait apparaître les plus décisifs. En outre, je m'efforcerai surtout de mettre au jour ceux qui sont le plus profondément enfouis dans l'inconscient. Tous peuvent être présents, en quelque mesure, chez l'individu « normal » comme chez le névrosé ou chez le psychotique; chez ces derniers, ils sont simplement beaucoup plus puissants.

Mentionnons, tout d'abord, ce fait que le mode d'existence d'êtres non humains nous apparaît souvent sous un jour séduisant. Nous aimerions éprouver à jouer la même allégresse qui éclate chez un jeune chien ou goûter le contentement profond qui semble être celui du chat endormi près du feu.

C'est là un déterminant positif du désir de se départir de son humanité. Je vais passer en revue maintenant les déterminants négatifs de ce même désir, ceux qui lui donnent pour fin d'échapper à des sentiments pénibles. Parmi ceux-ci, les plus importants semblent être : l'angoisse d'avoir à mourir inéluctablement, l'angoisse d'avoir à assumer la responsabilité de sa propre vie, les conflits d'ordre sexuel, l'état de détresse, les pressions du surmoi, l'instabilité du moi et la solitude.

Le chapitre suivant reviendra sur l'aspect positif de ce même désir et examinera ce qui, dans ses manifestations, permet de penser qu'il peut viser un but constructif; et j'insisterai en particulier sur l'hypothèse de la « régression phylogénétique », selon laquelle l'individu s'efforcerait d'échapper à la condition humaine afin de reprendre à zéro le développement qui doit faire de lui un être humain adulte.

L'angoisse d'avoir à mourir

Nous espérons, en échappant à l'humanité, transcender la mort. C'est un tel espoir qui semble avoir poussé les pharaons à faire édifier des pyramides. Et les créateurs de tous ordres, qu'ils soient peintres, compositeurs, écrivains ou ingénieurs, grâce à leurs œuvres qui « vivent » après eux, aspirent probablement à vaincre leur mort biologique, à survivre en « devenant », pour ainsi dire leur création qui appartient à la sphère du non humain. Il est d'ailleurs significatif que lorsque nous voulons exprimer notre admiration la plus haute pour une œuvre nous la qualifions d'« intemporelle », d'« immortelle ».

On trouve une belle illustration de cet espoir d'accéder à l'immortalité en revêtant une forme non humaine dans le mythe grec de Hyacinthe, le plus cher compagnon d'Apollon que celui-ci blessa mortellement par mégarde lors d'un concours de lancer du disque et qui fut changé en la fleur vivace qui porte son nom. Quand le dieu éclata en sanglots sur le corps du beau jeune homme, ses larmes firent reverdir l'herbe tachée de sang et éclore à l'instant une superbe fleur rouge vif.

L'angoisse d'avoir à assumer la responsabilité de sa propre vie

Lorsque vivre sa vie d'homme devient intolérable à force de décisions complexes à prendre et de sentiments embrouillés dont on ne peut se défaire, on aimerait parfois pouvoir se décharger de tout cela en adoptant ce qui nous apparaît alors comme l'existence enviable, toute simple et passive, de divers êtres non humains ou même d'objets inertes.

J'ai constaté avec intérêt qu'une personne en placement d'office pour incapacité à assumer la responsabilité de ses affaires, pouvait se sentir reléguée dans un statut de sous-homme auquel précisément son inconscient aspirait. De fait, sociologiquement et juridiquement, dans nos sociétés, l'individu en placement d'office, déchu de certains droits civils et de certaines responsabilités, peut avoir le sentiment, qui n'est pas nécessairement fondé, qu'il n'est plus considéré comme un être humain.

C'était le cas, par exemple, d'un schizophrène paranoïde pendant les trois années où je l'ai eu en traitement. Il manifestait fréquemment une amertume et un ressentiment violents à l'endroit de son statut et se disait profondément humilié par la condition de sous-homme dans laquelle il se sentait face à autrui. Mais il m'apparut clairement dans le cours de la cure que ce placement d'office comblait son désir inconscient de se décharger sur d'autres du soin de sa propre vie. Cet homme qui se vantait d'être si sûr de soi par nature, se révélait incapable de faire des projets d'importance pour lui-même et son statut diminué le dispensait d'avoir à s'avouer son impuissance en ce domaine. Il me déclarait, plein d'amertume : « Je ne puis évidemment faire aucun projet tant que je suis sous la coupe d'autres personnes. » À un autre moment, il me dit, parlant de sa mère malade : « Je crois que si j'étais libre, je me ferais beaucoup de souci pour son état et je me sentirais vraiment la responsabilité de m'occuper d'elle »; mais étant donné les circonstances, il lui semblait inutile d'avoir de telles pensées.

Plusieurs mois après avoir été jugé capable de poursuivre le traitement en consultation externe, cet homme regagna finalement son lointain domicile de la côte Ouest, ainsi qu'il n'avait cessé de le réclamer. Il continua sa psychothérapie sur place et dans le rapport que j'écrivis à son analyste, je fis cette observation qui me paraît devoir trouver sa place ici :

> J'ai depuis au moins dix mois la conviction que le placement n'est pas nécessaire; mais il n'a pas été sans intérêt de voir combien de désirs inconscients toujours présents ce placement satisfait. Par exemple... il le dispense d'avoir à prendre pour lui-même de nombreuses décisions – et prendre une décision lui est très difficile, bien qu'une telle affirmation soit pour lui une injure; il lui permet de disposer de quelqu'un (pas moi, car je remplis rarement cette fonction), mais son oncle si sûr de soi [son tuteur légal] qui représente la société et qui n'est que trop prêt à lui dire que telle dépense, disons, est « raisonnable » ou « ridicule ». Dès que Mr Martin [le patient] connaît l'avis de son oncle, il n'a plus d'hésitation : il se met en devoir de faire exactement ce que l'oncle a dit ou, et c'est souvent le cas, exactement le contraire.

Dans un passage de *L'Expérience religieuse,* de William James, consacré à Ignace de Loyola, le fondateur de la Compagnie de Jésus, se lit le même désir de se départir de son humanité afin, dans une large mesure, de se décharger de la responsabilité de sa propre vie :

> « Du moment où j'entre en religion », aurait dit Loyola selon un de ses premiers biographes, « je dois me placer entièrement entre les mains de Dieu et de celui qui aura pris Sa place au nom de Son autorité. Je dois désirer que mon Supérieur m'oblige à renoncer à mon propre jugement et s'empare de mon esprit. Je ne dois voir aucune différence entre un Supérieur et un autre... mais les reconnaître tous comme égaux devant Dieu, de qui ils occupent la place. Car si je distingue entre les personnes, j'affaiblis l'esprit d'obéissance. Aux mains de mon Supérieur, je dois être une cire molle, une chose, de laquelle il peut exiger ce qui lui plaît, qu'il s'agisse d'écrire ou de recevoir des lettres, de parler ou de ne pas parler à tel ou tel, etc. ; et je dois mettre toute ma ferveur à exécuter avec zèle et exactitude ce qui m'est ordonné. Je dois me considérer comme un cadavre, qui n'a ni intelligence ni volonté; être pareil à une masse de matière qui se laisse sans résistance placer où il plaît à autrui; pareil au bâton dans la main du vieillard qui s'en sert selon ses besoins et le pose où cela lui convient. Ainsi dois-je être dans la main de l'Ordre pour le servir de la façon qu'il juge la plus utile [85c].

Sur les exigences auto-punitives du surmoi que l'on peut s'attendre à trouver chez ce genre d'individus, je reviendrai un peu plus loin.

Les conflits d'ordre sexuel

C'est là un déterminant du désir de se dépouiller de son humanité, mais au profit, cette fois, d'une forme de vie « plus élevée », libérée de ces sources de conflit que sont les penchants humains à la sexualité « animale ». Voici la profession de foi de l'ascétique Thoreau :

> La chasteté c'est l'homme en fleur... Il est béni celui qui a la certitude que la bête en lui s'éteint jour après jour et que le divin l'habite. Peut-être personne n'échappe-t-il à la honte de cette alliance avec une nature brute et inférieure [154b].

Voici maintenant du matériel provenant de mon travail avec une patiente qui, dans un effort inconscient pour se défendre contre des conflits sexuels générateurs d'angoisse, avait tendance à s'exclure de l'humanité.

Cette femme, souffrant d'une grave schizophrénie et âgée de vingt-neuf ans au moment où elle entra en psychothérapie avec moi, manifesta pendant plus de deux ans une grande incertitude quant à son sexe. Cette incertitude s'exprimait indirectement, comme on le voit dans l'échange avec moi reproduit ci-dessous. Le prénom de la patiente était Nanette.

> [Le mot *âne*, qui désigne l'animal en français *], « c'est un jeu, où on a les yeux bandés et on épingle une queue à un âne. C'est mon nom : a-n-e (riant). Le " a " a par-dessus – comment on appelle ça? – un V à l'envers. »
>
> – « Voyons ce qu'un V à l'envers amène. » – « Mon nez a un peu la forme d'un V. J'avais une broche qui avait la forme d'un V – enfin, *moi*, je n'en avais pas, je n'avais aucun bijou. Elle était à Ruth (sa sœur cadette)... *âne* – je ne sais pas si c'est masculin ou féminin. Ça n'a pas à être l'un ou l'autre; c'est avec l'apostrophe. »

Ainsi, cet *âne*, qu'elle associe constamment avec elle-même, elle ne sait pas si c'est du masculin ou du féminin.

La confusion de ses idées sur sa propre sexualité, elle la projetait fréquemment sur son environnement. Elle me parla un jour d'une « statue de femme dans Rock Creek Park » et, tout en imitant de ses bras levés la posture de cette statue, elle ajouta qu'elle l'aimait beaucoup à cause de sa « grâce masculine ». Je relevai, surpris : « Sa grâce masculine? » Elle confirma et continua à parler. Au cours des deux premières années de la cure, elle revint plusieurs fois sur un incident qui s'était produit avant son hospitalisation, un jour qu'elle rendait visite sans y être invitée à un jeune homme pour qui elle éprouvait de l'amour. Chaque fois qu'elle en parlait, elle trahissait la confusion de ses idées quant au sexe de la personne qui l'avait accueillie à la porte. Elle ne savait pas si c'était le jeune homme lui-même ou bien sa sœur qui habitait avec lui, ainsi que leur père. Une fois, elle commença par dire qu'elle savait que la personne était une fille, mais pour la désigner ensuite par « il ». Elle se déclara ensuite « sûre à

* Dans le texte anglais, la patiente commence par s'assurer que le mot *âne* est bien l'équivalent français de l'anglais *donkey. (N. d. T.)*

60 % » qu'il s'agissait d'un garçon ; mais elle décrivit l'être en question comme ayant « un rouge à lèvres rouge vif, beaucoup de poudre et des cheveux blonds relevés par-derrière ». Interrogée sur le nom de la personne, la patiente finit par donner Janet, soit un nom fort proche du sien, Nanette ; et la patiente avait également des cheveux blonds. Elle ajouta avec un rire nerveux : « Il avait l'air d'un dessin de mode », puis : « L'autre jour, le Dr... [un médecin de l'hôpital pour qui elle éprouvait de l'amour sur le même mode autistique] ressemblait à un dessin de mode. » Ce disant, elle trahissait, comme en bien d'autres occasions, la confusion où elle se trouvait quant au sexe du Dr... On voit, à travers ce matériel, comment ses incertitudes sur le sexe des personnages de son environnement se reliaient à celles qu'elle avait sur son propre sexe.

Cette incertitude est fréquente chez les schizophrènes. Mais là où je voulais en venir en présentant le cas de cette femme c'est aux indications qu'il nous donne sur une forme de résolution – celle-ci rarement observée, je crois – que cette confusion, ce conflit, trouve dans la formation d'une image de soi qui n'est ni mâle ni femelle, mais tout simplement celle d'une *chose* asexuée. Une telle image sert non seulement à apaiser la confusion suscitée par les désirs sexuels ambivalents mais l'immobilisation même qu'elle implique permet d'apaiser aussi la crainte de perdre tout empire sur ces désirs.

C'est ce qui apparut notamment un jour qu'elle racontait une fois de plus sa visite au jeune homme. « Quand c'est sorti de la chambre, dit-elle, ça ressemblait tout à fait à Fred [le jeune homme] – rouge à lèvres vif, une épaisse couche de fond de teint et les cheveux relevés. Les yeux, le nez et la bouche de ça, c'étaient exactement ceux de Fred. C'était très grand et large » – avec un haut-le-corps – « je n'ai jamais rien vu de si large ».

S'il est vrai que, dans sa vision de l'autre personne, elle projette pour une bonne part l'image qu'elle a de sa propre sexualité, il apparaît vraisemblable que pendant sa visite chez le jeune homme, moment chargé pour elle d'un intense conflit entre la tentation et la menace sexuelles, elle chercha une issue à ce conflit anxiogène dans la transformation de l'image inconsciente de sa sexualité en celle d'une chose asexuée et dans la projection de cette image sur la personne qui sortait de la chambre. C'est ce qui ressortait à l'évidence de l'emploi du neutre pour la désigner, et aussi de son intonation qu'on eût dit s'appliquer à une étrange chose plutôt qu'à un être humain.

L'aspect et les manières de cette malade offraient un autre indice du même processus; pendant des mois, au cours de sa psychothérapie, il lui arrivait souvent de se vêtir, de se farder et de se comporter comme une marionnette, une apparition indescriptible, mais sûrement pas humaine. Et cette impression était partagée par tout le personnel qui s'occupait d'elle.

Je n'essaierai pas de fournir ici d'autres observations montrant quelle était sa terreur devant la menace subjective représentée par l'activité sexuelle. Pendant plusieurs mois après son admission dans le service des malades très perturbés, elle « rampait de terreur », comme disait son psychiatre, et pendant les séances avec moi, elle ne me cacha pas qu'elle était hantée par la peur du viol. Fréquemment, elle exigeait de recevoir l'assurance qu'on n'allait pas la violer. La psychothérapie devait mettre au jour ses pulsions homosexuelles très fortes, son désir de violer et d'être violée. Elle était, on s'en doute, le lieu d'un violent conflit entre le désir d'être virile et la haine, l'aversion de la virilité. Mais je voudrais surtout insister ici sur sa tendance inconsciente à se défendre de l'angoisse liée à ces conflits d'ordre sexuel en se formant d'elle-même une image de chose asexuée.

Lors d'une séance avec elle, j'ai vécu, je crois, une sorte de participation à l'angoisse que dégageait son incertitude quant à son sexe. Elle était arrivée outrageusement fardée et poudrée et coiffée de façon aguichante et elle se tenait allongée sur le divan avec la tête relevée et les pieds croisés, dans une posture dont le caractère masculin me frappa. L'idée s'imposa à moi tout à coup qu'elle était un homme habillé en femme. J'entrepris d'écarter cette idée que je savais pertinemment absurde, puisque les infirmières l'avaient aidée à changer ses garnitures périodiques et à se baigner; il était donc impensable qu'elle ait pu rester dans un service pour femmes pendant tant de mois sans en être une. L'idée n'en persista pas moins jusqu'à la fin de la séance, accompagnée d'un sentiment d'irréalité fort désagréable. Mais dans la semaine qui suivit, elle donna tant de manifestations verbales de son incertitude quant à son sexe que je pus noter ceci : « ... Mon impression que Nanette était un travesti n'était probablement pas purement " imaginaire ", c'est-à-dire produite par moi, mais reflétait les doutes de Nanette sur son sexe, si manifestes dans ses postures, ses manières, etc. »

Ce que j'ai ressenti là, c'est un peu du pénible sentiment d'irréalité qui hantait la malade, un peu de l'angoisse qu'elle tentait d'apaiser en se dépouillant de son humanité. On peut qualifier ce phénomène d'« angoisse communiquée » du patient au thérapeute. Mais je crois tout aussi juste de dire que l'un et l'autre se sentaient menacés par des sentiments conflictuels portant sur la tentation sexuelle et son danger dans la relation thérapeutique et luttaient contre cette angoisse par des défenses inconscientes qui se renforçaient mutuellement. Je crois, autrement dit, que je me défendais contre la tentation sexuelle en me représentant cette malade comme un être à la fois mâle et femelle, étrange et repoussant. Il n'en reste pas moins vrai que j'avais brièvement éprouvé l'angoisse même qui l'étreignait en permanence et qu'elle trahissait précisément en se comportant si souvent en chose asexuée.

La schizophrène que décrit Eissler dans l'article déjà cité [31] présente des moyens de défense du moi comparables à ceux de ma patiente. On observe chez elle aussi ce qu'on pourrait appeler une dé-différenciation, un retour à un stade de fusion subjective avec l'environnement non humain survenant dans les moments où, par exemple, elle se sentait menacée par le surgissement de sentiments érotico-romantiques :

> Quand la patiente voyait un homme qu'elle aimait entrer dans le bureau, elle risquait d'éprouver de l'amour en sa présence, ce qui l'aurait empêchée de fonctionner; car... elle était sûre que cet homme verrait ses sentiments et sûre d'aller vers lui pour les lui déclarer. Dans de telles circonstances elle se sentait instantanément morte. Cela résolvait l'ensemble du problème. Produire un tel sentiment d'être morte était son moyen privilégié de résoudre la plupart des innombrables complications où la jetait constamment la vie en société...

À en croire Eissler, il s'agirait ici d'un processus consciemment voulu, que la malade pouvait ou non enclencher. Je croirais plus volontiers qu'il se produisait une dé-différenciation momentanée sur laquelle elle n'avait qu'une prise fantasmatique.

L'état de détresse

Le désir de se départir de son humanité n'apparaît parfois que comme l'une des facettes d'une représentation grandiose de soi-même comme capable d'être n'importe quoi, qui sert de moyen de défense inconsciente contre un sentiment profond de détresse.

J'ai pu observer un phénomène de ce genre dans mon travail avec cette schizophrène paranoïde de trente et un ans dont j'ai déjà parlé à propos de sa conviction délirante d'avoir été changée en divers objets non humains (cf. pp. 171-174), et qui redoutait d'avoir à subir une nouvelle métamorphose imminente. J'ai pu voir le potentiel d'angoisse que recélait ce délire et, pendant des mois, c'est surtout par cette angoisse qu'il se manifestait. Mais avec le temps, il apparut que ce délire alimentait également l'idée grandiose qu'elle avait le pouvoir de revêtir, même contre son gré, ces diverses formes non humaines. Je m'en rendis compte, notamment, en l'entendant faire cette déclaration dont le ton de protestation cachait, en réalité, une vantardise : « Je ne vois pas pourquoi ils m'assomment pour me faire faire toutes ces choses [d'innombrables actions dramatiques et aventureuses, souvent tout à fait surhumaines, et dont elle n'accomplissait réellement aucune] inconsciemment car je peux faire consciemment tout ce qu'ils me font faire inconsciemment, sauf me changer en oiseau, en poisson ou en animal. » Elle impliquait donc que même ces métamorphoses, elle pouvait les réaliser inconsciemment.

Le livre déjà cité de Schilder, *The Image and Appearance of the Human Body* (L'Image du corps) contient des observations qui s'appliquent ici et dont certaines portent sur les individus normaux :

> Quand les gens arborent des masques énormes au carnaval de Nice, ce n'est pas simplement qu'ils modifient le fondement physiologique de leur image corporelle : ils deviennent réellement des géants. L'un des plaisirs que donne cette mascarade c'est la possibilité de jouer avec l'amplification de son image corporelle et donc d'accroître sa propre importance. Notre image corporelle ne cesse de s'amplifier et de se rétrécir et nous jouissons de ces changements. Nous triomphons des limites du

corps en ajoutant à l'image corporelle masques et vêtements. C'est ce qui explique les masques d'animaux des peuples primitifs et l'identification entre le porteur du masque et l'animal [128d].

L'article d'Ekstein [32], « The Space Child's Time Machine », illustre excellemment, à partir de son travail avec ce jeune schizophrène, comment l'identification à des machines qui sont le produit d'un délire peut contribuer à apaiser des sentiments de détresse. Ces projections grâce auxquelles l'enfant triomphait du temps et de l'espace le protégèrent, pendant toute une phase de la cure, contre la venue à sa conscience de ses profonds sentiments de détresse :

> On voit... qu'il tentait de maîtriser son angoisse à propos du présent, sa peur de la mort, de la destruction et de l'annihilation en devenant le maître du passé. S'il pouvait changer le passé, il pouvait donc assurer sa survie et sauver l'avenir. La détresse de sa première enfance, le sentiment de solitude et de rejet, sa faiblesse, sa petitesse, tout cela était retourné en son contraire, et tout comme naguère [grâce à un vaisseau spatial imaginaire] il avait gouverné l'espace, il gouvernait à présent le temps. Au lieu de revivre son passé et ses misérables débuts dans la vie, il se sentait le maître de ce passé. Ayant transformé le passé, il n'avait plus besoin de transformer le présent ni de s'effrayer de l'avenir.

Le surmoi et ses exigences de toute-puissance

Plusieurs des facteurs mentionnés juqu'ici se trouvent renforcés, dans leur capacité d'amener l'individu à désirer se départir de son humanité, dans la mesure où entre en jeu un surmoi archaïque, inflexible et porté à l'autopunition. C'est tout particulièrement le cas de l'angoisse d'avoir à assumer la responsabilité de sa propre vie et de celle qu'engendrent les désirs et les conflits d'ordre sexuel. Quant au sentiment de détresse que l'on découvre derrière les délires grandioses du type de ceux que je viens d'évoquer, il a moins pour objet les exigences de la vie comme telle que celles, irréalisables, d'un intraitable surmoi. Je voudrais maintenant indiquer comment l'injonction qu'un surmoi de ce type adresse au moi, à savoir d'être tout-puissant, d'être capable de n'importe quoi, de n'accepter aucun échec, de ne tolérer en soi aucune imperfection, engendre le désir de se dépouiller de son humanité afin d'échapper au tourment de ces exigences obsédantes. C'est ce qui ressort des trois cas de schizophrènes que voici.

Le premier est celui de la femme de quarante ans déjà évoquée (cf. pp. 200-201) dont j'ai expliqué pour une part les fortes tendances à l'identification avec des poupées par le fait que sa mère la traitait comme une chose inerte qu'elle devait fournir, elle, en énergie. Je voudrais ajouter maintenant que quatre ans de psychothérapie intensive mirent en évidence, comme l'une des causes essentielles de sa catatonie, un surmoi terriblement porté à l'autopunition. Il n'avait cessé de l'inciter à atteindre la toute-puissance, tout comme sa mère avait voulu l'y inciter et comme elle y était elle-même poussée.

En se changeant en poupée inerte, elle échappait aux exigences abusives de son surmoi. Elle se montrait d'ailleurs, cela n'a rien d'étonnant, très effrayée de ses aspirations à la passivité. Elle me révéla, lors d'une séance, le besoin qu'elle avait depuis longtemps de susciter les critiques et l'irritation des autres à son égard, de crainte de devenir totalement passive si ce genre de stimulation venait à lui manquer. Elle me confia aussi, cependant, son impression de pouvoir devenir pareille à un porc et elle se souvint alors qu'étant enfant, elle enviait l'existence paisible que menaient les cochons à la ferme de sa grand-mère et prenait plaisir à les exciter. Il avait fallu trois ans de psychothérapie pour mettre au jour ce désir de devenir un porc; et c'est quatre mois plus tard qu'elle produisit le matériel indiquant son identification aux poupées ainsi que les éléments connexes que voici :

Dans le cours d'associations libres, elle émit certaines idées sur l'achèvement de sa psychothérapie, moment qu'elle définissait par la formule : « Quand vous m'aurez finie. » « Voyons un peu, dis-je, ce que cette idée que " je vous finisse " vous suggère. » « Quelqu'un qui finit la lessive », répliqua-t-elle aussitôt. Je sursautai, à entendre exprimer si crûment l'inertie, le manque d'initiative, et je me dis que la fin de la thérapie, qui m'avait parue envisageable sous quelques mois, venait de faire un grand bond dans le futur. Mais je me ressaisis et demandai calmement : « Qu'est-ce qui se passe ensuite pour le linge? Qu'est-ce qui lui arrive? » Et elle répondit, tout aussi promptement : « Il est prêt pour la prochaine fois que quelqu'un veut s'en servir. »

Je restais dépité par sa conception de la fin de sa thérapie;

des associations avec des images de jeunes plantes, gonflées de sève, impatientes de croître, etc., sonnent plus doucement aux oreilles. Mais je ne tardai pas à comprendre que cette communication marquait probablement de sa part un grand pas en avant, puisqu'elle pouvait maintenant exprimer candidement son aspiration à la passivité, cette aspiration qui avait naguère engendré en elle tant de honte et d'angoisse. C'était comme si elle était parvenue à s'identifier assez clairement comme un être animé pour pouvoir oser reconnaître son désir de ressembler aux objets inanimés – tels le linge – du monde qui l'entourait, ce monde d'objets inertes dans lequel inconsciemment elle se fondait si complètement, auparavant, dans sa thérapie. Elle n'avait plus à réaliser ce désir en s'identifiant inconsciemment avec ces objets puisqu'elle lui autorisait l'accès de sa conscience.

Rétrospectivement, je vois là une manifestation de contre-transfert : mes alarmes, à l'entendre exprimer son désir de passivité, me faisaient ressembler de bien près à sa mère. Et on peut penser que son aspiration ostensible à la passivité était, pour une part, un effort déguisé pour contrer ce thérapeute-mère qui s'efforçait de la faire accéder à la toute-puissance. Hypothèse que viennent étayer bien des données émanant de la cure. Un tel problème de contre-transfert de ma part se posait bien, en effet, et contrariait mes efforts pour l'aider à s'affranchir des exigences de toute-puissance de son surmoi.

Le second cas est celui d'une schizophrène de vingt-deux ans. Elle rédigea une description de Dieu, qui donne une idée fort suggestive du surmoi archaïque et inflexible de cette jeune femme :

Dieu

Dieu est brûlante haine éternelle. Dieu est meurtre, chaos et éternelle destruction. Dieu est arrêt de mort. Dieu est fureur. Dieu est feu ardent. Dieu est impitoyable et implacable. Dieu est guerre et vengeance éternelle (((ad infinitum!!!))) [souligné quatre fois] Dieu est férocité, colère et vengeance. Dieu est un brasier de haine, de furie, de chaos et de destruction. Dieu est combat, guerre, chaos, destruction et perdition. Dieu est feu éternel. Dieu est le pouvoir de haine ardente, de mort et de destruction éternelles. Dieu est peste pneumonique. Dieu est roche broyante chauffée à blanc. Dieu est éternelle haine ardente, chaos, destruction et fureur. Dieu est éternelle colère. Dieu est cancer. Dieu est température ((((infinie)))) [souligné trois fois] Dieu est tout chaos, haine, guerre, destruction, violence, tempête, inondation, incendie, chaos, tremblement de terre, roche broyante ardente. Dieu est chaleur à blanc. Dieu *est tout* [souligné deux fois] fournaise. Dieu est fournaise. Une éternelle fournaise est Dieu. Dieu est ((((l'opposé)))) de la pitié. Dieu est arrêt de mort. Donc les âmes seront détruites. Personnellement comme j'ai une âme cela veut dire que toutes les âmes y compris la mienne seront détruites éternellement. Mort et enfer et perdition sont notre destin.

Dieu est un lac de feu ardent avec du soufre qui Brûle à jamais ce qui est la Seconde Mort. Dieu est éternelle mort, destruction et totale perdition. Dieu est l'éternelle Seconde Mort.

Cette jeune femme, hospitalisée pour schizophrénie grave depuis l'âge de quatorze ans, aux prises avec le genre de surmoi dépeint ci-dessus, cherchait désespérément à s'affranchir de l'oppression de ce surmoi en s'identifiant aux éléments variables du temps – nuages, vent, pluie, etc. Elle passait de longues heures dans le parc, à l'écart, fixant passionnément les nuages et quand un orage survenait, elle se précipitait dans le pavillon où elle courait de-ci de-là avec ravissement, en battant des bras et en proclamant qu'elle était le vent, d'un ton qui évoquait non pas la frénésie destructrice mais bien un délicieux sentiment de liberté.

Le troisième cas que je voudrais évoquer est celui d'une schizophrène qui avait vingt-huit ans au moment de son admission et qui reste dans mon souvenir pour avoir été, pendant les deux premières années de son séjour à Chestnut Lodge, l'être humain le plus bestial d'apparence que j'aie jamais vu. Bien des fois, en me rendant au pavillon pour femmes où étaient internées les malades dangereuses afin d'avoir avec l'une ou l'autre de mes patientes une séance de psychothérapie, j'entendais cette femme, dans une chambre où on l'avait isolée, gronder et rugir avec une rage de bête et secouer les ressorts de son lit d'une façon effrayante. Même pour quelqu'un qui s'est accoutumé au spectacle de la fureur humaine, comme n'importe quel psychothérapeute, cela faisait un choc d'entendre cette femme : pour quiconque, la créature enfermée là ne pouvait être qu'une bête. On ne recourt que rarement à l'isolement, à Chestnut Lodge; mais cette femme, petite mais puissamment bâtie et violemment agressive, nous y obligea bien des fois.

Je m'étais donc fait de cette femme, que je rencontrais souvent dans le service, avec son air affreusement angoissé, hostile, égaré, l'idée de quelqu'un qui aurait au moins un pied dans le monde des bêtes sauvages. Or j'appris un jour de son thérapeute un aspect de son comportement qui m'émut profondément et modifia complètement l'impression qu'elle me faisait. Il me révéla qu'au plus fort de ce qu'on pourrait appeler la période non humaine de son séjour de plusieurs années à Chestnut Lodge, elle passait la plupart de ses heures de veille assise dans sa chambre à écrire pour relater méticuleusement tout ce qu'elle pouvait fixer des pensées qui l'habitaient et jusqu'au moindre des mouvements de son corps. Tandis qu'il me parlait, je réalisais que cette femme était cruellement asservie à un surmoi d'une sévérité passant l'imagination contre lequel elle essayait sporadiquement de se révolter en des accès de rage quasi animale. Son thérapeute avait abouti à la même conclusion.

Elle prenait ses notes sur de grandes feuilles de papier non réglé et, les mois passant, elle en accumula des centaines, peut-être des milliers. À voir ces pages, on était stupéfait du nombre de mots qu'elle y faisait tenir; alors qu'on en compte environ 300 d'ordinaire, j'en ai dénombré dans un cas 1 360 et dans un autre 2 508, tracés d'une écriture minuscule et soignée. On a là une idée des terribles contraintes que son surmoi imposait à son fonctionnement.

On trouvera, dans le contenu des quelques passages de ces notes que je reproduis ci-dessous, une démonstration directe des tendances punitives de ce surmoi. Mais il est également notable que cette femme se réfère aux fonctions et aux mouvements de son corps comme si celui-ci était une chose inerte et extérieure à elle-même. Les deux passages cités proviennent de deux pages différentes; je n'y ai ajouté que les tirets.

> Je n'ai aucune estime pour vous – nous – Papier était à l'autre bout du lit – Papier – je suis – sont tout juste inventés – Grande confusion entre traction sur tête – Penchée par-dessus et regardé le papier à l'autre bout du lit – glissé sur page – Penchée par-dessus et regardé le papier à l'autre bout du lit – crayon a bougé – la chose est d'assécher une femme et de s'imposer à elle – Aucune idée d'accepter lui – penchée par-dessus et regardé le papier à l'autre bout du lit – Franchement, aucune acceptation quelle qu'elle soit par femme – absolument incontrôlable

remarque faite par ceux d'Au-dessus – vous vous rendez compte que vous êtes absolument incontrôlable pourquoi ne présentez-vous pas une conduite acceptable – été dans une autre chambre et vu des biscuits sur le lit et mangé – vu des sandwiches et mangé – ce n'est pas une conduite correcte disent ceux qui sont Au-dessus – je suis une balle absolument tordue que nous ne pouvons pas contrôler – ...

Renversée en arrière – ça pourrait – empêchez-moi de faire du charme en paroles – ... Pensé pourquoi portez-vous ce costume – ... M'a fait penser à un Self Made Man... – Manié le crayon – Femme descend le hall pour me rappeler – ... Cafarde – ... Va au diable – Difficulté à écrire à jeune homme – ... Dangereux – Suis pas sûre – dégoûtant – ... – Siffle ces examens sont difficiles – Stupide – ... – Regardé papier entier et tous ces examens que j'espère passer – Attrapée – Levée – ... – Doigt placé sur papier – ... – Pouce placé en travers papier – minable – suis épuisée – Air par le nez – ...étant épurée – soufflé par le nez – ...

Pendant des mois, du matin au soir, elle passa à peu près tous ses instants de veille à noter ce genre de choses.

On peut fort bien voir dans cette activité un témoignage de sa lutte pour rester un être humain, pour conserver le contrôle des pulsions de son ça « non humain », pulsions qui réussissaient parfois à se déchaîner et faisaient s'écarter d'elle les autres personnes comme je l'avais fait moi-même en l'entendant émettre ses sons bestiaux.

Mais j'ai délibérément choisi, pour illustrer ma thèse présente, de mettre l'accent sur une autre interprétation qui me paraît tout aussi valable et qui est celle-ci : ses périodes de comportement animal traduiraient sa détermination fondamentalement saine de briser les chaînes de son surmoi punitif, qui exigeait d'elle des choses aussi impossibles que l'enregistrement perpétuel de tout ce qui se passait en elle à chaque minute de sa vie éveillée, qui exigeait d'elle, en un mot, la toute-puissance.

L'instabilité du moi

On sait depuis longtemps que l'une des sources majeures de l'angoisse du schizophrène réside dans la représentation confuse qu'il a des limites de son moi. J'ai présenté ici à de nombreuses reprises un matériel illustrant le chaos qui en résulte dans la façon dont il se vit face au monde extérieur. Quiconque a l'expérience du travail avec des schizophrènes a pu constater l'instabilité et la discontinuité extrêmes de la perception qu'ils ont de leur moi, y compris leur image corporelle. Les frontières subjectives entre eux et le monde sont soit totalement absentes, soit fluctuantes en fonction des intenses processus de projection sur le monde extérieur ou d'incorporation à eux-mêmes d'éléments, humains ou non, de ce même monde.

Il me semble que l'angoisse associée à une telle instabilité du moi peut constituer un autre déterminant du désir de perdre son humanité pour se transformer en l'un de ces objets inanimés relativement stables qui composent l'environnement.

Je ne dispose pas de données cliniques claires qui viennent étayer cette hypothèse. Dans un autre contexte, le chapitre XI présente un cas (cf. pp. 293-295) qui comporte de forts indices qu'un tel processus soit à l'œuvre [1]. Pour illustrer de façon plus explicite ce mécanisme hypothétique, je recourrai à quelques extraits de deux ouvrages de science-fiction qui m'ont paru « cliniquement » fondés. Si certains de mes confrères n'ont que mépris pour ce genre littéraire, il en est d'autres qui, comme moi, y trouvent bien plus qu'une évasion divertissante mais bien souvent l'évocation de très intéressants processus psychologiques. Au demeurant, ces histoires ont été inventées par des êtres humains et elles en ont passionné d'autres au point de devenir, dans le cas présent, des classiques; ce sont là des faits psychologiques qui, à eux seuls, méritent l'attention.

Le premier récit, *Vault of the Beast* (Le Caveau de la bête), de A.E. van Vogt, concerne un être étrange provenant d'une autre planète, qui s'est introduit dans un vaisseau spatial. Il commence ainsi :

> La créature rampait. Elle geignait de peur et de souffrance, un maigre sanglot, horrible. Une chose sans forme ni contours, qui pourtant changeait de forme et de contours à chaque secousse.
>
> Elle rampait dans la coursive du cargo spatial en luttant contre la terrible avidité de tous ses éléments de prendre la forme de

1. Sur ce point, on lira avec fruit l'article d'Elkisch et Mahler [33] dans lequel ces auteurs exposent le cas d'un jeune schizophrène qui s'identifie aux machines rencontrées dans son entourage afin de « concrétiser » et ainsi de maîtriser les impulsions qui menacent de le submerger.

ce qui l'entourait. Motte grise de substance en désintégration, elle rampait, cascadait, roulait, se répandait, se dissolvait, et chaque mouvement était une agonie de lutte contre le besoin anormal de devenir une forme stable.

N'importe quelle forme! La rude paroi de métal bleu froid du cargo rentrant vers la Terre, son plancher épais, caoutchouteux. Le plancher était facile à combattre. Ça n'était pas comme ce métal qui tirait, qui tirait. Ce serait facile de devenir métal pour toute l'éternité... [158a].

Si j'en crois mon expérience clinique, c'est un conflit et une angoisse d'un type comparable à celui dont une évocation fictive est donnée ici qu'affronte le schizophrène en très profonde régression qui, cherchant un répit à l'instabilité quasi intolérable des limites de son moi, se trouve entraîné dans des identifications échappant totalement à son contrôle avec des éléments de son environnement.

Ce même processus psychologique général se trouve dépeint de façon particulièrement belle dans une nouvelle de Ray Bradbury, auteur dont, outre les remarquables qualités littéraires, j'ai trouvé en maintes occasions fort enrichissante la pénétration psychologique.

Si je parle ici de « ce même processus général » c'est que la tendance à s'identifier irrésistiblement à des éléments de l'environnement ne porte plus sur des matériaux inertes mais sur autrui. On lira donc l'extrait de la nouvelle de Bradbury ainsi que l'analyse que j'en donne en gardant présent à l'esprit qu'il s'agit d'un matériel qui n'est que tangentiellement pertinent par rapport au thème traité ici.

Dans son livre, *The Martian Chronicles* (Chroniques martiennes), qui relate la colonisation de Mars par des Terriens, Bradbury décrit les autochtones de Mars comme des créatures qui revêtent la forme, quelle qu'elle soit, sous laquelle l'être humain qui est dans les parages souhaite les percevoir. Dans la nouvelle intitulée *Le Martien*, il imagine la confusion qui s'introduit parmi les colons le jour où un Martien venu au milieu d'eux prend aux yeux de chacun une apparence différente, celle d'une personne intimement connue, d'un parent très cher habitant sur Terre, par exemple. Ils découvrent finalement l'explication de cette confusion en même temps que la présence du Martien :

Sous leurs yeux, il se transformait. Il était Tom et James et un homme du nom de Switchman, et un nommé Butterfield;

> il était le maire de la ville et la jeune Judith et l'époux William et l'épouse Clarisse. Il était une cire fondante se modelant sur leurs pensées. Ils criaient, se bousculaient, imploraient. Il criait, gesticulait, son visage se dissolvait à chaque appel. « Tom! », hurlait La Farge. « Alice! » vociférait un autre; et un autre encore : « William! » Ils l'attrapèrent par les poignets, l'entraînèrent dans un tourbillon, jusqu'à ce qu'avec un dernier cri d'horreur, il tombât.
>
> Il gisait sur les pierres, cire fondue qui refroidissait; son visage était tous les visages, un œil bleu, l'autre jaune, ses cheveux châtains, rouges, blonds, noirs, un sourcil épais et l'autre fin, une main grosse et l'autre menue [16a].

Il n'est pas exagéré de dire que bien des schizophrènes éprouvent la même torturante instabilité des frontières de leur moi, la même impuissance à s'empêcher de se modeler sur les désirs des personnes de leur entourage et de s'identifier à elles que le Martien inventé par Bradbury. Un grand nombre de mes patients réussissaient à donner une expression verbale à l'angoisse que suscitait en eux ce processus; un cas limite de schizophrénie, un jeune homme venu se faire hospitaliser volontairement, me confia au cours de l'entretien d'admission que j'eus avec lui son inquiétude de se trouver en compagnie de schizophrènes aigus : « J'ai peur de sauter hors de ma peau pour me jeter dans celle d'un de ces psychotiques », dit-il. Ce genre de crainte n'est que trop fondé; le personnel qui côtoie les schizophrènes en milieu hospitalier sait bien que ceux-ci sont souvent incapables de s'empêcher d'imiter les malades qui les entourent dans leur comportement symptomatique le plus voyant [1].

Greenson rend compte dans un article [65] des conclusions psychanalytiques auxquelles l'a conduit l'observation d'un groupe de malades qui combattaient leur identification à une importante figure parentale. Ces malades, des névrosés ou des cas bien moins graves que ceux des schizophrènes internés qui m'ont fourni l'essentiel de mon matériel, présentaient une impuissance qualitativement identique à résister à l'iden-

1. Storch [148] évoque le cas d'une schizophrène qui « ressent le surgissement de la moindre pensée, le moindre échange avec autrui, comme l'abandon d'une partie de sa personnalité. " Je cesse peu à peu de discerner quelle part de moi-même est en moi et quelle part est déjà dans les autres. Je suis un conglomérat, une monstruosité refaçonnée chaque jour " ». Dans un article récent [134], j'ai exposé un matériel comparable recueilli au cours du traitement psychothérapique intensif de plusieurs malades.

tification. Mais celle-ci n'était, dans tous les cas, que sporadique et elle avait pour objet *une seule* personne – toujours un parent – située dans le *passé* [1]. Chez les schizophrènes, en revanche, l'identification irrésistible porte sur de multiples individus et ceux-ci peuvent se trouver dans la proximité actuelle du malade aussi bien que dans son passé. C'est là, je crois, l'une des principales raisons qui expliquent la difficulté qu'ont les schizophrènes à supporter la proximité physique d'autrui, car celle-ci constitue une véritable menace pour les frontières de leur moi, une menace réelle sur leur individualité. J'ai évoqué ce fait il y a quelques années dans un article [133], mais de façon moins élaborée que je ne viens de le faire.

Je vais maintenant quitter ce thème de l'identification à autrui pour en revenir à mon propos central, c'est-à-dire le besoin d'identification à des éléments de l'environnement non humain, ou, en d'autres termes, le désir de se départir de son humanité pour apaiser l'angoisse associée à l'instabilité des limites du moi.

Dans *The Sane Society* Erich Fromm rejoint le même thème quand il décrit l'effort de l'homme pour atteindre à un sentiment d'identité à travers une identification régressive à la nature :

> Si le nourrisson est enraciné dans sa mère, l'homme dans sa petite enfance historique (qui représente, en temps, la plus grande part de l'histoire, et de loin) reste enraciné dans la nature. Bien que sorti du monde naturel, il continue d'y être chez lui; c'est là que sont toujours ses racines. Il s'efforce de trouver la sécurité en régressant vers la nature, en s'identifiant au monde des plantes et des bêtes. Bien des mythes et des rites primitifs attestent un tel effort pour maintenir les liens avec la nature. L'homme qui fait d'arbres et d'animaux des idoles rend un culte à des particularisations de la nature; ce sont de puissantes forces protectrices dont le culte s'adresse à la nature elle-même. En se reliant à elles, l'homme se découvre, en tant que partie de la nature, un sentiment d'identité et d'appartenance [55a].

1. Ce qu'écrit Edith Jacobson [83, 84] sur la métapsychologie des identifications psychotiques rejoint les conclusions de Greenson. La schizophrénie, selon elle, cherche une issue « aux conflits avec le surmoi dans la dissolution du surmoi et dans sa transformation régressive en des images parentales effrayantes » [83].

La solitude

Je pense ici à un certain nombre de schizophrènes ayant présenté durant de longues périodes de leur séjour à l'hôpital, un aspect et un comportement éminemment non humains et notamment une agressivité si violente qu'il fallut les isoler dans leur chambre, les maintenir, donc, à l'écart des autres malades pendant longtemps. Ces patients manifestaient une telle impuissance à établir une relation satisfaisante avec d'autres êtres humains qu'ils en étaient venus, eût-on dit, à désirer s'unir aux arbres qu'ils voyaient par la fenêtre et qui, pendant des heures de suite, leur procuraient littéralement une compagnie. Il semblerait alors que la solitude soit plus intolérable encore que la menace de perdre son identité humaine.

De leur côté, ces malades ont développé à l'égard de leurs semblables une attitude de rejet si intense, les autres leur paraissent si radicalement insupportables qu'ils se sentent plus proches des arbres que des autres malades ou des membres du personnel. C'est ce que me déclara crûment et en pesant ses mots une malade, le regard fixé sur le dehors, au-delà de la fenêtre : « Ce qui est sûr, c'est que les chevaux me manquent et je n'aime rien d'autre de vivant » – puis, après un instant de réflexion, « sauf les arbres », ajouta-t-elle.

Je présenterai dans un autre chapitre du matériel clinique relatif à des malades qui « personnifient » leur environnement non humain, autrement dit le perçoivent sous une forme animiste, dans leur effort inconscient pour atténuer leur sentiment de solitude. Si l'on rapproche ces cas de ceux dont il est question ici, on peut donc formuler l'hypothèse générale suivante que, pour atténuer cette solitude, le sujet s'efforce de créer une homogénéité entre lui-même et les éléments non humains de son milieu soit en percevant ceux-ci en termes animistes soit en se percevant lui-même comme aussi étranger à l'humanité que ces éléments.

Quand, lors d'une séance de psychothérapie, le patient révèle un tel sentiment d'étroite parenté avec, mettons, un arbre qu'il voit par la fenêtre, cela peut, bien entendu, ne représenter qu'un déplacement de sentiments du thérapeute sur cet arbre. Mais je pense que nous n'avons que trop tendance à privilégier ce type d'explication aux dépens du rôle réellement important que joue l'arbre dans la vie d'un malade retranché de toute compagnie humaine la plupart du temps.

Les passages suivants, extraits du chapitre « Solitude » du *Walden* de Thoreau montrent le même processus à l'œuvre chez l'auteur. Il semble que s'il parvient à se garder pour l'essentiel de tout besoin violent de présence humaine ce soit au prix d'une perception quasiment animiste du milieu naturel :

> Je ne me suis jamais senti seul, ni le moins du monde oppressé par un sentiment de solitude, sauf une fois, et ce fut quelques semaines après m'être établi dans la forêt, quand je me suis demandé si, malgré tout, le proche voisinage de l'homme n'était pas essentiel à une vie sereine et saine... [Mais ensuite :] Chaque petite aiguille de pin se dilatait, s'enflait de sympathie et m'offrait son amitié. J'eus si distinctement conscience d'une présence qui m'était apparentée, même en des lieux que nous avons coutume de qualifier de sauvages et de farouches, et aussi que ce qui m'était le plus proche par les liens du sang, et le plus humain, n'était ni une personne ni un villageois, que je sus ne pouvoir plus me sentir étranger nulle part [154c].

L'art nous offre également des exemples du même processus psychologique; je pense en particulier à la chaise de Van Gogh, une chaise toute raide, de fabrication grossière, reposant sur le carrelage rouge de sa chambre, à Arles, qu'il a peinte avec un soin dans lequel se lit le besoin de cet être perturbé et solitaire de jeter un regard animiste sur le non-humain et de le personnifier. S'interrogeant sur ce qui confère à ce tableau sa puissance expressive, Robert Goldwater écrit :

> Au-delà de l'aspect proprement pictural, c'est le sérieux avec lequel le peintre regardait ces objets familiers, un respect si profond qu'il les transforme pour ainsi dire en êtres vivants. Avec sa chambre en Arles, ils constituaient, dans le monde perpétuellement en crise de Van Gogh, des symboles de stabilité [63].

CHAPITRE IX

LE DÉSIR DE DEVENIR NON HUMAIN, PRODUIT DE L'EFFORT VERS LA MATURITÉ VIA LA « RÉGRESSION PHYLOGÉNÉTIQUE »

Nous nous sommes surtout attaché jusqu'ici à décrire l'aspiration à devenir non humain comme une défense contre divers affects inconscients. Nous allons maintenant envisager ce même phénomène sous un aspect qualitativement différent. Cette aspiration apparaît souvent en effet comme le besoin de régresser phylogénétiquement, de « faire retour » symboliquement à l'état duquel, tout au long de l'évolution, l'espèce humaine s'est dégagée, afin de prendre un nouveau départ dans la conquête du statut d'individu humain et dans la maturation affective qui l'accompagne.

La thèse que je viens de formuler ainsi découle de ma conception d'ensemble du phénomène de la régression. Il me faut donc commencer par exposer les grandes lignes de celle-ci.

La littérature psychiatrique et psychanalytique décrit habituellement la régression comme l'expression d'efforts inconscients pour retrouver une forme d'existence, un mode de relation avec autrui, que l'on a connus à un âge moins avancé et qui apportait davantage de satisfaction et de sécurité.

Je ne suis pas en désaccord avec cette conception; ce que je lui reproche c'est de s'en tenir là, de ne pas pousser au-delà. Ainsi limitée, elle ne rend pas justice à l'effort incessant de l'être humain, que ce soit aux niveaux conscient ou inconscient, pour pousser plus avant sa croissance psychique et sa maturation affective. L'individu n'abandonne jamais vraiment un tel effort, si profonde ou si durable que soit la maladie mentale qui l'entrave.

Mon expérience clinique m'a peu à peu convaincu que

la régression traduit chez l'individu l'effort, en général plus ou moins complètement inconscient, pour retrouver l'état d'apparentement au monde qu'il a connu plus tôt et, du même coup, la satisfaction, la sécurité, la paix, la force physique et psychique et que sais-je encore, qui lui permettront de s'attaquer avec des armes nouvelles à l'obstacle auquel s'est heurté jusque-là son effort de maturation. Autrement dit, je considère que la régression possède toujours un aspect curatif et que la formule que Kris réserve à certains types de régression seulement – « régression au service du moi » [89d] – s'applique à toute forme de régression, de même que la formule de Hartmann, l'« adaptation régressive » [67h].

Il est évident, cependant, que la régression à elle seule ne produit pas les bienfaits à long terme que l'on peut attendre de la maturation affective; tous les malades sont capables de régresser mais beaucoup n'en recouvrent pas pour autant la santé. Bien souvent le malade se retrouve fixé dans sa régression et une proportion, hélas, élevée de ceux qui peuplent les hôpitaux psychiatriques passeront le reste de leurs jours dans cet état. Mais si ce malade peut bénéficier d'une psychothérapie éclairée et de soins quotidiens attentionnés, administrés par des gens qui perçoivent le potentiel positif de la régression et qui travaillent avec, il y a des chances raisonnables pour qu'il parvienne à la guérison et pour que sa régression apparaisse rétrospectivement comme une phase du processus qui l'y a conduit, une phase d'émergence de ce qu'il recelait de plus jeune et de plus sain. L'une des raisons majeures, je crois, pour que tant de malades se fixent à la phase de régression c'est que les personnes de leur entourage ne savent pas discerner l'effort essentiellement positif qui se déploie là et traitent chroniquement ces malades comme s'ils étaient incapables de tout effort pour sortir de leur état de profonde régression.

Je voudrais également préciser que je ne prête pas au malade régressé la conscience du désir que je postule présent en lui. Son comportement régressif m'apparaît, au contraire, comme l'expression *en actes* d'un tel désir *inconscient.* Toute notre expérience clinique nous démontre de façon constante que le malade qui présente le comportement le plus régressé, le plus infantile, est précisément le plus incapable de laisser accéder à sa conscience le moindre désir de se comporter ainsi. Si le malade lui-même est ainsi inconscient des déterminants affectifs de sa régression, il est donc d'autant plus important que les gens qui l'entourent, eux, soient conscients de l'aspect constructif de tout cela et l'aident à en prendre conscience.

Je ne prétends pas que cette conception de la régression, qui est la mienne, présente la moindre originalité. Je suis certain que beaucoup d'analystes et de psychothérapeutes se fondent sur elle dans leur travail. Je connais au moins deux spécialistes de la psychothérapie des schizophrènes, M.A. Séchehaye [137] et Gertrud Schwing [130] dont les écrits impliquent qu'elles reconnaissent à la régression ce type de signification constructive. Mais il est bien rare de trouver cette idée exposée noir sur blanc dans la littérature spécialisée [1].

Quel stimulant ce fut pour moi de voir mes patients schizophrènes, au fil de dures années de psychothérapie, émerger peu à peu l'un après l'autre de leur pétrification dans la maladie, se dépouiller peu à peu du comportement bizarre, du mode de pensée faussé et de leurs autres manifestations morbides pour prendre des allures respirant de plus en plus la santé et aussi la jeunesse. C'est ainsi qu'une femme de quarante ans, affligée pendant des années d'une schizophrénie paranoïde, revêtit de plus en plus, à mesure que la maladie se résolvait, l'aspect d'une jeune fille de quinze ans en bonne santé. Un hébéphrène de quarante-deux ans qui, au début d'une psychothérapie de plusieurs années, paraissait au moins son âge, tout comme cette femme, se mit à se comporter de plus en plus comme un enfant normal de huit ans et même parfois de deux ans.

Mais quand on voit un malade accomplir ce genre de métamorphose, on n'a absolument pas l'impression qu'il soit parvenu à sa destination finale – qu'il ait réussi à atteindre l'âge affectif qu'il désirait et qu'il soit déterminé à s'y accrocher pour le reste de ses jours. Cette phase juvénile donne tous les signes du provisoire et se manifeste comme une phase de restauration des forces, de réajustement des perceptions, avant qu'on ne reparte à la conquête de la maturité. Chez les deux malades cités, et chez bien d'autres, le développement clinique ultérieur a corroboré ma conception théorique de la

1. Alors que je procédais à une dernière relecture de mon manuscrit, j'ai pris connaissance de deux articles de Winnicott [165, 166], initialement parus en 1954, dans lesquels il expose une conception de la régression qui rejoint sur bien des points celle que j'ai développée.

régression. À vrai dire, c'est en assistant à de telles évolutions cliniques chez mes propres patients et chez ceux d'autres thérapeutes qui avaient appris comme moi à ne pas combattre les tendances régressives des malades, que s'est imposée à moi cette conception.

J'en reviens maintenant au propos précis auquel le développement précédent visait à servir d'introduction. Si les tendances régressives ont pour objectif intermédiaire une phase de l'enfance ou de la petite enfance du sujet, on constate parfois que cet objectif intermédiaire se place si tôt dans la petite enfance, à un stade du moi précédant la prise de conscience de l'identité humaine, que le sujet vit cette régression comme si elle était véritablement de nature phylogénétique, comme s'il avait sombré jusqu'à une forme de vie inférieure, sur l'échelle phylogénétique, à celle qu'occupe l'homme. Si je place entre guillemets l'expression « régression phylogénétique » ce n'est pas seulement parce qu'il s'agit ici d'une hypothèse et non d'un fait rigoureusement établi; c'est aussi parce que je considère que cette régression n'est phylogénégique que *subjectivement* [1].

Je suis fort tenté de penser que dans le cours du travail avec des malades, qu'ils soient névrosés ou psychotiques, des cas peuvent se présenter où il est valable de penser les tendances régressives dans un contexte « phylogénétique » plutôt que simplement ontogénétique.

Je me rends bien compte de ce que cette conception peut avoir, à première vue, de métaphysique et d'antiscientifique. C'est pourtant mon expérience avec des malades qui m'a amené à la formuler. J'ai d'ailleurs découvert avec intérêt dans un article de Bertschinger et dans un autre de Freud mention de la part qu'occuperait la phylogénèse dans la composition de l'inconscient humain. Voici ce qu'écrivait Bertschinger en 1916 dans son article « Process of Recovery in Schizophrenia » (Le Processus de guérison dans la schizophrénie) :

> Il se pourrait que le contenu psychique qui vient à la conscience dans la maladie mentale soit disponible dans le subcons-

1. Il n'est pas nécessaire à mon propos d'entrer dans la controverse qui a cours en embryologie entre la thèse selon laquelle « l'ontogenèse récapitule la phylogenèse » et celle, plus récente, du parallélisme génétique. On trouvera une analyse de ces deux théories dans Werner [162v], qui est partisan de la seconde.

> cient [c'est-à-dire ce que nous appelons maintenant l'inconscient] de tous les hommes. Il s'agit, pour une part, d'instincts, de désirs, d'opinions que tous les hommes ont en commun et qui ont leur origine dans des périodes phylogénétiquement plus anciennes et que le développement psychique de l'individu retraverse sous une forme abrégée avant de les réprimer; et pour une part, de désirs et de tendances individuels refoulés par discipline dans le subconscient [12].

Quant à Freud, voici ce qu'il écrit dans son article « Névrose et psychose » daté de 1924 :

> L'étiologie commune, pour l'éclatement d'une psychonévrose ou d'une psychose, demeure toujours la frustration, le non-accomplissement d'un de *ces désirs infantiles éternellement indomptés qui s'enracinent si profondément dans les déterminations phylogénétiques de notre organisation* [52; mes italiques].

Je vais présenter maintenant quelques exemples cliniques de malades qui, grâce à une « régression phylogénétique », ont franchi des étapes sur la voie de l'individuation humaine et de la maturité.

I. – Un hébéphrène chronique que traitait l'un de mes collègues. Le malade était lui-même médecin et avait fait des études fort longues et de haut niveau dans sa spécialité, la médecine interne. Il était de plusieurs années l'aîné de son thérapeute et en dépit d'un comportement fréquemment et fortement perturbé, il avait gardé un goût du sarcasme qu'il exprimait sur un mode très intimidant, en véritable figure paternelle. Pendant plusieurs mois, au début de la cure, ces sarcasmes agirent comme une menace sur le thérapeute. Un jour, par exemple, le patient se mit à parler football et le thérapeute admit qu'il n'avait pas souvent assisté à des matches. Le patient eut alors un regard lourd de sous-entendus et ricana : « Je parie que vous n'y avez jamais été! », plaçant le thérapeute sur la défensive quant à sa virilité.

Quand le thérapeute nous rendit compte, au cours d'une réunion de travail, de la relation qu'il avait avec son patient, nous l'amenâmes à comprendre que son patient réussissait à le mettre sur la défensive pour ne pas avoir à constater combien lui-même se sentait anxieux et menacé. Ces observations rassurèrent le thérapeute et deux jours plus tard il nous raconta que lors de la première séance qui avait suivi notre réunion, il avait été très ému de voir son patient se coucher à ses pieds, « comme un chien », donnant ainsi l'impression d'avoir trouvé auprès de son thérapeute un havre de sécurité et de pouvoir désormais manifester librement l'intense besoin qu'il avait de cette sécurité.

On peut penser rétrospectivement que le thérapeute avait été inconsciemment effrayé par la violence des besoins de dépendance qu'il avait perçus chez son patient, derrière l'attitude de sarcasme, de compétition et d'autoritarisme. Notre discussion de groupe l'aurait aidé à surmonter cette peur.

Ce que je voudrais surtout mettre en évidence c'est le point où ce cas rejoint mon propos actuel. Le comportement de régression constructive dont le malade fit preuve en exposant complaisamment ses sentiments de dépendance envers le thérapeute alla bien au-delà de celui d'un tout petit enfant; puisqu'il prit, eût-on dit, des postures de chien. Tout se passa comme s'il avait senti entre sa propre force et celle du thérapeute une telle inégalité que, cherchant maintenant à se rapprocher de lui, il ne pouvait avoir d'autre attitude que celle d'un chien face à son maître chéri.

II. – Une jeune femme profondément schizophrène. Au fil de mon travail avec elle, l'idée se fit jour en moi qu'elle se sentait dans une position de chienne face à moi, cet être tellement plus puissant et plus capable qu'elle-même. Elle me parlait souvent comme si j'avais été un grand chef parmi les hommes et en quelques occasions, il apparut que, par rapport à moi, elle se pensait chienne. Rien dans cette attitude ne laissait entendre qu'elle se sentît méprisée par moi ni qu'elle voulût se moquer de moi comme d'un prétentieux crétin – elle réussit fort bien, en maintes occasions, à me faire parvenir l'un et l'autre message. L'attitude dont je parle apparaissait au contraire dans les moments où elle avait à mon égard des sentiments positifs, lorsqu'elle s'éprouvait le plus libre de me révéler son étroite dépendance par rapport à moi. Le désordre de ses réactions affectives, de ses processus mentaux et de ses relations avec autrui était si profond et si douloureusement manifeste à ses yeux qu'elle se disait très honnêtement, je crois, que sa relation avec moi n'était pas celle d'un être humain avec un autre mais bien celle d'une chienne avec un être humain très considérable.

Dans ce cas-ci, comme dans le précédent, une telle attitude ne se fit jour qu'au bout de nombreux mois de réactions émotionnelles « distanciantes » de la part de la malade, réactions de dégoût, d'ironie sarcastique, d'hostilité sous toutes ses formes, à mon égard.

III. – Une jeune schizophrène. Dans le cours de mon travail avec elle et au lendemain de son transfert à Chestnut Lodge, elle traversa une période d'environ un an pendant laquelle elle se montra extrêmement renfermée. Elle passait le plus clair de son temps lovée sur son lit, silencieuse, et quand il lui arrivait de se déplacer dans le pavillon parmi d'autres personnes, elle hurlait au moindre contact physique.

Certains membres du personnel, cependant, notamment une infirmière psychiatrique expérimentée qui effectuait un travail de recherche dans le service, réussirent à l'amener progressivement à mieux accepter la promiscuité physique. Cette infirmière fut vivement frappée par le fait que la malade « se mettait pratiquement à ronronner » quand on lui grattait le dos, jouissant de ce traitement à la façon d'un chat.

Divers comportements évoquant ceux des animaux marquèrent chez cette jeune femme les étapes d'un rapprochement progressif avec les autres humains. Sons et postures d'animaux dominèrent pendant les quelque dix-huit mois qui suivirent, avant de céder peu à peu la place à des modes plus « pleinement humains » de communiquer avec autrui.

Ce cas me fait irrésistiblement penser à celui d'un hébéphrène de quarante et un ans qui, à mesure que son hostilité violente envers moi s'atténuait, sur trois ans de thérapie difficile, entra dans une phase où il prit de plus en plus nettement l'aspect et le comportement d'un petit animal caressant. Pendant l'une de ces séances où il ne prononçait pratiquement pas un mot, je me rappelle l'avoir entendu émettre des miaulements de satisfaction.

IV. – Un jeune homme qui avait fait un épisode schizophrénique aigu. Hospitalisé d'abord ailleurs, il fut transféré au bout de six mois à Chestnut Lodge, le premier traitement ne lui ayant pas réussi.

La première fois, son père et sa mère avaient rusé pour l'hospitaliser ; ils étaient allés le chercher en voiture à la faculté de médecine où il était étudiant en lui disant qu'ils allaient le ramener à la maison pour qu'il puisse s'y reposer des tensions de plus en plus vives, il s'en rendait compte, auxquelles ses études le soumettaient. Ce n'est qu'en chemin qu'ils lui révélèrent, fort gênés, qu'ils le conduisaient à l'hôpital.

Au bout de trois ans et demi d'un travail assez régulièrement bon dans sa psychothérapie, il finit par mettre au jour, avec une tristesse plus profonde qu'il n'en avait jamais manifestée jusque-là et une grande angoisse, une évocation détaillée de son trajet jusqu'à l'hôpital. Il atteignit le fond de son chagrin et de son angoisse quand il en arriva au moment où son père avait stoppé devant l'entrée et où il avait échappé à ses parents pour se précipiter dans l'hôpital, avec « l'impression d'être une bête ». On sentait bien, à travers son récit, qu'il avait, comme un animal, cherché refuge à l'intérieur de l'hôpital pour fuir la faillite désormais patente de sa relation avec ses parents et plus généralement avec quiconque de son entourage, puisque ses efforts en ce sens venaient de se révéler vains. Précisons qu'au cours des mois précédents, ses relations avec d'autres personnes s'étaient détériorées l'une après l'autre.

Il réussit finalement à tirer le meilleur parti de son séjour à l'hôpital et à passer d'un état de profonde régression (essentiellement catatonique) à une maturité affective assez accomplie pour pouvoir établir avec chacun de ses deux parents des liens plus satisfaisants qu'ils ne l'avaient jamais été, exercer avec succès la médecine et, plus tard, se marier. Il s'agit donc ici encore de quelqu'un qui, grâce à une régression jusqu'à un état vécu comme non humain, est parvenu à une nouvelle naissance suivie d'une nouvelle maturation plus accomplie que la première.

V. – Un cas clinique dont l'interprétation théorique me paraît moins sûre. Au même titre que ceux qui précèdent et qui suivent, je l'ai toujours considéré comme une manifestation de régression subjective sur l'échelle phylogénétique. Mais comme, durant tout le temps où je l'ai connue, la malade n'est jamais sortie que transitoirement de sa profonde psychose, je manque d'indices clairs pour établir la signification et les possibles résultats constructifs de l'épisode régressif dans ce cas particulier. Je crois cependant que cet épisode lui a permis, au moins de façon rudimentaire, de se détacher subjectivement d'une relation étonnamment symbiotique avec sa mère.

Je veux parler ici du cas, déjà évoqué (cf. pp. 194-195), de cette femme de trente-deux ans, atteinte depuis de nombreuses années d'une schizophrénie paranoïde et dont l'expérience enfantine l'avait amenée à la conviction qu'elle avait moins de valeur qu'un animal aux yeux de sa mère et de sa grand-mère, toutes deux fortement paranoïdes.

Cette grand-mère avait été longtemps hospitalisée pour une maladie somatique incurable, si bien que ma patiente et sa mère avaient vécu ensemble de nombreuses années, enfermées dans une *folie à deux* paranoïde et refoulant leur violente hostilité réciproque pour la projeter sur le monde extérieur, monde qu'elles s'accordaient à considérer comme peuplé de gens adonnés au meurtre, au viol, au vol et à toute forme d'agression. Et la mère projeta également sur sa fille une bonne part de ses sentiments frappés d'interdit, qu'ils fussent de l'ordre de la haine ou de la pulsion sexuelle. Elle trahit l'opinion intime qu'elle avait de sa fille le jour où elle la retira de Chestnut Lodge pour la confier à un psychiatre qui n'avait qu'une expérience restreinte ou nulle des schizophrènes mais s'était acquis une gloire nationale en témoignant comme expert lors du récent procès d'un assassin.

La fille ne s'était jamais mariée, bien sûr. L'intensité de la relation symbiotique entre les deux femmes donna toute sa mesure après que la mère eut eu une crise cardiaque. À en croire celle-ci, c'était la découverte d'une maladie incurable chez sa propre mère qui avait « causé » cette crise cardiaque; « Je ne l'ai jamais surmontée », déclara-t-elle. Et pendant les trois ans qui suivirent, sa fille, ma patiente, qui couchait au sous-sol, eut, attachée au poignet, l'extrémité d'une ficelle dont l'autre bout était noué au poignet de sa mère, couchée à l'étage au-dessus, afin qu'elle puisse répondre promptement, de nuit comme de jour, aux exigences de sa mère.

Je travaillai pendant huit mois avec cette malade, profondément atteinte et physiquement agressive. Avant d'interrompre le traitement, la mère avait ajouté encore à sa difficulté par de fréquentes visites d'inspection à l'hôpital, au cours desquelles elle s'enquérait des moindres détails touchant sa fille en soumettant à d'indiscrets interrogatoires le psychiatre qui la suivait, l'infirmière responsable et moi-même.

Ces huit mois, – délai bien trop court évidemment pour qu'une psychothérapie puisse aboutir à une guérison solide dans un cas chronique aussi grave – ne permirent pas à la malade de parvenir à une perception durable de son individualité comme distincte de celle de sa mère; elle avait cependant pris un bon départ dans cette direction quand la cure fut interrompue.

C'est de la mère que je tins un fragment de matériel évocateur d'une « régression phylogénétique ». En sortant d'une visite à sa fille pendant le septième mois de psychothérapie, elle me dit :

> Elle a commencé à s'empêtrer dans la question de savoir qui faisait partie des parents et qui n'en faisait pas partie, et si elle était un homme, une femme ou un enfant... Elle a dit que nous avions été toutes les deux enfouies très profond dans la terre et que les vers nous avaient mangées... que nous étions des personnes différentes de celles que nous avions été. Elle me traitait exactement de la même façon [c'est-à-dire avec autant de respect, de sollicitude et de déférence que jamais]. Elle m'a dit qu'elle voulait que je sache qu'elle n'avait jamais rien fait qui pût faire tache sur mon nom.
>
> [À un autre moment de l'entretien, elle relata ceci :] Elle a dit qu'elle était identique à Elizabeth Miller [le nom de la malade] qui a été enterrée et que les vers ont complètement dévorée. Elle a dit qu'elle était la réplique directe d'Élizabeth Miller.

Il est significatif que ce fut pendant cette même visite que la malade exprima plus clairement que jamais auparavant un certain sens de sa propre individualité, une certaine séparation psychique d'avec sa mère. Celle-ci, apparemment sans comprendre la grande portée du message, me le rapporta fidèlement :

> Hier, elle a encore tenu des propos symboliques. Elle a dit quelque chose sur la palissade qui diviserait un terrain – la route que je suivrais et la route qu'elle suivrait – elle voulait que sa route soit près de la mienne – ça ne pouvait pas être la même que la mienne, mais elles seraient proches. J'imagine qu'elle voulait dire que nous devions habiter des endroits proches.

De mon côté, mes rapports avec la patiente me fournirent d'autres indices qu'elle accomplissait des progrès réels, encore que sporadiques, dans sa psychothérapie avec moi, vers une prise de conscience de son individualité personnelle.

VI. – Du matériel provenant des rêves de deux femmes névrosées. Dans les deux cas, le rêve suggère l'existence dans l'inconscient d'une représentation du soi sous une forme vivante non humaine – dans le premier, un animal, dans le second, une plante. L'une et l'autre de ces représentations sont belles et ces rêves sont des « rêves de guérison », marquant des moments cruciaux de la résolution de la névrose.

Contrairement à la plupart du matériel en provenance de schizophrènes que j'ai exposé jusqu'ici, je ne pense pas que celui-ci présente rien d'inhabituel. Les analystes doivent rencontrer fréquemment des rêves de ce type et je donne ceux-ci simplement parce que ce sont de beaux spécimens et parce qu'ils cadrent bien avec mon propos.

Le premier est dû à une femme de quarante-deux ans à personnalité hystérique qui se trouvait au bord de la psychose paranoïde quand je commençai à la voir, après qu'elle eut déjà fait environ six ans de cure avec trois analystes successifs. Au cours des deux premières années de son travail avec moi, la menace de psychose s'estompa progressivement. Elle resta avec un insondable mépris d'elle-même, une très vive envie du pénis et, derrière tout cela, un désespoir foncier quant à sa capacité de jamais devenir une femme parmi les femmes.

Avec moi comme avec ses précédents analystes, ce fut une analyse exceptionnellement orageuse. Pendant environ trois ans, elle manifesta une extrême hostilité à mon égard et, à mesure qu'elle en prit conscience, cela ne fit qu'amoindrir encore l'estime qu'elle avait pour elle-même : elle désespérait de jamais devenir une personne capable de recevoir et de donner de l'amour.

Et puis, au trente-huitième mois de notre travail, elle me rapporta un « rêve de guérison » plus flagrant et plus convaincant qu'elle n'en avait jamais fait et révélant un respect de soi plus grand qu'auparavant.

Elle commença la séance comme tant d'autres par l'expression de son désespoir de ses idées suicidaires et de sa « peur de tous les instants ». « Je suis constamment *obsédée* par la mort, disait-elle. Je suis convaincue d'avoir une maladie de cœur et le cancer du sein et la tuberculose... [etc., etc.] »

Un peu plus tard, elle me raconta le rêve suivant. Le contenu n'en était pas seul significatif mais également l'émotion qui s'exprimait par tout son être : elle s'attendrissait et pleurait en parlant. Or c'étaient là des manifestations affectives inhabituelles chez cette femme, qui m'avait davantage accoutumé à l'entendre ironiser, récriminer, enrager.

> Je recevais ce colley, un animal merveilleux, d'un excellent naturel. C'était une femelle. L'homme qui dirigeait le chenil était trop occupé pour m'indiquer comment je devrais la nourrir. Il me faudrait apprendre à prendre soin de cette bête toute seule – et pourquoi pas? [Elle posa cette question sur un ton de confiance en soi tout à fait exceptionnel.] Le propriétaire du chenil me disait : « C'est là le meilleur chien de mes chenils – c'est une magnifique créature », et moi je me disais qu'il était aussi doux, mignon, gentil, ce chien. Et je suis si souvent un animal dans mes rêves; j'imagine que c'est le cas de la plupart des gens.

J'entendis dans ce rêve l'indication émouvante qu'à travers tout le désespoir qui l'avait accablée pendant des années, l'estime qu'elle avait d'elle-même grandissait. Les associations que produisit cette séance confortèrent tout à fait cette interprétation. Le rêve marquait le temps fort du conflit qui s'était récemment intensifié entre ce qu'on pourrait appeler son soi névrosé et son soi sain. Je compris que ce rêve du chien annonçait, plus clairement que tout autre signe apparu jusqu'alors, le triomphe prochain du soi sain.

La suite ne fit que corroborer cette impression. Il est intéressant au regard de mon propos actuel de noter qu'environ dix mois plus tard elle eut un rêve qui la représentait sous un jour tout aussi sain mais en être humain, cette fois, bien qu'encore tout jeune :

> Un très joli bébé, potelé, très actif, d'à peu près deux ans, avec son esprit à lui, capable de courir, n'arrêtait pas de folâtrer tout autour. C'était dans un gymnase d'école, il courait partout, tout nu, tout rose. Il était très adroit pour certaines choses, comme les cabrioles. Je croyais que c'était un petit garçon, mais il n'avait pas de pénis [d'un ton désappointé; mais elle poursuivit pour dire avec quelle adresse et quel plaisir il faisait des acrobaties] C'était un bébé costaud et je ne sais pas à qui il était. Par association, je dirais qu'il m'était apparenté ou que j'avais à m'en occuper; mais ce n'était pas vraiment le mien.

En associant à partir de la petite fille du rêve, elle se souvint de moments de son enfance où elle avait éprouvé une grande confiance en soi à pratiquer l'athlétisme, la même confiance en soi qui éclatait dans les acrobaties de l'enfant du rêve. Encore qu'à ce stade de l'analyse, son envie du pénis restât non résolue, comme le montre le rêve, elle avait considérablement progressé vers une représentation d'elle-même en être humain, et en bonne santé, de surcroît; seulement, elle était encore immature – « rien qu'une gamine », pour ainsi dire.

La seconde de mes deux patientes, une chimiste de vingt-neuf ans souffrant de troubles caractériels, présentait au début de l'analyse une approche d'autrui profondément revêche et sarcastique, une très vive envie du pénis fondée sur un désespoir de jamais devenir, à ses propres yeux, une vraie femme et un refoulement sévère de tout sentiment tendre dans sa vie relationnelle en général.

Mariée et mère de trois petites filles, elle n'éprouvait que dégoût pour ses parties génitales et était convaincue que ses règles étaient pathologiques; plus d'une fois, dans les débuts de l'analyse, elle se montra horrifiée de trouver dans ses menstrues ce qu'elle considérait comme des matières ignoblement anormales.

Au quatorzième mois de l'analyse, survint un rêve qui marqua un progrès significatif vers l'affranchissement de ses symptômes :

> J'avais l'impression persistante que j'essayais d'être un homme ou de me conduire comme un homme, et une grande lassitude me prenait et je me disais que je ne pourrais pas continuer comme ça. Et puis je rêvais – je croyais que – euh – tout d'un coup, je voyais un rosier, tout fleuri de ravissantes roses rouges de la couleur du sang.

Elle me confia ensuite qu'en rentrant de sa précédente séance d'analyse, à la fin de l'après-midi, elle avait trouvé Norm, son mari, « lugubre ». « J'indiquai à Norm, dit-elle, que ça m'intéresserait d'avoir des rapports [Elle s'était rarement sentie capable de faire des propositions sexuelles à son mari avant son analyse] – nous avons passé un *si bon* moment – Norm a été si heureux, pendant quelques jours – je ne me sentirais pas de faire ça *tous* les soirs, mais ça a été vraiment un plaisir... »

Lorsque je répétai, pour qu'elle associe, « des roses de la couleur du sang... », elle enchaîna : « Je pense aux roses que l'on mettait sur la table de la salle à manger, à la maison, quand j'étais petite; tous, nous aimions les roses – et toujours, quand je pense au sang, je pense aux règles – Diana [sa fille cadette] me demande parfois, quand nous nous promenons dans le quartier, qui fait les fleurs, les oiseaux, les arbres – je réponds : “ Mère Nature, je pense. ” »

Plus tard, dans la séance, elle repensa à « ce rosier – tout d'un coup il se mettait à fleurir, se couvrait de belles grosses roses d'un rouge velouté – eh bien, le sang, le fait d'avoir ses règles pourrait signifier, signifie vraiment qu'on n'est plus une enfant, qu'il faut qu'on commence à avoir ses règles, à avoir des seins – et c'est quelque chose qu'on ne peut pas cacher – on peut bien agir comme un homme, travailler avec des hommes dans un laboratoire, mais, fichtre, on a ses règles... »

Tout au long de cette séance, elle avait eu l'air exceptionnellement paisible et s'exprimait sans sa tension habituelle. Elle se montrait, dans son comportement, beaucoup plus sûre d'elle et plus cordiale; pour évoquer son mari, sa fille ou ses parents, son ton était empreint de tendresse et dépourvu de l'âpreté et du sarcasme qu'on entendait si souvent dans ses propos. Et maintenant qu'elle parlait de la menstruation, elle le faisait dans des termes qui suggéraient la beauté de cette expression de la féminité et non une tare pathologique.

Quand on voit combien fréquemment l'inconscient se représente les étapes les plus importantes de la croissance humaine en empruntant ses symboles au règne végétal ou animal, comme chez ces deux névrosées, on mesure mieux la profondeur des affinités réunissant l'être humain au monde non humain.

J'ai déjà dit ma conviction que cette « régression phylogénétique » devait fondamentalement avoir à faire avec l'ontogénèse, avec l'histoire de l'individu. À moins d'adhérer à une conception plus ou moins bouddhiste selon laquelle l'âme avant sa vie présente a eu d'innombrables incarnations, parfois en des formes non humaines, et en plus à la croyance que l'individu a des souvenirs inconscients de son existence sous des formes inférieures dans l'échelle darwinienne de la vie, on doit admettre que la représentation inconsciente en « plante » ou en « animal » représente la traduction littérale d'une réalité qui n'exista qu'en termes figurés. C'est là, je crois, la seule conception scientifiquement tenable de l'ensemble du problème. *Au figuré,* chaque humain fut à un moment donné un animal – ou, pourrait-on dire, a aussi fonctionné comme un arbre, ou un rocher, ou que sais-je. On dit de telle personne qu'elle a la grâce de certains animaux, de telle autre qu'elle est robuste comme un chêne ou de telle autre encore qu'elle a une détermination de roc, etc.

L'angoisse de se transformer en animal, par exemple, signifie, je crois, l'angoisse de régresser jusqu'à une phase très primitive de la vie postnatale, jusqu'à un mode d'existence face auquel l'inconscient réagit comme s'il s'agissait littéralement de celui d'un animal. À cet égard, on relira avec profit les conjectures que Hill [78] développa pendant sa longue carrière de psychothérapeute de schizophrènes et qui concernent la petite enfance du futur schizophrène. Voici notamment ce qu'il en dit :

> L'ambivalence maternelle est un domaine dans lequel les faits se contredisent. Un certain nombre de mères de schizophrènes ont admis avoir eu des pensées meurtrières à l'égard de leur enfant non encore né...
>
> Des données tout aussi fiables indiquent que de nombreuses mères de schizophrènes ont accepté avec joie leur enfant et se sont fort bien occupées de lui sur le plan animal tant qu'il était petit et ne leur apparaissait pas disposer d'une quelconque volonté ou intention contraires aux leurs... [78d].
>
> Dans l'ensemble, il paraîtrait que les toutes premières relations du bébé avec sa mère aient été relativement bonnes, et tout à fait satisfaisantes pour l'un et pour l'autre, au moins par comparaison avec ce qui a suivi... [78e].
>
> Si cette situation infantile était aussi totalement désespérée qu'on le prétend, ces enfants mourraient. C'est le cas de certains. Ceux qui ne meurent pas doivent avoir connu un quelconque bien-être animal aux premiers âges. Même s'ils n'ont pas reçu ces soins maternels pour eux-mêmes, en tant que bébés, ils ont assurément reçu attention et admiration en tant que joujoux ou en tant que chefs-d'œuvre du savoir-faire maternel [78f].

Si ces conclusions de Hill sont justes, on peut penser que quand l'un de ces nourrissons, devenu à présent un adulte schizophrène, manifeste son angoisse de se transformer soit en animal, soit en objet inerte, il se pourrait qu'il exprime inconsciemment le souhait de redevenir soit un bébé-animal chéri de sa mère, soit le joujou favori de celle-ci ou son chef-d'œuvre.

Je voudrais maintenant illustrer mon propos par quelques passages d'une nouvelle qui est un classique de la littérature d'horreur. Cette histoire donne une expression frappante à l'angoisse de régresser vers un état infra-humain; mais elle m'intéresse surtout, peut-être, parce que son « contenu latent » laisse deviner le désir inconscient de devenir un infra-humain, c'est-à-dire de retrouver une relation à la mère infantile ou peut-être fœtale.

Ce récit de E.F. Benson [11] concerne les sous-hommes légendaires connus sous le nom d'Abominables Hommes des Neiges, et réputés habiter les très hautes montagnes telles que l'Himalaya ou les Alpes suisses. Au début de l'histoire, le héros, un montagnard, écoute le récit d'un camarade qui a vu l'une de ces créatures sur un pic fictif appelé l'aiguille de l'Horreur. Le narrateur raconte comment la vue de cette bête humaine couverte de poils, plongée dans la satisfaction animale d'achever son repas de chair crue, l'avait figé d'horreur, une horreur qui allait s'approfondissant à mesure qu'il comprenait qu'un lien ancestral l'unissait à cette créature : « Quand je vis la créature s'allonger au soleil, je jetai un regard dans l'abîme auquel nous nous sommes arrachés en rampant » [11a]. Plus tard, le héros rencontre à son tour l'un de ces êtres, une femelle et il décrit ainsi ce qu'il ressent à cette vue :

> Une insondable bestialité modelait la bouche baveuse et les yeux étroits; mon regard plongeait dans l'abîme même et je savais que pour grimper jusqu'à ce bord par-dessus lequel je me tenais penché, il avait fallu l'effort d'innombrables générations. Et si ce rebord allait s'écrouler sous moi et me précipiter la tête la première dans les noires profondeurs [11b]?

Je trouve à ces fragments un contenu psychologique profond. Le premier des deux sous-hommes, le mâle, qui émet « un râle de contentement », complètement absorbé qu'il est dans le plaisir oral, peut apparaître comme une personnification du propre passé infantile de l'observateur et de ses moments de satisfaction et de satiété. Quant à la femelle, elle représente, je crois, ce qu'est sa mère pour le nourrisson ou le fœtus que chacun a été; et l'angoisse de l'observateur d'être précipité dans « les noires profondeurs » de l'« abîme », ainsi que la description sous des traits horrifiants des deux sous-hommes, sont des défenses inconscientes contre le désir refoulé de régresser jusqu'à l'état quasi animal de fusion avec la mère que l'on connaît dans l'utérus puis au moment de l'allaitement.

Chez certains individus, il est un autre facteur qui peut intensifier le désir inconscient de régresser à un état non humain : les sentiments éprouvés dans l'enfance à voir sa mère dispenser aux plantes et aux animaux familiers des soins affectueux qu'elle refusait, ou ne savait pas donner à l'enfant lui-même. C'est là une expérience assez courante quand la mère a des troubles de la personnalité qui l'empêchent de manifester pleinement son amour pour son enfant, si bien qu'elle en reporte une bonne part sur des éléments non humains du cadre de vie. L'enfant a alors de bonnes raisons de se dire que si seulement il était plante ou animal, il aurait droit à l'amour de sa mère.

Avant d'en terminer avec cette question du désir inconscient de devenir non humain, je voudrais envisager un dernier point, qui s'applique aux schizophrènes et probablement aussi aux névrosés.

L'une des conditions apparemment essentielles de la santé psychique réside, nous l'avons vu, dans le sentiment, aisément accessible à la conscience, de l'apparentement entre le soi et le monde non humain. Chez le schizophrène et chez le névrosé aussi, je crois, ce sentiment se heurte à d'énormes obstacles. À son horreur de tout ce qui est « animal » en lui, à ses efforts pour atteindre à une existence uniquement cérébrale et « pure », c'est-à-dire dépourvue de sexualité, d'agressivité, etc., le schizophrène, en particulier, montre bien à quel point il a perdu le contact avec ce sentiment d'apparentement. Le désir inconscient de devenir non humain apparaît alors dans une certaine mesure comme une tendance saine à combattre le grave et délétère divorce d'avec le non humain [1]. On pourrait dire aussi bien que la conscience normale de la parenté entre l'humain et le non humain a été refoulée et s'efforce de faire retour.

À cet égard, l'expérience m'a appris que, plus un malade se montre animal dans son aspect et son comportement, plus complètement il a refoulé la conscience de comporter en lui quoi que ce soit qu'il puisse considérer comme animal. Il serait faux, je crois, de supposer que le malade le plus animal d'al-

1. Certaines formes de suicide – telle que la noyade ou le saut dans le vide pour aller s'écraser à terre – peuvent apparaître, dans certains cas, si j'en crois les analyses que j'ai eu l'occasion de faire, des tendances suicidaires, comme un effort aberrant pour franchir l'obstacle psychologique qui sépare le sujet de son environnement non humain.

lure est celui qui est le plus convaincu consciemment d'être un animal ; ce serait plutôt le contraire qui serait vrai. Ses désirs « animaux » – dont beaucoup seraient librement acceptés par le moi de l'individu normal comme exprimant des besoins animaux inéliminables – ce malade les projette sur les gens de son entourage et il les expulse de sa conscience en les mettant en actes dans sa posture, ses expressions faciales, ses émissions vocales, sa façon de manger, son vêtement, etc.

CHAPITRE X

PERCEVOIR AUTRUI COMME NON HUMAIN

Les psychotiques se comportent souvent comme si les personnes de leur entourage n'étaient pas des êtres humains, mais des choses ou des animaux. Et d'ailleurs, il n'est malheureusement pas rare – encore qu'à Chestnut Lodge, ce soit, pour autant que je sache, exceptionnel – que des membres du personnel traitent certains patients comme s'ils n'étaient pas leurs semblables.

Je me suis déjà référé brièvement, au chapitre III, à l'analyse que donne Balint [6,7,8] de la relation mère-enfant. Selon lui, même dans les cas normaux et non pas seulement pathologiques, la mère et son nourrisson, à tour de rôle, réagissent à l'autre comme s'il était un objet servant à la satisfaction de ses besoins et non un être ayant des besoins propres. Cette analyse, que je crois tout à fait juste, nous permet de conjecturer que lorsqu'un névrosé ou un psychotique traite autrui comme non humain, il le fait par un mécanisme bien connu en psychopathologie : la réactivation par l'adulte d'un état antérieur de son moi, en tant que moyen de défense névrotique ou psychotique contre un affect anxiogène refoulé.

Une telle déshumanisation s'accomplit probablement par projection sur l'entourage, notamment humain, d'une conception refoulée de soi-même (ou d'un aspect de soi-même) comme non humain [1]. Bleuler nous livre une observation clinique qui semble bien illustrer ce processus :

1. Au cours de son travail avec des schizophrènes hospitalisés avec leur famille, Brodey [19] a fait des observations qui laissent penser que les parents se voient eux-mêmes, dans leur relation avec le malade, comme non humains – et cela alors même que le malade est pleinement adulte et a dépassé depuis longtemps la phase normale de la relation mère-nourrisson décrite par Balint. Il y a donc

> Une dame intelligente [et schizophrène] qu'on avait prise pendant des années pour une neurasthénique « avait construit autour d'elle un mur qui l'enfermait si étroitement qu'elle avait souvent l'impression d'être pour de bon dans une cheminée » [13].

Ici, un mur psychologique interne est manifestement projeté par la malade en sorte qu'elle se vit comme entourée de l'extérieur par un mur réel. Deux articles de psychologues traitant de matériels obtenus par le test de Rorschach me paraissent apporter des éléments de preuve à l'hypothèse qu'un individu puisse projeter sur son entourage une représentation inconsciente de soi-même comme non humain. À en croire ces études, le sujet projette cette représentation sur les planches relativement peu structurées du Rorschach ; mais il semble que les résultats cités puissent fort bien s'appliquer à une projection sur des personnes de l'entourage.

L'un de ces articles, dû à Hertzman et Pearce, s'intitule « The Personal Meaning of the Human Figure in the Rorschach » (Signification personnelle de la figuration humaine dans le Rorschach) [75]. Comme l'indique le titre, les auteurs se sont intéressés au premier chef aux projections de type humain et n'ont fait porter qu'accessoirement leurs observations sur le matériel non humain qui nous occupe ici.

> Le patient agit comme s'il était un objet de répulsion. Il évite tout contact avec les gens dont il recherche l'estime. Il attribue cette opinion sur lui-même à autrui à travers divers incidents et rêves neutres qui le présentent malade de plusieurs façons. S'il voit dans le Rorschach une série de figures sous-humaines repoussantes, il est probable que celles-ci représentent un reflet du sentiment réel qu'il a de lui-même. L'identification se trouve compliquée par le fait qu'au début de l'analyse, cette image n'est pas claire pour le patient et par le fait que beaucoup de mécanismes obsessionnels ont pour but de repousser ce sentiment et de le maintenir hors de la conscience [75a].
>
> ... Des attitudes relatives au soi peuvent se révéler dans des

là une importante raison supplémentaire pour le malade de considérer comme non humains les individus qui l'entourent : l'idée que ses parents se font d'eux-mêmes à travers leurs rapports avec lui ne peut que l'y inciter. Voici ce qu'en dit Brodey : « Les parents se voient comme des nourriciers, des pourvoyeurs de réalité, des sacrifiés que consomment leurs propres dons, qui ne demandent rien pour eux-mêmes et n'agissent que pour l'autre – comme des organes remplissant des fonctions fragmentaires mais non des personnes. Une telle représentation semble comparable à ce que l'on suppose être celle des parents pour le nourrisson. »

réponses qui, à première vue, n'ont pas l'air de représenter le sujet, telles que des réponses à contenu animal [75b]. Des observations thérapeutiques indiquent que l'incapacité de produire des réponses humaines ou la production d'un petit nombre de celles-ci, qui se révèlent ensuite non parlantes, est associée à la répression de l'image de soi ou à l'horreur du soi tel que le voit le sujet [75c].

La seconde de ces deux études a pour auteur Goldfarb et s'intitule « The Animal Symbol in the Rorschach Test and an Animal Association Test » (Le Symbole animal dans le test de Rorschach et dans un test projectif utilisant des représentations animales) [61]. Goldfarb arrive à la conclusion que, chez les enfants, les réponses animales représentent souvent des figures parentales ou *l'enfant lui-même.*

Voici maintenant des exemples cliniques qui montrent que cette relation à autrui comme non humain fonctionne comme moyen de défense contre diverses émotions refoulées. Rappelons qu'au chapitre VIII nous avons vu que le désir de devenir non humain jouait le même rôle, et nous avions passé en revue les divers sentiments ainsi visés. Nous n'entrerons pas ici dans ce genre de détail car ce que je me propose surtout de mettre en évidence c'est la réalité du *principe défensif.*

I. – Un homme marié de trente-quatre ans qui fut transféré d'un autre hôpital à Chestnut Lodge en pleine phase maniaque d'une psychose maniaco-dépressive inaugurée par une dépression cinq ans auparavant. Pendant les onze premiers mois de son séjour à Chestnut Lodge, son comportement fut de nature à exiger son internement dans le service pour agités. L'un des aspects les plus manifestes de ce comportement consistait à traiter les autres malades comme s'ils n'avaient pas été des êtres humains. Il prétendait avoir entrepris de les « guérir »; il se précipitait, par exemple, sur tel psychotique profond, complètement apathique et lui donnait de grandes bourrades dans le dos en disant : « Courage, mon vieux! » ou bien, « C'est ça; tiens-toi bien droit! – alors, tu te sens un chef, maintenant, n'est-ce pas? » Ses intonations méprisantes, déshumanisantes, donnaient le frisson. Il fallut l'isoler de temps à autre pour protéger les autres patients de ce genre de traitement, et lui-même des représailles de certains patients parfois violents.

Il pouvait avoir une attitude tout aussi déshumanisante

dans d'autres contextes aussi. J'y fus exposé de temps à autre pendant les séances de psychothérapie et notamment un jour, alors que je quittais sa chambre et m'avançais dans le couloir au moment où un infirmier noir entrait dans le service, le malade me dit en désignant ce dernier et assez fort pour qu'il puisse entendre : « Vous devriez parler avec lui – il aurait beaucoup à vous apprendre. » Le mépris qui s'entendait dans sa voix était un véritable déni de notre humanité, à l'infirmier comme à moi-même. Une autre fois, il me parla d'un ton détaché de « cette chose, là-bas » et j'eus un choc en comprenant qu'il s'agissait de Mrs. N., une infirmière d'un certain âge qui venait tout juste d'être affectée à ce service après avoir travaillé dans un bâtiment voisin appelé Little Lodge. Mon impression se trouva bientôt confirmée. « Ça nous est venu de Little Lodge, poursuivit-il, j'ai été lui demander d'où ça venait – du Congo, de l'Himalaya, de la Cité Engloutie de l'Atlantide, ou quoi... Ça a quelque chose là-dedans! Quand je lui ai mis la main sur la tête, c'est devenu ma mère – ma mère Catherine. » Même pour parler de cette métamorphose, son ton était dépourvu de toute passion.

Je répondis : « Je suppose que vous savez que Mrs. N. n'est pas votre mère mais que vous trouvez là un moyen commode de me dire comment était votre mère. » Il parut accepter cette présentation des faits. Ce fut l'un des indices qui me fit voir dans les débuts de ses relations avec sa mère l'origine de son comportement déshumanisant. Voici, brièvement, quelques autres informations concernant cette relation.

Il apparut à divers signes que ce comportement correspondait à une projection sur autrui d'une représentation inconsciente de lui-même comme non humain. C'est ainsi que, lors d'une séance, il me confia qu'il attendait impatiemment son « conjoint – Jupiter, ou Junon, ou un porc ou un rat d'égout, ou n'importe ». Il y avait là non seulement l'expression indirecte d'une ambivalence concernant sa femme et moi-même, mais aussi l'indice qu'il ne se considérait pas comme humain et donc que le conjoint qui lui conviendrait pourrait être aussi bien une divinité qu'un animal. Une autre fois, il m'avoua qu'il n'avait jamais aimé son prénom, George; son frère, de trois ans son aîné, lui avait donné ce nom, dit-il avec amertume, parce que c'était celui d'une marionnette que ce frère possédait. L'histoire me parut crédible à la lumière de ce que j'avais appris sur la mère du garçon. Et je fus frappé d'entendre, au cours d'une réunion du personnel soignant, le psychiatre de ce malade évaluer son cas en ces termes : « Il agit comme une petite marionnette qui a passé sa vie à s'amuser et qui comprend tout d'un coup qu'il n'est plus temps de jouer, et que d'être physiquement adulte, et aussi mari et père, signifie la fin de tous ces jeux. »

Durant les onze premiers mois de son séjour, il manifesta, outre son attitude déshumanisante, une prédilection pour les créatures qui n'étaient effectivement pas humaines. Il était persuadé que les oiseaux des arbres voisins et les chiens qui fréquentaient le parc lui « parlaient » quand ils gazouillaient ou aboyaient; et il croyait pouvoir converser avec eux : ils répondaient, pensait-il, à ses demandes. Il avait en lui, de surcroît, le sentiment d'être une bonne partie du temps en communion avec la totalité du milieu ambiant, y compris dans ses aspects non humains. En bref, cet homme semblait entretenir les idées les plus confuses quant aux différences qualitatives qui, dans l'environnement, distinguent les choses ou les bêtes des humains; et aussi quant à la distinction entre lui-même en tant qu'humain et son environnement non humain.

À mesure que je m'instruisais de ses relations avec sa mère, j'y découvrais bien des sources possibles d'une telle confusion.

Tout d'abord, j'eus de divers côtés des indices flagrants que sa mère, morte quand le malade avait seize ans, avait passé toute l'enfance de celui-ci en état de psychose latente. Elle disait de plusieurs personnes qu'elles étaient Jeanne d'Arc. « Même un cheval que nous avions, me raconta le patient, maman s'extasiait toujours sur ses yeux, si beaux, si doux, si compréhensifs, qu'il devait être saint François d'Assise. Beaucoup de gens ont peur qu'on les fasse enfermer s'ils disent ci ou ça; maman, elle, n'hésitait pas à dire ce qu'elle avait envie de dire et n'avait pas l'air de s'en soucier. » Bien qu'elle fût handicapée par une maladie cardiaque congénitale et que, d'origine étrangère, elle éprouvât de grandes difficultés à s'adapter à la langue et aux mœurs des États-Unis, cette femme était le personnage dominant de la famille; elle incitait son paresseux de mari, qui tenait un magasin de confection, à se donner plus de mal et avait des ambitions très élevées pour ses deux fils, et notamment, mon patient. Elle lisait beaucoup de livres de métaphysique écrits dans sa langue maternelle, se passionna longtemps pour une conception mathématique de l'univers et s'affirmait de temps en temps « accordée avec l'Infini ». En me racontant cela, le malade ajouta qu'il n'avait pas compris ce que sa mère voulait dire par là, mais que « maintenant, il le savait », car il éprouvait un sentiment qu'il pensait être du même type que celui de sa mère, excepté dans des moments où certaines émotions venaient perturber cette expérience.

Mon travail avec cet homme, bien que prématurément interrompu par sa femme qui le fit directement rentrer à la maison peu après l'apaisement de l'épisode maniaque, mit au jour certains déterminants de son besoin de « guérir » les autres malades, d'une façon si glaçante pour l'observateur.

Tout d'abord, il semblait bien que cette mère aux préoccupations si élevées avait été aussi inefficace dans ses efforts auprès de son mari que de ses fils pour les inciter à atteindre les buts inaccessibles qu'elle leur avait fixés. On eut dit que ce comportement « guérisseur » traduisait chez le malade une identification avec sa mère, qui s'était révélée incapable de rapports authentiques avec autrui. Je me demande si cela ne représentait pas aussi une expression en actes du mépris refoulé que nourrissait le patient à l'égard de la technique psychothérapeutique de ses précédents thérapeutes et de moi-même.

En second lieu, un certain nombre de déterminants de ce comportement eurent apparemment pour origine les événements suivants. La psychose se déclara chez la mère quand le patient avait quinze ans. Pendant une semaine c'est lui et son frère qui prirent soin d'elle à la maison, le père ne se montrant guère à la hauteur de la situation. Le patient me raconta la peur qu'il avait, pendant cette période, quand il se réveillait la nuit pour trouver sa mère penchée au-dessus de son lit. Les symptômes ne tardèrent pas à être ceux d'une manie furieuse. Elle disait qu'elle était Circé et qu'elle changeait les hommes en pourceaux, elle menaçait de tuer ses deux fils et se rua plusieurs fois sur eux armée de dangereux ustensiles de cuisine. Il fallut l'interner dans un hôpital public, où elle passa ce qui devait être sa dernière année de vie. Elle mourut dans un état psychotique profond et très agité; on attribua la mort aux contrecoups sur sa maladie cardiaque du traitement par coma insulinique que les fils avaient persuadé leur père d'autoriser.

L'épouse de mon patient, qu'il avait connue depuis l'enfance et qui me fournit de nombreuses précisions sur la maladie de la mère, me raconta que pendant ses trois ou quatre dernières semaines de vie, elle était « entravée, totalement psychotique, dans un service pour grands agités... parfois elle ne reconnaissait même pas George... George devait la voir entravée, dans un lit couvert d'urine et d'excréments ». Quand je lui demandai quel effet cela avait eu sur lui, elle me répondit : « Très déprimant, ça l'a terriblement secoué de rendre visite à sa mère, au point qu'il s'est imaginé qu'il avait une grande influence sur les autres malades. » Je voulus savoir s'il s'était cru une telle influence sur sa mère. « Non, répondit-elle, pas particulièrement sur sa mère – mais sur les autres patients; il allait les trouver pour les consoler. »

Je rapprochai ces indications de ce que m'avait dit le malade lors de notre premier entretien : « Quand je suis entré ici et que j'ai vu des malades gisant sur le plancher [deux ou trois d'entre eux, à ce moment-là, avaient l'habitude de s'asseoir par terre], ça m'a fait si plaisir! » Et, avec un rire joyeux, il ajouta qu'il allait les guérir tous, qu'il avait déjà guéri tous les malades de son service, à l'hôpital d'où il venait. Mais, dans la suite de la séance, il revint à deux reprises sur son incapacité à soigner sa mère, disant, par exemple : « Je n'ai pas pu guérir ma propre mère, qui était folle quand elle est morte. » Il me fournit d'abondantes manifestations d'un sentiment de culpabilité aigu lié à la psychose et à la mort de sa mère et sa propre maladie semblait à bien des égards s'être modelée sur celle dont sa mère avait souffert. On peut donc penser qu'un autre déterminant de son comportement « guérisseur » consistait dans son impuissance à soigner sa mère et dans la culpabilité qu'il en retirait, et qu'il éprouvait le besoin d'apaiser en entreprenant de guérir tous les psychotiques rencontrés par la suite. L'inefficacité patente de ses efforts trahissait en outre, je crois, un sentiment désespéré d'impuissance face à sa propre maladie, qui était, on l'a vu, si semblable à maints égards à celle de sa mère.

Vers la fin de mon travail avec cet homme, vint au jour un autre déterminant encore de ce comportement « guérisseur ». Sa femme m'avait décrit la mère comme quelqu'un d'extrêmement froid et s'était dite convaincue que les deux fils, malgré toutes sortes de manifestations rituelles de sollicitude envers leur mère, l'avaient toujours haïe. Le malade lui aussi, jusqu'à un stade avancé de notre travail, parla toujours de sa mère comme d'une femme totalement froide, incapable d'amour, qu'il n'avait, par exemple, jamais vue donner un baiser à son mari. Mais à un certain stade de la thérapie, des signes apparurent que, derrière cette façade glaciale des relations mère-fils, avaient existé une affection et une compassion réelles. Il était clair, cependant, qu'il leur fallait refouler cette tendresse et que la façade de froideur derrière laquelle ils la maintenaient refoulée leur donnait l'air de se considérer mutuellement davantage comme une chose inerte que comme un être aimé. Il apparut d'ailleurs qu'une compassion pareillement refoulée expliquait pour une part qu'en « guérissant » les autres malades, notre patient les traitât comme des marionnettes; son enfance avait exigé de lui qu'il refoulât les sentiments d'authentique compassion que, j'en arrivai à cette conclusion, la situation éveillait en lui.

Le matériel reproduit ici, complété par celui que je recueillis auprès de psychotiques présentant des cas voisins de celui de cet homme m'a suggéré un dernier déterminant à son comportement. Ce malade avait bien évidemment eu très peur de cette mère toujours excentrique et imprévisible, qui finit par devenir franchement et violemment psychotique et qui avait menacé à plusieurs reprises, et même essayé, de le tuer. De même, plus d'une fois pendant son séjour chez nous, il manifesta une frayeur très vive de ses imprévisibles compagnons psychotiques. Les traiter comme des marionnettes s'inscrivait dans son effort pour voir en eux des objets inertes parfaitement maîtrisables plutôt que ce qu'ils étaient en réalité, c'est-à-dire des êtres humains imprévisibles et même par moments dangereusement ingouvernables, comme sa mère. La projection de sa propre fureur refoulée sur ces prétendues marionnettes jouait sûrement un grand rôle en tout cela; pendant quelques mois après son admission, il fut sujet à de soudains accès de fureur et l'incident probablement le plus important de toute sa psychothérapie survint le jour où, venant de mettre en pièces toute sa literie dans un accès de furie meurtrière, il reprit ses sens et, bien que d'abord en état de choc et refusant de croire qu'il avait fait cela, il finit par réussir à se rendre compte qu'il avait effectivement une pareille fureur en lui, que l'auteur de toute cette destruction n'était autre que lui-même.

II. – Dans ce second exemple, nous constaterons à nouveau la fonction défensive du traitement d'autrui comme non humain. Ici, c'est à la fois la patiente qui traite ainsi les autres malades et ceux-ci qui se conduisent de même à son égard.

Il s'agit d'une jeune femme schizophrène qui manifestait fréquemment, pendant plusieurs mois suivant son admission dans un service pour agités, un chagrin extraordinairement intense. Je la vis dans cet état pendant les séances de psychothérapie mais aussi en d'autres occasions alors que je me rendais dans le service pour d'autres motifs. Le spectacle d'un tel chagrin me remuait profondément. Elle s'y livrait totalement, elle en était submergée à un point inimaginable chez un adulte normal. Elle se tordait dans des sanglots déchirants et répandait des torrents de larmes. On avait l'impression de se trouver devant un tout petit enfant orphelin noyé dans un inexprimable chagrin.

Je voudrais insister ici sur le fait que si son chagrin était pour moi un spectacle navrant, pour les autres malades du service, contraints de le subir bien plus souvent que moi et engagés dans un rude combat contre leur propre peine refoulée, c'était manifestement trop à supporter. Ils ne toléraient pas sa présence et le ton sur lequel ils lui ordonnaient de s'éloigner ou de se calmer semblait s'adresser à une chose inanimée. On y sentait un mépris tel qu'on n'en manifeste jamais à nul être humain, ni même à un animal; c'était précisément le ton sur lequel le patient décrit précédemment parlait à « ça » qui était venu de Little Lodge. Dans ce cas particulier, il me paraissait clair que les malades qui traitaient ainsi la jeune femme le faisaient surtout par angoisse devant leur propre chagrin refoulé; il leur fallait, eût-on dit, rabaisser le plus possible cette personnification du chagrin tout-puissant s'ils voulaient maintenir réprimé le leur propre.

Comme on pouvait s'y attendre, la malade elle-même se révéla pendant de nombreux mois incapable de distinguer entre les éléments humains et non humains de son entourage. Cette incapacité éclatait notamment dans les relations qu'elle entretint pendant plusieurs semaines avec une poupée. Plus d'une fois, pendant nos séances, elle tenait cette poupée contre son sein nu et pleurait de tristesse parce qu'elle n'arrivait pas à la faire téter. Elle ne jouait manifestement pas; il était indubitable qu'elle ressentait la poupée comme un vrai bébé.

Cela ne se passait pas seulement pendant mais aussi entre les séances, comme cela ressort de ces notes d'une infirmière :

> S'est mise à se déprimer et à pleurer dans sa chambre. Quand je suis entrée pour lui parler, elle m'a demandé de sortir. Un peu plus tard, Mr. Jones [un infirmier] est entré et elle lui a dit qu'elle pleurait parce que son bébé ne voulait pas téter.

Quand elle devint, très lentement, capable d'une relation un peu plus proche avec les autres malades, on constata avec intérêt que cela se traduisait parfois par le fait qu'elle les traitait comme des poupées. Voici, à titre d'exemple, un extrait d'un rapport d'infirmière postérieur d'environ vingt mois au précédent :

> N'a pas cessé de tout le soir de manger des sandwiches et de boire des jus de fruits. S'est rendue dans la chambre de Grace Randall. A joué un peu avec le corps de Grace, sauté du lit sur la commode, etc. Après onze heures du soir, il y avait du bruit dans sa chambre. Je suis revenue observer. Elle se servait de Clara [sa camarade de chambre] comme d'un poupon, la déplaçant partout sur le lit, la déshabillant et jouant un peu avec ses seins.

III. – Une schizophrène qui pendant plusieurs mois s'est mise à traiter de plus en plus nettement les infirmières et le personnel du service comme s'ils étaient des objets dépourvus de toute sensibilité et de toute volonté, et n'ayant d'autre raison d'être que de satisfaire le moindre de ses besoins quel qu'il fût. Elle devait par la suite déclarer sa conviction que s'il lui fallait aller jusqu'à demander quelque chose, c'était déjà que le personnel était au-dessous de sa tâche, qui consistait non pas seulement à satisfaire ses besoins mais à deviner ce qu'ils allaient être sans qu'elle eût à les exprimer. L'atmosphère du service ne tarda pas à devenir irrespirable. Dans son ton de glaciale impersonnalité et d'autorité tranchante, le personnel percevait un mépris qui suscitait chez la plupart de ses membres une fureur vengeresse et maintes protestations, sans qu'ils aient perçu ce que cette façon de traiter les gens comme des choses cachait et exprimait à la fois d'angoisse et de sentiment de détresse. Je reproduis ci-dessous l'intervention d'une infirmière, enregistrée au cours d'une réunion du personnel du service, qui donne une formulation typique du ressentiment qui bouillonnait au sein du personnel :

> En ce qui la concerne, est-ce que nous sommes censés courir au-devant de ses moindres caprices? Je suis nouvelle; je ne sais pas. J'ai demandé; mais l'impression qu'elle m'a donnée c'est – la première fois que je me suis trouvée dans le service, elle a dit : « faites ça! » Bon, je suis plutôt réfractaire à ça et je n'ai pas obéi. Je suis allée au bureau et j'ai demandé : « Qu'est-ce qui se passe, si je ne le fais pas? » Et juste pour qu'on ait la paix, ils m'ont dit : « Il vaudrait mieux que tu le fasses. » Alors je l'ai fait. Mais je n'aime pas qu'on me commande comme ça et moi – ils disent « fais comme tu en as envie ». Eh bien, je n'ai pas envie de la laisser me commander comme ça; mais si c'est ça que vous faites – je veux dire, si vous courez au-devant de ses moindres désirs, alors – ... « Allez me chercher mes lunettes! » Et je n'avais justement pas envie d'aller les chercher. J'avais envie de lui dire : « Si vous me le demandez gentiment, j'irai vous les chercher. » Mais je ne connaissais pas le service et je ne savais pas ce qui pouvait se passer; alors j'ai été chercher les lunettes.

Une issue satisfaisante fut finalement trouvée à cette situation difficile. En voici le compte rendu très vivant fait par Mrs. Betty Cline, l'infirmière en chef du service de cette malade, lors d'une réunion des responsables de l'hôpital.

> Du point de vue infirmier, Clara a présenté deux problèmes. D'abord ses exigences [le second problème n'a pas à être évoqué ici]. Pendant un temps, elle réclamait bien quatre fois par minute, d'une voix forte et perçante : « Infirmière! – Fumer! », « Infirmière! – Lumière! » jusqu'à rendre tout le monde fou. Elle fumait une cigarette et la jetait par terre, se mouchait dans un kleenex et le jetait par terre, mangeait un bonbon et jetait le papier par terre, si bien qu'elle était assise au milieu d'un tas d'ordure. Nous lui suggérions d'utiliser une corbeille à papiers mais elle répondait : « Vous êtes ma bonne. Nettoyez. Vous êtes payée pour ça. » Et Clara rendait les infirmières vraiment très, très malheureuses. Il y avait des conflits avec elle : « Nous ne vous apporterons pas de cigarettes tant que vous ne le demanderez pas comme il faut. Dites : s'il vous plaît! » « Je ne vais pas me laisser traiter comme une bonne! Je ne ferai rien si elle me parle comme ça! » Et le problème prenait de sérieuses proportions.
>
> Nous avons eu plusieurs réunions du service, au moins deux à ma connaissance. Et on a pris suffisamment de distance pour se dire que c'était peut-être son besoin d'être reconnue comme une personne, qu'elle ne savait pas s'y prendre autrement pour ça. On essaierait donc de répondre à toutes ses exigences et même de faire un pas de plus et de deviner ce qu'elles pourraient

être pour les satisfaire avant qu'elle ne réclame. Plusieurs étaient un peu réticentes mais acceptèrent de coopérer.

Tout le monde se mit à lui apporter des cigarettes [sous-entendu : avant que la malade n'eût à le demander]. Nous lui avons apporté une corbeille à papiers qu'elle puisse placer juste à côté de son siège et ça a beaucoup contribué à résoudre le problème. En très peu de temps, elle a cessé de réclamer, pas complètement, mais dans une très grande mesure. Elle se tenait si tranquille certains jours, qu'on se demandait avec inquiétude si elle était encore avec nous.

Tout récemment, sont arrivées dans le service deux personnes qui n'avaient pas vu tout ça. Satisfaire ces exigences remuait beaucoup de choses. Elles sont passées par le même conflit d'où nous venions juste de sortir. Je sais que pendant deux jours, Clara fut littéralement paniquée. Elle criait de façon paniquée, encore et encore, comme si sa vie dépendait de telle ou telle chose qu'on lui apporterait. Je crois que ça révélait bien ce qu'il y avait derrière [c'est-à-dire quelle angoisse de vie ou de mort].

Il me semble que la réponse satisfaisante trouvée par le service aux demandes désespérément urgentes de cette femme illustre bien les formulations de Michael Balint sur l'« amour primaire », citées page 51.

Je notai avec intérêt que c'est seulement après que le problème eut été en grande partie résolu que la patiente fut capable de m'exposer, pendant des séances, son idée qu'il était déraisonnable d'exiger d'elle qu'elle exprimât ses besoins verbalement et que les autres devaient détecter ces besoins et pourvoir à leur satisfaction sans qu'elle eût à en faire la demande. Le personnel du service ne put donc pas tirer parti de cette information pour élaborer sa réponse thérapeutique collective. Tout aussi intéressant est le fait que deux ans plus tard environ dans sa psychothérapie, la malade révéla que parmi les exigences que lui adressait son surmoi pour qu'elle conserve quelques vestiges de son statut d'être humain, figurait l'obligation d'obtenir de son entourage la satisfaction de ses besoins sans avoir à les formuler. Cette indication permettait d'expliquer rétrospectivement qu'elle eut traité le personnel du service comme s'il s'était agi d'objets inanimés parce que, subjectivement, son propre statut d'être humain était en jeu.

À mesure que je découvrais le rôle que son surmoi jouait dans tout cela, l'idée s'imposa de plus en plus à moi qu'une exigence du surmoi peut s'affirmer avec autant d'urgence et être chargée d'une angoisse mortelle qui lui confère autant d'énergie qu'un besoin physiologique tel que la faim orale du nourrisson ou, pour reprendre l'analogie de Balint, le besoin d'oxygène de l'adulte. Dans ce cas précis, il est clair que l'exigence du surmoi de cette femme était que, pour prétendre au statut d'être humain, elle n'eût aucun besoin insatisfait.

Il faut préciser que le traitement « déshumanisant » que cette femme infligeait au personnel du service aboutissait au résultat opposé à celui qu'il semblait rechercher : elle suscitait dans son entourage l'impression que c'était elle et non son interlocuteur qui n'était pas humaine. Ses exigences constantes l'avaient figée dans un comportement si stéréotypé, ses éclats de voix stridents s'étaient si pathétiquement vidés de tout accent humain que jusqu'au renversement de situation que j'ai relaté, elle ne fit que se durcir de plus en plus, face aux autres, dans le rôle d'une non-personne. Lors d'une réunion tenue dans cette période troublée, son psychiatre déclara carrément que ses relations avec elle étaient « dépourvues de toute sensibilité » et qu'il n'avait pas réussi à établir avec elle un contact plus vivant que si « elle avait été un mannequin de couturière ».

IV. – Le matériel ci-dessous provient de mon travail avec la schizophrène dont j'ai dit plus haut (cf. pp. 171-174) qu'elle se croyait constamment métamorphosée, par des puissances extérieures, en diverses entités non humaines – bêtes, rocher, arbre, etc. J'ai dit également qu'elle manifestait souvent une très vive angoisse que cela ne se reproduise dans l'instant qui allait suivre. J'avais enfin passé en revue un certain nombre de déterminants apparents de ce délire.

Mais cela faisait également partie de ce délire que de croire que d'autres personnes aussi étaient métamorphosées de la sorte sans le savoir. Graduellement, sur environ un an, la psychothérapie mit au jour de nombreux indices du lien existant entre ses désirs jusque-là refoulés de changer les autres en des formes non humaines et cette même menace qu'elle sentait peser sur elle de l'extérieur. Les échantillons suivants de ce matériel montrent que la déshumanisation qu'elle faisait subir à autrui lui servait de défense contre ses sentiments de tendresse tandis que ses désirs refoulés, qui peu à peu réémergeaient, de métamorphoser les autres en animaux traduisaient la rancune et l'envie qu'elle leur portait.

Un jour que j'arrivais dans la salle de séjour du service pour avoir une séance avec elle, je la trouvai en grande conversation, animée et manifestement cordiale, avec une autre malade assise à côté d'elle. Celle-ci s'éclipsa très vite pour que la séance pût se tenir. Et quelques instants plus tard, au milieu du discours volubile qui lui était habituel quand elle me parlait, j'eus la surprise d'entendre ma patiente désigner la femme avec qui elle avait l'air en si bonne amitié à mon arrivée comme « cette chose ». Et son ton d'absolue impersonnalité aggravait encore le sens textuel de sa formule. Ce ne fut là que l'un des signes de la dénégation à laquelle elle se sentait astreinte de tout sentiment tendre, même si elle en manifestait clairement parfois envers certaines personnes. Un autre signe en fut son refus catégorique de coucher dans un dortoir en compagnie de plusieurs autres femmes ; elle ne le tolérait que pour deux ou trois nuits, pas davantage. La thérapie révéla qu'elle n'était pas encore prête à affronter la mêlée des sentiments conflictuels refoulés qu'elle éprouvait envers les femmes et parmi lesquels l'un des plus forts était une vive tendresse. Elle se défendait en percevant les autres malades femmes comme des créatures infra-humaines et c'était pour cela qu'elle ne pouvait pas les tolérer près d'elle la nuit. Avec un mépris glaçant, et assez fort pour que toutes les autres pussent l'entendre, elle déclarait : « Je ne passerai pas une nuit de plus dans ce dortoir au milieu de ce bétail. »

La réémergence de ses désirs refoulés de changer les autres en animaux fut, je l'ai dit, graduelle. L'une des premières fois où elle les exprima ce fut pendant une séance où, tout en pestant contre « les Juifs », elle hasarda : « J'en suis presque à penser qu'on devrait tous les changer en requins-marteau et les jeter à la mer. »

Et neuf jours plus tard, il m'apparut clairement qu'à ses yeux, j'étais l'un de ces Juifs qu'elle rendait responsables de tous les outrages dont elle se croyait la victime à ce moment-là ; elle se disait, par exemple, certaine qu'au cours de la nuit précédente, on lui avait introduit dans le vagin quelque chose qui devait la changer en homme. Au bout d'un moment, ses diatribes changèrent de cible et elle se mit à se monter de plus en plus contre une femme qui logeait dans une chambre voisine, jusqu'au moment où elle déclara : « J'espère par Dieu ne jamais en arriver au point – » et son ton, d'abord presque scandalisé, devint celui de la jouissance sadique « où je me ferais un délice d'attraper le plus grand Juif que je puisse trouver pour le changer en cheval et lui monter dessus et l'éperonner à mort ! » Elle finit sur une franche expression de triomphe vengeur en me regardant. Je ne doutai pas un instant qu'elle nourrît ce genre de désir à mon endroit comme à l'endroit de sa voisine. Jamais encore ne s'étaient exprimés aussi crûment, dans sa thérapie, ses sentiments vengeurs, dont, par la suite, on put faire remonter l'origine aux relations qu'elle avait eues dans son enfance avec sa mère. Il se révéla, en effet, que celle-ci avait infligé à l'enfant de graves violences, tant verbales que physiques.

Pendant de nombreux mois, il fut manifeste que cette femme consacrait une grande part de son énergie à dégonfler, à abaisser et plus généralement à ridiculiser l'autorité établie, sous quelque forme qu'elle se présente : l'État, la profession d'avocat, la profession de médecin, la psychiatrie, les journaux, les émissions de radio et de télévision, etc.

Mais je me rendis compte qu'elle n'était pas consciente du fait que ses propos s'expliquaient ainsi : à ses yeux, manifestement, elle était une opprimée, qui protestait avec le plus grand sérieux contre les abus intolérables dont se rendaient coupables ces divers pouvoirs.

La cible préférée de ses sarcasmes était l'Église baptiste, qui avait occupé, de fait, une place centrale dans sa vie affective d'enfant. Je voyais clairement qu'elle restait profondément attachée à cette église et que les sacrilèges calculés de ses moqueries cachaient l'amour qu'au fond elle lui portait ainsi qu'aux souvenirs d'enfance qui s'y rattachaient. Plus généralement, derrière ses sarcasmes et ses diatribes contre l'autorité on sentait le désir éperdu de trouver une autorité suffisamment forte pour soutenir ses assauts et se qualifier ainsi comme le puissant allié dont elle avait si désespérément besoin.

Une étape importante dans son rapprochement lent et sain, je crois, étant donné les circonstances, avec la religion, fut franchie le jour où, après bien des tentatives avortées, elle se décida à aller confier ses difficultés à un ministre de l'Église baptiste locale. C'était la première fois depuis des années qu'elle plaçait tant d'espoir dans un représentant de l'église.

Elle me rendit compte en détail de cette visite au cours de la séance qui suivit.

En bref, elle avait bien des raisons de penser – encore que non consciemment, je m'en rendis compte – qu'elle avait fait tourner le ministre en bourrique, pour ainsi dire. Bombardé de théories délirantes sur la religion, qu'elle lui avait assénées sur son habituel ton de défi, le ministre s'était trouvé bien évidemment fort déconcerté et à court d'arguments pour réfuter ses idées, qui n'étaient qu'autant de sacrilèges dévastateurs visant les dogmes les plus sacrés. Mais – et c'est là que je voulais en venir – elle ne décrivit pas l'effet qu'elle avait fait à cet homme à l'aide de l'expression imagée que j'ai employée plus haut; elle ne me dit pas qu'elle l'avait fait tourner en bourrique; non, mais avec un étonnement sincère : « ses oreilles avaient une drôle d'allure, s'exclama-t-elle. On aurait dit celles d'un bourricot * ».

Derrière l'impression qu'elle avait gardée de cette rencontre, se trahissait une désillusion, une déception douloureuse, de n'avoir pas trouvé chez cet homme une force telle qu'elle eût pu adhérer de tout son être à cette église, comme elle l'avait fait dans son enfance.

J'ai déjà indiqué l'importance, dans la psychopathologie de cette femme, de l'envie refoulée. Au fil de la thérapie, il apparut que la pensée délirante survenait dans les moments où, à la lumière de ce qu'elle venait juste de dire, il eût semblé normal qu'elle éprouvât des sentiments d'envie. Ainsi, de temps à autre, quand elle se mettait à parler de diverses personnes jouissant dans la réalité de situations propres à exciter de l'envie chez quiconque – gens au pouvoir, riches, célébrités du cinéma ou de la télévision – elle, au lieu d'envie, éprouvait envers eux une sorte de pitié, et se persuadait, dans son délire, qu'ils n'étaient pas vraiment conscients de l'existence qui leur était faite et donc pas vraiment capables d'en jouir. Elle était en outre certaine que, dans leur état d'inconscience, ils étaient changés en toutes sortes d'animaux par les puissances vagues qui étaient censées les retenir en captivité.

D'avoir vu ses deux frères lui être régulièrement préférés lui avait donné de fortes raisons de nourrir de tels sentiments

* L'anglais dit, littéralement : « ...elle a fait de lui un singe », ce qui signifie à peu près « ridiculiser »; et des oreilles du ministre, elle dit à la fin : « On aurait dit celles d'un singe. » *(N. d. T.)*

envieux tout particulièrement à l'égard des hommes. Il me semble que c'est là ce qui s'est manifesté notamment lors de l'expérience délirante suivante, survenue à la sortie du cinéma.

Un matin, au cours d'une séance, elle me raconta qu'elle était allée voir la veille au soir un film sur les pilotes d'avions à réaction. Ce film, qui cultivait l'image la plus glorieuse de ces pilotes, activa, bien évidemment, ses sentiments d'envie. Mais elle n'en fit nullement état durant la séance et elle n'en avait pas non plus éprouvé consciemment dans le cours du film. En revanche, elle me demanda sur un ton de terreur angoissée : « Ces pilotes, avec leurs masques, comment est-ce qu'ils savaient que c'était de l'oxygène qu'ils respiraient? Comment est-ce qu'ils savaient que ce n'était pas un genre de gaz qui les transformait en scarabées – ces scarabées, justement, que j'ai vus sur le trottoir en sortant du cinéma? »

Dans la discussion qui suivit, je lui posai cette question : « Diriez-vous que l'idée qu'un pilote soit changé en scarabée implique un abaissement, une perte de prestige? » Elle répondit avec flamme : « Bien sûr! » et ajouta : « Qui voudrait être un insecte volant? – on ne peut pas... [entendre, voir, etc., ou quelque chose d'approchant]. »

Un peu plus tard, je laissai entendre qu'il serait bien naturel qu'elle considère ces pilotes avec envie. Elle répliqua sèchement, comme si je l'avais insultée, qu'elle n'était pas une enfant. Lui paraissait-il donc impensable, m'enquis-je, qu'un adulte puisse éprouver de l'envie? Et elle me confirma qu'en effet c'était hors de question.

Il lui fallut des années de psychothérapie intensive avant de pouvoir commencer à reconnaître qu'elle ressentait de l'envie. D'ailleurs, quelques jours à peine avant l'échange que je viens de rapporter, elle m'avait demandé, comme sous le coup d'une terrible menace, « expliquez-moi pourquoi il me faut continuer à mener cette vie » – « une vie, précisa-t-elle, de crainte et de tremblement, de terreur qu'on vous change en mouton, en vache, en chèvre, en... [etc.] ». L'ensemble de la cure montra abondamment que tant qu'elle fut incapable de prendre conscience de son désir envieux refoulé de ravaler, par exemple, les prestigieux pilotes au rang de vulgaires insectes, il lui fallut projeter de tels désirs et vivre dans la hantise d'être elle-même métamorphosée en une forme infra-humaine de vie par des puissances extérieures mauvaises.

CHAPITRE XI

TRAITER COMME HUMAINS DES ÉLÉMENTS NON HUMAINS DU MILIEU

Nous poursuivons dans ce chapitre l'étude des distorsions intervenant dans la perception de l'environnement par des présentations de cas en quelque sorte inverses de ceux que nous venons d'examiner, c'est-à-dire des cas dans lesquels des objets non humains sont traités comme s'ils étaient humains. Et nous commencerons par des exemples de malades chez qui une telle distorsion était très près de s'accomplir.

Il s'agit tout d'abord d'une jeune schizophrène dont notre travail commun ne parvint que très lentement à atténuer la grave confusion mentale. Elle était en psychothérapie intensive depuis environ quinze mois quand survint un incident qui me fit comprendre, pour la première fois, que le trouble de son esprit était assez profond pour l'exposer à confondre des objets inanimés avec des personnes. Elle était en train de revêtir d'une veste de pyjama la tête de son lit quand elle me dit anxieusement : « J'espère que ce lit ne va pas se transformer en David. » Plus tard, alors que la confusion persistait et qu'elle continuait à mener une vie très solitaire, un autre incident me parut porter la même signification. Elle se tenait debout à quelques pas de moi qui étais assis. Tout près se trouvait une chaise que j'avais apportée pour elle, comme d'habitude. « Qu'est-ce qu'elle dit ? » fit-elle sur un ton de dérision provocante en désignant la chaise. Une fois de plus, l'intonation était ici l'élément le plus révélateur : je compris que dans ses longues journées de solitude et dans sa déception permanente et franchement exprimée que je ne parle pas davantage durant les séances, elle devait probablement aspirer souvent à ce qu'une chaise, ou un quelconque autre objet, lui fasse la conversation. Et il était tout à fait possible qu'elle vécût subjectivement parfois la réalisation de ce désir.

Lors de chacun de ces deux incidents, j'eus l'impression de voir se découvrir soudain, et à ma vive stupeur, un vaste domaine d'expérience dont je n'avais pas eu jusque-là la moindre idée. L'un de mes collègues eut la même surprise auprès d'un schizophrène profondément perturbé. Comme ma patiente, cet homme avait été en psychothérapie pendant longtemps, deux ans environ, au moment où se produisit l'incident. En présence de son thérapeute, il déclara, comme s'il cherchait à se rappeler à lui-même certains faits de nature à lui clarifier les idées : « Ce meuble à tiroirs, ce n'est pas une personne » – et il désignait un meuble de sa chambre; puis, montrant son lit, « et ça, ce n'est pas une personne ». Mais, songeur, « ça pourrait être quelqu'un qui fait le pont », ajouta-t-il.

En me rapportant ces propos, le thérapeute me dit : « Je me rendis compte que j'étais sur une toute autre longueur d'onde que lui. » Il savait depuis longtemps que son patient était dans une grande confusion mais n'avait pas mesuré à quelle profondeur elle atteignait. Et l'on est en droit de supposer que chez chacun de ces deux malades, la confusion devait avoir été plus grave encore plus tôt dans le cours de la cure et que c'était seulement maintenant qu'elle s'était un peu atténuée qu'ils étaient capables de verbaliser leurs représentations à l'intention de leurs thérapeutes [1].

Je regrouperai maintenant le matériel clinique dont je dispose sous trois rubriques. Tout d'abord, nous verrons comment des émotions relevant essentiellement de la sphère interpersonnelle peuvent être ressenties indirectement, *via* l'environnement non humain; puis comment des relations avec des objets non humains peuvent tenir lieu de relations satisfaisantes avec d'autres êtres humains; et enfin comment il arrive que le moi se projette sur son milieu non humain ou échoue à s'en distinguer. Ces trois catégories de troubles sont rangées dans un ordre de gravité croissante, du point de vue de la détérioration ou de l'immaturité de la fonction du moi.

1. Je suis redevable de cette hypothèse au Dr Robert W. Gibson.

L'élément non humain servant à l'expression indirecte d'émotions d'ordre interpersonnel

I. – Une femme de trente-quatre ans, avec une schizophrénie latente. Cette femme distante et extérieurement froide se montrait absolument incapable, au début de sa psychothérapie, de manifester la moindre tendresse à quiconque; elle maintint ses défenses, pendant plusieurs mois, contre toute expression ouverte de la tendresse. Et puis, au retour d'une excursion en voiture dans les Blue Ridge Mountains en compagnie d'un ami, elle révéla à son thérapeute un aspect d'elle-même qu'elle avait gardé caché jusque-là. Elle ne confia, certes, pas grand-chose à son thérapeute qui exprimât à découvert une tendresse envers cet ami; en fait elle ne parla guère de lui. Mais elle fit du paysage de montagne une description d'une poésie très prenante, vibrante des sentiments tendres qu'elle n'était pas encore capable d'exprimer directement, qu'ils concernent son ami, son thérapeute, ses parents ou tout autre être humain. Cette femme avait eu une mère tyrannique, dont les sentiments affectueux étaient rigoureusement inhibés et qui élevait sa fille à la façon d'un sergent instructeur du corps des Marines. Or cette femme se révélait toute différente dans certaines circonstances bien précises : quand elle allait se promener avec sa fille dans les bois, ce qui leur arrivait assez souvent; elle parlait alors avec une émotion profonde et tendre des arbres et autres éléments de la nature. C'était là la seule issue, indirecte, qu'avait pour s'épancher son amour maternel.

II. – Je fis une expérience similaire avec un jeune schizophrène qui, à la différence de la patiente évoquée ci-dessus, était hospitalisé depuis plusieurs années. Il vivait dans un isolement sinistre et pendant les mois où j'eus affaire à lui en tant que psychiatre du service, je vis une personne distante et rigide qui ne donnait pas le moindre signe d'une richesse affective intérieure avec laquelle on pût entrer en sympathie.

Or, pendant les vacances de son thérapeute, on me demanda d'assurer l'intérim pour trois semaines. Ce fut pour moi une expérience mémorable; j'allais enfin pouvoir faire la connaissance de ce jeune homme. Je me rappelle en particulier son évocation des différents endroits où il avait habité avec ses parents dans son enfance. Son père, devenu depuis officier supérieur, avait été absent presque tout le temps et le besoin que l'enfant avait eu de son père ressortait de façon poignante des efforts tâtonnants du malade pour établir une continuité dans ses propres souvenirs, plus que dans l'esprit de moi qui l'écoutais, tandis qu'il essayait de se rappeler où il habitait à cinq ans, où il avait déménagé ensuite, etc. Il ne cessait de mélanger lieux et dates et il commençait à m'ennuyer avec son histoire quand je compris quel douloureux besoin il ressentait de retrouver le fil qui le relierait à son passé.

Or, ce jeune homme m'étonna un jour par le récit qu'il me fit d'un voyage en voiture dans divers pays européens. Alors qu'il était encore adolescent, sa schizophrénie avait fini par compromettre de plus en plus ses relations avec autrui, au point qu'il fallut renoncer à lui faire suivre une scolarité normale et qu'il resta le plus souvent à la maison avec sa mère et sa grand-mère maternelle. Ses efforts pour se lier avec d'autres garçons, dans la longue série d'écoles qu'il avait fréquentées, aboutirent à une faillite totale et il continuait à voir assez peu son père. Mais, un été, ses parents l'envoyèrent faire un voyage d'agrément à travers l'Europe en compagnie d'un homme d'une trentaine d'années chargé, moyennant salaire, de le conduire et de lui servir de parent, et notamment de père. Il avait alors seize ans.

À entendre le patient, c'était à croire que ce voyage lui avait ouvert un monde nouveau et merveilleux; et assurément, à mesure qu'il parlait, c'était bien un tel monde que je voyais surgir en sa personnalité. Je n'ai jamais entendu récit de voyage plus captivant. Il évoquait avec la pénétration la plus aiguë et la précision la plus savante les diverses sortes de forêts qu'il avait traversées, les villes, les mers et les lacs, les montagnes, les climats. Du substitut de père qui l'avait accompagné tout au long du merveilleux voyage, il ne dit pratiquement rien. C'est à peine si cet homme avait un nom; et si rares étaient les allusions qu'il faisait à sa personne, qu'on aurait pu croire que la voiture était équipée d'un dispositif de pilotage automatique. C'était, semblait-il, presque uniquement le cadre non humain de son voyage qui avait offert à mon patient l'occasion de s'émerveiller, de manifester la curiosité la plus éveillée et de se sentir comblé dans son besoin de liens vivants avec le monde extérieur. Mais tous ces sentiments, qui animaient son récit, se rapportaient fondamentalement aussi, j'en étais sûr, à sa relation, en apparence si distraite et impersonnelle avec la figure paternelle qui l'accompagnait. Et l'idée m'est venue, après coup, qu'ils avaient dû aussi se rapporter à moi, qui satisfaisais momentanément son besoin de présence paternelle.

III. – Le matériel suivant provient de mon travail avec un schizophrène de quarante ans qui resta à peu près totalement silencieux à chaque séance pendant environ deux ans. D'une tenue fort négligée, il émettait rarement d'autres sons que des grognements, des rots et des gargouillements intestinaux. Au fil des mois, force me fut d'admettre, à ma profonde consternation, que je le considérais davantage comme un grossier animal que comme un être humain, de même, évidemment, que les autres personnes qui avaient affaire à lui.

Mais au bout d'environ quatre mois, dominés chez moi par des sentiments négatifs à son égard, je constatai qu'il m'arrivait de temps à autre de passer avec lui un moment profondément plaisant et enrichissant, bien que toujours aussi improductif verbalement. Les séances de ce genre se firent de plus en plus fréquentes, au point de se répéter, parfois, sur des semaines de suite. Nous passions le plus clair du temps tous deux assis à regarder par la fenêtre et plusieurs fois, tandis que je contemplais un arbre très haut et très luxuriant qui se dressait non loin, je fus surpris de l'acuité avec laquelle je ressentais la beauté de cet arbre, une acuité poétique qui n'était pas dans ma nature. Je le trouvais insondablement fascinant; je voyais dans son feuillage une tapisserie d'une infinie diversité et pourtant, en lui, lumière et ombre, forme et couleur composaient une totalité merveilleusement vivante, bien plus vivante que je ne l'aurais imaginée chez un arbre. Après m'être laissé prendre quelques instants par cette sensation, je me demandai si ce qui se passait là signifiait quelque chose quant à ma relation avec mon patient. Et je compris que c'était probablement comme un reflet de ce qu'il éprouvait, un reflet de son sentiment poétique de la nature, qu'il m'avait révélé, au cours des derniers mois, par deux ou trois remarques. Et je m'en tins à cette explication.

Mais plusieurs mois après, en relisant mes notes concernant cette séance, il m'apparut que mon expérience avait revêtu une signification supplémentaire : ç'avait été pour moi une façon indirecte d'apprécier la beauté du malade lui-même. Entre-temps, j'avais, certes, beaucoup progressé dans la reconnaissance des sentiments positifs qu'il m'inspirait ; ma nouvelle interprétation ne m'en fit pas moins sursauter. S'il restait toujours aussi silencieux durant les séances, il soignait nettement plus sa coiffure et sa tenue ; de là, cependant, à le trouver beau...

Dix-huit mois plus tard, pourtant, cette interprétation de ce qui s'était passé face à cet arbre se trouva confirmée, je crois, par une observation de l'infirmière en chef du service. Le patient, toujours silencieux dans la cure, avait considérablement progressé sur la voie de sa transformation en une créature aimable, à ceci près que par son comportement et ses actes, il parvenait encore fort bien à ressembler à un porc. D'où la surprise de l'infirmière, un matin, quand elle se trouva littéralement transportée de plaisir en le rencontrant qui sortait de sa chambre. « Comme tu es beau, Joe ! » s'écria-t-elle, ce qui manifestement le transporta à son tour.

Ni elle ni moi, je crois, n'avions réagi à une beauté superficielle, relevant de sa seule apparence, mais bien à la beauté de sa personnalité prise comme un tout. Ainsi, j'avais été pendant un temps incapable de percevoir cette beauté directement, en l'attribuant à cet homme ; le sentiment de beauté, je ne le décelai en moi qu'à l'intensité inhabituelle de mon admiration pour celle d'un arbre [1].

(J'exposerai, au chapitre XIII, d'autres aspects de mon travail avec cet homme.)

IV. – Une séance avec une schizophrène – séance dont il sera plus longuement question au chapitre XIII – au cours de laquelle elle adressa à un objet inanimé des sentiments qui m'étaient manifestement destinés. En bref, comme je réagissais avec sympathie à ses manifestations de douleur, elle se

1. Ainsi que je l'ai exposé en détail dans un article [135], j'ai eu de multiples occasions de constater, tant dans mon propre travail thérapeutique avec des schizophrènes que dans mon travail de contrôle du traitement de tels malades par des collègues, que ce type d'incident est significatif d'un véritable tournant dans l'évolution du transfert : d'essentiellement négatif, il devient authentiquement positif. Les événements qui ont suivi un incident tel que celui-ci ont confirmé qu'il marquait non pas l'épanchement d'une angoisse profonde mais, bien plutôt l'épanchement d'un besoin d'amour longtemps refoulé.

mit alternativement à pleurer plus fort, en étreignant son oreiller et en y enfouissant son visage, et à me dire avec l'expression du plus profond dégoût : « Vous êtes vraiment un monstre visqueux et hébété! » Je perçus nettement qu'elle avait si peur de la proximité à laquelle, précisément, son chagrin l'exposait constamment, qu'il lui fallait tenter de s'en défendre en m'avilissant; mais en étreignant son oreiller, elle me disait, inconsciemment mais intensément, combien elle aurait voulu m'étreindre et déverser sa peine sur moi comme elle le faisait sur son oreiller [1].

V. – Une femme schizophrène paranoïde, qui pendant des mois de psychothérapie, avait manifesté une très vive hostilité à mon égard. Or voilà qu'elle se mit à me témoigner de l'affection, mais indirectement, par l'intermédiaire de sentiments qui s'adressaient consciemment – et ostensiblement – à une mère oiseau et à son petit.

La séance avait commencé comme à l'accoutumée, par des vociférations de propos paranoïaques : « ils » essayaient de faire d'elle un homme, « ils » la violaient, etc. – et j'étais, comme bien d'autres fois, la cible d'une bonne part de cette furie. Puis, toujours dans sa veine habituelle, elle se mit à proclamer qu'elle savait qu'on l'avait encore mise enceinte contre son gré – ce qui, croyait-elle depuis longtemps, ne cessait de se répéter – car elle « sentait vivre » dans son ventre. Elle s'indigna avec la dernière énergie quand je hasardai qu'elle avait peut-être grande envie d'être enceinte.

Mais dans la dernière demi-heure, elle m'invita à aller regarder par la fenêtre des oiseaux qui avaient fait leur nid derrière un appui de fenêtre. Je m'approchai et tandis que nous regardions côte à côte les oiseaux dans leur nid, elle se mit à rire bien haut de la sottise de cet oiseau qui avait été nicher dans un endroit pareil, car, disait-elle, la mère doit en général pousser ses petits hors du nid pour les faire voler et

1. Le récent ouvrage de Freeman, Cameron et McGhie apporte quelques exemples, comparables à celui-ci, de schizophrènes chez qui des émotions suscitées par d'autres personnes ont été déplacées en direction d'objets inanimés. En voici un : « ... Une malade fait à l'un des thérapeutes des invites sexuelles explicites. Elle lui propose à plusieurs reprises de l'accompagner à l'étage au-dessus; finalement, elle se détourne et traverse la pièce à pas lents en direction du vase qui se trouve dans un coin; elle le caresse doucement, applique sa joue contre son flanc et lui donne plusieurs baisers » [45a].

celle-là aurait bien du mal à faire passer les oisillons par-dessus l'appui.

Ses propos en disaient long sur sa relation avec moi. À ses intonations, on devinait qu'elle me considérait comme son mari, comme sa mère et comme son enfant. Mais le sens de cette scène peut se formuler en termes généraux : par l'intermédiaire de ses propos sur les oiseaux et leur nid, elle manifestait envers moi une profondeur d'affection, de sentiments familiaux chaleureux, qu'elle n'avait pas réussi à me témoigner jusque-là. Le sentiment maternel, le désir d'avoir un enfant, auquel, sur le mode délirant, elle venait à peine d'opposer une dénégation catégorique, se révélait clairement de façon indirecte.

VI. – Un homme de trente-trois ans souffrant d'une psychonévrose mixte. Au bout d'à peine dix semaines d'analyse, il réussit presque à exprimer une vive affection à mon égard, en tant que figure parentale. Ou plutôt, il y réussit mais pas directement. À la fin de sa dernière séance avant son départ en vacances, au moment de quitter la pièce, il s'arrêta, jeta un long regard au divan et dit avec un accent de tendresse : « Au revoir, divan. » Puis, de façon très touchante, il ajouta à mon intention : « Prenez bien soin de ce divan pendant mon absence. » C'était comme s'il n'était pas encore parvenu à dire : « Au revoir, Dr Searles, prenez bien soin de vous pendant mon absence. »

VII. – Un jeune homme de vingt et un ans, présentant un cas limite de schizophrénie du type catatonique. Pendant plusieurs mois, au début de la cure, il ne me regarda jamais, ou bien le fit à la dérobée, en quelques rares occasions. Pendant la même période, il ne parlait que fort peu et presque uniquement pour me critiquer vertement, moi-même ou d'autres. Mais un jour, au bout de sept mois de thérapie, il jeta un coup d'œil au fauteuil sur lequel j'étais assis et dit : « Ce fauteuil me fait toujours un drôle d'effet, parce qu'il ne va pas avec le reste de la pièce. » Cette observation explicitement critique prenait un sens tout autre et très frappant si on considérait à la fois l'expression de son visage tandis qu'il risquait son regard si près de moi et l'intonation de sa voix – un sens intensément chaleureux. Mais il fallut encore de nombreux mois de travail thérapeutique avant qu'il fût capable de m'adresser à moi-même les sentiments qu'il avait dédiés à mon fauteuil.

VIII. – Un schizophrène de quarante-deux ans en traitement ambulatoire auprès d'un confrère. Celui-ci, au bout d'environ quatre ans de cure, dressa un bilan dans les termes suivants :

> Pendant les trente premiers mois, cet homme se présentait à moi de telle sorte que je me disais très souvent qu'il avait vraiment affaire à *moi*... Mais le temps passant, je me suis aperçu que les secrets qu'il avait commencé à me confier concernant son attachement à moi ne portaient pas sur des souvenirs de ce que j'avais dit, moi, ou aurais pu dire ; c'étaient des choses telles qu'un dessin du bâtiment où se trouvait mon cabinet, un dessin à la plume qu'il avait fait une fois et qu'il transportait partout tant et si bien qu'il est méconnaissable à force d'être chiffonné et qu'il lui faut en faire un autre. Nous avons parlé de la question du déménagement [le déménagement du cabinet dans un autre quartier de la même ville] et il présente ce déménagement comme s'il me quittait, comme si nous ne partions pas ensemble... Mais ce à quoi il pense vraiment c'est au divan, au fauteuil, à mon bureau et à mon fauteuil, et ça, ce sont les choses qu'il ne peut pas quitter et il voudrait, le dernier jour, tout casser en quelque sorte dans le cabinet pour ne pas avoir à garder le souvenir de tout ce mobilier.

Ainsi, cet homme vivait-il ses sentiments ambivalents – sentiments de tendresse et de dépendance, sentiments meurtriers, chagrin – non pas directement, comme ayant trait au thérapeute lui-même, mais indirectement, en leur donnant pour objets divers accessoires – un dessin, des meubles – rattachés au thérapeute.

IX. – Une femme de vingt-cinq ans souffrant de psychonévrose mixte. Près de trois ans et demi après le début de son analyse, elle continuait à s'interdire de reconnaître son besoin d'affection en entretenant une hostilité exceptionnellement vive à mon égard comme à l'égard de quelques personnes étrangères à son analyse. C'est en direction d'éléments du monde non humain, et en particulier des beautés de la nature, que ses sentiments positifs refoulés commencèrent à faire retour. Ensuite seulement vint une séance au cours de laquelle ses propos montrèrent enfin que ses sentiments s'étendaient aussi à des êtres humains. « La nuit dernière, déclara-t-elle pensivement, j'ai senti que j'allais mourir si je ne partais pas à la campagne... Je pense que si j'ai une telle faim de musique, d'arbres, de mer, je pense que ça doit être vrai aussi de certains êtres humains. » Puis elle ajouta en hésitant mais avec un accent de sincérité : « Je vous ai vraiment appelé " mon tout doux ", un jour dans une lettre [récente]. » Il y avait dans ces paroles une profondeur de sentiments positifs qu'il était tout à fait exceptionnel qu'elle exprimât.

Relations avec des objets non humains tenant lieu de relations satisfaisantes avec autrui

C'est seulement pour la commodité de l'exposé que j'établis une distinction tranchée entre les cas que je viens de présenter et ceux qui vont suivre. Dans la vie, les deux ordres de phénomènes se recouvrent souvent largement et se produisent parfois simultanément.

Melanie Klein, évoquant l'élaboration de sa technique de psychanalyse par le jeu, insiste sur ce qu'on pourrait appeler la valeur de substituts des objets non humains, valeur qui fait jouer à de tels objets un rôle central dans la psychanalyse des enfants :

> L'analyse par le jeu a montré que la symbolisation permettait à l'enfant de transférer non seulement ses centres d'intérêt mais aussi ses fantasmes, ses angoisses et ses sentiments de culpabilité sur des objets qui ne soient pas des personnes. Le jeu apporte donc un grand soulagement et c'est l'un des facteurs qui font son importance pour l'enfant [88a].

Les exemples cliniques qui suivent nous montrent, de la même façon, des individus ayant, ou cherchant à établir, avec un animal ou un autre objet non humain, des liens qui leur manquent avec leurs semblables.

I. – Un schizophrène de trente-neuf ans réussit pour la première fois à manifester du chagrin à la mort d'un chien qui vivait dans son service. Comme il le confia à son thérapeute, il s'était trouvé incapable de manifester son émotion quand l'infirmière en chef lui avait appris la mort du chien; mais, à présent, pendant sa séance de psychothérapie, il se mit à pleurer. Il raconta qu'enfant, il avait eu un chien et que ce chien était mort et que lorsque cela était arrivé, il avait éprouvé en présence de sa mère la même inhibition qu'en présence de l'infirmière. Très malheureux de la mort de son chien, il s'était précipité vers sa mère pour se faire consoler. Mais pour une raison ou pour une autre, il avait été incapable de pleurer devant elle et il était allé dans l'écurie; là, la tête appuyée au cou de sa jument, il avait pu pleurer, tout en se représentant cette jument comme sa mère. Il avait trouvé là, disait-il, auprès de cette bête, de la chaleur, de la douceur et, de plus, la jument venait d'avoir un poulain. Il aimait, lui qui n'avait ni frère ni sœur, jouer avec le poulain.

Ainsi, l'enfant avait-il trouvé auprès de cette jument la consolation maternelle à son chagrin qu'il était incapable d'obtenir ou de demander de sa relation avec sa mère.

II. – Un schizophrène de quarante ans, constamment hospitalisé depuis onze ans. Il avait mené une existence extrêmement solitaire et n'avait jamais eu, à la connaissance de qui que ce fût, d'amitié proche, à aucun moment de sa vie. Il prononça le mot « ami » pour la première fois au cours du dix-septième mois de sa psychothérapie, un jour qu'il tournait et retournait l'idée d'avoir une voiture, laissant clairement entendre qu'il en avait possédé une, tout en le niant, à son habitude. « Ça c'est vraiment un ami », déclara-t-il d'un ton profondément senti. Cet homme dont les sentiments positifs avaient été jusque-là frappés de la dénégation la plus catégorique, trahissait ainsi à propos de voiture un profond sentiment de tendresse. Je suis bien certain que leur voiture a été la meilleure amie de bien des schizophrènes mais je n'en avais jamais entendu aucun le dire d'une façon aussi simple et aussi émouvante.

III. – Une schizophrène de quarante et un ans qui séjournait depuis des années dans un service pour agités où elle souffrait d'un grave isolement affectif – encore qu'elle n'eût pas été physiquement isolée. Au cours d'une séance avec son thérapeute, elle se mit à examiner de très près la reproduction d'un tableau d'Utrillo qui se trouvait au mur et demanda : « Qu'est-ce que vous pensez des personnages ? » « Ils paraissent assez indistincts, n'est-ce pas ? » repartit le thérapeute. « On dirait des poupées », reprit-elle; puis, passant son doigt sur les figures, elle ajouta : « J'aimerais pouvoir les faire vivre. »

À ces mots et à leur accent, le thérapeute comprit qu'elle voulait dire combien elle se sentait seule et fit : « Ça doit être plutôt solitaire, par ici. » Et comme pour confirmer ce propos, elle se laissa tomber sur sa chaise, les yeux au sol, se cachant la tête.

IV. – Une schizophrène de trente-cinq ans qui avait accompli depuis son hospitalisation des progrès suffisants, quoique lents, pour qu'on lui permît d'aller à son gré jusqu'au village voisin sans être accompagnée. Elle n'en restait pas moins terriblement seule – seule à quel point, je ne m'en rendis vraiment compte que lors d'une séance où elle parla des mannequins dans les vitrines des magasins. Elle me demanda en hésitant si j'avais remarqué comme leurs cheveux avaient l'air vrai, et ceci, et cela; à travers ses propos et son débit lent et hésitant, je perçus un désir poignant que ces simulacres d'êtres humains, qu'elle contemplait pendant ses promenades au village, se mettent à vivre et lui tiennent compagnie. Pour la première fois, je m'avisai qu'elle avait sans doute souvent le fantasme que ces mannequins – elle parlait à la fois d'enfants et d'adultes – vivaient, qu'ils étaient ses amis et sa famille. Je savais depuis bien longtemps que cette veuve sans enfants, presque totalement coupée de ses parents, souffrait de solitude, mais je n'avais pas compris encore à quels moyens elle recourait pour éviter d'en éprouver toute la rigueur.

V. – Une femme de trente-six ans, hospitalisée brièvement pour une schizophrénie catatonique, qui s'était suffisamment rétablie, au terme d'une longue psychothérapie, pour prendre un emploi à la gestion des stocks d'un grand magasin. Mais sa vie relationnelle restait profondément perturbée et l'une des défenses psychologiques auxquelles elle recourait pour rendre supportable son travail consistait à personnifier les étagères de marchandises dont elle s'occupait. C'est ainsi qu'elle me déclara au cours d'une séance : « Je trouve une grande satisfaction à me dire que ces étagères ne se sont jamais trouvées aussi bien de toute leur vie. » Une autre fois, comme elle s'était sentie, à son habitude, défavorablement jugée par son chef de rayon, elle lui avait jeté : « Les étagères, elles au moins, elles m'apprécient! »

VI. – L'un de mes confrères à qui je parlais du sujet du présent ouvrage, se mit à évoquer des moments de son passé où il s'était senti dans un état de totale détresse dans ses relations avec les autres. Il éprouvait un profond soulagement, me dit-il, à constater qu'il pouvait au moins avoir rapport avec le monde matériel – qu'il pouvait, par exemple, tirer à lui une chaise et qu'elle lui obéissait.

VII. – Un schizophrène de quarante-trois ans qui, à l'époque des faits, était soigné en consultation externe. Un an auparavant, et pendant plusieurs mois, il avait traversé une phase de très vive agressivité physique. Il avait alors passé le plus clair de ses journées en isolement, urinait fréquemment sur le plancher de sa chambre et terrorisait le personnel de service au point qu'aux heures des repas, on lui remettait son plateau en le lui faisant glisser par terre. Il s'était fait redouter plus encore dans un autre hôpital d'où on l'avait transféré à Chestnut Lodge : là, six hommes l'escortaient quand il allait aux toilettes.

Pendant cette période agitée, donc, lors d'une séance, son thérapeute remarqua les regards rapides que son patient jetait autour de lui et lui demanda : « Que disent donc les voix? » « Je n'entends aucune voix, répliqua le malade, je regarde mes deux mouches favorites, Lum et Abner. » En suivant attentivement le regard du malade, il vit en effet deux mouches qui volaient tout en haut de la moustiquaire et dit alors : « Eh bien, on doit se sentir bien seul, là-haut. » « Oh, oui, certainement », soupira le malade tout ému. Le thérapeute lui demanda alors s'il avait déjà eu des animaux familiers mais n'obtint aucune réponse.

Le thérapeute n'entendit plus parler de ces mouches jusqu'au jour où, un an plus tard, le patient réussit à aborder avec lui la question des voix qu'il entendait pendant cette période agitée. Il lui confia que c'étaient des voix de femmes et qu'elles ne cessaient de lui dire de se pendre, de s'arracher les yeux, de se défoncer le crâne en se jetant tête baissée contre sa porte. Il insista sur le fait que tout ce que ces voix lui disaient avait un caractère de condamnation sans appel. La première lueur d'espoir lui était venue quand les voix lui avaient ordonné de dire aux deux mouches, Lum et Abner, de voler jusqu'à une usine de la ville où il habitait, en Californie, et d'y mettre en marche une certaine machine qui s'y trouvait. C'était là, avaient précisé les voix, son seul espoir. « Ça peut paraître bizarre, dit-il, mais jusque-là, je n'avais pas eu le moindre espoir et j'ai vraiment eu l'impression de tenir là ma chance. » Il avoua qu'il avait attendu d'être seul pour transmettre son message aux mouches de peur qu'en le voyant faire, on le prenne pour un fou.

Cet homme désespéré avait donc pu placer dans des mouches un espoir qu'il n'osait pas encore placer dans son thérapeute ni en nul autre de ses semblables.

VIII. – Je voudrais revenir sur le cas de cette jeune femme schizophrène que nous avons vue essayer de donner le sein à une poupée et pleurer parce qu'elle ne parvenait pas à la faire téter (cf. p. 255). Ce n'est pas seulement une poupée qu'elle traitait comme s'il s'était agi d'un être humain mais aussi ses propres fèces, ainsi qu'il ressort des passages suivants de rapports d'infirmières notés en deux jours différents :

> À dix heures du soir, elle est allée aux toilettes et a déféqué sur le carrelage – deux grosses pièces. À ma demande d'explications, elle répondit : « Ceci, ce sont des jumeaux et celui-ci, c'est un garçon, je vois son pénis. » La malade ne voulait pas que je les jette dans la cuvette et que je tire la chasse, de peur qu'ils se noient.
>
> La malade a été trouvée en train de jouer avec un petit morceau de fèces qu'elle disait être son petit garçon, nommé Edwards [du nom d'un infirmier]. Elle manifestait de la tendresse envers cet objet et beaucoup de sentiment.

Le comportement de cette femme avec sa poupée est comparable à celui de la schizophrène décrite par Bleuler, à propos de l'autisme :

> Une patiente qui restait capable de travailler et de se conformer aux usages de la vie en société se fabriqua une poupée de chiffons qu'elle qualifia d'enfant de son amant imaginaire. Quand cet « amant » partit en voyage pour Berlin, elle voulut, à titre de précaution, envoyer l'« enfant » à sa suite. Mais elle alla d'abord demander à la police s'il serait considéré comme illégal d'envoyer l'« enfant » comme bagage plutôt qu'avec un billet [13a].

Anna Freud fait référence à des phénomènes similaires, notamment dans le symposium sur la « névrose infantile » :

Le Dr Bychowski décrit, chez certains patients, le jeu rythmique, auto-érotique à laquelle ils se livraient avec leurs fèces, créant, à partir de leur propre corps, un pseudo-objet avec lequel ils pouvaient établir une sorte de pseudo-relation d'objet. Je voudrais, pour corroborer l'observation du Dr Bychowski, en rapporter une autre relative à un enfant de deux ans et demi. Ce petit garçon avait fait à la fin de sa deuxième année une série d'expériences traumatisantes. Les conditions extérieures de sa vie se trouvèrent complètement bouleversées; il y eut une soudaine et brève séparation d'avec sa mère qui était tombée malade; puis, celle-ci entra dans une période de deuil et de dépression consécutive à la perte de ses parents. À ces tensions accumulées, l'enfant réagit en se salissant et les recherches prouvèrent qu'il ne s'agissait pas seulement là d'une régression dans l'apprentissage de la propreté. Il appelait délibérément hors de son corps ses fèces pour lui tenir compagnie à un moment où il se sentait abandonné par sa mère et réagissait à l'humeur sombre de celle-ci en désinvestissant d'elle ses sentiments [45c].

IX. – Une femme de vingt-neuf ans, avec une schizophrénie paranoïde. Lors d'une séance, elle s'écria : « J'ai passé toute ma jeunesse sous un piano avec un chien parce que je préférais être avec un chien plutôt qu'avec des gens qui me mentaient et me giflaient en prétendant que j'étais méchante parce que *eux* l'étaient! » Cette déclaration fut faite dans un esprit de reproche qui s'adressait autant à moi qu'à ses parents et constituait manifestement une exagération. Mais elle contenait plus qu'un noyau de vérité. Au fil d'années de psychothérapie, et que les séances fussent calmes ou agitées, elle me fournit de très nombreux indices que son chien avait été, de fait, le compagnon de son enfance le plus intime et en qui elle avait le plus confiance. Se sentant souvent gravement menacée dans toutes ses relations avec autrui et incapable de se fier à sa propre intuition pour savoir si tel ou tel était ami ou ennemi, elle prit l'habitude de compter sur le flair de son chien pour cela.

X. – Une schizophrène de vingt-deux ans, l'une des rares malades que j'aie eues en traitement dont l'aspect et le comportement restèrent, pendant des mois après le début de la psychothérapie, décidément non humains. Au bout de dix-huit mois de travail intensif avec moi, elle commença à révéler l'intensité des sentiments de rejet qu'elle éprouvait envers tous ses semblables. Au cours d'une séance, elle donna libre cours au violent ressentiment qu'elle nourrissait à l'égard de sa mère, de son père, de moi-même et d'une amie d'enfance. Et tout en parlant, elle se mit à pleurer amèrement et, le regard perdu parmi les arbres du parc, elle déclara d'un ton convaincu : « Ce qui est sûr, c'est que les chevaux me manquent – et je n'aime rien d'autre de vivant »; puis elle ajouta après un temps de réflexion : « sauf les arbres » [1].

XI. – Une célibataire de trente-neuf ans qui avait vécu très seule avant d'être hospitalisée pour une schizophrénie paranoïde. Elle s'était tenue très longtemps à l'écart de moi comme du reste du personnel de l'hôpital et des autres malades, et manifestait une très vive angoisse de voir se créer des liens quelque peu proches avec quiconque parmi nous. Sa vie d'adulte avait été des plus « protégées », ses activités se limitant pour l'essentiel à s'occuper du ménage de ses vieux parents. Un jour, au bout de nombreux mois de psychothérapie, elle entra dans mon cabinet et m'annonça d'une voix plus émue que jamais auparavant qu'elle venait de recevoir un pot de mûres envoyé par une voisine de longue date de ses parents, des mûres provenant d'un buisson qui poussait tout à côté de la fenêtre de leur cuisine. Avec des larmes dans la voix, elle me décrivit ces ronces « littéralement couvertes » de fruits chaque année. Elle parlait de ces ronces comme s'il s'était agi d'amies chères, tout comme l'homme cité plus haut parlait de sa voiture. À son ton et à ce qui restait non dit, plus qu'à ses pauvres mots, je compris que pour cette femme solitaire qui avait passé tant de temps dans cette cuisine, ces ronces avaient dû finir par revêtir quelque chose de l'ordre d'une valeur personnelle, que l'on réserve ordinairement aux amis.

Ce dernier exemple met bien en lumière l'impossibilité de ranger ce matériel clinique en des catégories tranchées du point de vue des mécanismes psychodynamiques mis en œuvre, ainsi que j'ai tenté de le faire. Je ne doute pas qu'aux yeux de cette femme esseulée, ces ronces aient souvent joué pour elles-mêmes le rôle d'amies chères, aucune amitié humaine ne venant tempérer cette solitude. Mais qui peut dire si le sentiment qu'elle exprimait devant moi, en l'adressant consciemment aux ronces n'allait pas inconsciemment pour une bonne part à la voisine de ses parents et peut-être bien

1. Propos déjà cité, dans un autre contexte, p. 226.

aussi à moi ? Cette voisine devait avoir une connaissance bien fine des sentiments de la malade pour lui avoir envoyé ce cadeau qui lui allait droit au cœur ; et n'était-ce pas comme à un ami qu'elle s'était confiée à moi ?

Dans tous les exemples cliniques donnés jusqu'ici et dans ceux de la section suivante, il est manifeste que les trois types de processus psychodynamiques qu'ils illustrent sont simultanément présents, mais l'un ou l'autre prédomine.

Projection du moi sur l'environnement non humain, ou incapacité à s'en distinguer

Quand on parle de projection, on sous-entend généralement qu'une personne en est la cible. Or, on a trop tendance à l'ignorer, nous projetons également sur des objets non humains. Dans le cours du présent ouvrage et notamment au chapitre VI, j'ai déjà fourni un certain nombre d'exemples cliniques de ce phénomène et d'autres chercheurs l'ont fait aussi, avant moi. À ce point de mon exposé, je voudrais donc présenter un choix de citations d'auteurs qui me paraissent particulièrement pertinentes, avant de produire quelques nouveaux cas rencontrés dans mon propre travail.

Je ne tenterai pas de faire le départ entre la projection sur le milieu non humain et l'incapacité du moi à se différencier de celui-ci. S'il existe une distinction entre les deux phénomènes, je ne parviens pas, quant à moi, à la voir ; il me semble que toute projection implique automatiquement un échec du moi à se différencier de son entourage. On peut objecter, bien entendu, que ce dernier mécanisme est plus primitif, qu'on ne le trouve, à l'état pur, que dans la petite enfance ; alors que la projection implique que la différenciation du moi s'est produite dans le passé – que le soi subjectif s'est psychologiquement détaché du milieu pour s'y refondre partiellement par le mécanisme de la projection. Mais, quoi qu'il en soit, une telle distinction, pour autant qu'elle soit présente, n'éclaire en rien le matériel suivant.

EMPRUNTS AUX AUTEURS

Ces quelques emprunts à la littérature psychanalytique ou psychiatrique, de même que les exemples cliniques qui les suivent, dépeignent divers degrés d'inaboutissement de la différenciation du moi, depuis l'incapacité du soi à se démarquer si peu que ce soit de son milieu jusqu'à la projection sur celui-ci de certaines parties spécifiques du soi.

Dans un article de 1920 déjà cité – « On the Catatonic Attack » (L'Accès catatonique) – Nunberg donne sa formulation de la signification psychodynamique des symptômes successivement traversés par un catatonique au fil du développement de sa maladie. Il fait notamment l'observation suivante :

> Nous constatons ici un autre changement encore : jusqu'ici, le malade a distingué entre le moi et le monde extérieur. En se livrant à divers exercices et en absorbant des nourritures choisies, il poursuivait le but de se transformer et d'exercer une influence sur le monde, indirectement, dans la mesure où il espérait ainsi s'attirer de la considération et de la reconnaissance. Mais après la « fin du monde », le malade, en un certain sens, ne distingue plus entre un « intérieur » et un « extérieur » ; *le monde extérieur coïncide avec le moi;* il est directement affecté par les modifications du moi et vice versa. Pour reprendre l'expression de Tausk, la frontière du moi s'est dissoute [109b].

Dans *The Psychoanalytic Theory of Neuroses* (Théorie psychanalytique des névroses) publiée en 1945, Fenichel évoque plusieurs cas de projection sur ce que j'appelle l'environnement non humain. Analysant l'hystérie d'angoisse, il explique que les gens qui ont peur des trains, des bateaux et des avions projettent sur le véhicule l'excitation qu'il a suscitée en eux au niveau inconscient : leur besoin de fuir le véhicule est en réalité un besoin de fuir leur excitation. Dans de tels cas, dit-il, le train, par exemple, représente pour le sujet son corps, ou du moins ses sensations, dont il cherche à se débarrasser par la projection. De même, à propos d'un sujet phobique se trouvant dans une rue étroite, Fenichel montre qu'il introjecte l'étroitesse de la rue et prend donc peur, et que dans certains cas, la projection le fait se comporter comme si la rue elle-même avait peur ; on voit, chez lui, combien les frontières du moi qui le séparent de la rue sont incomplètes. Fenichel se réfère à Sachs [121] qui affirme que la « conscience de la nature » ne consiste pas à percevoir la réalité des éléments matériels et géographiques de la nature mais à prendre conscience de sentiments intérieurs perçus comme liés à ces éléments matériels [1]. Abordant plus loin la schizophrénie, Fenichel note qu'on y observe de façon plus manifeste encore que dans l'hystérie d'angoisse la projection d'excitations redoutées sur des éléments naturels ou autres de l'environnement.

Werner [162], se fondant notamment sur la monographie publiée en 1924 par Storch [148], estime que le développement d'une dé-différenciation entre le soi et le milieu non humain est l'un des signes caractéristiques du déclenchement de la schizophrénie, idée à laquelle m'a conduit de mon côté ma propre expérience clinique. Je cite Werner :

> Un authentique démonisme peut apparaître sur la base d'un tel anthropo- et égomorphisme [qui caractérise la pensée primitive] dès lors qu'une émotion de très vive angoisse commence à traduire les aspects sinistres de n'importe quelle situation [162w].
>
> [Dans la schizophrénie] le milieu envahit le moi et, réciproquement, l'expérience intérieure se répand dans le monde des choses. Le milieu devient démoniaque et le moi capable de démonisme [162x].
>
> Le premier stade de la déchéance schizophrénique se caractérise souvent par une « étrangeté » croissante de tout. Les choses se mettent à revêtir une « signification plus profonde » qu'on ne leur connaissait pas ; à force de mystère, elles se chargent d'une vie inquiétante et l'objet le plus inoffensif peut se trouver investi de signes et de présages [162y].

Dans son article de 1955 sur les psychoses induites par le L.S.D. 25 chez des sujets normaux, Savage décrit ainsi les sensations éprouvées par l'un d'eux :

> Sa notion des relations spatiales est perturbée. Il perd la capacité d'intégrer les objets dans l'espace. Le monde extérieur perd sa stabilité. Les coins perdent leurs angles, les objets massifs se déplacent, les lignes et les plans se courbent. « Les murs battent dans le vent comme des tentures – ils coulent comme de la cire fondue. » « Le plancher coule comme une rivière » [126e].

1. Il va de soi que je suis en total désaccord avec la thèse de Sachs selon laquelle nous ne réagissons à la nature que par des projections. Dès le début de ce livre j'ai affirmé comme l'une de mes convictions fondamentales que l'environnement non humain pouvait avoir pour nous un sens en lui-même – un sens d'autant plus riche que, pour l'appréhender, nous nous affranchissons des facteurs de distorsion tels que ceux qu'entraîne la projection.

Il semble que de telles perceptions du milieu matériel résultent de la perte de la différenciation du moi, qui permet la projection sur le milieu non humain d'une instabilité propre, en réalité, à l'état psychique du patient; cette instabilité lui apparaît à tort comme externe.

Burnham, dans un article de 1955 concernant la communication avec les schizophrènes, note ceci :

> Il [le schizophrène] ne se rend pas compte d'incohérences telles que l'attribution à des objets inanimés d'attributs relevant du monde vivant. C'est, par exemple, le cas des phrases suivantes : « Le coussin s'est propulsé loin de moi », ou « Le violon a le même sentiment que moi. » Ces exemples traduisent aussi l'effacement des frontières entre le domaine du moi et celui du monde extérieur [21].

Dans son article déjà cité, Heiman fournit d'excellents exemples de patients (probablement des névrosés) qui projettent sur des animaux familiers, et s'identifient à eux. C'est notamment le cas d'une malade :

> ... Son identification au chien était si totale que le sujet de ses propos passait insensiblement du chien à elle-même. Ses désirs libidinaux qu'elle ne peut ni maîtriser ni accepter sont déplacés sur le chien. Elle se demande si elle ne devrait pas faire dresser son chien. Au cours de cette séance, la malade elle-même hurle et pleurniche et demande, de la même façon qu'elle décrit comme étant celle de son chien [73].

Il cite également un article de Dunbar dans lequel celui-ci rapporte ces propos d'une malade :

> « Je ne pouvais vraiment pas vivre sans avoir des chats à la maison... C'est une chance que j'aie un chat, sinon je ferais tout ça à mon enfant. Peut-être même pire que ce que je fais maintenant. C'est peut-être pour ça que j'ai peur quand je n'ai pas de chat à proximité. Hier, seule à la maison, j'ai entendu des pas vivants, comme d'un chat. Je me suis demandé si ce n'était pas mon fils qui était sorti de son lit et qui descendait en catimini les escaliers. J'avais de plus en plus peur et j'ai dit à voix basse : " N'entre pas, n'entre pas. " Je sentais que s'il entrait, je pousserais un cri et je lui sauterais à la gorge » [29].

On voit que, dans ce cas, le chat servait non seulement de cible à l'agressivité de cette femme en lieu et place de son enfant mais également de cible à la projection de sa sauvagerie féline.

Heiman émet l'hypothèse, dans ses commentaires théoriques, que le chien (l'animal domestique qui revient le plus souvent dans son matériel clinique) constitue un véritable protecteur de l'équilibre psychique de l'homme en se faisant le porteur de forces instinctives trop violentes pour que l'homme puisse les contenir sans auxiliaire.

L'article d'Elkisch et Mahler [33] sur ce garçonnet de sept ans qui confondait ses propres pulsions avec des machines de son entourage contient quelques exemples frappants de ce que j'appelle projection sur l'environnement non humain. C'est ainsi qu'il déclara un jour à propos du téléphone mural du cabinet de sa thérapeute : « Il a fait moins fort aujourd'hui parce qu'il savait que nous attendions sa sonnerie », et une autre fois : « Il va descendre de son mur et venir vous mordre. » Et dans l'angoisse que lui inspiraient les puits d'ascenseurs, les bouches d'égout et les cuvettes de cabinet, jouait le fantasme qu'ils allaient l'avaler.

La petite fille décrite par Furman [56] présentait, entre trois et six ans, un cas analogue et non moins frappant :

> ... Elle prit un jour les ciseaux et les emporta à l'autre bout de la pièce en leur criant, terrorisée : « Vous allez me faire mal! » Une autre fois, elle empoigna un jouet figurant un homme et se mit à hurler agressivement : « L'homme va me mettre en pièces. »
>
> ... Carol ne pouvait pas couper du papier car elle redoutait qu'il ne la blesse pour se venger... Elle traitait les jouets et les simulacres comme des êtres vivants réels et se trouvait par conséquent presque incapable de jouer; c'est ainsi qu'elle désirait ardemment qu'il y eût une maison de poupée dans la salle de thérapie mais quand enfin ce jouet arriva, elle fut prise d'une telle jalousie pour sa poupée qui avait une maison pour elle toute seule, qu'elle ne pensa plus qu'à dérober la maison et à la briser puisqu'elle ne pouvait y habiter elle-même.

MATÉRIEL CLINIQUE

On trouvera dans les exemples qui suivent, comme dans ceux qui précèdent, des cas de projection, soit d'impressions indifférenciées provenant du chaos intérieur – confusion, incohérence, brouillage, transformation incompréhensible –, soit de sentiments spécifiques bien différenciés, tels que le mépris ou le désir sexuel.

I. – Une schizophrène de vingt et un ans, en proie à une grande confusion de pensée et à une grave désorganisation du comportement. Elle réussit pendant des mois à ne pas prendre conscience de la gravité de son état en projetant le trouble qui l'affectait non seulement sur d'autres personnes mais aussi sur son environnement non humain.

C'est ainsi qu'elle entra un jour dans mon cabinet pour sa séance de psychothérapie avec, à son habitude, des vêtements fripés, sales et plus ou moins défaits, des cheveux en désordre, des chaussures aux talons enfoncés et bourrées de bas de soie. Elle apportait avec elle un verre plein de glaçons, des flacons de parfum, une liasse de magazines et un sac à main débordant d'objets divers. Et, à son habitude encore, elle passa l'essentiel de la séance à se frotter le front, les membres et le sexe avec des glaçons, à disposer interminablement les magazines sur son siège avant de se décider à s'asseoir, à humer de temps à autre ses flacons de parfum et à épousseter diverses parties de son corps à coups de kleenex. Et toujours à son habitude, elle laissa en partant sa chaise et tout l'espace environnant jonchés de débris et de saletés. Mais au cours de cette séance elle avait réussi à prononcer ces paroles nouvelles : « Cet endroit [les locaux réservés aux soins] est de moins en moins correct... Cet endroit est un capharnaüm... Le premier étage [où elle avait sa chambre] est un capharnaüm. » Ainsi projetait-elle apparemment son propre désordre et l'incorrection de sa tenue non seulement sur autrui, comme ses propos l'avaient maintes fois laissé entendre, mais aussi sur les locaux de l'hôpital.

De même, en ce qui concerne la confusion de ses représentations, encore qu'au cours du même mois où elle tint les propos rapportés ci-dessus elle s'en montrât quelque peu consciente, elle continua d'éprouver le besoin de la projeter sur son cadre de vie. En lisant, dit-elle, « mes yeux se fixent sur " Ralph " et je vois " Randy " »; et à propos de ses bas en tapons : « C'est tout à fait comme des verres. Pendant un moment, j'ai cru que c'étaient des verres. » Et elle conclut ainsi : « Je n'ai pas les idées claires, *ici* », comme si c'était d'*ici* et non d'elle que surgissait la confusion de ses idées.

Pendant longtemps, la présence dans son voisinage d'une

femme de charge passant la serpillière lui faisait mal et toujours pendant ce même mois, voici ce qu'une infirmière nota un jour dans son rapport :

> ... La femme de charge est arrivée dans le hall avec une serpillière. « Ne passez pas cette serpillière maintenant, dit Edna, ramassez-la. » La femme de charge ne dit rien. Edna se prit la tête à deux mains et se mit à hurler : « Cet endroit est complètement timbré! »

Onze mois plus tard, elle projetait toujours sur son entourage, humain ou non, ses troubles. Au cours d'une séance, elle déclara, exaspérée : « Cet endroit se comporte comme un imbécile! », propos qui décrivait assez exactement certains aspects de son comportement à elle, en particulier le rire idiot et les minauderies qu'elle avait quand elle croisait quelqu'un dans un couloir.

Je compris peu à peu que si elle continuait à projeter ainsi de façon diffuse sur son environnement pris comme un tout, y compris l'« endroit », c'était en partie par peur de moi, en qui elle voyait une puissante et effrayante figure paternelle. Et il fallut encore six mois de travail avant qu'elle concentre sur moi, son thérapeute, la projection des qualités mentionnées plus haut et qu'elle m'informe très directement qu'elle me considérait comme un imbécile. Il est remarquable que ce fut au même moment que se trouva levé le refoulement du sentiment que son père, dont elle avait fait jusque-là un dieu omniscient et infaillible, n'était en fait qu'un cornichon, tant dans ses propos que dans sa conduite. Cette évolution facilita la résolution de certaines identifications inconscientes à son père, qui lui avaient nui si longtemps et qui se traduisaient par une façon inepte de flirter avec lui, par des propos dépourvus de signification pour les tiers et par divers autres écarts.

II. – Une schizophrène paranoïde de trente et un ans. Je compris bientôt dans mon travail avec elle que, comme la malade dont il vient d'être question, celle-ci esquivait toute prise de conscience de son instabilité psychique en la projetant sur son environnement. Mais il lui fallut longtemps pour s'en rendre compte.

Pendant plus de trois ans après le début de sa psychothérapie intensive avec moi, elle ne varia rigoureusement pas dans la conception d'une radicale simplicité qu'elle avait d'elle-même, celle d'une personne sincère et bien intentionnée, qui demandait qu'on la laissât seule mener paisiblement sa vie – une personne dépourvue de tout sentiment, qu'il s'agît d'amitié, de tendresse, de dépendance, de désir sexuel, de ressentiment, de férocité, d'envie, de jalousie, de mépris, d'esprit de compétition, de nostalgie, de tristesse ou de quoi que ce fût. Elle avait l'air authentiquement convaincue de n'avoir jamais changé ni d'humeur, ni d'opinion sur les personnes de son entourage et, sur le plan intellectuel, de n'avoir rien appris de neuf depuis l'âge de huit ans. C'est également à cet âge que semblait remonter le refoulement de ses sentiments. Elle aimait à dire qu'elle « était complètement adulte » à huit ans; ensuite, précisait-elle, elle n'avait plus jamais été soumise à cette humiliation d'éprouver des sentiments quelconques à propos de quoi que ce fût, humiliation propre selon elle à l'enfance.

Cette femme était, on s'en doute, aussi changeante, aux yeux d'un observateur, que l'idée qu'elle se faisait d'elle-même était inaltérable. Elle manifestait intensément toutes les émotions qu'elle s'obstinait à tenir à l'écart de sa conscience. D'une séance à l'autre, sa façon d'être se transformait si radicalement qu'on avait peine à se convaincre qu'il s'agissait de la même personne, – et cela, souvent même d'un instant à l'autre : elle interrompait une tirade d'une violence quasi meurtrière pour vous demander du feu sur le ton le plus tendre.

Il m'apparut bien vite, je l'ai dit, qu'elle se défendait inconsciemment contre toute reconnaissance de son instabilité psychique en projetant celle-ci sur son entourage. À l'en croire, la personne qu'elle avait en face d'elle – notamment moi, lors des séances – était périodiquement remplacée par une autre; de même, à ses yeux, les bâtiments de l'hôpital, les contours du paysage, l'emplacement des arbres variaient plus ou moins constamment. Elle en concluait fatalement qu'elle vivait au milieu d'un vaste décor de film que l'on transformait sans cesse. Cette impression s'appliquait même au village jouxtant l'hôpital et à la ville voisine de Washington; à chaque fois qu'elle se rendait dans l'un ou dans l'autre, elle était sûre qu'il s'agissait d'une agglomération inconnue d'elle... Il y avait, elle en était convaincue, des milliers de Chestnut Lodge, des milliers de Rockville et de Washington. L'aspect des choses et des personnes se transformait sous ses yeux. Quand j'eus mon premier entretien avec elle, cela faisait des années qu'elle percevait son environnement de la sorte. Et même avant l'âge de huit ans, me confia-t-elle un jour, « j'avais souvent l'impression de marcher sur des sables mouvants ».

Cette femme trouvait manifestement plus tolérable d'appliquer même à son propre corps cette transformation incessante de ses perceptions plutôt qu'à sa personnalité. Et de fait, elle avait fréquemment l'impression que son corps changeait fortement de dimensions, ou tombait en morceaux, ou encore que sa peau virait du blanc au noir ou au jaune; mais elle s'accrochait désespérément à la certitude que les traits de sa personnalité étaient aussi inaltérables que l'acier. L'instance qu'elle désignait par « ils » et qui avait le pouvoir de remplacer un Washington par un autre, son interlocuteur par un individu semblable mais autre, de transformer son corps et, dois-je ajouter, de la transporter à travers le monde, d'Inde en Alaska, etc., était en réalité, la psychothérapie le révéla clairement, son surmoi. Il faussait à ce point ses perceptions pour imposer ses ordres.

J'ai déjà évoqué à propos de deux autres malades le même phénomène de projection sur l'environnement non humain de transformations psychiques (cf. p. 146). Je voudrais rapporter ici une observation que mon expérience clinique a corroborée maintes fois. Le patient ressent comme une menace même les transformations bénéfiques dues à la psychothérapie; il s'efforce donc d'éviter de les reconnaître et pour cela, son inconscient recourt fréquemment à la projection du changement sur l'environnement. Et cet effort s'accompagne du besoin impérieux de changer de thérapeute ou d'hôpital. S'il y parvient, la menace d'avoir à prendre conscience de la transformation survenue en lui se trouve conjurée car, face à un nouveau thérapeute ou dans un contexte hospitalier différent, cette transformation sera beaucoup moins visible, et d'abord à ses propres yeux.

III. – Un schizophrène de quarante ans en proie à une grave confusion pendant des années avant comme après le début de sa psychothérapie avec moi. La première fois qu'il prit conscience de cette confusion, il l'attribua non à lui-même mais à son environnement matériel. Il me parlait relativement peu à ce moment-là et la première allusion qu'on l'entendit faire à la confusion figure dans un rapport d'infirmière : « Se répand de temps à autre en invectives contre " la confusion totale qui règne dans ce foutu endroit ". »

Ce n'est que trois mois plus tard qu'il tint à une autre infirmière les propos suivants témoignant pour la première fois d'une conscience de sa propre confusion : « Je ne sais pas si j'arrive ou si je pars – c'est affreux. »

IV. – Une schizophrène de trente-quatre ans. Elle passa plusieurs mois de sa psychothérapie à protester contre la « folie » de l'hôpital – non seulement des autres malades et du personnel mais aussi du mobilier et de la décoration – avant de se rendre compte de sa propre « folie », comme elle disait en toute occasion. Plus précisément, elle commença par se plaindre du désordre, de la non-coordination et de la dysharmonie régnant chez les gens et les choses de son entourage avant de pouvoir décrire l'absence de coordination des pensées et des sentiments qui se succédaient rapidement et souvent même coexistaient dans sa conscience. Pendant plusieurs mois, elle eut la hantise de garder ses affaires en ordre, comme si elle tentait ainsi de contenir sa confusion intérieure.

Plus tard, alors qu'elle se préparait avec l'aide du personnel de l'hôpital à passer au statut de patiente résidant à l'extérieur, elle se mit à projeter sur l'environnement matériel la précarité et la fragilité qu'elle sentait inconsciemment caractériser sa santé psychique. Lors d'une séance, elle s'alarma de taches d'humidité sur le plafond de mon cabinet et déclara sévèrement que ça ne servirait à rien de repeindre par-dessus si on ne réparait pas d'abord le tuyau qui fuyait. Elle n'avait pas encore pris conscience de l'angoisse que suscitait en elle la perspective de quitter l'hôpital alors que ses difficultés affectives n'étaient pas résolues. Parlant dans la même séance de la maison dans laquelle elle s'apprêtait à emménager, elle décrivit une fissure qui courait du plancher au plafond dans le mur de la salle de séjour; et elle ajouta en plaisantant sur un fond d'anxiété qu'elle allait sûrement devoir tenir le bâtiment pour l'empêcher de tomber. Déjà, tout au long de son séjour à l'hôpital, elle avait manifesté une vive inquiétude que la construction ne s'effondre; elle prêtait anxieusement l'oreille à tout craquement annonciateur du désastre, incapable qu'elle était de prendre conscience de son angoisse de voir son édifice psychique s'écrouler plus complètement encore [1].

V. – Une schizophrène de trente-cinq ans dont la famille demanda qu'elle passe au statut de patiente en traitement externe sans que la résolution de ses symptômes le justifiât cliniquement. L'une de nos assistantes sociales l'aida à louer un appartement dans le voisinage. Le rapport qu'elle rédigea en pleine recherche d'appartement montre que la malade avait tendance à projeter sur son environnement matériel le mépris qu'elle éprouvait d'elle-même :

> À la fin de novembre et au début de décembre, je suis allée quatre fois avec Mrs. Haynes à la recherche d'un appartement... Au cours des visites, elle se comporta bien avec les gérants d'immeubles sauf en une occasion... Le jour où elle eut l'air très perturbée fut celui où un gérant du nom de Mr. Smith nous fit parcourir un immeuble locatif... Je ne sais pas exactement ce qui lui déplut ; c'est peut-être que Mr. Smith s'adressait davantage à moi qu'à elle en parlant, sans que j'y puisse rien. De plus, l'immeuble, qui était très joli à l'intérieur, avait un extérieur peu reluisant.
>
> Nous étions à peine à la porte d'entrée que Mrs. Haynes déclara qu'elle refusait de se rendre dans l'arrière du bâtiment où se trouvaient les appartements vacants, non plus que dans les étages ; elle voulut absolument examiner en détail la façade et se mit à en vanter la beauté et à la dénigrer pratiquement dans la même phrase, créant ainsi une situation pénible.
>
> De retour à mon bureau, je lui demandai ce qui avait bien pu se passer et elle me demanda si je n'avais pas entendu Mr. Smith dire « imbécile ». Sur ma réponse négative, elle suggéra que c'étaient peut-être les murs du bâtiment qui avaient dit cela ou bien moi. Après une brève conversation, cependant, elle admit que personne ne l'avait dit.

1. Le cas de cette femme qui s'identifiait à un bâtiment me rappelle certaines des observations présentées par Erikson [34] dans son article de 1937 intitulé « Configurations in Play – Clinical Notes » (Figures du jeu – notes cliniques). Il relève que « dans son jeu, une forme-maison... peut représenter le corps dans sa totalité » et que le type particulier de maison que construit un enfant dans la thérapie par le jeu « révèle souvent la représentation spécifique et les sentiments que suscite chez l'enfant son propre corps et certains autres corps ».

Il décrit l'extraordinaire maison construite, lors d'une expérience de thérapie par le jeu, par un jeune schizophrène qui se plaignait de ne rien éprouver avec le devant de son corps. Un écran tenait lieu de façade et la partie pleine de la maison se projetait sur l'arrière, en conformité avec l'impression du sujet que ses sensations étaient localisées dans sa colonne vertébrale et dans son rectum. On pouvait en outre reconnaître dans les contours de cette forme-maison la posture du jeune homme, à savoir ses fesses fortement saillantes.

Cette femme finit par s'installer dans un appartement et, sa psychothérapie progressant, parvint à parler à son thérapeute des hallucinations qu'elle avait eues à l'hôpital, au plus fort de sa psychose. Elle avait alors notamment entendu le plancher lui parler.

Dans l'incident rapporté ci-dessus par l'assistante sociale, il apparaît que la malade ne s'était pas sentie à la hauteur d'une situation où il importait précisément qu'elle se montrât capable ; le mépris qu'elle avait d'elle-même, déjà grand, s'en était trouvé aggravé et elle l'avait projeté sur l'environnement. Il est, en outre, probable qu'au cours de cette sorte de mise à l'épreuve, tout sentiment de mépris qui se faisait jour en elle envers le gérant, l'assistante sociale ou le bâtiment devait être refoulé et donc également projeté sur l'environnement. Ce que j'ai appris de cette femme en tant que consultant de son thérapeute pendant plusieurs années conforte cette hypothèse.

VI. – Une femme de vingt-quatre ans en proie à une grave schizophrénie depuis l'enfance. Le collègue qui la soignait, rendant compte de l'évolution de sa psychothérapie, rapportait à son sujet l'exemple suivant de projection sur l'environnement non humain :

> Vers le printemps de 1949, elle commença à présenter un autre type de problème. Je veux parler du problème des rondins... Elle semblait prendre de plus en plus conscience de son sentiment d'être dépendante des autres, d'être blessée par les autres, alors qu'elle voulait être indépendante ; et c'est dans ce contexte que surgit le problème des rondins. Elle allait souvent se promener dans la forêt et quand elle voyait un rondin, si elle n'arrivait pas à le déplacer, elle restait sur place. Il fallait qu'elle trouve un madrier pour faire levier sur ce rondin, qu'il pèse une livre ou cent tonnes, jusqu'à ce qu'elle obtienne la satisfaction de l'avoir fait bouger. Elle s'était ainsi assurée de sa supériorité et le rondin ne l'avait pas humiliée.
>
> Après avoir travaillé presque exclusivement là-dessus pendant quatre mois, il lui vint un jour enfin l'idée – qui lui avait été suggérée trois mois auparavant – que ces rondins étaient peut-être un sentiment mal placé, un sentiment quelconque, peut-être même affectueux, envers les autres, et que peut-être elle était terrifiée par ces sentiments et qu'il lui fallait les anéantir et qu'enfin elle démontrait sa supériorité, sa force, dans la façon dont elle s'imposait aux rondins.

Il ressort de cette description que la malade projetait sur ces pièces de bois l'inertie paralysante que ses conflits affectifs lui imposaient à elle. Elle tendait apparemment à être psychologiquement immobilisée par les conflits opposant ses désirs de dépendance et d'indépendance, ses sentiments affectueux envers autrui et la crainte d'être blessée et certainement bien d'autres conflits encore. En se prouvant à elle-même qu'elle était capable de déplacer des rondins, elle se donnait inconsciemment l'assurance de parvenir à maîtriser dans une certaine mesure ces conflits.

VII. – Une schizophrène de vingt-cinq ans. Neuf mois environ après son admission à Chestnut Lodge, elle se mit à se comporter, pendant les séances de psychothérapie, d'une manière qui montrait, sans doute possible, qu'elle était la proie d'hallucinations dans lesquelles elle était violée par son père. Elle évoqua verbalement cette expérience avec franchise et précision et manifesta à cette occasion une angoisse intense, non sans laisser paraître, bien entendu, que cette épreuve affreuse n'était pas totalement exempte de volupté.

Au bout de deux semaines, tout en continuant à se montrer profondément affectée par les picotements cuisants qu'elle ressentait sur tout le corps, elle cessa de les attribuer au fait que son père la violait. Elle se disait maintenant convaincue que ces picotements étaient dus à du métal, autour d'elle, qui lui faisait quelque chose. Elle expliqua que le phénomène avait commencé au moment de son mariage, cinq ans auparavant. Avec son mari, elle avait installé une glace dans leur salle à manger trop sombre et elle s'était aperçue qu'en regardant dans la glace, elle était devenue une partie de celle-ci. Elle disait que son image était restée prisonnière du métal qui formait le dos du miroir.

Au cours des séances suivantes, elle parla à plusieurs reprises des miroirs comme d'objets dangereux ; on se laisse captiver par son image dans la glace, disait-elle, et elle appelait cela de l'auto-hypnotisme. En poursuivant sur ce thème, elle en arriva à la conclusion que le début de sa chute – par ce terme, elle faisait référence à sa dépression nerveuse – avait correspondu à sa capture par le métal de la glace. Elle téléphona alors de l'hôpital à son mari pour lui demander de se débarrasser de ce miroir, ce qu'il fit.

Au cours des séances qui suivirent immédiatement ce

coup de téléphone, elle décrivit son impression d'avoir ses pensées suspendues, suspendues comme à un câble sur toute la distance séparant l'hôpital de la ville où elle habitait, en Nouvelle-Angleterre et elle parla également d'un tiraillement qu'elle sentait dans la tête et qu'elle rattachait au fait qu'on était en train d'enlever de chez elle ce miroir. Elle sentait, disait-elle, cette glace qu'on déplaçait. « Quand on se regarde dans une glace, déclara-t-elle, on entre en transe »; et le thérapeute ayant risqué une allusion à Alice au Pays des Merveilles, la malade acquiesça, avant d'ajouter : « On pénètre dans un autre monde. »

Elle n'avait pas seulement l'impression, fit-elle comprendre à son thérapeute, que son image était prise dans le métal mais qu'il y avait en elle quelque chose qui attirait le métal, – ou plus précisément, que le métal attirait son image tandis que quelque chose à l'intérieur d'elle attirait le métal. Ce fut d'ailleurs le moment où elle demanda à plusieurs reprises à changer de chambre, affirmant que les éléments métalliques du mobilier – son lit, son placard, sa moustiquaire – lui causaient un profond malaise. Ce malaise se traduisait par les mêmes sensations cuisantes de picotement sur tout le corps dont elle faisait état en décrivant ses hallucinations de viol.

Elle se disait également convaincue que toutes ces sensations provenaient de l'extérieur d'elle-même, qu'elles étaient toutes dues à une « influence » externe; jamais elle n'en parlait comme traduisant des émotions intimes. Et cette « influence », elle y revint souvent, était celle du métal – métal situé hors d'elle ou, comme il lui arriva de le dire, en elle.

Elle demandait depuis longtemps à son thérapeute d'être autorisée à rentrer chez elle; rester ici, protestait-elle, et « s'adapter à Chestnut Lodge » ne l'aiderait en rien, plus tard, à « s'adapter à la maison ».

Un tel matériel nous permet de comprendre que lorsqu'un malade aussi confondu subjectivement à son environnement, même matériel, parle de ses difficultés à s'« adapter » à tel endroit puis à tel autre, le mot « adapter » revêt un sens bien plus profond que celui que nous lui donnons couramment. Pour cette femme, par exemple, son environnement fait manifestement de plus en plus partie intégrante d'elle-même avec le temps. À l'idée de rester à l'hôpital, elle s'alarmait de voir celui-ci devenir de plus en plus intimement constitutif de son être; en sorte que quand elle devrait partir, – et à supposer bien entendu, qu'elle n'ait pas psychiquement mûri d'ici là – c'est tout un pan d'elle-même qu'elle devrait littéralement abandonner, et enfin, de retour chez elle, il ne lui faudrait pas seulement s'adapter à un nouveau cadre de vie comme ce serait le cas pour n'importe qui, mais se constituer un soi nouveau, aussi différent de son soi-à-Chestnut-Lodge que sa maison pouvait l'être de l'hôpital.

L'incapacité où se trouvait cette femme de se distinguer de son environnement s'étendait d'ailleurs aux personnes, comme c'est le cas général chez les malades de ce type, si j'en crois mon expérience. C'est ainsi que cette femme se montrait convaincue que son fils aîné était contenu à l'intérieur de l'un de ses pieds durant toute une période où elle souffrait d'un œdème des extrémités inférieures.

Au moment des faits rapportés ci-dessus, la malade se trouvait dans un service pour agités; elle fut tout ce temps en proie à une vive angoisse et son thérapeute ne put avoir aucun doute quant à la validité des expériences dont elle faisait état. Son impression était qu'elle était depuis longtemps la proie de telles hallucinations et qu'elle n'avait réussi à en parler qu'en de relativement brefs moments de sa thérapie.

Il semble que ce soient spécifiquement des sentiments sexuels avec une composante d'agressivité et d'angoisse qui se trouvent projetés sous la forme, d'abord, du père violeur, puis du métal exerçant une influence par magnétisme. Que le symptôme soit apparu à l'époque du mariage de la malade, avec les conflits d'ordre sexuel qu'il pouvait entraîner, vient confirmer cette hypothèse. Au moment où j'écris, la malade est toujours en thérapie et les faits rapportés ici sont fort récents; aussi ne dispose-t-on pas d'indices permettant d'identifier sans doute possible le facteur qui a déclenché chez elle ce mécanisme de défense consistant à se confondre subjectivement avec son environnement non humain.

CHAPITRE XII

DEFORMATIONS LIÉES AU TRANSFERT ET À DIVERS AUTRES FACTEURS DANS LA REPRÉSENTATION DE L'ENVIRONNEMENT

Le présent chapitre voudrait clore l'examen des perturbations ou déformations que subit la représentation de l'environnement chez le psychotique ou le névrosé en évoquant d'abord celles qui relèvent du phénomène de transfert et ensuite un certain nombre d'autres difficiles à définir brièvement.

Déformations transférentielles

On a constaté depuis longtemps que l'individu pouvait provoquer une déformation de sa relation à un élément de son environnement non humain en transférant sur un animal ou sur une chose des sentiments ou des attitudes qui avaient eu dans son passé une personne pour objet. Les premiers auteurs à avoir abordé la question semblaient d'ailleurs postuler que cet objet ne pouvait être que le père ou la mère.

Freud, par exemple, écrivait ainsi en 1917 :

> ... L'enfant ne ressent pas de différence entre sa propre essence et celle de l'animal; dans le conte, il fait penser et parler les animaux sans s'étonner; il déplace un affect d'angoisse qui vise le père humain sur un chien ou sur un cheval, sans intention de rabaisser par là son père [49].

Et en 1943, Brill qualifiait le chien de « type le plus achevé de l'animal transférentiel » [17], voulant dire par là que le chien est plus souvent que les autres bêtes la cible de transferts de sentiments humains.

Heiman résume ainsi la théorie psychanalytique classique des phobies d'animaux et des diverses formes de bestialité :

> Dans la phobie ou dans la perversion avec animaux, l'animal est identifié soit avec les figures paternelle ou maternelle soit avec des aspects ou des attributs de celles-ci [73].

Citons encore cette notation de Fénichel en 1945 :

> La nature peut... représenter une personne et les sentiments qu'elle suscite peuvent avoir pour origine des sentiments adressés à cette personne. Une montagne, par exemple, peut représenter le pénis du père et l'immensité de l'océan ou du désert, la matrice de la mère [40].

J'ai retrouvé des manifestations frappantes de ces divers phénomènes de transfert chez une schizophrène paranoïde de trente et un ans que j'ai vue en psychothérapie intensive pendant plusieurs années. Comme c'est souvent le cas, on constate ici qu'un phénomène qui reste inconscient chez le névrosé est vécu de façon non seulement consciente mais quasi littérale par le schizophrène : cette femme exprimait la conviction que certains animaux étaient véritablement certaines personnes qu'elle avait connues.

La première fois que je m'en rendis compte ce fut au cours d'une séance qui suivit une discussion que nous avions eue sur l'équitation, activité pour laquelle elle s'était passionnée des années durant. Dans sa chambre, où je me rendis pour cette séance, je la trouvai plus angoissée encore que d'habitude; elle avait l'air très tendu, comme sous le coup d'une menace, et se plaignait de divers symptômes physiques, comme toujours à ses moments d'angoisse aiguë. Très vite, elle me reprocha avec véhémence de ne pas avoir été « honnête » avec elle lors de la dernière séance, quand elle avait parlé d'équitation. « Il y a des siècles qu'ils savent changer les gens en chevaux et autres bêtes », affirma-t-elle, signifiant par là que je le savais mais que je ne le lui avais pas dit la dernière fois.

Elle exprima ensuite ses remords d'avoir pratiqué l'équitation, ajoutant qu'elle avait juré de ne plus jamais le faire. Elle se rendait à présent compte, m'expliqua-t-elle, que lorsqu'elle s'adonnait à ce qu'elle croyait, dans son enfance, être de l'équitation, le cheval pouvait en réalité être son grand-père, « tout comme ce basset qu'on voit par ici peut être Melvin Tompkins », ajouta-t-elle à titre d'illustration. Le basset en question fréquentait alors l'enceinte de l'hôpital ; quant à Melvin Tompkins, c'était un malade qui avait quitté l'hôpital quelques mois auparavant et qui semblait lui manquer inconsciemment.

Au ton pénétré sur lequel elle avait dit ces mots et au fond d'angoisse que l'on y sentait percer, je fus convaincu qu'elle ne jouait pas la comédie ; et j'en fus tout aussi convaincu plusieurs mois après – dans l'intervalle elle avait donné bien d'autres manifestations verbales de ses idées délirantes – quand je lus les observations suivantes dans des rapports d'infirmières portant sur deux journées successives :

> Rentrée avant la nuit. A regardé la télé. Faisait beaucoup d'esprit, des remarques très drôles sur tout ce qu'on voyait sur l'écran. Par exemple, un homme parlait de son frère et désignait un arbre, alors Mrs. Crowley s'exclama en riant : « Est-ce qu'il s'imagine que c'est son frère ? »
>
> A demandé si l'insecte qu'on voyait dans la véranda était son frère ; en était convaincue.

Notre longue fréquentation m'a donné maintes occasions de la voir mettre en œuvre diverses défenses psychotiques contre la tristesse que lui causait l'absence de son frère, qui avait occupé une place très importante dans son enfance. Et la confusion de ses pensées, qu'elle s'efforçait en général de dissimuler aux autres sous des plaisanteries, était si profonde que je ne doute nullement quant à moi qu'elle ait pu souvent être habitée par l'idée qu'un arbre ou un insecte soit pour de bon ce frère si regretté inconsciemment.

Voilà pour le transfert sur l'environnement non humain de sentiments adressés à des personnes. Tout aussi important, peut-être, mais, à ma connaissance, inconnu jusqu'ici de la littérature spécialisée, est le phénomène de transfert sur un élément de l'environnement non humain de sentiments portant antérieurement sur un autre aspect de cet environnement. Si j'en crois mon expérience tant personnelle que clinique, dans la mesure où l'individu adulte s'avère incapable d'entrer en relation avec d'autres êtres humains pour ce qu'ils sont et sans que cette relation subisse de déformation transférentielle, il est dans cette même mesure incapable aussi d'entrer en relation avec son environnement non humain pour ce qu'il est. En ce domaine-là aussi, l'écran du passé vient fausser la perception du monde présent.

Je m'attends à ce que certains lecteurs soulèvent l'objection suivante : « Si dans l'enfance, tel ou tel trait du milieu non humain a pris une signification profonde, c'est seulement grâce au transfert sur lui de sentiments adressés à des personnes hautement significatives, telles que le père, la mère, etc. Il est donc inexact de parler de transfert sur l'environnement non humain de sentiments portant déjà antérieurement sur celui-ci; on a fondamentalement ici aussi un transfert de sentiment d'une personne sur un élément non humain. »

À cela je répondrai seulement qu'une œuvre d'art, par exemple, dont je ne saurais sûrement pas apprécier la beauté si mon goût pour la beauté de mon père, de ma mère, de ma sœur et d'autres compagnons de mon enfance avait subi, dans les débuts de ma vie, un refoulement durable – que cette œuvre d'art, donc, est belle par elle-même et comporte, par conséquent, une signification psychologique par elle-même. Et du même coup, les monts et les forêts, les lacs et les rivières, les rues et les bâtiments familiers et les innombrables autres composantes du cadre non humain de mon enfance possèdent pour moi une signification psychologique inextricablement mêlée à mes relations enfantines avec autrui, mais qui n'en vaut pas moins par elle-même. Il serait absurde de nier que les sentiments que nous nourrissons dans l'enfance envers les objets non humains qui nous entourent s'enracinent, en dernière analyse, dans nos relations avec des personnes et notamment avec notre mère, du corps de qui nous sommes sortis. Mais il serait tout aussi absurde de ne considérer dans un arbre élevé et luxuriant que ses racines, – et de même, de ne pas voir la signification psychologique qu'a pour nous notre milieu non humain, en tant que tel. Si j'insiste là-dessus, c'est qu'il s'agit là du cœur même de ce livre qui est tout entier une tentative pour démontrer que l'environnement non humain possède une grande signification psychologique en tant que tel.

Or le point qui nous occupe dans ce chapitre est presque le seul qui, dans toute cette partie consacrée à la névrose et à la psychose, contribue clairement à cette démonstration; et cela pour la raison suivante : dans la mesure où il est psychiquement atteint, le sujet est incapable d'entrer en relation avec son environnement non humain pour ce qu'il est. Aussi ne trouve-t-on dans toute cette partie que fort peu de matériel clinique qui mette en évidence ce que je crois être une relation à l'environnement non humain authentiquement fondée en réalité.

Il me semble que seule la plus haute maturité permet d'atteindre à une relation fondée en réalité avec ce qui est le plus *différent* de soi-même. En plein développement, l'enfant trouve plus facile de nouer une amitié relativement étroite avec un partenaire du même sexe que du sexe opposé ; et combien d'individus, adultes par l'âge, sont en fait insuffisamment mûrs pour établir une relation étroite et fondée en réalité avec quelqu'un du sexe opposé. On dirait que la différence manifestée ou connotée par l'appartenance à l'autre sexe ne peut être pleinement reconnue sans affaiblir la conscience primordiale de l'appartenance à la famille humaine. De même, pour un adulte, nouer des liens étroits avec une personne différant fortement de soi par l'âge, la culture ou la couleur de la peau, des liens dans lesquels se trouvent également assumés tant les différences que la parenté, exige davantage de maturité que d'établir des liens également étroits avec quelqu'un de proche de soi à ces divers égards. De même enfin, il faut, je crois, une maturité plus aboutie encore pour entretenir une relation fondée en réalité avec ce qui diffère le plus radicalement de soi, le non humain. Tout comme chez les individus, malades ou non, de qui provient le matériel clinique présenté ici, la tendance dominante est à dénier à ce non humain toute signification psychologique, ou à l'anthropomorphiser, ou que sais-je – tout plutôt que d'avoir à assumer à la fois l'extrême différence et la parenté profonde qu'il présente avec soi.

Je voudrais maintenant illustrer par quelques exemples personnels ou cliniques le phénomène en question, c'est-à-dire le transfert de sentiments associés à l'environnement non humain de l'enfance sur certains éléments de l'environnement non humain de l'âge adulte.

Une femme de vingt-deux ans, qui avait travaillé plusieurs années comme aide-infirmière dans un hôpital pour enfants, fut atteinte de schizophrénie, et, dans un état de grave désorganisation de la personnalité, elle entra en thérapie avec moi. Au bout de bien des mois de travail difficile, nous parvînmes au point de pouvoir, de temps à autre, échanger des propos significatifs pendant quelques instants de suite.

Au cours d'une séance, alors qu'assise sur son lit, elle feuilletait un numéro de *Life Magazine*, elle attira mon attention sur une page contenant de petites photographies, dont chacune était largement entourée de blanc, et me demanda d'une voix anxieuse et un peu étrange : « Est-ce que vous ne trouvez pas que ces photos ont l'air collées par-dessus? » Je répondis : « Non; mais vous, Susan, vous le trouvez? » « Oui », fit-elle sur un ton troublé, inquiet. Je repris : « Vous avez dû voir des quantités de photos collées sur des feuilles de papier quand vous travailliez à l'hôpital pour enfants. » Et elle acquiesça.

J'eus l'impression, confirmée par l'ensemble de mon travail avec elle, qu'il se passait là quelque chose que j'ai vu se produire chez elle des centaines de fois : elle plaquait sur la perception de son environnement actuel une image du cadre dans lequel elle avait antérieurement vécu, et cela en un effort inconscient pour s'épargner les sentiments de perte, de chagrin et d'angoisse de la séparation que tendaient à susciter les années et les centaines de kilomètres qui, de fait, la séparaient de ce cadre de vie révolu [1]. Pendant des mois, elle manifesta sans doute possible qu'elle se croyait dans la ville où elle avait résidé, habitant la maison qui lui était familière, fréquentant le club où elle avait eu ses habitudes, etc.

J'explique le petit incident rapporté ci-dessus par un transfert sur les photos de *Life Magazine* d'impressions que lui avaient données des photos collées sur des feuilles et vues non seulement à l'occasion de son travail à l'hôpital pour enfants mais bien avant, quand elle était elle-même élève à l'école maternelle. Pendant cette phase de sa thérapie, cette femme se comportait à presque tous les égards comme si elle avait été d'âge à fréquenter l'école maternelle. J'ai déjà mentionné à son sujet (cf. p. 145) le fait que quand nous nous promenions autour de l'hôpital, elle disait, avec tous les signes d'une vive inquiétude, percevoir les bâtiments et le paysage environnants comme en transformation perpétuelle. J'ai tendance à voir en ceci aussi un phénomène de transfert : paysage et bâtiments ne cessaient de revêtir des formes qui hantaient sa mémoire.

Voici maintenant un incident survenu durant la thérapie d'une femme de vingt et un ans, qui avait été hospitalisée

1. Évoquons à cet égard l'interprétation que donne Arlow [4a] des phénomènes de « déjà vu » comme processus de défense.

presque continuellement depuis l'âge de quatorze ans pour hébéphrénie. Au bout de longues années d'un travail difficile pour elle comme pour moi, elle commençait tout juste à regarder en face le chagrin et la nostalgie qui étaient restés enfouis en elle si longtemps. Il importe de noter pour la compréhension de ce qui suit qu'elle n'était pas retournée depuis sept ans à Boston, ville où elle avait vécu et, c'était de plus en plus clair, qu'elle aimait beaucoup.

À ce moment, elle logeait encore dans un service fermé mais elle commençait à manifester le désir d'être admise dans un pavillon ouvert, Little Lodge.

Au début de la séance que je vais relater, elle avait spontanément soulevé cette question en disant : « J'aimerais mieux habiter Little Lodge, sauf pour ce qui est des repas », car, expliqua-t-elle, Little Lodge étant dépourvu de réfectoire, il lui faudrait aller à pied trois fois par jour jusqu'au sous-sol du bâtiment central, où se trouvait le réfectoire – c'était à un étage de ce bâtiment qu'elle logeait alors. Et comme il lui faudrait également s'y rendre pour les séances avec moi, ce serait trop : « J'y brûlerai toute l'énergie apportée par la nourriture, précisa-t-elle; manger ne me ferait plus de bien et je maigrirais. » Elle dit également que toute cette marche l'« épuiserait bien trop ».

« Évidemment, rumina-t-elle à haute voix, je pourrais avoir mes séances à Little Lodge. » Je ne dis rien, mais je me sentis assez disposé à lui accorder cela, que j'avais déjà fait pour d'autres patients. Puis elle reprit : « Si j'avais une voiture et un chauffeur, je pourrais me faire conduire – sous-entendu, au bâtiment principal – pour mes séances. »

Ses premières remarques m'avaient fort étonné : il me semblait ridicule qu'une marche d'une cinquantaine de mètres lui parût épuisante. Je tins cependant ma langue, en me disant que pour elle, après tout, c'était peut-être le cas. Il se pourrait, me dis-je, qu'une fois dehors, la tentation de s'enfuir soit si forte qu'il lui faille dépenser une énergie considérable pour y résister. Un an ou deux auparavant, elle avait révélé une envie quasi irrésistible de s'enfuir.

Mais ce qu'elle dit ensuite fut absolument inattendu. Elle se mit à évoquer des souvenirs de promenades à pied dans divers quartiers de Boston. Elle m'avait très peu parlé jusque-là de sa vie dans cette ville. Et les souvenirs qu'elle me livrait à présent fourmillaient de détails très vivants.

Le moment le plus poignant survint vers la fin de la séance, quand, après m'avoir ainsi parlé quelque temps, elle éclata soudain d'un rire gêné et me dit : « Je sais ce qu'il y avait de si drôle : je me figurais que Boston se trouvait juste là autour! C'est drôle, non? » Le « juste là autour » signifiait clairement « juste de l'autre côté de la fenêtre », dans l'enceinte de l'hôpital. Le ton de sa voix, que ne parvenait pas à dissimuler son rire, était celui de la nostalgie la plus vive. Fort ému, je répondis, « Boston doit vous manquer terriblement, Doris ». Et contrairement à son habitude, elle approuva du fond du cœur d'un : « Oh oui! Je crois que Boston me manque affreusement. »

Je compris qu'elle venait d'expliquer en quoi une si courte marche dans l'enceinte de l'hôpital la fatiguait tant : c'est qu'elle ramenait au jour des souvenirs de Boston, très vivants et chargés de tristesse et de nostalgie et qu'il fallait énormément d'énergie pour maintenir refoulés.

Ces quelques exemples appellent une dernière remarque concernant ce phénomène de transfert chez les psychotiques. On a observé depuis longtemps que le transfert était souvent à l'origine, au moins partiellement, d'une identification erronée des *personnes*; c'est même là un symptôme connu de la psychose. Mon expérience m'amène à la conclusion qu'une telle erreur d'identification s'applique aussi parfois à l'environnement non humain.

J'en viens maintenant au cas des névrosés. Chez eux, le phénomène de transfert portant sur des éléments du milieu non humain se manifeste assez fréquemment par des rêves dans lesquels le sujet transforme la maison de son enfance en celle qu'il habite à présent comme adulte; de tels glissements peuvent affecter également des paysages, par exemple.

À titre d'illustration de ce type de phénomène, j'évoquerai brièvement trois expériences personnelles. La première survint relativement tard dans le cours de ma psychanalyse et les deux autres après la fin de celle-ci. Et toutes trois mirent en jeu des pensées et des sentiments liés au très profond attachement que j'éprouve à l'égard du village des Catskills où j'ai passé mon enfance ainsi que des montagnes environnantes que j'ai si souvent parcourues à pied et des lacs où je me baignais. Ces trois expériences ont d'ailleurs largement contribué à me révéler quelle emprise profonde avait sur moi cet attachement. Au fil des années précédentes j'avais déjà pris conscience de forts sentiments de chagrin et de nostalgie relatifs à des personnes qui avaient entouré mon enfance – mes parents, ma sœur, etc.

La première de ces expériences se produisit un jour que je me trouvais seul depuis un moment à un coin de rues, à Washington, lieu que j'avais fréquenté des dizaines de fois car il était tout proche d'un bâtiment dans lequel j'avais travaillé des années durant. J'avais l'impression d'avoir tout mon temps, j'étais détendu et en paix. Soudain, embrassant la rue du regard, il me sembla que je la voyais pour la première fois; bien plus : que pour la première fois je recevais du monde qui m'entourait – et pas seulement de cette rue – une impression directe. Je fus stupéfait alors de mesurer combien profondément j'étais resté jusque-là, sans le vouloir, plongé dans mon passé. Je compris que jusqu'alors, quand je me trouvais en un endroit tel que celui-ci, je ne voyais pas vraiment la rue; je me sentais comme au cœur de mon cher village. Tout d'un coup, voyant la rue avec des yeux neufs, je découvrais autour de moi un cadre merveilleusement beau et passionnant – beau non par sa qualité artistique, mais par sa réalité qui s'imposait à moi de façon directe et vivante pour la première fois.

Ce qui me frappa le plus fortement dans cette expérience ce fut de découvrir quelle part considérable de mon vécu quotidien s'était trouvée jusqu'alors vidée de sa réalité, de sa beauté, de son immédiateté, sous l'action de ce phénomène de transfert. Je venais de mesurer tout ce qui m'avait inconsciemment manqué dans mon vécu de chaque instant.

Cette expérience m'avait fait la même impression – celle d'avoir les yeux soudain dessillés – que j'avais éprouvée lors de la brusque résolution d'un transfert visant une personne.

Un incident du même type m'arriva environ deux ans plus tard, soit plusieurs mois après que mon analyse eut formellement pris fin. Rentrant seul en voiture, je venais de quitter la grand-route pour entrer dans l'ensemble résidentiel où ma femme, mes enfants et moi, nous habitions depuis plusieurs années, quand surgit soudain cette pensée : « Qu'est-ce donc que je fais ici? Mon pays c'est Hancock. » Et l'endroit me parut lugubre quand je le comparai mentalement à la belle nature qui environnait mon village. Pensée qui n'avait rien de réjouissant, contrairement à l'impression rapportée plus haut, mais qui me conduisit sur-le-champ à une découverte précieuse : la constatation décevante que j'investissais en réalité bien peu de ma libido dans mon lieu actuel de résidence et, du même coup, dans la totalité de ma vie adulte. Je compris que j'avais traité ma vie d'adulte comme s'il s'était agi d'un enfant non désiré, au lieu de lui donner l'amour et l'intérêt sans réserve dont elle avait besoin. Comme la précédente, cette découverte m'amena durablement à me sentir davantage vivre dans le présent, et de façon satisfaisante.

Plusieurs mois plus tard, une troisième expérience me révéla qu'on pouvait se détacher plus profondément encore de son passé que je n'y étais parvenu jusque-là et, du même coup, vivre bien plus complètement dans le présent. En compagnie d'autres membres de l'association de parents d'élèves et d'enseignants dont je faisais partie, je travaillais à planter des arbres dans la cour de l'école du quartier. Cette école est bâtie sur une butte d'où l'on a vue sur la campagne mollement ondulée du Maryland. Je n'avais guère accordé jusque-là de regard à ces collines; s'il était un aspect pour lequel cette région ne soutenait pas la comparaison avec le berceau de mon enfance, me disais-je, c'était bien pour la hauteur et la beauté du relief. On pourrait dire que la notion de « colline » ne s'appliquait, pour moi, qu'à un souvenir, celui des Catskills, et non à une perception actuelle, celle de la campagne du Maryland.

Aussi, tout à ma plantation, ne levais-je pas les yeux sur le paysage et n'y pensais-je même pas, quand j'eus la surprise d'entendre un homme dire avec un fort accent du Sud : « Voilà, pour sûr, un beau pays! » et je vis un de mes compagnons, debout, qui contemplait d'un air ravi le moutonnement des collines jusqu'à l'horizon. Ma première réaction fut de mépris : « Le pauvre, il n'a jamais vu un pays vraiment beau »; et puis je me pris à regarder moi aussi le paysage avec, pour la première fois, un intérêt réel et un plaisir croissant.

J'ai eu bien d'autres occasions encore de résoudre de tels transferts et d'apprendre à apprécier le cadre dans lequel je vis depuis tant d'années. C'est ainsi qu'à chaque printemps, j'ai plus de mal à me dissimuler ce fait incontestable que le printemps du Maryland est bien plus fleuri, plus luxuriant et d'une beauté bien plus variée qu'il ne l'est dans les Catskills. Mais il serait inutile d'entrer plus avant dans le détail.

Quand j'eus rédigé une première relation des souvenirs que l'on vient de lire, plusieurs mois passèrent au cours desquels la certitude se fit en moi que ce que j'avais présenté dans chaque cas comme un phénomène de transfert n'était en fait que la fixation de mes pensées sur des lieux et des personnes de mon passé. Je compris peu à peu que si un transfert avait bien été à l'œuvre, je n'avais pas réussi à rendre compte du point exact où il s'était exercé.

Et voici qu'en dépit d'une résistance intérieure considérable, je prenais conscience de la nature négative de ce transfert : il combinait divers sentiments négatifs – désintérêt, déception, ennui, impression de vide et de monotonie, etc. – qui étaient associés depuis longtemps en moi aux lieux de mon enfance, alors que j'avais préféré, pour ainsi dire, donner à mes souvenirs de ceux-ci les couleurs de la tendresse, de la nostalgie et du regret amer. Je constatais à présent, mais avec quelle réticence!, que le manque de vie et de beauté que j'avais pris l'habitude d'attribuer aux rues de Washington, s'appliquait bien mieux à mes souvenirs de la grand-rue de mon village, telle qu'elle était pendant une grande partie de mon enfance, c'est-à-dire pendant la Dépression, rue presque aussi morne, vide et morte que si le village avait été abandonné, chargée d'une angoisse, aussi, qui pesait sur la boutique et la maison de mon père et que je cherchais à effacer de mes souvenirs d'enfance. Et même les collines – une voix intérieure suppliait : « Non, non, pas les collines! » – ont bien dû parfois se montrer plates et insignifiantes, comparées aux montagnes des Rocheuses ou des Alpes telles qu'on les voit au cinéma; et surtout aux yeux d'un jeune débordant d'énergie et n'ayant d'autre exutoire à cette énergie qu'une bourgade en plein marasme économique.

C'était donc là que se situait le transfert que ma première rédaction n'avait pas su cerner. Et ce redressement de perspective cadrait d'ailleurs fort bien avec ce que nous savons du transfert; celui-ci transporte dans la perception consciente et actuelle de personnes et de choses des émotions préconscientes ou inconscientes et relatives à des personnes ou à des choses de notre passé. Les affects qui, dans l'enfance, étaient directement accessibles à la conscience ne sont pas ceux qui contribuent plus tard à la formation de transferts.

Déformations d'origine diverse

Aux déformations qui affectent la perception de l'environnement non humain et que j'ai décrites dans ce chapitre et dans les deux précédents, s'en ajoutent quelques autres qui ont en commun de se fonder sur une façon de prendre l'environnement non humain non pas pour ce qu'il est réellement mais pour une sorte de pâte à modeler infiniment plastique que l'inconscient façonne et refaçonne selon les besoins momentanés de la vie intérieure ou relationnelle. Cette formule recouvre, on le voit, tous les types de déformation que nous avons analysés jusqu'ici; mais elle en recouvre quelques autres aussi, ainsi qu'on le comprendra à travers deux exemples cliniques qui me tiendront lieu, en quelque sorte, de définition. Le fait qu'il s'agisse dans les deux cas de schizophrènes ne signifie pas que le phénomène n'affecte que ce type de malades.

La première patiente, une femme de trente-sept ans, avait un psychisme profondément désorganisé par la maladie. Pendant plusieurs mois après le début de la cure qu'elle entreprit avec moi, elle manifesta une perception grossièrement perturbée de son environnement non humain – pour autant que l'on puisse le dire car on ne saurait former aucune certitude quant à ce que perçoit un malade aussi gravement atteint.

L'une des manifestations les plus frappantes de ce trouble tenait, chez cette malade, au fait qu'elle peuplait de personnages hallucinatoires aussi bien les murs, le plancher ou le plafond de sa chambre, que ses placards ou le paysage paisible des environs. Lors d'une séance située vers les premières semaines de la cure, durant laquelle elle jetait des regards inquiets sur la porte fermée du placard de la pièce où nous nous tenions, elle finit par me demander : « Dr Searles, qu'est-ce que vous voyez là? » Je répondis : « Une porte de placard, avec une poignée et des panneaux. » Elle reprit anxieusement : « J'ai souvent vu des tas de personnages arriver par cette porte. Ils franchissaient la porte et me donnaient des chocs. » Ayant souvent constaté qu'elle racontait au passé des expériences angoissantes se déroulant en fait dans le présent, je ne doutais guère qu'au moment même où nous parlions elle ne vît surgir par cette porte de nombreux personnages hallucinatoires.

Je l'entendis souvent par la suite s'adresser à de tels personnages qu'elle situait soit « dans le plancher », soit « dans le plafond », soit « sur le toit », etc. Un jour, elle déclara : « Mon père est là-dessous », et lança au plancher un regard qui signifiait sans équivoque « dans le plancher » et non pas « à l'étage en dessous ». Une autre fois, elle désigna le radiateur en disant d'un ton rassuré : « Ça, c'est la place de papa », laissant clairement entendre que cette place était dans le radiateur et non pas dessus. Une autre fois encore, elle se montra convaincue qu'une certaine « elle » se tenait dans le haut du mur, « faisant son rapport ». Pendant plusieurs semaines, lors des séances, elle ne cessait de bondir d'un mur à l'autre, pour s'abriter des balles que l'on tirait sur elle, affirmait-elle, depuis la campagne paisible des environs.

Au fil des mois, et l'angoisse s'atténuant quelque peu, il apparut que son environnement ne revêtait plus aussi constamment l'aspect d'un tel chaos. Les hallucinations se firent apparemment de plus en plus sporadiques et – je voudrais insister surtout là-dessus – de plus en plus manifestement reliées aux événements survenant dans la relation thérapeutique. Il était de plus en plus clair que c'était dans les moments où sa relation avec moi traversait une phase de tension qu'elle se comportait comme si elle sentait les murs et le plancher bouger de façon irrégulière, ou la pièce se remplir de personnages hallucinatoires ou encore le paysage défiler à la fenêtre comme dans un train.

Dans le même temps, j'eus également l'occasion de constater les incroyables déformations que subissait parfois sa perception de son cadre de vie quand il s'agissait de me communiquer quelque chose. Je n'en donnerai qu'un exemple. Lors d'une séance, cette femme, que j'appellerai ici Miss Edwards, s'adressa à moi en m'appelant « Robert Edwards ». Je n'avais jamais encore entendu ce nom-là parmi les centaines d'autres qu'elle m'avait donnés, accroissant constamment mon anxiété, mon impatience et mon dégoût, à m'entendre si rarement désigner par ma véritable identité. Je répliquai cette fois-là sur un ton irrité et dédaigneux : « Puisque vous m'appelez Robert Edwards, dites-moi qui diable est donc ce Robert Edwards. Est-ce le frère de votre père ? »

Elle se mit alors à crier cet ordre : « N'allez pas plus loin sur cette voie! », en regardant par-dessus son épaule – nous nous faisions face – avec une expression de malaise, d'irritation et de peur. Et elle fit cela, c'est très important à mes yeux, de façon à me démontrer sans doute possible qu'elle avait l'hallucination d'un train, – un train, apparemment, qui fonçait sur elle par-derrière, et elle avait hurlé l'ordre de s'arrêter comme si elle s'était adressée au mécanicien. Je fus étonné du message qu'elle m'avait transmis de la sorte et je n'eus pas cru une telle conduite possible si je n'avais pu constater d'innombrables fois combien détournées étaient les voies par lesquelles elle cherchait à m'atteindre et combien fortes les inhibitions qui pendant longtemps l'empêchèrent de m'adresser directement un reproche quelconque.

Lors de nombreuses séances, il est indubitable qu'elle percevait le paysage que l'on voyait par la fenêtre comme un violent chaos où des avions venaient s'écraser, où des voitures se percutaient et que des trains traversaient dans un tintamarre de ferraille. Ce fut un jour mémorable celui où, plusieurs mois plus tard, alors que nous étions assis côte à côte l'un près de l'autre, face aux fenêtres, et que je venais de commencer une phrase, elle m'arrêta de ces quelques mots prononcés d'un ton calme mais ferme : « Gardez le silence; regardons le paysage. » Et nous replongeâmes dans le paisible sentiment d'intimité que nous avions goûté jusqu'alors. Je sus enfin cette fois que c'était le même paysage que nous contemplions par la fenêtre elle et moi.

La seconde patiente, une schizophrène paranoïde de trente et un ans dont j'ai déjà évoqué le cas (cf. pp. 287-289) souffrait d'innombrables déformations dans la perception de son environnement. Au bout de dix-huit mois de travail avec moi, elle me confia un jour qu'enfant, déjà, quand elle ne pouvait plus supporter que les autres ne l'écoutent pas, elle se retirait en elle-même et laissait courir son imagination. « Je me figurais que j'étais dans l'Himalaya, me dit-elle; et quand je commençais à me sentir mal, je me jetais dans un livre pour effacer cette impression. » « Autrement dit, demandai-je, vous vous y croyiez si fort que vous n'étiez pas sûre de ne pas vous y trouver pour de bon? » Elle acquiesça : « Parfois, je m'imaginais si bien être dans la jungle en proie aux fauves qui me dévoraient que j'en avais des sueurs froides. »

À présent, les distorsions qui affectaient ses échanges avec son environnement matériel consistaient souvent dans le fait qu'elle voyait dans celui-ci le porteur de messages qui lui auraient été adressés par des individus, ou des groupes d'individus plus ou moins clairement représentés dans son esprit, qu'il s'agît de l'Église baptiste, de son frère aîné, d'autres malades, de moi-même, etc. Inversement, dans ses manipulations quotidiennes et banales d'objets matériels, elle manifestait la plus vive inquiétude d'émettre involontairement, ce faisant, un message en direction de ces « autres », message dont elle-même ignorait le sens mais que « eux » sauraient bien interpréter et dont ils feraient un usage désastreux pour elle ou pour d'autres. Quelques exemples suffiront à donner une idée du chaos que ce type de distorsions introduisait dans sa perception.

Il apparut nettement, lors des séances, que quand elle se déplaçait dans son environnement non humain, les éléments qui cadraient avec son système complexe d'idées délirantes se trouvaient perçus par elle avec un relief particulier et, bien entendu, revêtus d'une signification spéciale. C'est ainsi qu'un jour elle me fit part de cette information : « Chaque fois qu'on voit un bâtiment de briques rouges, c'est du capital britannique. Chaque fois qu'on voit une serrure Schlag ou Yale, ça fait partie du système des chaînes. » Elle semblait, en revanche, ne pas remarquer tout ce qui, dans son environnement, ne s'intégrait pas à son délire; je relevais très souvent d'énormes points aveugles dans sa perception.

Lors d'une séance, elle me raconta, avec une précision inaccoutumée, les courses qu'elle venait tout juste de faire. Elle était allée s'acheter une raquette de tennis et de la poudre de riz et son récit disait assez quelle tâche incroyablement ardue ces achats avaient représenté pour elle du fait que tout lui apparaissait comme saturé de significations obscures.

C'est ainsi que le marchand d'articles de sport lui avait dit d'un air entendu : « C'est bien de *raquette* que vous m'avez parlé? » Et comme je lui demandais si elle n'avait pas imaginé qu'en prononçant ces mots l'homme avait pensé « racket », elle acquiesça. Ensuite, elle avait examiné les fines cordes décoratives qui ornaient le haut et le bas des raquettes et le vendeur avait déclaré : « Ils ne fabriquent plus de cordes de couleur; seulement des noires. » Et à nouveau, connaissant ses idées délirantes, je lui demandai si elle n'avait pas compris le mot « cordes » comme désignant celles dont certains se servent pour ligoter d'autres personnes; ce qu'elle confirma.

Mais ce qui me stupéfia ce fut qu'elle éprouva le besoin de choisir, parmi les nombreuses raquettes examinées dans le magasin, celle qui lui parut le moins apte à revêtir une signification spéciale aux yeux des « conducteurs du radar », signification qui lui restait obscure et dont elle craignait qu'ils prennent connaissance. Elle écarta donc les raquettes portant une signature sur le manche ou des motifs décoratifs, pour en choisir finalement une dont le manche était pris dans une gaine noire, qu'elle décida d'ailleurs d'ôter, une fois son achat fait, de peur que cette gaine n'émît quelque signe en direction des puissances. À mes demandes d'explications, elle finit par répondre que ces puissances auraient risqué de voir là à tort l'expression de son désir que quelqu'un fût tué, ou qu'elle-même fût tuée. Elle raconta ensuite qu'elle avait également acheté un poudrier en forme de fer à cheval qu'elle désirait beaucoup; mais depuis cet achat, elle ne se sentait plus tranquille, car elle craignait qu'« ils » en déduisent qu'elle se portait volontaire pour être « montée comme cheval de course au Havre-de-Grâce » – ce qui, affirma-t-elle énergiquement, n'était pas du tout dans ses projets.

Lors d'une autre séance qui suivit de peu son retour d'une visite à Washington, elle me raconta qu'elle y avait vu trois mosquées et une cathédrale et décrivit celles-ci en détail. Elle insista sur le fait qu'une route faisait tout le tour de la cathédrale. Tout en me parlant elle me regardait d'un air entendu, comme s'il allait de soi pour elle que je voyais dans tout cela les mêmes significations qu'elle. Enfin, comme s'indignant devant l'incompréhensible, « Pourquoi donc, s'écria-t-elle, se donner tant de mal pour faire passer une idée, quand il leur serait tellement plus facile de l'exprimer avec des mots? » – question qui s'appliquait parfaitement, en réalité, à son mode de communication à elle.

Elle imaginait manifestement qu'« ils » s'étaient donné la peine de construire ces édifices et de les disposer de telle et telle façon à seule fin de transmettre – à elle ou aux gens en général, ce point restait obscur – une idée. Quelle idée, je l'ignore; et j'eus l'impression que ce n'était pas clair pour elle non plus. Il s'agissait peut-être vaguement d'une domination des Musulmans sur les Chrétiens. Comme d'habitude, elle s'en tint pour l'essentiel à l'implicite, aux allusions, aux regards appuyés, aux accents mis sur certains mots. Le matériel provenant de cette séance ne constitue qu'un exemple, parmi de nombreux autres, de sa façon de percevoir exclusivement son environnement sous la forme de messages émis par « eux ».

J'eus souvent l'occasion de constater que cette femme avait une représentation géographique de l'espace grossièrement faussée d'une façon qui servait les efforts de son inconscient pour empêcher certains sentiments d'accéder à la conscience. Ce fut notamment le cas au cours d'une séance qui eut lieu pendant une phase de réémergence de nostalgies et de chagrins antérieurement refoulés. Elle se mit à parler de Philadelphie, sa ville natale, qu'elle n'avait guère mentionnée que trois fois en presque deux ans de thérapie, et elle le fit comme si cette ville avait été située outre-mer. Je lui fis remarquer qu'elle n'était séparée de nous que par environ 220 kilomètres et par aucune mer. Mais elle affirma : « Moi, je sais qu'elle est de l'autre côté de l'océan. » Et, disant cela, elle essuyait les larmes de ses yeux; ces larmes marquaient depuis peu une phase nouvelle de la cure. Je lui dis alors avec douceur : « Je ne doute pas qu'un océan de larmes, pour ainsi dire, s'étende entre vous et vos souvenirs de Philadelphie. » Elle rejeta cette idée comme parfaitement ridicule; à ce moment, elle résistait encore presque toujours opiniâtrement à mes efforts pour l'aider à voir sous un jour métaphorique ce qu'elle ne ressentait que trop littéralement. Trois mois auparavant, pourtant, alors qu'elle venait, dans un autre contexte, de parler de l'océan comme d'un lieu dangereux, menaçant, je lui avais demandé à quoi lui faisait penser l'océan et elle m'avait répondu immédiatement et avec véhémence : « À une vallée de larmes! »

J'ai déjà parlé des impressions qu'avait cette femme d'être transportée à travers le monde (cf. p. 289). Deux jours avant la séance où elle devait parler de Philadelphie comme d'une ville d'au-delà des mers, elle m'avait raconté la dernière fois qu'elle avait été ainsi « remuée » (c'était le mot qui lui servait à désigner ce type d'expérience – en anglais, *moved*) et, pour la première fois, ses termes avaient été de nature à corroborer ma conviction de plus en plus assurée que son impression d'être « remuée » géographiquement était en réalité liée au fait d'être « remuée » affectivement au niveau inconscient. Parlant d'un homme qui travaillait dans le service, elle me dit sur le ton de la protestation : « Braddock m'a remuée la nuit dernière. » Jamais peut-être encore elle n'avait relaté une telle expérience en des termes aussi personnels. Je compris aussitôt qu'elle avait été « remuée » affectivement et que son affect inconscient avait été celui de la sympathie. Aussi lui demandai-je si elle voulait dire par là qu'elle s'était sentie émue par cet homme. Elle s'insurgea vivement contre cette suggestion et me reprocha de façon significative de chercher constamment à faire apparaître qu'elle était affectée « érotiquement ». Ce dernier mot me frappa d'autant plus qu'il ne m'était même pas venu à l'esprit que sa première formulation – « Braddock m'a remuée la nuit dernière » – pût traduire le fait qu'elle avait été sexuellement excitée par lui [1].

Pour conclure, quand on jette un regard d'ensemble sur les diverses déformations décrites dans ce chapitre et dans les six autres qui précèdent, on voit combien tragiquement et de multiples façons la névrose et la psychose arrivent à appauvrir la relation de l'individu avec son environnement non humain. Si j'ai pu paraître m'appesantir excessivement sur certains points c'est avec le souci de faire reconnaître un fait jusqu'ici bien trop ignoré de la littérature psychiatrique et psychanalytique, à savoir que la névrose et la psychose affectent cruellement non seulement la vie intime et relationnelle du sujet mais aussi sa relation avec son milieu non humain. Quelle part importante ce milieu peut occuper dans la vie de l'individu psychiquement sain, de celui qui n'en est pas coupé par les mécanismes pathologiques de la projection, de l'introjection, du transfert, etc., j'avais tenté de le montrer dans ma deuxième partie.

Je terminerai en citant un autre beau passage du roman d'Alberto Moravia, *La Désobéissance*, dans lequel il nous décrit le triomphe final de Luca sur sa maladie, ce même Luca que

1. Ce matériel recoupe l'article de Tausk [153] sur « l'appareil à influence » dans la schizophrénie. Il y présente des cas de schizophrènes adultes qui attribuent leurs désirs sexuels inacceptables par leur moi à une machine fantasmatique douée d'influence et située en dehors d'eux. Ce matériel s'applique également au jeune enfant qui se sent étranger à son propre corps du fait d'une douleur physique ou d'une excitation sexuelle inassimilables en raison de leur intensité ; c'est ainsi qu'Elkisch et Mahler [33] ont constaté que l'une des raisons pour lesquelles leur patient de sept ans s'identifiait à des machines tenait aux souffrances vives et récurrentes que lui avait données à l'âge de six mois une hernie inguinale ; il était manifestement devenu étranger à ce corps duquel provenait une douleur qu'il était impuissant à maîtriser et en était arrivé à le percevoir comme l'équivalent d'une machine située dans le monde extérieur. On se reportera également à la présentation que donne Édith Jacobson d'une malade souffrant de pyélite chronique : chaque fois qu'elle sentait venir un accès, elle grondait sa vessie et la punissait en « la mettant au coin », pour la rappeler une fois la douleur passée [84b].

nous avons vu torturé par l'idée que ses parents le traitaient comme une chose, le reléguaient dans un monde d'objets inertes et hostiles. Luca est peu à peu sorti de son isolement affectif; et il y a été aidé par une nourrice pleine de bonté et de tendresse, vis-à-vis de qui il sent naître en lui un désir amoureux. Cette résolution progressive de ses difficultés relationnelles l'amène non seulement à se percevoir comme un être humain parmi les autres mais aussi à éprouver un merveilleux sentiment d'intimité chargée de sens face aux objets les plus familiers qui l'entourent, tels que les meubles de sa chambre. Dans le passage, enfin, que je veux citer, on voit que Luca ne se vit pleinement comme un être humain qu'après avoir accompli une sorte de « régression phylogénétique » du type de celles que j'ai analysées. Dans le cours d'un rêve, il se voit tout d'abord sous la forme d'un arbre dénudé et noirci par l'hiver, dressé sur une colline glacée au milieu d'un paysage désolé, figé par le froid. Et puis voici que le soleil se lève et peu à peu ses rayons raniment la nature entière, font lever la vie dans les champs, « attendrissent les collines, les gonflant d'un suc nourricier comme des seins de femme »...

> Tout d'un coup, un son rude, exultant, prolongé, amoureux comme l'appel d'un cor de chasse, emplit l'air, rompant le silence glacé. Et il lui sembla alors que depuis ses racines plongeant profondément dans la terre, une joyeuse vague de faim s'élevait tout au long de son tronc et, débordant ses parois d'écorce, éclatait à travers ses branches en mille bourgeons d'un vert scintillant. Ces bourgeons s'ouvraient vivement, poussaient en feuilles, en vrilles, en rameaux. Et il se sentait croître, proliférer, pulluler indéfiniment, en un irrésistible et fabuleux élan de luxuriance, jaillissant de toute part, dans toutes les directions. D'un coup, il ne fut plus un arbre mais un homme, debout, les bras tendus vers le soleil. Et c'est avec cette sensation d'élan et de jaillissement emplissant ses membres qu'il s'éveilla [106b].

CHAPITRE XIII

LA CONTRIBUTION DU MATÉRIEL RELATIF À LA RELATION THÉRAPEUTIQUE

Me doutant que la relation patient-thérapeute offre un intérêt tout particulier pour nombre de lecteurs de ce livre, comme d'ailleurs pour moi, je voudrais présenter pour clore cette troisième partie un échantillon relativement détaillé du riche matériel que cette relation fournit concernant l'ensemble de la question de la place de l'environnement non humain dans la vie psychique. Ce matériel ne portera qu'exceptionnellement sur les phénomènes déjà analysés dans ce livre; il sera centré autour de trois thèmes: le thérapeute traitant le patient comme non humain; le patient traitant le thérapeute comme non humain; et enfin, l'angoisse ressentie par le thérapeute dans ce contexte, autrement dit le sentiment qu'il a d'être menacé dans sa conscience d'être humain par l'une comme par l'autre des deux situations précédemment mentionnées.

Le thérapeute traitant le patient comme non humain

Le thérapeute pourra se retrouver dans une telle attitude – réagir face au malade comme s'il était, par exemple, un robot dépourvu de pensée ou un animal étrange et effrayant – pour des raisons qui lui sont propres : cela peut faire partie des moyens dont il dispose pour se défendre contre une angoisse trop vive. Mais il est certain qu'un facteur qui pousse puissamment le thérapeute à se comporter ainsi, à son insu, c'est le transfert du malade. Je parle de malades tels que ceux que j'ai décrits, qui sont si incertains de leur propre humanité, si profondément convaincus d'être autre chose qu'humains que, dans leurs relations avec leur thérapeute, ils se conduisent constamment comme tels. Il est alors presque inévitable que le thérapeute, de temps à autre, les perçoive lui aussi de la sorte.

Ma propre expérience ne me fournit d'exemples de comportement pareil qu'avec deux malades; un thérapeute a bien du mal à réunir en grand nombre des exemples de ce type le mettant lui-même en cause, car ils cadrent mal avec son souci de préserver à ses propres yeux son image de thérapeute idéal.

I. – Il s'agit d'abord d'une malade que j'avais conscience de traiter fréquemment comme si elle était un animal rebelle et non une personne avec son esprit à elle. Un jour, par exemple, après qu'elle se fut sauvée plusieurs fois de la pièce, j'entrai en fureur après elle, je la traînai de force dans mon cabinet et claquai la porte derrière elle en m'écriant : « Pour l'amour de Dieu, cessez donc de vous enfuir! » Une autre fois, comme nous marchions ensemble dans le parc de l'hôpital et qu'elle ne cessait de courir de-ci, de-là, malgré mes demandes réitérées de rester auprès de moi, je finis par me mettre à nouveau en colère et je lui déclarai sèchement : « Écoutez, Pauline : si vous voulez vous promener avec moi, bon sang!, il va falloir vous tenir tranquille », tout à fait comme si je parlais à un chien. En dépit des remords que j'éprouve de ce genre d'écarts, je dois dire qu'à l'époque ils eurent une grande efficacité thérapeutique. Pendant des années, cette malade témoigna d'un besoin aigu de direction, d'une incapacité criante à prendre en main sa propre vie; cela se manifestait dans ses hallucinations chroniques de personnes situées dans le plancher, le plafond ou divers coins de sa chambre et lui donnant des ordres et aussi dans un comportement, face à moi et à tous les membres du personnel, qui exprimait un manque de coordination et un état de détresse tels qu'il constituait une provocation à se faire diriger.

II. – Dans le second cas, il s'agit également d'une schizophrène; un incident me fit soudain réaliser à quel point je m'étais prêté au transfert paternel qu'elle avait fait sur moi. Son père l'avait traitée, pendant toute son enfance et son adolescence, comme une marionnette incapable de penser et je m'aperçus à la faveur de l'incident en question que j'avais fait de même depuis des mois. Revenant du bâtiment où était situé mon cabinet vers le bâtiment principal où elle était logée, nous rencontrâmes sur le chemin une flaque de boue. J'en fis le tour, mais elle s'arrêta au bord et ne bougea plus. Je lui dis alors d'un ton sec et plein d'impatience, comme si je m'adressais à une créature dépourvue de cerveau : « Faites le tour, Florence. » Et elle obéit docilement ; mais en entendant les mots que je prononçais et leur intonation méprisante, manquant du moindre respect envers elle, je reconnus aussitôt la façon dont son père avait l'habitude de lui dire – à ce qu'elle m'avait raconté – : « Viens, Florence, viens ici! », comme s'il appelait son chien.

Comme la précédente, cette malade-ci éprouvait manifestement le besoin que quelqu'un ou quelque chose assume la pleine responsabilité de son existence. Elle entretint pendant deux ans l'idée délirante qu'une « Machine-Surveillante » veillait en permanence sur ses faits et gestes et elle ne me laissa aucun doute sur le fait que cette machine était, à son sens, une sauvegarde pour sa vie et non un instrument indésirable d'asservissement. Elle garda pendant plus de quatre ans une intense fixation sur un médecin de l'hôpital qu'elle traitait ouvertement en père protecteur, omniscient et omnipotent. Je n'en soutiendrai pas pour autant que ma façon de lui parler lors de l'incident de la flaque de boue ait eu une valeur thérapeutique. C'était exactement de la même façon que lui parlaient le plus souvent, à longueur de journées, les autres malades et le personnel, y compris l'infirmière longtemps responsable du service – un mode déshumanisant, empreint d'un mépris destructeur. Cinq ans plus tard, en avril 1955, j'entendis avec beaucoup d'intérêt à Chestnut Lodge une conférence du Dr Erving Goffman, sociologue à l'Institut national de la santé mentale, dans laquelle il décrivait la façon dont le personnel des services psychiatriques traitait certains malades comme des « non-personnes ». Ses observations sociologiques corroboraient les impressions que j'avais retirées de ma propre expérience, en particulier de celle qui avait trait à cette seconde malade et aussi à quelques autres en traitement dans les services fermés de Chestnut Lodge. Nous faisons tout pour que de telles attitudes restent l'exception mais ce n'est pas aisé.

Le patient traitant le thérapeute comme non humain

Pour des raisons évidentes, j'aurais moins de peine, ici, à fournir des exemples cliniques.

I. – Une schizophrène profondément perturbée, sur la fin de la trentaine, avec qui j'ai travaillé pendant plusieurs années. Elle avait passé toute son enfance et son adolescence dans un sentiment extraordinairement affectueux pour son père. Il resta son idole jusqu'à ce que, vers vingt-neuf ans, la psychose se déclarât. Ils faisaient ensemble des excursions à pied et à cheval, ils se baignaient, jouaient au tennis et au golf ensemble. Elle ne cessait de comparer ouvertement ses amoureux à son père, toujours à l'avantage de celui-ci, qui ne cachait guère sa satisfaction. Peu de temps avant le déclenchement de la maladie, il lui dit son espoir qu'elle ne se marie jamais.

Pendant de nombreux mois après le début de sa psychothérapie avec moi, son transfert se développa sur un mode qui le référait principalement à sa relation avec son père. Tout à la fois, elle me suppliait d'être tout pour elle, de satisfaire ses moindres désirs et de guider le moindre de ses gestes et dans le même temps elle luttait désespérément contre une relation dont elle sentait manifestement la nature intrusive, dangereuse pour sa vie même. Par son incapacité évidente à penser clairement et à s'exprimer verbalement, sauf de façon fragmentaire, et par ses efforts réitérés pour se blesser, elle exerçait sur moi une très forte pression pour que j'intervienne en achevant ses phrases à sa place et en prévenant ses gestes dangereux. Mais aussi, en peuplant sa chambre de toute une foule de personnages hallucinatoires et en tenant des propos qui dénonçaient mon intrusion dans son intimité et exprimaient son ressentiment contre ma présence envahissante, elle témoignait de l'angoisse et de l'hostilité que suscitait en elle toute relation proche avec moi.

Elle se mit à me traiter comme non humain à un moment où je m'étais probablement trop rapproché d'elle, ainsi que mes collègues trouvaient que j'avais tendance à le faire. Faisant clairement allusion à moi, elle déclara avec appréhension : « Il y a par ici un médecin bizarre, que je n'arrive pas à comprendre. Il est du métal; il est [regardant les murs autour d'elle, l'air mal à l'aise] tout. » Je demandai : « Du bois? », en pensant aux boiseries des murs. Elle acquiesça et ajouta : « Il est partout. » Je repris : « Il est tous les 800 types? », me référant aux « 800 types » dont elle avait dit plus tôt dans la séance sentir la présence. Elle acquiesça de nouveau de la tête. Quand elle ne manifesta plus d'intention d'aller plus loin, je demandai : « Il ne vous laisse pas beaucoup de place, hein? » Et elle approuva vivement.

Tandis que se développait son moi, ainsi que sa capacité à exprimer ses sentiments – et je lui laissais de plus en plus de place pour ce faire – elle réussit, neuf mois après l'échange rapporté ci-dessus, à me dire un certain nombre de choses importantes. Au cours d'une séance, elle m'adressa cette mise en garde : « Si nous étions ensemble, nous risquerions de nous tuer. » Une autre fois, elle montra très clairement que, dans sa relation avec moi, elle éprouvait les sentiments refoulés de claustration, de contention, qui avaient mûri en elle durant tout le temps où, extérieurement, elle idolâtrait son père, ce père qui en réalité l'asservissait par d'incessantes, d'accablantes exigences de dépendance. Elle passa la moitié d'une séance à arpenter frénétiquement la pièce, au hasard, frappant du pied, pleurant par moments et puis aussitôt hurlant dans ma direction des mots où s'entendait une insupportable frustration. Presque tout ce qu'elle disait était incohérent et fragmentaire; elle ne trouvait que rarement, semblait-il, les mots capables d'exprimer ce déferlement de sentiments. Elle ne m'en disait pas moins très clairement de la lâcher, de quitter sa chaise, de lui laisser la place de respirer. De la masse de bribes de phrases impossibles à reproduire qu'elle déversa alors, émergent ces quelques propos aboutis :

> Tout ce que je vois c'est la General Motors et la National Carbide [entreprises auxquelles était lié son père]! Vous ne croyez donc pas que je peux *voir?*... Si seulement je pouvais aller à Hawaï pour quelques minutes! [Elle m'avait dit lors d'une autre séance que son père avait refusé de la laisser faire un voyage à Hawaï]... Vous ne croyez donc pas que je connais d'autres gens que *vous?*... Moi, je ne sais pas ce que vous *voulez* [– sur une question de ma part, elle me confirma que cela signifiait qu'à ses yeux, je comptais sur elle pour me faire connaître mes propres désirs; elle me confirma également qu'elle se sentait incapable de satisfaire cette attente. Ce furent là les seules interventions que je pus faire, si forte était la pression de sa

propre élocution]... Disons que nous sommes *quittes*... Qu'est-ce que vous croyez que j'essaye de *faire?*...

Une semaine plus tard, après qu'elle eut prononcé quelques phrases fragmentaires qu'elle paraissait incapable d'achever, je dis quelque chose tendant à donner forme à ce qu'elle avait commencé à formuler, pour l'aider. Elle laissa alors éclater à mon endroit la même exaspération, mais plus directement, cette fois : « Je me sens ligotée, constamment!... Je ne peux pas supporter qu'on me retire les mots de la bouche! »

Mais l'incident que je voulais mettre en relief et que j'ai relaté se passait neuf mois auparavant, à un moment où son moi était bien trop faible pour lui permettre de m'objectiver en un individu qui lui retirait les mots de la bouche et entretenait avec elle une relation dans laquelle il ne lui laissait pas la place nécessaire pour qu'elle retrouve sa capacité de communiquer. Alors, au contraire, elle se sentait si complètement prisonnière de ma personnalité qu'elle la sentait imprégner la totalité de son environnement, jusqu'aux murs de sa chambre.

Mais, quand je rapporte cet incident, ce qui me paraît vraiment difficile à transmettre c'est l'étrange sensation que j'ai éprouvée à l'entendre dire : « Il y a par ici un médecin bizarre, que je n'arrive pas à comprendre; il est du métal, il est [et elle regardait les murs] tout. » J'ai ressenti là le genre d'émotion qui vous convainc mieux que des mots que le malade ne parle pas au figuré mais rapporte ce qu'il a vécu littéralement, c'est-à-dire, dans le cas présent, l'identification du thérapeute aux murs, etc., de la pièce. J'ai rapporté en 1951 un certain nombre d'exemples cliniques de processus d'incorporation liés à la relation de transfert-contre-transfert [132]. Mais à l'époque je n'en avais pas observé de manifestation aussi claire venant d'un moi aussi régressé que dans le cas de cette femme. Je crois que ce cas jette une certaine lumière sur la façon dont un enfant, par exemple, en proie à un parent « surprotecteur », peut percevoir la totalité de ce qui l'entoure comme une manifestation de la personnalité de ce parent. On a déjà beaucoup écrit sur les graves répercussions que cette situation a sur le développement de la relation de cet enfant aux autres personnes. Mais, à mon sens, elle recèle un autre facteur d'altération de la personnalité en ce qu'elle prive l'enfant de la possibilité d'entrer lui-même en rapport avec son environnement non humain.

Dans un passionnant article intitulé « Narcissism, the Body, the Body Image and the Body Scheme » (Le Narcissisme, le corps, l'image du corps et le schéma corporel) [131], Scott fournit plusieurs exemples de rêves de névrosés comportant ce qu'il appelle des « symboles d'identification avec le monde ou le cosmos et des symboles de l'infini »; et il observe que « l'analyse de l'aspect transférentiel de tels rêves montre l'importance de ce que représente l'analyste : non seulement une personne ou une partie d'une personne mais souvent le monde entier – pour le meilleur ou pour le pire ».

II. – Une schizophrène de trente-sept ans. Pendant des mois, elle me traita, lors des séances, avec un mépris dont l'une au moins des finalités inconscientes étaient de dissimuler les sentiments de dépendance qu'elle éprouvait à mon égard. Elle se conduisait alors avec moi comme avec un chien.

Quand, par exemple, une fois au moins pendant chaque séance, elle demandait à se rendre aux toilettes – alors qu'à ce moment-là, elle était considérée comme risquant de chercher à s'échapper de l'hôpital – elle s'arrangeait pour que je me retrouve assez exactement dans le rôle d'un chien berger qui eût ramené des toilettes à mon cabinet la brebis égarée. Des collègues qui nous rencontrèrent au cours de ces expéditions furent eux-mêmes frappés de l'analogie.

Autre exemple : un jour qu'elle était allongée sur le divan elle me demanda fort poliment : « Puis-je avoir des kleenex, je vous prie? » En général, je laisse une boîte de kleenex à côté du divan, mais cette fois-là il n'y en avait plus; aussi dus-je aller en chercher dans un autre cabinet. Je les lui tendis et elle s'en servit pour se tamponner, très lentement, les aisselles tout en regardant au plafond. Puis elle tint un moment l'objet du côté où je me trouvais tout en faisant : « Ici! Tsst, tsst! », comme on appelle un chien, et sans même me regarder, sans quitter des yeux le plafond.

Dans un mélange d'amusement et d'irritation, je dis que je n'irai pas prendre ce kleenex, que je n'étais pas un chien; et je sentais combien l'incident était révélateur du mépris qu'elle me témoignait depuis des mois. Très grande dame, elle laissa choir le chiffon de papier sur le sol et ne le ramassa pas par la suite.

Mais elle eut alors un geste où je sentis s'exprimer la dépendance infantile que cachait son mépris affiché envers moi. Lui ayant donné, sur sa demande, plusieurs cigarettes et un cendrier, elle se mit à tenir le cendrier juste sous son menton et au-dessous de la cigarette qu'elle avait aux lèvres d'une façon qui rappelait nettement le geste d'une mère tenant l'assiette sous le menton de son bébé tandis qu'elle lui donne à manger pour éviter que la nourriture ne se répande. Je compris qu'elle me demandait ce faisant de faire moi-même ce même geste avec son cendrier ; à quoi je ne me prêtai pas.

Mais je me rends compte que cette petite comédie a fort bien pu représenter aussi une protestation inconsciente contre le fait que je l'aurais traitée comme un bébé. On pourrait invoquer bien des détails à l'appui de cette interprétation. Il n'y a cependant pas moins d'indices que son mépris affiché à mon égard constituait une défense contre ses sentiments de dépendance. C'est également ainsi que je ressentais sa façon de me traiter, bien souvent, comme un instrument matériel, exigeant de moi que je ferme la fenêtre, que j'arrête le conditionneur d'air, que je lui tende le cendrier, et ainsi de suite et cela sur le ton révoltant, ostensiblement inexpressif que certaines personnes affectent avec les domestiques, comme si elles s'adressaient à des automates infra-humains. C'est aussi sur ce ton qu'elle parlait fréquemment aux autres membres du personnel et même à sa mère, au téléphone ; et le personnel du service le lui rendait bien pendant les longues périodes où son comportement était grotesque et incontrôlable.

Il est bien entendu quasiment impossible de démontrer irréfutablement que cette malade, non seulement me traitait comme si j'avais été un chien, mais me percevait littéralement comme l'équivalent d'un chien. Je suis pourtant convaincu que c'était le cas, mais l'argument le plus décisif que je puisse invoquer, ici encore, réside dans l'expression qui accompagnait et imprégnait ses propos, et que l'écrit ne saurait reproduire. J'ajouterai que bien plus tard, quand les origines transférentielles de son attitude commencèrent à apparaître clairement, elle décrivit la façon dont sa mère se comportait dans diverses situations en disant qu'« elle ressemblait à quelque chose de mécanique et d'animal », et elle dit cela sur un ton qui traduisait une impression absolument littérale et révélait que dans les situations en question elle avait vraiment perçu sa mère comme autre qu'humaine.

III. – Une schizophrène paranoïde de vingt-cinq ans, dont j'ai déjà évoqué le mépris extraordinaire avec lequel elle traitait autrui (cf. p. 192). Lors de nombreuses séances avec moi, elle agit comme si elle avait affaire à quelque entité infrahumaine. Elle opposa à la thérapie une résistance farouche qui ne céda que très partiellement et sporadiquement sur les quinze mois de notre travail ensemble. Elle avait auparavant accompli quatre années de cure avec deux autres thérapeutes à qui elle avait de même opposé un déni catégorique qu'elle eût besoin d'un traitement. Ce déni cachait, bien sûr, un vif besoin de dépendance, de même d'ailleurs que sa façon de ravaler autrui au rang d'infra-humain. Et cette déshumanisation d'autrui apparut, en outre, à plusieurs reprises comme un moyen de défense contre l'angoisse, le chagrin, l'humiliation et diverses autres émotions.

Les quelques propos d'elle que je vais rapporter, parmi d'innombrables autres qui trahissaient la même attitude, ne peuvent donner qu'une vague idée de sa capacité tout à fait réelle de susciter en moi – enfermé que j'étais avec elle à longueur de séance, pendant des mois et confronté à sa formidable résistance – l'impression d'être un sous-homme. Ces propos, loin de correspondre aux moments les plus violents de l'expression de son mépris, traduisaient au contraire de relatives accalmies, durant lesquelles il se passait entre nous quelque chose de vivant. Le plus souvent, nos « échanges », pour moi les plus éprouvants, consistaient à rester assis, silencieux et pétrifiés, chacun dans un coin opposé de la petite pièce, « comme des meubles », pour reprendre l'expression d'un autre malade.

Une fois passée, en quelques semaines, la phase aiguë de sa psychose, cette quasi-immobilité pendant les séances se prolongea sur une année peut-être ; elle parlait rarement et je ne me sentais guère capable de dire grand-chose non plus, car je me trouvais paralysé par le rejet abrupt de presque tout ce que je tentais de lui communiquer. Cela se situait vers les débuts de mon expérience avec les psychotiques ; mais je suis sûr que le mépris intense et constant qu'elle déversait sur moi aurait posé un redoutable problème à tout thérapeute.

À la vingt-cinquième séance, alors qu'elle était encore dans la phase aiguë de la maladie, nous nous assîmes dans mon cabinet et restâmes muets pendant quelques secondes. Et puis elle demanda sèchement : « Dites-moi, êtes-vous de bonne foi à propos de ma présence ici? » « Vous voulez dire, est-ce que je veux que vous soyez capable de sortir d'ici? » « C'est ça », fit-elle; je repris : « Oui, je le veux, mais ça n'est pas possible tout de suite. » « C'est absurde, évidemment, déclara-t-elle. C'est tout à fait odieux. C'est un endroit sinistre. Tout le monde est sinistre, ici. *Vous* êtes sinistre »; et en disant ces derniers mots elle me regardait droit dans les yeux, comme elle le faisait d'ailleurs la plupart du temps. « Ces verres que vous portez – vous devriez en acheter d'autres. Le Dr Prescott [l'un de ses précédents thérapeutes] portait lui aussi des lunettes », dit-elle d'un ton d'ennui impatienté. Plus tard dans la même séance, elle reprit : « Peut-être que même vous pourriez comprendre que pour moi, en tant que Marie, reine de Roumanie, c'est d'un ennui terrible d'avoir à vous écouter parler de l'enfance de Sybylle Marsh [son nom]... Je me sens très bien. Je me sentais très bien quand je suis venue ici. Je me sentais très bien quand je me suis trouvée ici, avant. »

Quinze jours plus tard, toujours avec le même mépris exaspéré, elle me dit, avec un ricanement et en me regardant fixement : « Ce que vous avez l'air monotone. »

Au troisième mois de notre travail commun, elle parla de son psychiatre comme de « ce jeune crétin de Sawyer » et enchaîna sur un ton furieusement sarcastique : « Ce serait vraiment m'abaisser que de lui demander des privilèges quelconques. Ça me rend folle de rage qu'on ne me les ait pas accordés d'office. » Quelques instants plus tard, alors que je venais de réitérer, pour la énième fois, une certaine suggestion, elle répliqua : « Vous revenez souvent là-dessus, non? On dirait que ça vous intéresse vraiment », cela dit sur un ton de curiosité hautaine, détachée, comme si elle avait relevé un détail amusant chez un ver de terre.

Lors d'une séance qui se situait dans le onzième mois de notre travail (et j'use du mot « travail » à dessein), alors que nos échanges étaient, au moins en apparence, à peu près aussi actifs qu'entre deux statues placées dans la même pièce, je lui demandai si elle avait quelque idée de la façon dont je pourrais réagir à une remarque qu'elle avait faite un peu plus tôt et à propos de laquelle nous avions échangé quelques mots. « Je me moque éperdument, répliqua-t-elle sèchement, de la façon dont vous pouvez bien réagir. Je ne m'intéresse qu'à la façon dont je réagis, moi. Vos sentiments n'ont pas plus de signification pour moi que si vous étiez l'une des rayures du papier mural. »

IV. – Une femme présentant un cas limite de schizophrénie de type catatonique. Il fut manifeste pendant de nombreuses séances qu'elle transférait sur moi la relation qu'elle avait eue avec un cheval, son plus cher ami durant toute son enfance. De fait, ce fut sous la forme de ce transfert que sa tendresse à mon égard commença à émerger au bout de deux ans de psychothérapie intensive. Un jour, par exemple, que je venais de formuler quelque remarque, elle prit un air à la fois contrarié et penaud pour me dire qu'à son avis je n'avais pas le droit d'avoir des opinions personnelles. Invitée à associer librement sur ce thème, elle pensa immédiatement à son cheval et exprima le sentiment que je devrais être pour elle ce que son cheval avait été. De même, l'un des propos les plus tendres qu'elle m'eût adressé fut celui-ci, survenu tard dans le cours de la cure : « Bien souvent, je désirais que vous soyez un grand et vieux cheval... » et là-dessus, elle s'arrêta, intimidée; et comme je l'encourageais à poursuivre, « parce qu'alors, poursuivit-elle, je pourrais vous tapoter le cou et vous donner un morceau de sucre ». Et elle souriait de tendresse et de timidité.

V. – Un schizophrène âgé de quarante ans au moment où je le pris en thérapie pour plusieurs années, hospitalisé sans interruption depuis dix ans déjà, dont plus de trois passées en psychothérapie intensive. J'ai déjà parlé de lui dans un autre contexte (cf. p. 275 et p. 289).

Les premiers dix-huit mois de la cure se déroulèrent dans le cadre d'une « thérapie multiple », un autre thérapeute et moi-même travaillant à la fois avec cet homme et avec un autre schizophrène simultanément présent. Ensuite, le travail se poursuivit sur une base individuelle. Les dix-huit mois de thérapie multiple et la première année de thérapie individuelle révélèrent chez ce malade un développement du moi extrêmement rudimentaire, même pour un schizophrène. Ce ne fut qu'au bout de près de deux ans et demi de travail avec moi qu'il commença à faire référence à lui-même comme ayant une existence individuelle, avec un moi propre. Auparavant, il avait constamment nié que les pensées ou les sentiments qu'il exprimait – fort rarement, à vrai dire – pussent provenir de lui ou avoir quelque rapport avec lui. C'est ainsi que de temps à autre, il formulait ce qui était essentiellement des réminiscences de sa vie mais sans jamais les présenter comme telles. Dans son discours, quelqu'un se rendait en tel lieu, par exemple, ou faisait telle ou telle chose; mais que le thérapeute suggérât qu'il pût s'agir de lui, ou qu'il eût eu quelque désir de cet ordre, il s'empressait de rejeter cette idée.

Il projetait, massivement, à peu près toute expérience psychique qui se faisait jour en lui – il la projetait sous la forme d'hallucinations visuelles ou auditives et aussi, fréquemment, sur d'autres personnes, à commencer par moi, lors des séances individuelles.

Mais pendant le plus clair de chaque séance, il restait silencieux et apathique; avec aucun autre patient, je n'ai passé aussi longtemps, environ deux ans, en séances à peu près totalement silencieuses. De longs et pénibles mois m'apprirent que d'exercer sur lui une quelconque pression qui excédât celle, inéliminable, de ma propre présence, ne faisait qu'ajouter à ses difficultés. Je finis par comprendre que la seule coopération utile que je pusse lui apporter était de lui servir, ce qui dura des mois, d'objet inanimé et silencieux sur quoi il eût tout loisir de projeter ses pensées et ses émotions. Comme je parvenais de mieux en mieux à accepter affectivement ce statut face à lui, il se mit à se développer – encore qu'à longueur de séance, pratiquement rien ne fût dit entre nous.

Il fournit quelques indices remarquables de ce que, s'il resta longtemps inconscient des limites séparant son moi de celui des autres individus, il le fut également des limites le séparant de son environnement non humain et aussi de ce qui distinguait les autres, en tant qu'êtres humains, des objets inanimés qui l'entouraient.

Un jour, durant la période de thérapie multiple, il nous regarda intensément l'autre thérapeute et moi, et se mit à parler : « Ils prennent la moitié supérieure du corps de deux hommes et les attachent aux moitiés inférieures de deux corps de femmes... » Et chacun de nous comprit de son côté que c'était là la façon dont il nous percevait – pas vraiment comme des hommes, mais comme un montage bizarre. Cela correspondait d'ailleurs à sa propre façon de marcher qui combinait une manière caricaturalement féminine d'avancer à petits pas en balançant outrageusement les hanches, avec un port des bras, du buste et des épaules qui fit s'exclamer l'un de mes collègues, la première fois qu'il vit ce malade sortir de mon bureau : « Mais qu'est-ce que c'est que *ça*? » « À quoi cela ressemblait-il donc », lui demandai-je amusé. Et sa réponse fut : « À quelqu'un qui essaierait de marcher comme un gorille. »

Au cours d'une autre séance de la phase de thérapie multiple, à un moment où l'autre malade se tordait et hurlait de douleur, le visage ruisselant de larmes, notre homme se prit à l'observer et éclata d'un rire ravi tout en s'exclamant : « Ah! Ils obtiennent de fameux résultats! » Je ne pouvais en croire mes oreilles : il était manifeste que l'autre malade lui apparaissait comme sur un écran de juke-box ou dans un spectacle de télévision spécialement conçu pour le divertir.

Quand je le vis ensuite individuellement, il passa pendant de longs mois le plus clair des séances vautré, comme apathique, sur son siège, rotant ou lâchant des vents; ou bien penché vers moi et observant mon visage avec fascination, comme s'il regardait un film, et émettant à l'occasion des grognements qui exprimaient l'intérêt, le ravissement, la peur, la stupeur, etc. Lorsque, fort rarement, j'essayais de lui demander ce qu'il éprouvait, il me rabrouait ainsi : « Ne fais pas tant de manières! », ou bien, se voulant rassurant : « Ne fais pas tant de manières, mon petit! »

Un jour, précisément, qu'il me dévisageait de cette façon, il se lança dans la description d'une maison délabrée de Cape Cod dont le toit était effondré – il est fort possible que je me sois trouvé quelque peu affalé dans mon fauteuil – une maison vieille, dégradée, abandonnée, inhabitable. Je compris, à ma grande stupeur, que c'était ainsi qu'il me voyait. Et, au risque de laisser croire au lecteur que j'ai une imagination débridée, je préciserai que, selon moi, il me voyait ainsi non pas en un sens figuré, mais bien littéralement. Il projetait alors sur moi, semble-t-il, une conception qu'il se faisait de lui-même et qui, dans son inconscient, était manifestement littérale et concrète : dans l'attitude inconsciente qu'il avait vis-à-vis de lui-même, il était véritablement une vieille maison délabrée.

Les faits suivants permettront de mieux saisir le sens d'une telle formulation. Ayant commencé à dire quelque chose à un infirmier, il avait soudain renoncé au milieu d'une phrase, comme il le faisait souvent aussi avec moi. L'infirmier le pressa de poursuivre mais s'entendit répondre : « Il n'en sort pas plus, Georgie », comme s'il percevait sa voix séparée de lui-même, provenant non pas de l'intérieur de son corps mais d'un instrument inanimé, sur lequel il n'aurait eu aucun pouvoir. De même, ce bref rapport d'une infirmière suggère tout aussi nettement l'aliénation de ce malade à l'égard de son propre corps :

> Invité à se rendre à l'ergothérapie, a répondu que « ce serait trop pénible de traîner cette vieille chose [se désignant lui-même] jusque-là ». Puis s'est mis à pester contre tout cet « air chaud » qu'il y avait là – et qu'on lui fiche la paix !

Le moi de cet homme resta des années dans un état comparable à celui, momentané, que Savage décrit chez des sujets en psychose provoquée sous L.S.D. 25. Les passages suivants de l'article déjà cité de cet auteur [126] évoquent puissamment à mes yeux des manifestations que j'ai observées chez ce malade et chez d'autres schizophrènes aussi profondément atteints :

> ... On peut observer de nombreuses transformations dans le sentiment du moi relatif au corps... Les contours du corps semblent se perdre dans le lit, il est comme un drap étendu sur le lit...
>
> Ces transformations s'accompagnent d'un déplacement des limites du moi associées au corps. Le sentiment du moi se retire de celles-ci et elles se font ténues, fluides, variables. Il devient de plus en plus difficile de dire où s'arrête le corps et où commence le reste du monde. Au départ, ce changement se fait dans le sens d'un élargissement des frontières corporelles de sorte que tout ce qui survient dans la pièce est perçu à l'intérieur du corps. Le sujet sent les mouvements d'autrui à l'intérieur de lui-même. Regardant par la fenêtre les voitures passer, il les sent rouler sur lui. Entendant des bruits dans la pièce à côté, il a l'impression de les produire lui-même. Couché sur le lit, il perçoit celui-ci comme une partie de son corps et cela persiste quand il se relève.
>
> ... Peu à peu, les frontières du corps se resserrent. Les vêtements, l'ombre portée, le reflet dans la glace, la peau et enfin les extrémités se détachent comme une chrysalide et cessent d'être perçus comme appartenant au corps. Le sentiment du moi s'en est retiré...
>
> Le temps passant, le corps se fait tout à fait étranger. Le sujet a l'impression que ce corps n'est pas sien, qu'il fonctionne automatiquement, qu'il n'a rien à voir avec son activité. Il regarde

le mouvement de ses mains sans avoir la sensation d'en être l'initiateur... Dans sa bouche, il ne sent pas la salive comme sienne mais comme injectée de l'extérieur par quelqu'un...

Chez l'un des sujets, la dépersonnalisation aboutit au point où le corps se trouva projeté en un appareil à influencer qui lui faisait voir des images (hallucinations) et dirigeait ses pensées, ses sentiments et ses actes. Il se plaignit d'avoir « un poste de télévision implanté », du fait que le L.S.D. l'avait transformé en un poste de télévision et qu'une personne étrangère le dirigeait en lui envoyant des impulsions qui lui faisaient voir des images et provoquaient sur sa face et sur ses lèvres des sensations, qu'il interprétait comme les rides et les flous d'une image de télévision...

Sa notion des relations spatiales est perturbée. Il perd la capacité d'intégrer les objets dans l'espace. Le monde extérieur n'a plus de stabilité. Les coins perdent leur forme rectangulaire, les objets solides se déforment, les droites et les plans s'infléchissent. « Les murs battent dans le vent comme des tentures – ils coulent comme de la cire fondante. » « Le plancher coule comme une rivière [1] »...

Ultérieurement, l'individu retire son sentiment du moi non seulement du monde extérieur (les objets) et de son corps, mais aussi de ses pensées, de ses représentations et de ses sentiments.

Il cesse d'éprouver la moindre identification avec ses sentiments. Il rit mais ne sent aucune hilarité. Il pleure sans ressentir de tristesse. C'est comme s'il observait de l'extérieur les émotions d'un autre... [126c].

Les deux articles de Savage [126, 127] offrent de bons exemples d'un phénomène que je n'ai cessé de mettre en évidence ici, à savoir le fait que le schizophrène vit comme une perception concrète ce qui pour nous serait une notion psychique figurée. Dans l'article que je viens de citer, Savage observe que :

Les pensées peuvent apparaître comme directement traduites en symboles qui sont vus sous la forme d'hallucinations. Interrogé sur ce que « avertissement » lui fait venir à l'esprit, un sujet voit « un hibou pourchassant des gens au long d'une rue ».

1. Rendant compte de divers travaux portant sur des perturbations provoquées expérimentalement à l'aide de hachisch et de mescaline, Werner présente un matériel comparable à partir duquel il conclut que dans ce type d'état, « le moi et le monde constituent... un ensemble diffus. L'objectivité du monde, la résistance offerte par ce qui forme chose, se désagrège et s'évanouit. " Les objets donnent l'impression d'être en caoutchouc; même les murs sont mous et les objets rigides ont la malléabilité de la cire. " Et il arrive que le corps même du sujet " se répande sans limite alentour " » [162z].

... « Démence » suggère « un mur et un pont-levis qu'on ferme violemment » [126d].

Dans son autre article, non publié [127], Savage donne, entre autres exemples, celui d'un sujet qui perçoit une autre personne comme littéralement colorée en jaune, personne que le même sujet, hors de l'influence du L.S.D., se représente au figuré comme un « jaune », autrement dit un lâche.

Quand on compare le matériel rapporté par Savage aux observations faites sur chacun des schizophrènes que j'ai présentés ici, on ne peut être que frappé par leur similitude – à ceci près que ces mêmes états mentaux, les malades les vivent pendant des années et ne peuvent qu'assez rarement nous les faire connaître. De plus, si Savage formule ses observations cliniques sur les psychoses provoquées sous L.S.D. dans les termes des théories de Federn sur la psychologie du moi [39], je dois ajouter que ces théories apportent également, selon moi, sens et clarté à l'interprétation du matériel clinique relatif au statut du moi chez les schizophrènes en régression profonde.

L'angoisse du thérapeute dans le contexte décrit ci-dessus

Je voudrais maintenant présenter quelques exemples cliniques de l'angoisse qu'éprouve le thérapeute à constater soit qu'il traite son patient comme non humain, soit que c'est le patient qui se comporte ainsi à son égard, soit encore qu'ils aient tous deux mutuellement la même attitude l'un envers l'autre.

Ce genre d'angoisse offre sans doute au thérapeute une connaissance directe de celle qui étreint l'enfant voué plus tard à la schizophrénie, angoisse liée à sa vie relationnelle et qui inhibe en lui la formation d'une représentation durable de lui-même comme être humain.

I. – Mon premier exemple provient de mon travail avec une schizophrène déjà mentionnée, cette femme qui disait que le côté gauche de sa tête s'était « éboulé » et qui demandait à une infirmière pourquoi elle lui avait ôté un morceau de tête.

Pendant des mois après le début de la psychothérapie,

cette femme me jetait de fréquents regards avec, sur le visage, une expression où se mêlaient l'effroi, la stupeur et l'horreur, comme si j'étais un monstre qu'elle n'osât observer qu'à la dérobée. La gêne que me causaient ces coups d'œil atteignait parfois l'intensité d'une angoisse terrible. Celle-ci se trouvait encore accrue par le violent sentiment de haine et de dégoût que j'éprouvais alors envers cette femme et que, ne cessait de me répéter mon surmoi, nul être humain ne devrait éprouver envers son semblable, et surtout pas un médecin envers un malade. Je n'entrerai pas ici dans les raisons expliquant la formation en moi de tels sentiments. Le fait qui m'importe ici, c'est que ma conscience d'être humain se trouvait attaquée de deux côtés : la malade me traitait comme une sorte de monstre et mon surmoi m'accusait de monstruosité, lui aussi, d'inhumanité, dans ma réaction face à cette malade. Je ne trouvais qu'un réconfort partiel dans le jugement porté par le personnel en général sur l'aspect et le comportement de cette femme, qui étaient qualifiés d'extraordinairement bizarres et qui laissaient penser que la vision qu'elle avait de moi était dans une large mesure une projection. Et ce ne fut que plus tard, alors que cette période pénible mais nécessaire tirait à sa fin, que la malade réussit à me confier : « Je sais que j'ai l'air bizarre, de temps en temps, mais je vais bien. »

Le sentiment d'une menace, je l'éprouvai avec une violence particulière au début d'une séance, lorsque, à mon entrée dans sa chambre, elle se mit à examiner de tout près mon visage et ma tête avant de me demander, comme sous le coup d'un choc : « Comment va votre blessure à la tête ? », me donnant l'impression que j'avais pour tête une chose qui avait été abîmée à un point inexprimable. J'en oubliai, sur le coup, la seule pensée capable de me réconforter, à savoir qu'elle ne faisait là que projeter les sensations inconscientes que lui donnait alors sa propre tête.

Bien que cela ne s'inscrive pas rigoureusement dans mon propos actuel, j'aimerais relater ici une séance qui contribua à révéler le caractère défensif du traitement déshumanisant que me faisait subir cette malade. À titre d'introduction à ce matériel, dont j'ai déjà touché un mot (p. 270), il me faut apporter deux précisions : la malade avait montré en bien des occasions qu'elle se reprochait de n'avoir pas pris convenablement soin de sa vieille tante qui habitait la maison familiale ;

et, d'autre part, elle me témoignait non seulement de l'effroi et de la stupeur mais également un profond dégoût.

Lors de la séance en question, elle se tenait assise sur le plancher de sa chambre, penchée sur le bout de son lit. À un moment, elle dit : « Aimeriez-vous aller en Californie avec Tante?... J'aurais dû m'y trouver avec vous », comme s'adressant un reproche.

Je lui demandai : « Vous avez peut-être l'impression, chaque fois que vous partez quelque part, d'abandonner Tante? », car je me rappelais qu'aux dires de ses parents, toutes les fois que la jeune fille sortait, sa tante restait éveillée à attendre son retour.

Elle eut alors un sourire triste et éclata en sanglots, versant sur le plancher d'abondantes larmes.

Je fus très ému par ce chagrin et au bout d'un moment, je lui demandai doucement : « Vous vous sentez donc tellement abandonnée? »

Sur ce, elle leva les yeux vers moi et me dit en face : « Mon dieu, que vous êtes visqueux! », avec une expression de profond dégoût. Elle garda cette expression quelques instants, pendant lesquels elle me qualifia, entre autres, de « rongeur d'ongles » (toute sa vie, elle s'était rongé les ongles, à la vive exaspération de ses parents), puis elle alla s'asseoir à l'autre bout de son lit, se recroquevilla, prit son oreiller dans ses bras et tout en l'étreignant et en enfouissant son visage dedans, elle se mit à pousser des sanglots désespérés, entrecoupés d'exclamations à mon intention, disant : « Mon dieu! mais vous êtes un monstre visqueux et hébété! » Elle me regardait alors droit dans les yeux et affectait une expression d'insondable dégoût, avant d'inonder à nouveau l'oreiller de ses larmes.

À ces manifestations, je ne réagis pas sur le mode défensif, qui était souvent le mien face à elle; car je compris qu'elle avait si peur de la proximité avec moi, à laquelle l'exposait son chagrin, qu'elle tentait de s'en protéger en exprimant à mon égard la plus vive répugnance, cependant que son désir de proximité se traduisait par l'étreinte de son oreiller.

II. – Je voudrais revenir ici sur le cas du schizophrène déjà évoqué à plusieurs reprises (cf. pp. 327-330), et dont la thérapie se passa dans un silence presque constant pendant près de deux ans. Assis dans une pièce en la compagnie de cet homme qui négligeait complètement sa mise et ne s'exprimait guère que par des grognements, des rots et des vents, j'avais souvent l'impression de me trouver enfermé avec une créature plus proche de l'animal que de l'homme. Mais de surcroît, je constatais fréquemment que, dans la relation thérapeutique, je me conduisais moi aussi en animal. Cela finit par me donner parfois un sentiment de confort, mais durant les mois qu'il me fallut pour m'habituer à un mode de relation aussi peu verbal, je la ressentais comme une véritable menace sur ma propre humanité. Ce sentiment s'alimentait, je crois, à quatre sources.

La première tient à l'exclusion quasi totale entre nous de la parole, ce mode d'échange typiquement humain. Au bout de plusieurs mois, je parvins à trouver, dans cette relation en quelque sorte animale, un enrichissement et une jouissance. Mais avant cela, l'interdiction qui m'était pratiquement faite de me servir de la parole, fondement, pour moi de la conscience d'appartenir à l'humanité, m'apparaissait clairement comme une menace. Sans entrer dans le détail, cette interdiction m'était, à mon sens, signifiée par le fait que chaque parole de moi ne faisait que l'effrayer, le mettre en fureur, ou aggraver encore la distance qu'il mettait entre nous. Pendant les premiers mois de thérapie individuelle, j'avais trop peur de lui pour parler, sachant que je provoquerais ainsi sa fureur et n'ayant que trop de raisons de craindre qu'il ne sache pas en rester maître.

Un second facteur réside dans le poids des silences qui se prolongeaient entre nous extraordinairement. Un flou se répandait sur les frontières de mon moi et je me sentais me confondre avec ce malade dont l'aspect et le comportement étaient si bestiaux. J'ai souvent remarqué dans mon travail avec ce malade comme avec d'autres, qu'au cours des séances, les très longs silences tendaient à provoquer une intense activité de projection de la part de chacune des deux personnes en présence sur l'autre – projection qui se révèle telle sitôt que l'une ou l'autre commence à parler [1].

1. Ces projections réciproques remplissent une fonction constructive. Elles permettent de préserver une forme primitive de relation d'objet ; elles servent de mécanisme de défense contre la rupture de tout contact entre les deux personnes en présence. De plus, la fluidité qui affecte les frontières du moi dans une situation de ce type permet au thérapeute de faire l'expérience immédiate, par introjection, des conflits générateurs d'angoisse dont le malade est le siège, ainsi que je l'ai indiqué ailleurs [134]. Ce dernier phénomène, bien que pénible

Pendant un long silence, il est en effet inévitable que chacun se livre à des hypothèses sur ce que l'autre peut bien penser ou éprouver; il est facile d'imaginer qu'il vit la même chose que soi, facile aussi de lui attribuer diverses productions psychiques que l'on préfère ne pas reconnaître en soi-même. Mais dès lors que le thérapeute ou le malade se met à parler, ses propos posent d'emblée son individualité comme distincte de celle de l'autre. Je suis sûr que tout thérapeute a eu la surprise d'entendre un malade commencer à exprimer, au sortir d'un long silence, des pensées totalement différentes de celles qu'il lui avait attribuées. En résumé, je crois que si ces silences sont généralement si pénibles aux thérapeutes c'est parce qu'ils semblent dénier leur humanité même et les menacent de les ramener à la phase « animale » et pré-verbale du tout début de la vie. Face à une telle régression, nous avons une réaction ambivalente : nous y aspirons et en même temps nous la redoutons en tant qu'elle représente peut-être la forme la plus radicale de castration.

Dans le cas de ce malade particulier, un troisième élément qui jetait l'incertitude sur les frontières de mon moi et me portait à la fusion subjective avec lui tenait à la projection massive qu'il faisait sur moi du contenu de son inconscient et qui traduisait l'extrême fluidité des limites de son moi. Or les silences alimentaient chez lui cette activité de projection tout comme chez moi. Il ne cessait de me traiter comme si je n'étais qu'une extension de lui-même, cet être qui m'apparaissait si bestial. Les rares fois où il verbalisait, ses projections dressaient un véritable barrage devant moi – et elles avaient une intensité et traduisaient chez le malade une conviction de correspondre à la réalité de ma personne, qui sont tout à fait caractéristiques de bien des schizophrènes et les distinguent radicalement des projections souvent timides et hésitantes des névrosés.

Un quatrième facteur était à l'œuvre, comme dans mon travail avec la schizophrène évoquée juste auparavant; je veux parler des sentiments fortement négatifs que m'inspirait ce malade et desquels je me faisais reproche. Je ressentais en somme comme un déni de mon humanité les pensées que je surprenais en moi face à cet homme et qui s'exprimaient

à subir par le thérapeute, lui est d'un secours inappréciable dans ses efforts pour connaître le mal dont souffre son patient.

par des « Cochon ! » ou « Cinglé, fils de pute ! » ou même par des envies de meurtre.

III. – Une femme de vingt-cinq ans à la personnalité gravement schizoïde, en traitement avec l'un de mes collègues. Deux de ses symptômes les plus marqués étaient le détachement affectif et la compulsion à manger. Elle était d'une obésité qui répugnait à beaucoup de gens.

Les extraits ci-dessous de la présentation de son cas par son thérapeute au bout de quatre mois traduisent l'angoisse qu'il éprouvait à ce qu'ils se regardent mutuellement comme non humains :

> Avec elle, la cure a été très difficile pour moi. Le silence occupait une grande partie des séances, un silence de mort. On a l'impression de se trouver avec une malade qui refuse de parler et quand je réussissais à tirer d'elle quelque chose, j'ai souvent eu le fantasme de lui arracher une dent. Ça a duré quelques mois. J'éprouvais en alternance un sentiment d'impuissance à aboutir à quoi que ce soit et une forte colère, que je déversais à plusieurs reprises sur la malade, ce qui ne lui fit aucun bien.
>
> À propos du début de la cure : je mentionnerai seulement un fantasme de la malade pendant certains de ces terribles silences. Finalement j'arrivai à faire un peu bouger les choses et j'entendis la malade dire qu'à ses yeux j'avais l'air d'un animal bizarre, que j'étais déformé, que j'avais une expression pleine de colère et de cruauté et qu'elle pensait à Jeanne d'Arc face au Grand Inquisiteur. Elle se rappela ensuite que l'inquisiteur s'appelait « Cochon » (qu'elle traduisit d'emblée en anglais par *pig* bien que le vrai nom fût Cauchon) et elle me trouvait l'air d'un cochon et il lui semblait en même temps que j'étais très haut au-dessus d'elle. Nous avons beaucoup parlé du fait de vivre dans des sphères différentes, la malade me voyant haut au-dessus d'elle mais moi, à l'entendre, je pensais qu'elle me voyait bien au-dessous...
>
> Je voudrais parler de mes propres fantasmes pendant cette période. L'un d'eux était que je me trouvais avec une grosse amibe et je pensais beaucoup aux amibes que j'avais autrefois observées au microscope. Je pensais à une amibe absorbant une particule de nourriture, m'absorbant moi-même, en fait. Quand on jetait vers elle une observation quelconque, au lieu de provoquer une réaction, ça s'engloutissait et ça disparaissait : c'était consommé. J'avais très souvent ce fantasme. Un autre fantasme m'était suggéré par le fait que plusieurs personnes me disaient : « Ce dont cette fille a besoin c'est de quelqu'un qui la secoue pour de bon. » J'ai un peu essayé, non pas littéralement, bien

que j'en aie eu envie. Quand je l'ai fait, j'ai repensé au vieux conte de Frère Lapin et du Bébé Goudron. Frère Lapin frappe Bébé Goudron d'une main et elle reste collée; puis c'est son autre main qui reste collée, puis ses deux pieds, et il lui donne un coup de tête et sa tête reste collée. C'est ce qui m'arrivait quand j'éclatais, disant : « Et maintenant, il serait temps que vous vous mettiez à arriver à l'heure! » Elle avait l'habitude d'être en retard.

IV. – Une femme de vingt-deux ans qui suivait un traitement avec un autre thérapeute de l'hôpital pour une schizophrénie présentant des traits paranoïdes et hébéphréniques. Cette malade, elle aussi, avait, au moment de son admission, un aspect hideux qui la faisait ranger dans les quelque 5 % de nos patients en qui l'on a du mal, pour un temps plus ou moins long, à voir un être humain. Cette femme avait passé le plus clair des sept années précédentes dans trois hôpitaux successifs et sa famille n'avait guère d'espoir de la voir guérir un jour. Elle avait manifesté de fortes tendances homicides; un jour, par exemple, elle avait menacé sa mère, femme froide et dominatrice, d'un marteau. Outre la cure psychothérapique, elle avait subi plusieurs traitements par coma insulinique et par électrochocs, ainsi que des administrations de Thorazine et de Serpasil, sans amélioration. Quand ensuite elle fut admise à Chestnut Lodge, le médecin qui la reçut eut la surprise d'entendre le père recommander d'enchaîner sa fille quelque part et de ne l'approcher que pour la nourrir [1].

1. Il n'est pas du tout exceptionnel que les psychotiques gravement atteints soient réellement traités comme des bêtes. C'est ainsi qu'avant d'être admis à Chestnut Lodge, un jeune schizophrène, que les autres hôpitaux où il avait séjourné avaient qualifié d'« absolument intraitable », avait passé six mois dans l'un d'eux enfermé seul dans une pièce sur la porte de laquelle on avait inscrit : « Très dangereux. N'approchez pas. Ne dérangez pas ce malade. » Ce fut une profonde satisfaction pour l'équipe de Chestnut Lodge que de voir en un an ce garçon passer d'un comportement excessivement violent et agressif à celui d'un être humain aimé de tous.

À Chestnut Lodge, au demeurant, nous avons constaté que les résultats thérapeutiques aussi convaincants que celui-ci étaient le fruit d'un travail courageux et assidu mené ensemble par le malade, le thérapeute, le psychiatre responsable, le personnel infirmier et le service d'ergothérapie. C'est ce que me dit un jour le Dr Fromm-Reichmann en une formule que je n'oublierai jamais : « Il faut bien des intelligences et bien des cœurs pour guérir un schizophrène. » L'ouvrage de Gertrud Schwing, *A Way to the Soul of the Mentally Ill* [130] (Comment atteindre l'âme du malade mental) semble imputer à la seule relation patient-thérapeute la restauration de l'humanité de malades initialement ravalés au rang de quasi-bêtes; l'expérience de Chestnut Lodge m'inclinerait à penser que l'action du seul thérapeute n'y suffit pas.

Lors de séminaires bi-hebdomadaires que son thérapeute tenait avec cinq de ses collègues, dont moi, il nous confia, dans les débuts de son travail avec cette femme, combien les séances avec elle le rendaient anxieux. Il nous décrivit son comportement physiquement menaçant envers lui et son mutisme, dont elle ne sortait que pour grommeler des malédictions et des menaces de violence physique. Il insista particulièrement sur le choc qu'elle lui causait lorsque, pendant de longs silences qu'elle passait couchée sur son lit, lui tournant le dos, elle se retournait soudain et lui montrait son visage monstrueux. Lors d'un de ces séminaires, écrasé par l'énormité de la tâche thérapeutique qui l'attendait, il s'écria : « Ce qu'il faudrait à une malade comme celle-là, c'est un thérapeute qui soit aussi à l'aise dans le dressage des bêtes sauvages que dans la fréquentation des humains. »

Au septième mois de la thérapie, nous eûmes le plaisir de l'entendre relater un changement crucial qui était intervenu dans la relation thérapeutique. Il nous en donna un premier indice en cessant de la désigner par son nom de famille, Morrison, pour l'appeler Élaine, faisant ainsi de cette créature jusque-là profondément étrangère, une femme. Voici la façon dont il résuma pour nous le changement survenu. Il définit d'abord la situation antérieure :

> On avait l'impression d'être en présence, non d'une personne, mais d'une bête sauvage. L'une des pensées qui me hantaient, c'était qu'il n'y avait rien dans cette relation qui présentât pour moi un aspect positif, comme si, une fois perdu le contrôle d'elle-même, il n'y avait aucune limite à ce que cette fille pouvait faire – vous vous trouvez avec un lion et vous n'avez aucune assurance qu'il va mettre une limite à ce qu'il va faire.
>
> La semaine dernière, tandis que j'étais assis là, je me suis rendu compte pour la première fois qu'elle était Élaine et que j'étais moi : je n'étais plus submergé par l'angoisse. [Cela survint, raconta-t-il, quand il vit le visage de la malade se détendre, révélant en elle une femme au lieu d'une « bête féroce ».] À la place du visage hideux dont la bouche se tordait et les yeux ne cessaient de s'ouvrir et de se fermer, je vis le visage d'une jeune fille.

On retrouve là le phénomène dont j'ai déjà rendu compte à propos de mon propre travail avec ce schizophrène d'aspect bestial qui garda le silence pendant deux ans et qui constitue le second cas clinique de la présente série. Sous la pression des silences dissolvant les frontières du moi, mon collègue en était arrivé à une sorte de fusion subjective avec sa patiente « monstrueuse ». Et je trouve particulièrement significatif qu'il ait pris simultanément conscience et de leur délimitation en tant qu'individus – « elle était Élaine et j'étais moi » – et de la nature humaine de la créature qu'il avait en face de lui.

Significative également fut la précision qu'il nous apporta quand je lui eus demandé de nous en dire davantage, à savoir que le *silence* avait été le contexte de cette transformation décisive de leurs relations. Ce point coïncidait également avec ma propre expérience. Mon travail avec le schizophrène déjà mentionné m'avait appris qu'une longue période de silence couvrant les premiers mois – voire, comme dans son cas, les premières années – de la thérapie ne constitue pas un simple prélude à une phase de communication verbale qui se situerait plus en profondeur. Tout aussi profondes peuvent être les transformations qui s'accomplissent durant la phase silencieuse et qui modifient radicalement l'attitude réciproque des deux personnes en présence, la prédominance des sentiments négatifs faisant place à celle des sentiments positifs.

Résumons donc les facteurs qui engendrent chez le thérapeute travaillant avec ce type de patients l'angoisse d'être ou de devenir étranger à l'espèce humaine :

a) Le simple spectacle d'un de ses semblables ayant un aspect et un comportement bestiaux suscite chez le thérapeute la pensée qu'une chose aussi incroyable, si elle est arrivée à autrui, pourrait aussi bien lui échoir à lui-même.

b) L'angoisse du malade de ne pas être humain tend à gagner le thérapeute.

c) L'obstination du patient à traiter le thérapeute comme non humain sape le sentiment qu'a celui-ci de son humanité. La menace d'une totale absence de relation peut apparaître au thérapeute plus redoutable encore que celle d'avoir à entrer dans une forme de relation non choisie par lui, si bien qu'il se trouve comme happé par le mode de relation qui est celui du malade et qui tend à faire de lui un animal ou une chose.

d) Le travail avec de tels malades comporte souvent des silences prolongés qui attaquent les frontières du moi et amènent le thérapeute à partager subjectivement l'animalité de son patient.

e) Face à de tels malades, le thérapeute se surprend souvent dans des attitudes de dégoût, d'horreur, d'intense hostilité, de rejet, etc., qui constituent, pour son surmoi, un déni de son humanité.

f) Comme n'importe qui, le thérapeute a des désirs inconscients de cesser d'être humain. Inacceptables, ces désirs ajoutent à son angoisse que cela se produise.

L'article de Michael Balint, « Friendly expanses-horrid empty spaces » (Étendues accueillantes – horribles espaces vides) [9] comporte certaines formulations théoriques qui s'appliquent parfaitement ici. Elles concernent des stades très primitifs du moi, qui précèdent même l'apparition du sens de l'identité mère/enfant. Ses conceptions sont trop élaborées pour qu'il soit possible de les résumer dans leur ensemble. Je citerai seulement deux passages qui exposent sa principale conclusion technique, à savoir que l'analyste doit absolument être capable de fonctionner, dans les phases de l'analyse où le patient accomplit une régression très profonde, sur un mode de participation avec celui-ci, que l'on pourrait qualifier de non humain, en sorte que cette régression débouche sur une plus grande maturité. Balint nous dit qu'au moment où il avance sur la voie de la régression, le patient fait connaître à l'analyste son désir que celui-ci

> ...se tienne tranquille et ne sollicite pas son attention. En revanche, il importe au plus haut point que l'analyste soit là, reste avec le patient, et même fasse en sorte que ce dernier reste tout le temps conscient de ce que l'analyste est là pour lui... C'est ainsi qu'un patient qui se trouvait dans cet état m'a demandé de ne pas parler, de rester tranquille, mais de bouger un petit peu de temps en temps, de faire doucement grincer ma chaise, par exemple, ou de faire entendre discrètement ma respiration... Mais je n'étais pas autorisé à prononcer le moindre mot car il aurait fallu qu'il le comprît et donc qu'il sortît de son état régressif pour revenir au monde adulte [9a].
>
> [Cette relation transférentielle est, bien entendu, surdéterminée, admet Balint, mais, insiste-t-il], un déterminant possible et très important c'est que l'analyste doit devenir partie intégrante du monde du patient, c'est-à-dire doit revêtir les caractères d'un objet primaire en parfaite harmonie avec lui. En d'autres termes, l'analyste ne doit pas être une entité pour son propre compte, avec ses idées, ses astucieuses suggestions et ses interprétations profondes; il ne doit en rien constituer un objet séparé mais se perdre aussi complètement que possible dans les « étendues accueillantes » qui environnent le patient [9b].

J'ai moi-même observé dans mon travail avec des schizophrènes en régression exceptionnellement profonde le même phénomène clinique que Balint a découvert en analysant, je le suppose, des névrosés et je trouve fort gratifiant de trouver chez lui une théorie qui donne à mes observations un sens plus clair que je n'aurais su le faire moi-même.

Chez les schizophrènes, cette phase où le patient traite son thérapeute en « objet primaire », comme dit Balint, et non en individu existant pour lui-même, a, selon moi, une durée et une importance bien plus considérables que chez les névrosés. Dans l'analyse d'un névrosé, je l'ai moi-même observé, la perlaboration réussie de la phase en question peut fortement contribuer à approfondir chez le malade la prise de conscience de soi et l'intégration de la personnalité. Mais dans le traitement psychothérapique de schizophrènes aussi profondément régressés que ceux dont j'ai parlé plus haut, le franchissement réussi de cette phase est absolument crucial; la possibilité pour le malade de sortir de son état « non humain » ou animal et de poursuivre jusqu'à la résolution de la psychose dépend, à mon avis, du fait que le thérapeute a réussi ou non à l'aider dans la perlaboration de cette phase de régression. Si j'en crois mon expérience, cette phase peut prédominer au début de la thérapie ou ne survenir que quelques mois ou quelques années plus tard; mais elle a de fortes chances de durer des mois, ou même, comme dans l'un des cas évoqués, des années [1].

1. On entrevoit ici, je crois, l'explication des passions que soulève, année après année, dans les assemblées de notre profession, la controverse opposant psychanalyse à psychothérapie. Je pense depuis longtemps qu'il doit exister dans le développement normal une phase très primitive et marquée, pour le nourrisson ou le très jeune enfant, par des sentiments profondément conflictuels que l'une des deux écoles pense résoudre en mettant un accent essentiellement caractérologique sur l'une des parties à ces conflits et l'autre école, sur l'autre partie. Seule l'existence, jusqu'ici insoupçonnée, d'une telle phase permet d'expliquer, je crois, certains clivages absolument irrationnels qui divisent les rangs des psychothérapeutes et des psychanalystes, dont la vie professionnelle est vouée à l'élimination de la souffrance psychique.

Pour être plus précis, les champions de l'« écran neutre », cher à la psychanalyse classique, qui condamnent avec un zèle proche de la férocité toute réaction affective dans la pratique de leurs collègues en affirmant qu'il s'agit de la manifestation d'un contre-transfert regrettable; et à l'autre extrême, ceux qui n'ont que mépris pour ces analystes fonctionnant comme des « écrans neutres » et qui préconisent, chez le thérapeute ou chez l'analyste, une incessante « activité » et une « chaleur de réaction », ces deux écoles, donc, me semblent apporter des solutions antagonistes au conflit qui, au cours de cette phase archaïque du développement, oppose deux identités du soi, l'une en tant qu'objet inanimé,

Je vais maintenant relater mon expérience en ce domaine, à travers deux cas qui mettent bien en lumière la place considérable qu'occupe la phase en question dans la psychothérapie des schizophrènes, par contraste avec sa manifestation relativement discrète dans l'analyse des névrosés telle que Balint l'évoque. Ce sont pour une bonne part des expériences cliniques du type de celles-ci qui m'ont convaincu de la validité de la notion exposée au chapitre IX de « guérison via la régression phylogénétique ».

Le premier cas est celui d'un schizophrène qui se trouvait dans cette phase quand je commençai à travailler avec lui et qui y demeura plus de deux ans. Par diverses voies, pour l'essentiel non verbales, il me fit savoir que ma présence comptait beaucoup pour lui; mais il entrait dans une fureur quasi meurtrière au moindre mot de moi et manifestait une angoisse et une colère très vives dès que je bougeais sur mon siège. Au bout de quelques mois, il finit par me donner cet ordre explicite : « Taisez-vous et restez assis là, c'est tout! » De même, quand il était lui-même actif, physiquement ou verbalement – qu'il eût de soudains et violents mouvements du corps ou qu'il se lançât dans des « échanges » pleins de fureur et de jurements avec un personnage hallucinatoire ou, par la suite, avec moi – je finis par comprendre que la séance était plus fructueuse si je me contentais de rester sur mon siège, immobile et muet le plus clair du temps. Je passai avec lui bien des moments éprouvants et même effrayants; mais au bout d'un an, j'avais acquis la ferme conviction qu'il avait simplement besoin que je sois là, et non que je le menace en me manifestant, plus que le strict nécessaire, comme une entité distincte.

Le second cas est celui d'une schizophrène qui, durant trois ans, resta si profondément immergée dans un monde autistique qu'elle demeurait face à moi dépourvue de toute réaction émotionnelle indiquant qu'elle me considérait comme capable de la moindre initiative indépendamment d'elle, alors qu'elle parvenait à verbaliser très librement à mon intention. Ce ne fut qu'au bout d'environ trois ans, quand elle commença

l'autre en tant que créature animée. L'analyste ou le thérapeute idéal serait celui qui se sent entièrement libre d'être « animé » – vivant, chaleureux, capable de réaction – lorsque la situation l'exige mais qui ne craint pas non plus de fonctionner comme un « écran » relativement « neutre », comme une sorte d'objet inerte, une bonne partie du temps – qui ne craint pas, autrement dit, de perdre son principe vital et son humanité.

à émerger de sa psychose installée depuis si longtemps, qu'elle montra quelque conscience de la réalité du monde environnant, et cela sur le mode d'une vive irritation qui ne m'épargnait pas, lors des séances. Auparavant, elle m'avait souvent stupéfait par son insensibilité totale aux bruits provenant du service pour agités où avaient lieu les séances; plus d'une fois, j'avais été profondément affecté par les hurlements de fureur ou de terreur venant des pièces voisines et je m'étais émerveillé de la capacité qu'elle avait, pour ainsi dire, acquise de se retrancher de tout cela. Mais maintenant, il semblait que les bruits les plus légers – le tic-tac d'une montre, le craquement d'un siège sur lequel quelqu'un change de position, le bref frottement d'une main sur l'étoffe d'un vêtement qu'on époussette... – lui fussent devenus intolérables.

Elle était entrée pour plusieurs mois dans une phase durant laquelle elle exigeait que je ne la regarde pas, que je me tienne assis dans tel coin de la pièce et que je me taise; tout comme le malade dont je viens de parler, elle réagissait par une vive irritation au moindre de mes mouvements. Lorsque j'eus acquis la capacité de supporter les séances avec elle dans ces conditions, c'est-à-dire lorsque j'eus accepté affectivement – et non sans avoir surmonté de violents sentiments de frustration, de colère, de désespoir, etc. – le besoin qu'elle avait de voir ces conditions remplies, elle parvint alors à progresser sur la voie de la résolution de sa psychose, en même temps qu'elle tolérait de mieux en mieux que je fonctionne plus librement. Il était tout à fait clair que la profondeur de sa maladie lui avait servi de protection contre la conscience intolérablement irritante de la réalité du monde extérieur.

Pour que le thérapeute parvienne à aider le malade à franchir de façon fructueuse la phase que Balint caractérise par la relation d'objet primaire et durant laquelle le patient le traite non comme une entité autonome mais comme une partie harmonieusement inscrite à l'intérieur de son soi, il faut qu'il prenne conscience de son angoisse de perdre son humanité et sache la surmonter.

QUATRIÈME PARTIE

Le rôle du contexte socio-culturel

CHAPITRE XIV

LES ATTITUDES SOCIO-CULTURELLES FACE À L'ENVIRONNEMENT NON HUMAIN

Je n'ai examiné jusqu'ici la relation à l'environnement non humain que du point de vue de l'individu. Je voudrais dans le présent chapitre évoquer brièvement l'influence qu'exercent sur cette relation les différents contextes socio-culturels. Ici comme précédemment, j'entends par « environnement non humain » non seulement la nature mais également les productions humaines.

Voici comment L.K. Frank pose le problème dans *Nature and Human nature* [44] :

> ... L'homme a créé ses mondes symboliques, culturels, de significations et de valeurs qu'à la façon d'un écran ou d'une grille il a plaqués sur la nature ou interposés entre celle-ci et lui-même en sorte que la façon dont il voit toute chose, pense toute chose et agit sur toute chose et sur toute personne y compris soi-même traduit dans une large mesure ces significations et ces fins qu'il s'est données [44b].
>
> ... En fonction de son *ethos* hérité, un peuple... attribuera sens et valeur à tels végétaux, tels animaux ou tels individus et les refusera à tels autres... [44c].

La mesure dans laquelle une culture quelconque favorise ou au contraire inhibe et fausse chez ses représentants une relation saine avec l'environnement non humain a d'autant plus d'importance qu'elle pèse également sur leurs relations avec les autres hommes. C'est ainsi que le contexte socio-culturel peut induire l'individu à considérer ses semblables non pas comme de simples humains mais soit comme des surhommes, soit comme des sous-hommes, assimilés plus ou moins à des bêtes ou à des choses. Je reviendrai sur ce point tout au long de ce chapitre.

Pour donner un aperçu de la diversité que l'on constate à cet égard entre les cultures, j'en évoquerai rapidement deux qui diffèrent fortement de la nôtre, c'est-à-dire celle de l'Occident actuel et plus précisément des zones urbanisées des États-Unis.

Voici tout d'abord une culture dite « primitive », celle d'une ethnie de l'intérieur du Sri Lanka à propos de laquelle je citerai quelques lignes d'un ouvrage de Robert Ranulph Marett reproduites dans l'anthologie de Margaret Mead et Nicolas Calas, *Heritage* [104]. Elles suffisent à donner une idée de la relation intime qui peut exister entre l'individu et un environnement constitué essentiellement des éléments naturels, à peine altérés par la main de l'homme, et de fort rares artéfacts. Voici ce que déclare un Vedda cavernicole :

> « Nous prenons plaisir à sentir la pluie nous battre les épaules et c'est bon de s'en aller dehors déterrer des ignames et de rentrer tout mouillé et de voir le feu qui brûle dans la grotte et de s'asseoir autour » [104e].

Et l'on ne peut être qu'enclin à suivre l'anthropologue Paul Radin quand il écrit :

> C'est l'un des traits caractéristiques de l'homme dit primitif que de laisser ses sensations s'exprimer avec toute leur force et leur valeur. Il est avant tout un homme de sens pratique, comme la plupart des paysans... il est doué d'un sens de la réalité qui prime sur tout et aborde cette réalité d'une façon qui paraît à l'Européen trahir un manque presque total de sensibilité... Il est vrai que dans toute société primitive, les faits les plus quotidiens sont revêtus d'un habillage de magie et de rites, mais il n'est que justice de dire que ce n'est pas l'indigène moyen que cet habillage induit en erreur mais bien l'ethnologue [104f].

Jetons maintenant un coup d'œil tout aussi rapide sur la civilisation de l'Europe occidentale au Moyen Âge, avant la révolution industrielle. Bien qu'à un moindre degré, ici, l'intimité entre l'homme et son environnement reste très étroite. La société est constituée, dans sa très large majorité, de paysans et d'artisans. Ces paysans habitent des maisons qu'ils ont construites de leurs propres mains avec les matériaux que leur fournit localement la nature. Des plantes qu'ils font eux-mêmes pousser et des bêtes qu'ils élèvent fournissent la matière première de leurs vêtements. Ils se nourrissent du produit de la culture des terres qui environnent leur maison ou leur village. La vie et le travail des artisans les mettent, eux aussi, dans une relation étroite avec un environnement où prédomine la nature et envers lequel on imagine volontiers que l'on devait nourrir des sentiments de respect et de parenté, nécessairement étrangers à l'habitant d'une mégalopole, presque entièrement faite de productions humaines. La matière première du travail de ces artisans est, au départ, une substance naturelle brute ou fort peu transformée – peaux, bois, pierre, métal, etc. – et ils accomplissent eux-mêmes d'un bout à l'autre la transformation qui amène ces matériaux à un état utilisable par les autres hommes, qui au demeurant, se trouvent être, bien souvent, leurs voisins.

Si l'on en vient maintenant à la civilisation occidentale moderne, on constate qu'elle a sur ses représentants cette action malsaine de les rendre étrangers à leur environnement, qu'il soit d'origine naturelle ou humaine.

Les agriculteurs, par exemple, dont la vie se déroule dans un cadre essentiellement naturel, sont peu nombreux dans notre société, et encore la mécanisation de l'agriculture les éloigne-t-elle de plus en plus des manifestations non humaines de la nature au sens large à laquelle nous appartenons. Il en va de même des autres travailleurs, tels que mineurs ou bûcherons, dont l'activité s'applique à des substances naturelles, mais par l'intermédiaire d'un outillage de plus en plus perfectionné. Les animaux domestiques autrefois si prisés par l'homme pour l'aide qu'ils lui apportaient dans son travail, le chien, le cheval, le bœuf..., ont perdu l'essentiel de leur valeur utilitaire et ne lui offrent donc plus guère d'occasions d'éprouver par rapport à eux le sentiment d'un lien de parenté appelant le respect.

Quant à la majorité de plus en plus large de la population qui vit dans les grandes villes, elle a encore beaucoup moins de contact avec la nature. Elle travaille et réside le plus souvent dans des édifices dont l'architecture n'exprime guère les beautés propres au milieu naturel local. Je me souviens, par exemple, de la surprise pénible que j'ai éprouvée, après plusieurs jours passés sur la côté du Maine, dans un charmant petit port, en arrivant dans la ville industrielle voisine, qui ressemblait à toutes les autres, où qu'elles se trouvent. En quelques kilomètres à peine, j'avais véritablement changé de monde. Celui où je venais d'entrer ignorait absolument les singularités de la nature environnante.

Il est, en outre, bien rare dans nos sociétés, qu'on habite la ville ou la campagne, non seulement d'avoir construit sa maison de ses mains, mais tout simplement de posséder cette maison édifiée par d'autres et le terrain qu'elle occupe. Le plus souvent, le propriétaire du lieu même où nous vivons est une banque, quelque part. Et je pense que le lien affectif qui nous unit à ce lieu s'en trouve nécessairement altéré.

Le progrès technique a psychologiquement éloigné l'homme d'à peu près tous les éléments de l'environnement. Il n'est sans doute pas un individu sur dix mille qui ait vu l'arbre dont le bois a servi à fabriquer tel de ses meubles et peut-être pas un sur dix qui sache reconnaître, au bord de la route, l'essence à laquelle cet arbre appartient. Voici, en revanche, quel lien psychologique un Thoreau pouvait établir entre son mobilier et les éléments naturels d'où il provenait :

> ... Il était agréable de voir [pendant le nettoyage de la maison] tout mon ménage étalé sur l'herbe... Cela valait la peine de voir le soleil briller sur ces choses et d'entendre sur elle le libre passage du vent ; les objets les plus familiers prennent un aspect tellement plus intéressant quand ils sont dehors que quand ils sont renfermés. Un oiseau se tient sur un rameau tout proche, l'immortelle pousse sous la table, la ronce grimpe autour de ses pieds ; des pommes de pin, des bogues de châtaignes et des fraisiers sauvages couvrent le sol. C'était ainsi, eût-on dit, que toutes ces formes avaient fini par se transmettre à nos meubles – parce que ceux-ci, autrefois, s'étaient trouvés au milieu d'elles [154g].

Dans notre civilisation, non seulement l'homme a perdu le contact avec la nature mais les objets manufacturés qu'il utilise, il ne les considère pas, pour ainsi dire, comme des amis avec qui l'on partage une expérience pleine de sens. Notre civilisation fait d'eux de purs et simples symboles de prestige social, que l'on acquiert ou abandonne selon les exigences du jeu social. De nombreuses raisons expliquent ce fait ; les deux principales sont probablement, tout d'abord, la très grande mobilité sociale que nous connaissons, et qui fait de la possession des insignes du prestige un sujet de préoccupation constante, et ensuite, la nécessité où se trouve, pour se perpétuer, l'économie industrielle capitaliste de pousser constamment à la surconsommation par rapport aux besoins réels. L'individu moyen vit environné d'une surabondance d'objets manufacturés et il passerait pour un original s'il continuait à rouler dans une vieille voiture ou à porter un costume défraîchi alors qu'il a de quoi s'en acheter de tout neufs, pour cette seule raison qu'il est attaché à cette voiture ou à ce costume. De même, les « objets de famille » sont-ils pratiquement absents des intérieurs citadins.

Quand on travaille avec des schizophrènes, pour qui ce sont là des questions si vitales qu'elles ne peuvent plus rester dissimulées, on voit combien profondément l'être humain peut tenir à une vieille chemise déchirée, à un vieux sac râpé qui l'ont accompagné une bonne partie de son existence. Je ne crois pas, pour autant, que notre contemporain « normal » diffère tellement du schizophrène sur ce chapitre; simplement, il ne cesse de sous-estimer ou d'ignorer totalement un fait que le schizophrène, lui, ne peut se permettre de se dissimuler, à savoir que les objets matériels constituent affectivement une part importante de notre vie.

Je n'irai assurément pas jusqu'à dire qu'ils possèdent la même intensité de signification affective pour l'individu moyen, dont la vie relationnelle lui fournit en général quelques satisfactions, et pour le schizophrène. J'ai cependant tendance à penser que c'est bien le cas pour les *enfants* normaux, dans notre société. Aussi l'individu qui ne cesse de se débarrasser de ses biens matériels – voitures, maison, etc. – pour en acquérir de plus prestigieux, ne se contente-t-il pas d'appauvrir gravement sa propre vie affective : il inflige aux jeunes enfants de sa famille une série de pertes affectives qui ont la gravité d'un traumatisme. On s'en convainc aisément quand on entre en contact, comme cela a été mon cas, avec des adultes schizophrènes ayant grandi dans une famille en ascension sociale rapide et obsédée par les symboles de la réussite.

Je me rappelle mon étonnement le jour où j'entendis mon jeune fils exprimer la vive affection qu'il portait à la voiture que nous possédions à l'époque et qui ne m'inspirait d'autre sentiment conscient qu'une légère honte du fait qu'il s'agissait d'une Chevrolet passablement démodée. L'exemple de mon petit garçon m'aida, un peu plus tard, à prendre conscience sans trop de gêne de la tendresse que j'éprouvais moi aussi pour ce « symbole social ».

Jurgen Ruesch et Gregory Bateson, dans *Communication – The Social Matrix of Psychiatry* (La Communication, matrice sociale de la psychiatrie)[119] observent que ces facteurs culturels exercent une action bien plus forte aux États-Unis que dans les pays d'Europe occidentale, qui en sont par ailleurs si proches. Ils relèvent que les Européens, à la différence des Américains, sont fort préoccupés de la protection des choses inanimées, allant parfois jusqu'à donner le pas à la préservation des œuvres d'art, des livres, des meubles, des maisons ou des églises sur les besoins de l'individu vivant. La société de castes de l'Europe, écrivent les auteurs, limite la mobilité sociale et fait de la maîtrise technique et de la virtuosité des fins en soi, alors qu'aux États-Unis l'ouvrier ne recherche l'excellence que dans la mesure où elle lui assure la réussite; d'ailleurs, presque tous nos artisans et ouvriers qualifiés sont d'ascendance européenne directe. Ruesch et Bateson font également remarquer qu'en Amérique, à la différence de ce qui se passe en Europe, les maisons sont construites pour ne durer qu'une génération et ont une structure et une esthétique étroitement déterminées par les nécessités du moment.

Quant à l'impact psychologique de la surabondance de biens matériels au milieu de laquelle nous vivons, on se demande, à la lecture du passage suivant de la description par l'amiral Byrd de sa solitude dans l'Antarctique, si notre bien-être affectif n'en pâtit pas plus qu'on ne le pense. Byrd découvre ce que cela signifie que d'être affranchi de l'abondance matérielle :

> Il y avait des moments où je me sentais plus *vivant* qu'à toute autre époque de ma vie. Libérés des distractions matérialistes, mes sens s'aiguisaient dans de nouvelles directions et les mouvements hasardeux ou banals du ciel, de la terre, de l'esprit, qu'en temps ordinaires j'eusse dédaignés, à supposer que je les eusse seulement remarqués, devenaient d'excitants prodiges [22g].

Dans *The Sane Society* [55], Erich Fromm présente, à propos de notre civilisation, de nombreuses observations pénétrantes. Il y a deux façons de considérer un objet, note-t-il : l'une qui tente de le saisir dans sa singularité concrète et l'autre, abstraite, qui ne met l'accent que sur les qualités qu'il a en commun avec les autres objets du même genre. La relation complète et productive avec cet objet conjugue les deux attitudes; or, fait-il observer, la civilisation occidentale contemporaine en est venue à privilégier unilatéralement l'abstraction appliquée à tout au détriment de la prise en considération de la réalité concrète des personnes et des choses. Les choses ne sont traitées que comme des marchandises, ne possédant qu'une valeur d'échange. Et l'ignorance où nous sommes de leur nature et de leur origine ne fait qu'aggraver encore la distance psychologique qui nous rend étrangers au monde qui nous entoure. Nous ne comprenons rien au fonctionnement des machines complexes qui accompagnent notre existence quotidienne et nous n'en savons guère plus sur la façon dont on fait le pain ou dont on tisse les étoffes. Nous vivons dans un monde de choses que nous sommes seulement capables de consommer ou de manipuler.

Mais cette relation – ou cette absence de relation – entre l'homme et son environnement et les attitudes psychologiques qui la sous-tendent sont intimements reliées aux attitudes et aux mentalités qui, sur le plan social, politique, moral et philosophique, définissent pour le représentant d'une culture donnée, la façon dont il vit avec ses semblables.

L.-K. Frank a dressé le tableau des bienfaits qu'entraîne, pour l'ordre social, le progrès de la connaissance des processus matériels à l'œuvre dans le monde non humain. Il estime que les anciennes croyances dans des forces surnaturelles censées imposer à la vie sociale des règles éternelles tendaient à perpétuer les mentalités servant de fondements aux régimes autoritaires; alors que la mise au jour par Newton des forces physiques régissant l'univers aurait incité les peuples à prendre en main l'élaboration et la mise en application de leurs propres lois en accord avec celles de la nature.

Mais, note Frank, si la transposition au plan humain de la démarche newtonienne a contribué à affranchir l'homme de l'idée de son impuissance face à des entités dominatrices surhumaines, elle l'a également conduit à penser que, tout comme la nature était régie par des lois physiques universelles, son existence sociale était elle aussi déterminée par des processus de grande ampleur, dans lesquels son activité d'individu ne comptait pour rien ou peu s'en faut.

Selon Frank, cependant, les plus récentes découvertes de la physique indiquent la voie vers une participation plus effective de l'individu à la gestion de la société. De même, explique-t-il, que la physique quantique a mis en évidence l'importance des relations dynamiques réciproques entre l'électron et la totalité du champ dont il fait partie, de même, nous commençons à nous rendre compte que pour comprendre les mécanismes globaux d'une société, il faut comprendre le fonctionnement psychologique de l'individu dans le champ social. Le développement de la physique nucléaire, d'autre part, ainsi que des concepts de relativité, d'espace-temps, ou d'espace courbe, a révélé dans l'univers des potentialités et une plasticité insoupçonnées; et Frank se demande s'il n'y aurait pas là pour nous l'exemple d'une démarche créatrice qui vaudrait également pour la vie sociale.

L'optimisme résolu de Frank quand il parle de l'état social et psychologique de notre civilisation n'est guère partagé. C'est plutôt un ton de gravité et d'inquiétude qui prévaut en ces matières. Et notamment chez un Paul Tillich [156], qui estime que la vie moderne engendre un profond sentiment d'insignifiance. L'homme, dit-il, est « séparé de la totalité du réel » [156a], ce qui implique, pour le moins, que cette insignifiance découle d'une altération des relations de l'homme non seulement avec lui-même et avec ses semblables, mais aussi avec son environnement non humain.

Tillich montre comment, en luttant contre son « angoisse d'insignifiance » par l'identification à quelque réalité transindividuelle telle que les organisations autoritaires, l'individu introduit le fanatisme dans la vie sociale. Voici un nouvel exemple des répercussions que peut avoir sur divers aspects de l'existence humaine – ici, la sphère socio-politique – la dislocation de la relation avec l'environnement non humain.

Dire que, dans notre civilisation, l'individu, habitué à traiter sans amour des biens matériels surabondants, entretient avec ses semblables des relations tout aussi misérables pour ce qui est du sens, n'implique pas nécessairement un lien de causalité directe; il se peut fort bien que notre civilisation nous amène à traiter de cette même façon et nos biens matériels et nos semblables, qu'il s'agisse là de deux effets parallèles d'une même cause. Je crois cependant que la relation de causalité entre les deux phénomènes joue dans une certaine mesure. En termes bruts de volume, on le sait bien, l'élément non humain représente, et de très loin, la plus grosse part de notre environnement; on peut donc penser qu'une détérioration d'origine culturelle de notre rapport à cet élément non humain doive avoir des répercussions significatives sur nos relations avec nos semblables, répercussions allant dans le sens d'une semblable détérioration.

Fromm observe que des millions de nos contemporains ont et donnent d'eux-mêmes une image d'automates; personne, à commencer par eux, ne perçoit leur névrose car elle passe pour la normalité de notre civilisation. Dans notre société capitaliste, s'indigne Fromm,

> ...un homme, un être humain vivant, cesse d'être une fin en soi et devient un moyen pour les fins économiques d'un autre homme, ou de lui-même, ou d'un géant impersonnel, la machine économique [55h].

La relation de l'homme à son semblable, ajoute-t-il, est une relation entre deux abstractions, deux machines vivantes, qui se servent l'une de l'autre; l'individu en vient à se percevoir lui-même comme une chose qu'il s'agit de faire fructifier sur le marché et non pas comme un homme véritable, riche de son affectivité.

> Entre les diverses analyses critiques du capitalisme règne un accord remarquable. S'il est vrai qu'on a reproché au capitalisme du XIXe siècle son dédain du bien-être matériel des ouvriers, ce ne fut jamais là la principale critique qu'on lui eût adressée. Ce dont parlent Owen et Proudhon, Tolstoï et Bakounine, Durkheim et Marx, Einstein et Schweitzer c'est de l'*homme* et de ce qu'il advient de lui dans notre système industriel. Recourant à des concepts différents, tous disent que l'homme a perdu sa place centrale, qu'il a été transformé en instrument au service de fins économiques, qu'on a fait de lui, face à ses semblables et à la nature, un étranger sans relations concrètes ni avec les uns ni avec l'autre, et que sa vie a perdu son sens. J'ai essayé d'exprimer les mêmes idées en élaborant le concept d'aliénation [55i].
>
> [Fromm rejette le capitalisme comme le communisme pour les raisons suivantes :] Les deux sociétés deviennent des sociétés de managers, leurs membres... des automates, qui suivent sans énergie propre, qui se laissent guider sans s'être donné de chefs, qui fabriquent des machines agissant comme des hommes et qui engendrent des hommes agissant comme des machines; hommes dont la raison se dégrade à mesure que leur intelligence s'élève, et qui créent ainsi une situation dangereuse où l'homme se trouve doté d'une énorme puissance matérielle mais non de la sagesse qui devrait présider à son usage.
>
> ... La menace qui pesait sur l'homme dans le passé était de devenir un esclave; dans l'avenir, c'est de devenir un robot [55j].

Je voudrais évoquer brièvement maintenant l'influence qu'exerce sur la philosophie cette détérioration des relations entre l'homme et l'environnement qui caractérise notre civilisation. Pour aller à l'essentiel, je dirai qu'elle tend à engendrer, sous une forme ou sous une autre, le solipsisme. Cette théorie philosophique consiste à affirmer que la conscience connaît et connaît exclusivement ses états et leurs modifications et que la conscience est la seule réalité existante. William James n'est assurément pas loin du solipsisme quand il affirme : « Quels que soient l'intérêt, la valeur ou le sens dont nos mondes respectifs nous paraissent revêtus, ce ne sont... que des dons de l'esprit du spectateur » [851].

Martin Buber, discutant la philosophie de Jean-Paul Sartre, développe un point de vue qui constitue un rejet vigoureux et éloquent du solipsisme et une affirmation de l'importance qu'il y a pour l'homme à élaborer une relation personnelle et significative avec un monde extérieur auquel il reconnaisse une réalité propre. Rejetant l'assertion de Sartre selon laquelle Dieu est mort et la vie n'a d'autre sens ou d'autre valeur que ceux que l'individu choisit de lui impartir, Buber écrit ceci :

> De nos jours, la relation Je-Ça, démesurément dilatée, a usurpé, pratiquement sans contestation, la souveraineté et le pouvoir. Le Je de cette relation, un Je qui possède tout, est l'auteur de tout, réussit en tout, ce Je qui est incapable de dire Tu, incapable d'une rencontre essentielle avec un être, est le seigneur de l'époque... l'homme est devenu incapable d'appréhender une réalité qui soit absolument indépendante de lui et d'entrer en relation avec elle [54e].

Je voudrais à présent revenir sur le point qui faisait l'objet du chapitre VIII et qui porte sur l'angoisse qu'éprouve l'individu, et particulièrement le névrosé ou le psychotique, de devenir ou de se révéler non humain. Or cette angoisse est également un phénomène de civilisation. Depuis un certain nombre de décennies, elle pèse sur un monde tout entier en proie à ce que Buber a appelé, dans le contexte de l'extermination des Juifs par les Nazis, « la lutte de l'esprit humain contre les démons de l'infra-humain et de l'anti-humain ». Et je pense que la dégradation du rapport de l'homme à l'environnement contribue fortement à l'ampleur de cette menace qui hante l'humanité.

Dans notre civilisation coexistent, semble-t-il, un déni

conscient de l'importance psychologique de l'environnement non humain et un sentiment, dans une large mesure inconscient, de sur-dépendance à l'égard de cet environnement. Je crois que l'importance réelle de celui-ci pour l'individu est si grande qu'il n'ose pas s'en rendre compte. Car il sent inconsciemment qu'il ne s'agit pas seulement d'une constellation hautement significative de choses extérieures à son soi mais aussi de toute une vaste part de son soi. Mon hypothèse est qu'il se crée ainsi à l'intérieur du psychisme une situation analogue à celle qui affecte la vie relationnelle de tant de névrosés et de psychotiques et qui consiste pour le malade à dénier sincèrement et obstinément les sentiments extrêmement forts de dépendance qu'il éprouve inconsciemment à l'égard de certaines personnes au point de faire d'elles, par identification inconsciente, un constituant de sa personnalité même.

Si, comme je le crois, un tel processus psychodynamique est effectivement à l'œuvre sur une grande échelle dans notre civilisation, on comprend alors que nous soyons si vulnérables à l'angoisse de devenir ou de se découvrir non humains. Notre personnalité se trouve si largement envahie par des éléments non humains auxquels nous nous identifions inconsciemment – ou pour être plus précis, le contexte socio-culturel de notre civilisation entrave si fortement notre capacité de dépasser l'état, normal dans la petite enfance, de fusion subjective dans la totalité de l'environnement – que nous ne sommes, de façon très réelle, pas pleinement humains.

Pour aborder la question d'un autre point de vue, c'est un fait d'expérience que dans la psychanalyse ou la psychothérapie, il faut que s'établisse un lien de plus en plus étroit et direct entre l'analyste ou le thérapeute et le patient pour que ce dernier arrive peu à peu à percevoir son individualité comme distincte de celle du médecin; avant cela, tend à prédominer l'identification inconsciente au thérapeute, ou à d'autres personnes antérieurement connues. Je pense qu'une situation analogue prévaut en ce qui concerne l'environnement non humain : tant qu'on reste incapable de percevoir celui-ci comme significatif et réel face à soi-même, on ne parvient pas à s'en distinguer à un niveau psychologique profond. On ne saurait, par rapport à lui, ni s'éprouver intimement apparenté ni radicalement différent.

Une telle formulation me paraît de nature à éclairer l'un

des aspects les plus marquants et les plus préoccupants de notre civilisation : la menace constante sous laquelle nous vivons de l'annihilation atomique.

Que cette pensée nous obsède ou non, ce qu'écrivait Einstein en 1946 reste vrai :

> La construction de la bombe atomique a pour conséquence que tous les habitants des villes sont menacés, partout et en permanence, de destruction soudaine [30c].

Or, je crois que – si, du moins, il en va pour les autres comme pour moi – cette menace est beaucoup moins perçue comme celle d'être tué par d'autres hommes, nos ennemis, que comme celle d'être détruits par la bombe elle-même. On dirait, en d'autres termes, que le fond de notre crainte est de voir la part la plus étrangère de notre environnement non humain, sa part inorganique matérialisée par la bombe thermonucléaire, se soulever pour nous détruire et avec nous, le reste de l'humanité et une bonne partie du monde animé [1].

L'individu, dans notre civilisation, tend à projeter la part « non humaine » de son soi et à la percevoir comme une chose qui menace de destruction son soi conscient; il est bien trop effrayant de s'autoriser à reconnaître à quel point l'élément non humain a déjà envahi sa personnalité et s'y est intégré. La menace bien réelle de l'anéantissement atomique est ainsi

1. L'une des raisons de l'état de choc dans lequel la nouvelle du bombardement atomique d'Hiroshima a plongé la plupart des gens, dont moi, c'est que nous avons alors compris que, pour la première fois, l'homme avait le pouvoir de détruire son propre milieu, dans ses aspects tant non humains qu'humains. L'angoisse ainsi engendrée s'est trouvée encore accrue par les déclarations publiques de plusieurs physiciens nucléaires, consécutives à la mise au point de la bombe H et affirmant qu'il était désormais possible de provoquer une explosion capable de déclencher une réaction en chaîne incontrôlable, de nature à détruire la terre entière. Bien qu'on semble avoir démontré depuis qu'une telle crainte était sans fondement, l'actualité n'en vient pas moins constamment alimenter notre angoisse : images télévisées de la destruction totale d'un îlot du Pacifique lors d'un essai nucléaire, enquêtes de presse montrant que de vastes zones du Pacifique ont été rendues impropres non seulement à la présence humaine mais peut-être même à toute forme de vie, etc.

Plus généralement, on peut dire que l'avènement de l'arme atomique a profondément ébranlé l'individu, non seulement en faisant peser sur sa vie une menace sans précédent mais aussi en bouleversant profondément son attitude à l'égard de son environnement non humain, attitude enracinée dans les couches ordinairement les plus invulnérables de son être. Cet environnement, il est désormais fondé à sentir qu'il peut le détruire et non plus seulement être détruit par lui – qu'il peut détruire, en somme, ce qui, tout au long de sa vie, lui a apporté, entre autres innombrables bienfaits, une formidable protection contre ses propres pouvoirs, relativement débiles, de destruction.

toute prête à servir de support à cette projection paranoïaque, ce qui ne fait qu'accroître le risque de la voir se réaliser. Car, l'expérience clinique nous le montre, le paranoïaque qui a projeté sur le monde extérieur une attitude intérieure qu'il ressentait comme un danger pour l'intégrité de son soi, se met à se comporter d'une façon qui ne peut qu'attirer sur lui la menace que, croit-il, le monde brandit. C'est ainsi, par exemple, que le paranoïaque incapable d'accepter ses propres tendances à la brutalité, verra dans les infirmiers des brutes avec qui il se comportera de telle sorte qu'il leur sera bien difficile d'éviter de le brutaliser; s'il « réussit » ainsi à se faire maltraiter, il aura préservé sa propre brutalité, qu'il continuera à projeter.

Lorsque j'étais étudiant en médecine, l'un de mes professeurs qui était un spécialiste des affections de la glande thyroïde, semblait convaincu que la plupart des malheurs du monde étaient imputables à l'un ou à l'autre des divers dysfonctionnements de la thyroïde. Il n'est que trop facile, pour n'importe quel spécialiste, de ne voir le monde qu'à travers les lunettes de sa discipline et de se persuader que rien n'a de sens hors de son étroit champ de vision. Je me rends bien compte qu'en essayant de formuler le problème de la menace de la guerre atomique en termes de relations avec l'environnement, sujet de mon étude, je m'expose au reproche de réduction ridiculement simpliste d'un problème qui a, en réalité, d'innombrables racines, non seulement psychologiques et sociologiques mais aussi économiques, politiques, etc., etc. À cette objection, je répondrai que le problème déborde assurément les limites de toute discipline scientifique, mais que pour cette raison précisément, on n'a de chances de le traiter de façon fructueuse que si chaque discipline fournit les conclusions et les recommandations auxquelles l'ont conduite ses recherches sur cette question vitale.

Notre civilisation, donc, j'y reviens, entrave la reconnaissance de l'importance qu'a pour nous l'environnement et nous incite à traduire dans nos actes l'estime qu'inconsciemment nous lui portons, avec ce résultat paradoxal que la dénégation consciente de son importance le laisse prendre inconsciemment dans nos vies une place dont la prééminence rejette dans l'ombre notre singularité d'êtres humains.

Notre civilisation favorise une identification inconsciente aux éléments de notre environnement au point de faire écran soit à la pleine conscience de notre singularité, soit à la perception de la parenté féconde qui nous unit à lui. Elle alimente un processus pathologique dans lequel on peut, je crois, reconnaître celui que l'on rencontre quand on explore les relations interpersonnelles de certains névrosés ou psychotiques gravement atteints : l'identification à l'un des parents, le plus souvent, à la mère, est si totale qu'elle interdit au malade toute perception de sa propre individualité et, du même coup, de la relation qui l'unit à une mère si mal différenciée de lui-même. Aussi, dès que la cure a suffisamment progressé, voit-on se manifester simultanément, d'une part, la prise de conscience par le patient de son identité distincte et, d'autre part, des productions témoignant d'échanges significatifs avec sa mère. C'est une telle maturation de notre rapport à l'environnement non humain que notre civilisation rend si difficile à accomplir.

Les idées que je viens d'exposer n'ont été, à ma connaissance, avancées encore par personne – à cette réserve près qu'Einstein a exprimé des vues qui, sur certains points, s'en rapprochent et cela dans un discours de 1948 et dans un article de 1947. J'en ai retenu les deux passages suivants :

> ... Là où la croyance en la toute-puissance de la force matérielle s'assujettit la vie politique, cette force se trouve dotée d'une vie propre et se révèle supérieure aux hommes qui croient se servir d'elle comme d'un outil. La proposition de militariser la nation... signifie une menace immédiate de guerre [30d].
>
> Il est caractéristique de la mentalité militaire que les facteurs non humains (bombes atomiques, bases stratégiques, armes de toutes sortes, possession des matières premières, etc.) soient tenus pour essentiels, alors que l'être humain, ses désirs et ses pensées – en bref, les facteurs psychologiques – passent pour indifférents et secondaires [30e].

Depuis ces déclarations d'Einstein, les tensions internationales ont atteint un tel niveau que les voix sont bien rares qui prônent la démilitarisation; et il n'entre ni dans mes compétences ni dans mon propos d'aborder cette question. Je voudrais cependant faire une remarque concernant le dilemme dans lequel les États-Unis se trouvent.

Notre système politique se fonde sur le culte de la valeur de l'individu et nous rejetons le communisme en tant qu'il fait passer cette valeur bien après les exigences d'un État gigantesque et impersonnel, exigences qui sont déterminées par une poignée de personnes jouissant d'un pouvoir despotique. Mais dans notre effort pour nous maintenir au niveau de la puissance militaire des pays communistes, et même si possible à un niveau supérieur, nous nous trouvons entraînés dans des programmes militaires de plus en plus gigantesques et impersonnels, dont la plupart – l'armement nucléaire, les fusées intercontinentales, les satellites, notamment – exigent, et c'est le plus grave, un secret rigoureux. Ces conditions de secret interdisent non seulement à la population en général mais même à presque tous ceux qui participent à ces programmes toute implication psychologique réelle et entière dans l'entreprise. La déshumanisation liée à la technologie scientifique moderne donne ici ses pires effets.

Notre dilemme tient en ceci : renoncer à la militarisation intensive de la nation nous expose réellement au risque d'être absorbés par des pays dotés d'un système politique déshumanisant; mais la militarisation tend à saper notre statut psychologique d'individus participant à la vie de leur société.

Jusqu'ici, parlant du progrès des sciences de la nature, j'ai surtout évoqué ses effets négatifs sur notre relation avec l'environnement non humain, la représentation grandiose, par exemple, qu'il tend à nous donner de celui-ci et qui suscite en nous une sorte de dédain pour un domaine excluant tout lien psychologiquement significatif; ou encore la surabondance de biens matériels dont il nous submerge et qui rend profondément malsaine notre relation avec l'environnement.

En revanche, ce même progrès nous a dans une large mesure affranchis au cours des derniers siècles de nombreuses illusions animistes qui, face à l'environnement, suscitaient chez nos ancêtres – tout comme chez nos contemporains des sociétés dites primitives – l'effroi et l'horreur sacrée [1]. Frank insiste d'ailleurs sur le travail qui reste à faire pour remanier des modes de sentir et de penser enracinés dans notre culture en sorte qu'ils s'accordent mieux avec les dernières découvertes

1. Encore qu'il se pourrait bien – et c'est ce qui ressortait de mes considérations sur notre réaction psychologique à la menace d'anéantissement nucléaire – que nous soyons moins affranchis de l'animisme que nous n'aimerions à le croire; un certain animisme perdure secrètement en nous, dissimulé sous les oripeaux modernistes que lui prête la technique. Nous ne peuplons certes plus le milieu naturel de démons et de fantômes; mais face à la bombe atomique ou à des notions ou phénomènes tels que le « socialisme rampant », l'« inflation », la « télévision », etc., nous réagissons comme s'il s'agissait d'entités *vivantes* qui nous menacent.

scientifiques, travail qui pourrait déboucher sur un enrichissement de nos liens psychologiques avec le monde matériel qui nous entoure.

Dans le même sens, Einstein montre combien a grandi le sentiment de sécurité de l'homme face à son propre soi comme face à la nature grâce à l'explication scientifique de l'univers. À propos des progrès que Kepler a fait faire à l'astronomie, il met en lumière les obstacles que celui-ci a rencontrés tant à l'intérieur qu'à l'extérieur de lui-même et qui tenaient à la culture de son temps. Il rappelle qu'en soutenant, à propos du mouvement de la terre et des planètes, une vérité qui défiait l'autorité de l'Église, Kepler s'exposait à un grand danger. Mais pour accomplir son œuvre, il a également fallu qu'il parvienne à s'affranchir de la tradition intellectuelle relative à la religion et à la science, qu'il avait héritée. Du reste, note Einstein, les allusions à l'astrologie que l'on trouve dans les lettres de Kepler montrent qu'il restait aux prises avec les croyances animistes de son temps.

L'humanité n'a toujours pas épuisé les bienfaits – notamment psychologiques – des découvertes de Kepler; elles constituent, par exemple, l'un des fondements de la future navigation interplanétaire qui à son tour enrichira l'homme d'une connaissance de première main des autres mondes.

Les succès des sciences de la nature *peuvent* contribuer à un enrichissement du moi, sans précédent aux époques préscientifiques. Les moyens modernes de transport et de communication, par exemple, permettent à quiconque d'entrer en contact avec un environnement non humain bien plus vaste et bien plus varié qu'autrefois où l'on sortait rarement de sa ville ou de sa vallée.

La question cruciale est de savoir si nous sommes capables d'« intégrer nos expériences [1] » – tout le contenu psychique qu'engendre le contact avec cet environnement non humain amplifié et diversifié. Dans la mesure où l'on parvient à assimiler ces expériences, à en faire une partie intégrante du soi conscient, à y puiser un sentiment d'intime participation per-

1. Formule que j'emprunte à Jurgen Ruesch qui, dans l'ouvrage déjà cité qu'il a écrit avec Gregory Bateson, exprime l'idée que « en raison de la grande vitesse qui affecte les choses [dans la civilisation américaine], les procédés thérapeutiques devraient essentiellement tendre à donner au malade suffisamment de temps pour intégrer ses expériences » [119a].

sonnelle, dans cette mesure-là, elles enrichissent le moi – elles contribuent littéralement à grandir l'individu.

Mais elles risquent aussi d'écraser le moi, si elles s'imposent à lui avec une telle abondance, une telle diversité et sur un rythme si rapide qu'il est incapable de les intégrer. Elles engendrent une angoisse telle qu'il faut les dissocier de l'expérience consciente et qu'elles s'en vont grossir l'accumulation des « corps étrangers » inassimilés à l'intérieur de la personnalité – expériences qui ne sont pas accessibles au soi conscient, qui entraînent une ponction chronique d'énergie pour prolonger leur état de dissociation et qui menacent à tout instant de resurgir de l'inconscient et de submerger le moi de leur chaos.

Je pourrais ainsi résumer la critique de notre civilisation que je développe dans ce chapitre en disant que les conditions socio-culturelles qui y règnent y compris la prééminence qu'elle accorde aux sciences de la nature et à leurs produits, rendent exceptionnellement difficile à l'individu d'intégrer les expériences qu'il retire de son contact avec l'environnement non humain et favorisent au contraire la submersion du moi sous ces expériences.

Quelques exemples suffiront à illustrer ce point. Un voyage en avion, qui pour une Anne Morrow Lindbergh ou pour un Antoine de Saint-Exupéry pouvait représenter un moment beau et même glorieux de liaison intime avec l'élément non humain, n'est pour le passager moyen d'aujourd'hui qu'un moyen de se déplacer rapidement d'un point à un autre ; c'est à peine s'il jettera un coup d'œil par le hublot pendant tout le trajet et il s'absorbera dans son journal avec une nonchalance blasée. Apparemment, ce phénomène s'explique par le fait que la nouveauté des voyages aériens s'est bien émoussée ; mais je crois qu'en réalité, il traduit aussi l'angoisse qu'éprouve le voyageur à voir son environnement se transformer à une telle cadence qu'il est incapable d'intégrer ses perceptions en une expérience significative. Il réagit de la même façon, je crois, au cours de ses déplacements en train ou en voiture, qui occupent une place si considérable dans la vie de nos contemporains, alors qu'il y a quelques décennies à peine, ils offraient, dans leur rareté, l'occasion d'émotions appréciées.

Voici un autre exemple qui illustre les effets qu'a sur nos vies la surabondance des objets matériels. Dans un intérieur américain d'aujourd'hui, la bibliothèque ne renferme en général qu'une faible proportion de livres que leur propriétaire ait lus ou même lira; quant à ceux auxquels il tient vraiment, ils sont moins nombreux encore. Les autres ne sont guère là que pour la montre. On produit aujourd'hui les livres en quantités inimaginables il y a seulement quelques dizaines d'années et on les déverse sur nous, si je puis dire, par le canal de clubs géants utilisant des méthodes scientifiques de vente et de facturation qui rendent leur fonctionnement tout à fait impersonnel. Nous sommes loin, et, d'un point de vue psychologique, tristement loin, du temps où l'on achetait bien moins de livres, où l'on se rendait, pour cela, à la librairie de son quartier, où l'on faisait son choix de ses propres mains, et surtout où l'on lisait et où, de ce fait, on avait une chance d'aimer, les livres que l'on achetait et qu'on faisait ainsi participer à sa vie.

Il n'est que trop facile, et fort contestable, bien sûr, de déprécier l'époque où l'on vit en la comparant à un passé idéalisé en un « bon vieux temps ». S'agissant des livres, j'apprécie pour ma part les facilités qu'offrent ces clubs d'obtenir plus aisément que dans ma jeunesse une plus grande variété d'ouvrages. Ici encore, la question cruciale est pour chacun de savoir jusqu'où ses relations avec l'environnement restent une expérience assimilable par lui, à partir de quel point elle devient un fardeau pour le psychisme et menace l'intégrité du soi.

En dépit de tout ce qui les distingue d'un individu fonctionnant normalement, les schizophrènes nous offrent une fois encore des exemples frappants du processus pathologique qui affecte, de façon beaucoup moins intense et beaucoup moins manifeste, un grand nombre de nos contemporains. Voici le cas particulièrement clair de l'une de mes patientes, dont la régression était si profonde qu'elle resta des mois durant dans un état de très faible intégration du moi.

Dans sa chambre, elle ne tolérait que le mobilier le plus sommaire; si le personnel tentait, dans les meilleures intentions, de lui fournir un peu plus que le strict indispensable, le fonctionnement de sa personnalité s'en trouvait si profondément fragmenté que, lors de mes séances avec elle, je ne parvenais pas à entrer en rapport plus d'un bref instant avec un quelconque vestige d'un moi intégré. Quelques mois plus tard, quand elle fut en état de risquer de temps à autre un voyage jusqu'à mon cabinet pour ses séances, elle manifesta toujours, une fois arrivée, combien elle se sentait submergée par le nombre des objets matériels que contenait la pièce, objets qui accompagnent notre existence sans que nous y prenions garde mais qui revêtaient à ses yeux une étrangeté chaotique.

Un peu plus tard, elle fut capable de se rendre de temps en temps, accompagnée, jusqu'au quartier commerçant distant de près d'un kilomètre. Elle était suffisamment intégrée à présent pour que je puisse avoir avec elle, avant chacune de ces expéditions, des échanges significatifs et prolongés. D'après la personne qui l'accompagnait dans ces courses, elle manifestait une gaieté frénétique et factice et achetait sans discernement tout ce qui lui tombait sous la main, jusqu'à ce que cette personne lui fixe une limite, généralement fort libérale. La première séance qui suivait chacune de ces expéditions faisait apparaître chez elle une fragmentation presque palpable de son moi, qui la rendait incapable de tout échange suivi avec moi. Il lui fallait deux ou trois jours pour retrouver le niveau d'intégration de la personnalité dont elle faisait preuve avant. J'avais l'impression très nette que, les premières fois, ses visites au quartier commerçant, qu'elle attendait avec une impatience pathétique et qui étaient assez espacées, écrasaient littéralement sa personnalité, l'une des explications à cela étant qu'elle se trouvait alors confrontée à une multitude et à une diversité d'objets non humains qu'elle ne pouvait dominer psychologiquement.

Chez de nombreux psychotiques avec qui j'ai travaillé, il apparaissait que l'une des raisons qui les avaient poussés initialement à rechercher, consciemment ou inconsciemment, l'hospitalisation était le désir de trouver un refuge qui leur offrît un cadre matériel relativement simple et qui les abritât d'un monde dont ils ressentaient l'élément non humain comme de plus en plus écrasant. Ils éprouvaient en quelque sorte le besoin d'un milieu où les stimuli perceptifs soient très réduits en nombre et en diversité, en sorte qu'ils puissent y faire face, compte tenu qu'il leur faut simultanément faire face à la masse de leurs souvenirs non intégrés.

Je sais fort bien que mes contemporains ne sont pas tous, ni même majoritairement, schizophrènes. Mais une proportion non négligeable l'est et même nous autres, les « normaux », nous avons avec les schizophrènes bon nombre de traits en commun, notamment celui-ci : nous ne tolérons, dans l'environnement non humain, la complexité et l'instabilité que jusqu'à un certain point au-dessous duquel c'est une source d'enrichissement pour le moi, mais au-dessus duquel, c'est un facteur de désintégration.

Mon collègue Joseph H. Smith m'a fait observer avec raison qu'il vaudrait mieux laisser ouverte la question de savoir en quoi consiste l'« attitude mature » envers un environnement non humain auquel l'homme n'est confronté que depuis quelques décennies et qui, pour la première fois depuis les centaines de milliers d'années que l'homme existe, est de plus en plus largement dominé par ses propres productions. Smith estime que l'une des caractéristiques primordiales de la maturité pourrait bien résider dans le courage d'affronter les incertitudes que suscite une telle question laissée ouverte plutôt que de se réfugier dans quelque réponse toute faite.

Un tel scepticisme tonique appartient en effet certainement à qui aspire à une maturation toujours plus profonde de sa personnalité en ce monde du milieu du xxe siècle qui voit s'ajouter à l'homme et à la nature, les créations de plus en plus effrayantes de la science. Il n'est pas pour autant déplacé, je crois, d'insister sur un aspect à jamais ineffaçable de l'existence, qui ne peut que nous soutenir dans notre effort pour garder les yeux ouverts sur l'avenir, je veux parler de notre parenté avec la nature. Bien qu'elle se manifeste à des niveaux de plus en plus complexes qui l'éloignent irrésistiblement de la réalité rustique que Thoreau explorait à Walden, elle demeurera toujours accessible, pour peu qu'on lui ouvre son cœur, à notre sentiment. Accessible aussi à l'entreprise de la connaissance, à l'une de ces recherches qui font l'honneur de la science.

C'est bien cette parenté entre l'homme et la nature que l'on sent, au crépuscule, quand on voit, bien haut au-dessus de la plaine assombrie, bien haut au-dessus du soleil couchant un avion tracer lentement dans le ciel un trait de vapeur dorée, fin comme un coup de crayon, droit comme une flèche. Cette beauté ne pouvait être l'œuvre de l'homme seul pas plus que de la seule nature. Il a fallu pour la créer l'alliance de l'homme et de la nature, éclairée par la connaissance toujours plus profonde qu'il a d'elle.

CINQUIÈME PARTIE

Regard sur l'avenir

CHAPITRE XV

UN DOMAINE DE RECHERCHE PROMETTEUR

La poursuite des recherches dans le domaine qui constitue le sujet de ce livre ne peut manquer d'apporter des informations d'un grand intérêt sur le plan scientifique comme sur celui de la vie même des hommes. Ces promesses, le présent chapitre de conclusions se propose de les examiner dans trois domaines, présentés ici dans un ordre d'abstraction croissante.

L'aménagement de la vie quotidienne des malades mentaux en institution

Une bonne part de ce qui est dit dans ce livre a des implications sur la conception du travail quotidien de l'administration et du personnel infirmier de l'hôpital psychiatrique; mais si on effectue ce travail dans un esprit de recherche sur l'ensemble de la question qui nous préoccupe ici, on aboutira à des conclusions qui ne pourront, je crois, que déboucher sur une amélioration des soins donnés à nos malades.

Quand on mesure à quel point l'environnement non humain constitue une partie intégrante du soi du psychotique profondément atteint, à quel point la perte totale du cadre familier de vie risque d'être perçue comme une perte, littéralement, du sentiment de soi, on est moins enclin à préconiser comme première mesure l'hospitalisation. Et si, comme c'est très fréquemment le cas, il est impossible de laisser le patient dans son cadre familier, du moins pouvons-nous nous demander s'il ne serait pas bon pour lui de conserver, lors de son admission, quelques-uns des objets auxquels il est depuis longtemps attaché. Ceux-ci l'aideront très probablement à préserver un reste d'identité personnelle, une certaine continuité de sa conscience de soi, au moment où il entre dans un monde peuplé d'étrangers dont les actes lui sont incompréhensibles [1].

Je ne néglige pas la possibilité que la relation du malade avec la totalité, humaine et non humaine, de son milieu de vie soit devenue si délétère pour lui qu'il ait besoin d'une coupure radicale avec ce milieu pour prendre un nouveau départ. Il est donc tout à fait possible qu'il ne souhaite emporter avec lui à l'hôpital aucun souvenir importun d'une existence qui s'est soldée à ses yeux par un échec. Mais nous devrions au moins lui laisser la possibilité de le faire s'il le souhaite.

Et même si ces objets ne sont d'aucune utilité dans les débuts de son hospitalisation, il se peut que plus tard, une fois dépassée la phase aiguë de la psychose, quand le malade essaye de prendre contact avec les éléments de sa vie prépsychotique à même de contribuer à l'édification d'une nouvelle existence, ces témoins de ses attachements anciens retrouvent un rôle constructif, intégrateur. Le Dr Otto A. Will a effectué à Chestnut Lodge, sur ce sujet, un travail – non publié – qui est suffisamment prometteur pour qu'il vaille la peine de poursuivre dans la même voie et de voir comment une telle recherche pourrait s'intégrer dans l'ensemble du traitement hospitalier des malades. Le matériel présenté dans la troisième partie de ce livre laisse penser que, dans le développement de la psychose précédant leur hospitalisation, les malades conservent souvent des relations significatives avec des éléments non humains de leur entourage – un chien, un chat, un cheval, une plante, quelque bibelot... – pendant quelque temps après que leurs relations avec les humains eurent sombré dans la maladie. Il se pourrait bien qu'au moment où, dans le cours du traitement, ils commencent à en émerger, des relations avec des éléments non humains de l'environnement marquent

1. J'étais en train de travailler à ce chapitre lorsque est paru l'ouvrage de Freeman, Cameron et McGhie, *Chronic Schizophrenia* (La Schizophrénie chronique) qui contient une brève analyse de l'importance qu'ont ses effets personnels pour le schizophrène hospitalisé. Les auteurs relèvent notamment que « l'habitude d'habiller les malades avec des vêtements portés par d'autres a très nettement pour effet de les plonger dans la perplexité et d'aggraver leurs incertitudes quant à leur identité » [45b].

leurs premières victoires dans leur lutte pour retrouver la réalité.

S'il en est ainsi, il est utile pour nous de savoir si le patient a ou non, ou est en passe de retrouver ou non, la capacité d'entrer en relation avec des objets non humains, qu'ils soient nouveaux ou proviennent de son ancien foyer. À la lumière du matériel clinique présenté ici, on est en droit de penser que de tels objets, fournis au bon moment, ont chance d'aider le malade à reprendre conscience de soi ; le laisser, au contraire, renouer trop tôt avec ce type d'objets en trop grand nombre risque de compromettre les progrès déjà accomplis dans l'édification du moi. Il ne s'agit pas, à mon sens, de manipuler tout simplement l'environnement non humain du malade mais d'obtenir des informations d'une grande valeur tant théorique que clinique par l'observation attentive de l'évolution que suit l'attitude du malade face à l'élément non humain pendant les phases d'approfondissement ou d'atténuation de la psychose.

Ayant quelque peu réfléchi à cette question sur la base de mon expérience propre, j'ai lu avec un vif intérêt un article publié en 1952 par Margaret Schoenberger Mahler intitulé « On Child Psychosis : and Schizophrenia : Autistic and Symbiotic Infantile Psychoses » [101] (À propos de la psychose et de la schizophrénie chez l'enfant : les psychoses infantiles autistiques et symbiotiques). Mahler y décrit deux types de psychoses que l'on rencontre chez de jeunes enfants. La moins grave, qualifiée de symbiotique, apparaît selon elle chez des enfants qui, au premier âge, ont connu la relation symbiotique avec leur mère, que Mahler considère comme normale, mais qui se sont révélés ensuite incapables sans traitement de dépasser ce stade dans leur vie relationnelle. Plus intéressante pour notre propos, cependant, est l'analyse qu'elle propose de la psychose autistique, la plus grave : là, la relation symbiotique ne s'est jamais établie entre la mère et l'enfant. Voici ce qu'elle écrit notamment des enfants qui en sont atteints :

> ...le trait le plus frappant, chez eux, est la lutte spectaculaire qu'ils mènent contre toute sollicitation de contact humain (social) risquant d'interférer avec le besoin délirant et hallucinatoire qu'ils ont de disposer d'un secteur statique et très réduit de l'environnement matériel sur lequel ils règnent en magiciens tout-puissants... l'enfant autiste manifeste une intolérance

extrême à tout contact humain direct... On ne peut approcher ces enfants que peu à peu et en s'aidant d'objets inanimés.

Il me semble, en concordance avec ma propre théorie de la régression phylogénétique, que beaucoup de schizophrènes en profonde régression se vivent davantage comme des objets inertes ou des bêtes que comme des humains et que nombre d'entre eux traversent une phase prolongée, analogue, en gros, à la petite enfance, durant laquelle leur vie relationnelle porte essentiellement sur des objets non humains avant de pouvoir durablement se fixer sur d'autres humains. Une étude plus poussée du comportement quotidien de malades en psychothérapie intensive à l'hôpital permettrait peut-être de déceler, avant toute amélioration manifeste de leurs échanges interpersonnels, une évolution significative, mais passée jusqu'ici inaperçue, de leurs relations avec l'élément non humain. Ce serait aussi un indice très appréciable de progrès pour tout malade traité jusque-là par le personnel comme s'il n'était pas un être humain que de se voir alors considéré, en pensée et en sentiment, comme tel. De même quand un malade cesse de ravaler les personnes qui l'entourent au rang d'objets ou d'animaux et commence à manifester quelque conscience de leur humanité. Nous ne tenions pas assez compte jusqu'à présent de tels indices cliniques et, quand ils attiraient notre attention, un fondement théorique nous manquait pour en estimer l'importance. Mon espoir est que ce livre aura réussi à élaborer ce fondement théorique.

Il me semble que la première qualité que l'on devrait exiger de quelqu'un qui est appelé à s'occuper de malades aussi gravement atteints que ceux dont j'ai parlé c'est la capacité de percevoir l'être humain en eux, sous un masque parfois monstrueux, et de les traiter en conséquence. Pour ces malades, toute réaction d'autrui attestant de leur humanité, qu'elle soit de bonté et de sollicitude ou de colère ou même de mépris, aura chance d'être ressentie comme une manifestation d'amour; alors que le plus intolérable pour eux, et le plus destructeur, c'est d'être regardés, par un membre du personnel, en particulier, comme des objets dont l'existence se situe sur un plan radicalement distinct du sien [1]. Une infirmière-

1. Voici comment une schizophrène paranoïde décrivait cette situation, qu'elle vivait fréquemment dans son enfance en tant que témoin des luttes dans lesquelles

chef qui a tendance à traiter les malades de la sorte – comme des mannequins de vitrines de mode, par exemple – qu'il s'agit d'habiller, de nourrir, de laver et de faire se tenir tranquilles, risque d'anéantir les effets bénéfiques de la psychothérapie intensive. Chestnut Lodge a eu la chance de n'avoir que très rarement affaire à de tels employés.

Je ne veux pas dire qu'il ne faille jamais traiter un malade comme s'il n'était pas humain. À certains moments où il est à peu près incapable de répondre de lui-même, une telle attitude peut lui apporter un profond soulagement. Mais il ne faut pas que cela devienne une habitude de la part du personnel; celui-ci doit au contraire savoir répondre à la moindre demande du patient d'être reconnu dans son humanité.

Plus que quiconque, à l'exception du nourrisson, le malade profondément régressé a besoin d'un cadre de vie qui soit non seulement stable et dépourvu de complexité mais également beau. Je ne crois pas excessif de dire que le schizophrène qui a passé des mois dans le décor morne et laid d'un service pour agités a vu s'ajouter aux traumatismes subis avant son admission celui de ressentir cette laideur comme faisant intégralement partie de lui-même. Il faudra bien des séances supplémentaires de psychothérapie et bien des expériences positives pour effacer le mal qui lui aura été ainsi fait. Au contraire, toute beauté qu'on lui apporte peut avoir un effet bénéfique profond et durable sur sa personnalité.

Du matériel contenu dans le présent livre on peut tirer de nombreuses applications pratiques relatives aux conditions de vie des psychotiques à l'hôpital. On devrait, par exemple, les laisser s'attacher sentimentalement à des objets non humains, à la façon des enfants, sans considération de la prétendue valeur pratique de ces objets. On devrait leur permettre, beaucoup plus libéralement qu'on ne le fait à présent,

sa mère et sa grand-mère maternelle mesuraient leur force de volonté : « Dans la pièce, je n'existais pas pour elles, même pas comme un meuble. » La mère, quand elle n'était pas absorbée par sa relation avec sa propre mère, restait souvent plongée dans des fantasmes autistiques, si bien que sa fille ne parvenait que rarement à entrer dans une relation de personne à personne avec elle. Ayant vécu une telle expérience pendant les années de formation de sa personnalité, il n'est guère étonnant que cette malade ait été incapable de supporter le moindre soupçon d'indifférence ou d'inattention à son égard; elle éprouve moins d'angoisse à prêter aux attitudes d'autrui des arrière-pensées meurtrières ou avilissantes dirigées contre elle qu'à prendre conscience de ce qu'elles n'impliquent aucune reconnaissance de son existence.

de s'occuper d'animaux et de plantes. On a essayé de donner à des malades de Chestnut Lodge des animaux familiers mais l'expérience a besoin d'être poussée plus loin.

Je n'essaierai pas ici d'entrer davantage dans le détail des applications découlant des recherches exposées dans ce livre. Elles sauteront aux yeux de quiconque est sérieusement engagé dans la même voie. L'un des bienfaits qu'on est, je crois, en droit d'attendre d'une attention plus grande portée aux phénomènes analysés ici, c'est une collaboration plus significative entre psychothérapeutes et ergothérapeutes; je suis certain que les autres hôpitaux rencontrent les mêmes difficultés que Chestnut Lodge en ce domaine. L'ergothérapie, qui, précisément, implique le malade dans une relation avec l'élément non humain par la pratique du jardinage et de divers travaux artisanaux ou autres, a constitué jusqu'ici un domaine à part, relativement à celui de la psychothérapie intensive qui se préoccupe encore presque exclusivement des rapports du malade avec lui-même et avec autrui. Et la psychanalyse n'a guère élaboré encore les outils théoriques qui nous permettraient d'établir avec les ergothérapeutes une collaboration plus riche de sens. J'aimerais que le présent livre y contribue.

Psychanalyse et psychothérapie

Une attention plus aiguë portée par l'analyste ou le thérapeute au matériel relevant du domaine ici traité à mesure que la relation thérapeutique le met au jour pourrait, je crois, nous apporter, entre autres enrichissements théoriques et techniques, une meilleure compréhension des premiers stades de la formation du moi. Mieux à même d'observer les faits de cet ordre et d'en apprécier la signification, nous serions mieux armés pour poser des diagnostics et des pronostics psychodynamiquement fondés et pour élaborer des techniques thérapeutiques efficaces.

On découvrirait peut-être, notamment, qu'aux divers types de névrose et de psychose correspondent des processus psychodynamiques spécifiques dans le domaine des relations avec l'élément non humain. Si tel était le cas, on ne devrait considérer comme achevée la psychanalyse ou la psychothérapie d'un malade qu'une fois traités et résolus les mécanismes de cet ordre qui caractérisent sa maladie.

Je n'ai pas assez étudié la question de la psychopathologie différentielle en fonction de la relation avec l'élément non humain pour avancer davantage que des indications hypothétiques relatives aux grandes catégories nosologiques.

Pour ce qui est de la schizophrénie, il semble que l'un de ses traits caractéristiques réside dans l'incapacité du malade à concevoir un environnement non humain qui soit à la fois distinct de l'humain, individuel ou collectif, et infiniment plus vaste. Il voit, semble-t-il, dans cet environnement la manifestation d'un être tout-puissant, qui peut, par moments, n'être autre que lui-même. Je pense qu'on doit pouvoir aussi distinguer de ce point de vue entre les trois grandes variétés de schizophrénie. Pour le schizophrène paranoïde, apparemment, cette créature, parfois le malade lui-même, donc, exerce un véritable pouvoir, plus ou moins ferme, sur l'environnement. Le catatonique, en revanche, je l'ai constaté à plusieurs occasions, se perçoit comme coextensif à un monde non humain plongé dans un chaos terrifiant et échappant à tout contrôle. Quant à l'hébéphrène, pour ce que j'en connais, son « soi » est fragmenté à l'infini et totalement indiscernable, pour lui, d'un monde tout aussi fragmenté, qu'il soit humain ou non. Je pense que la recherche à venir permettra d'établir des parallèles entre ces trois types d'état du moi et les stades initiaux du développement du moi chez l'enfant normal.

Concernant l'hystérique, Harry Stack Sullivan [151] a noté qu'il avait été traité dans son enfance comme un jouet – « quelque chose dont on joue, un ornement pour la personnalité des parents et non une personnalité qui se développe ». Mes propres observations me conduisent à considérer ce trait comme l'un des caractères de cette névrose.

Pour ce qui est des états obsessionnels, la préoccupation qui pousse le malade à passer tout son temps à ranger son bureau et le dessus de sa table de travail, par exemple, tout en laissant le contenu secret de ses tiroirs dans le plus grand désordre, pourrait bien refléter, outre des problèmes relationnels tels qu'une attitude ambivalente de soumission-défi et une sexualité à dominante anale, un état de confusion et de désorientation en profondeur, comparable peut-être à un stade du développement du moi au cours duquel le nourrisson s'acharne à trouver un ordre dans la totalité qui l'environne. Dans les états obsessionnels graves, le sujet consacre une part disproportionnée de son temps à s'occuper d'objets inanimés

– à ranger des meubles, à vérifier les appareils à gaz et les portes, à déplacer fiévreusement vêtements, livres et papiers, que sais-je encore – et une part relativement très faible aux relations avec les autres ; et même alors, il a tendance à traiter les êtres humains plutôt comme des choses. J'incline donc à penser qu'une part de son moi est restée à un niveau primitif, marqué, comme c'est peut-être le cas chez le nourrisson normal, par un violent effort pour ordonner ses perceptions du monde non humain avant d'accéder à la possibilité d'établir des relations véritablement humaines avec ses semblables.

Dans le fétichisme, il se pourrait que la fixation sexuelle du malade sur tel ou tel objet matériel repose, non seulement sur divers mécanismes de transfert, sexuels et autres, mais aussi sur un reste d'identification inconsciente à l'élément non humain. Autrement dit, le symptôme indiquerait une différenciation inaboutie du moi par rapport à l'environnement, une déficience apparentée à celle du schizophrène mais dont l'influence se serait beaucoup moins étendue. L'expérience que j'ai des fétichistes n'est pas telle que je puisse avancer cette idée autrement qu'à titre d'hypothèse.

Une étude des réponses au Rorschach et des rêves des malades qui prendrait spécialement en compte les données révélatrices de l'état de leur relation à l'environnement non humain pourrait fournir des indications valables sur le niveau présent de développement de leur moi et permettre ainsi de juger, tout d'abord, de leur capacité à user de la psychothérapie ou de la psychanalyse et, ensuite, dans le cours de la cure, des signes les moins manifestes d'une évolution en mieux ou en pire. De plus, concernant le pronostic, il se peut que nous découvrions dans les antécédents du malade des indices d'une relation significative avec l'élément non humain qui, même en l'absence de nombreuses traces de vie relationnelle constructive dans son passé, nous assurent de l'existence de fondations sur laquelles nous puissions maintenant construire avec lui.

J'ai la conviction que, chez tout malade, quel que soit le diagnostic dont il relève, une psychanalyse ou une psychothérapie en profondeur ne peut que faire apparaître une lutte incessante pour parvenir à se différencier plus pleinement, en tant qu'être humain, de ce qu'il perçoit d'encore non humain en lui. Peut-être serait-il plus précis de parler d'un effort ininterrompu pour transformer les éléments de la person nalité vécus comme non humains en apports nouveaux à la part de cette personnalité subjectivement reconnue comme humaine. Effort analogue et probablement de bien des façons lié à celui qui, constamment, tend à transmuer le ça en moi. Effort, bien entendu, qui est propre à tout être humain et non au seul psychotique. Mais le profond refoulement qui le frappe et l'angoisse qu'il engendre expliquent, à mon sens, chez les psychanalystes et les psychothérapeutes eux-mêmes la méconnaissance quasi générale qui affecte cet aspect de la psychodynamique. Si, à l'avenir, nous poussons assez en profondeur l'analyse ou la thérapie pour mettre au jour la lutte dont je viens de parler, nous aiderons le patient à prendre plus complètement conscience de son humanité que nous ne le faisons à présent en travaillant exclusivement à partir des notions convenues de vie « intra- » et « interpersonnelle ».

Il nous faut apprendre à détecter cette lutte derrière celle, plus superficielle, par laquelle le malade tente de se définir sexuellement comme homme ou comme femme; à détecter le conflit sous-jacent entre le désir d'être humain et le désir d'être non humain. Quand un malade passe le plus clair d'une séance à évoquer un animal familier, il faut savoir qu'il peut s'agir là d'une manifestation de ce conflit fondamental – et cela en dépit de tout le matériel, qui mérite bien entendu d'être exploré pour lui-même, tendant à montrer que le patient a transféré sur cet animal des sentiments et des attitudes visant un autre être humain. Quand un patient nous dénie la qualité d'homme – tel celui qui, dans sa stupeur incrédule de me découvrir si peu humain, si semblable à une machine, me dit d'un ton ironique : « Depuis combien de temps vous a-t-on installé à Chestnut Lodge – huit ans? Je ne savais pas que l'Univacs avait été inventé depuis si longtemps » – ou lorsque nous nous découvrons incapables de voir dans le malade l'un de nos semblables, il est clair que ce conflit fondamental du patient a été porté sur la scène analytique. Et ce doit être l'occasion pour nous d'aider le patient à prendre conscience de l'existence en lui d'un tel conflit et du fait que celui-ci ne le rend pas qualitativement distinct de nous ou du reste de l'humanité. À condition, toutefois, que nous réussissions à ne pas nous sentir personnellement atteints dans notre humanité par une telle attitude du malade.

Mais ce n'est pas la seule condition pour que le thérapeute ou l'analyste tire profit, dans son travail, de la conscience qu'il a d'être lui-même le siège d'un tel conflit. Il est vraisemblable, en effet, que toute analyse ou toute thérapie passe par une phase durant laquelle le malade est dominé par des sentiments régressifs de fusion dans la totalité de son environnement; la façon la plus utile alors dont l'analyste ou le thérapeute puisse participer à la cure consiste à se comporter en objet inerte, quasi silencieux et immobile, un meuble, par exemple. Toute intervention active de sa part risquerait de perturber l'expérience que fait le patient d'une telle fusion subjective dans le milieu et donc d'entraver la prise de conscience en profondeur de son individualité spécifiquement humaine. Le thérapeute ou l'analyste doit donc être capable d'affronter ce conflit en lui-même : il y va non seulement de son confort personnel dans son travail mais aussi de son aptitude profonde à l'accomplir.

Mon collègue à Chestnut Lodge, John L. Cameron, a attiré mon attention sur un autre aspect encore de la question. Pour que l'interaction thérapeutique atteigne les niveaux les plus profonds, il est nécessaire que le thérapeute et le patient passent par une phase où s'effacent entre eux les frontières du moi. Il se produit alors, croyons-nous, une introjection par le thérapeute des conflits pathogènes du malade; le thérapeute les vit alors en lui-même, à la fois aux niveaux conscient et inconscient, et les affronte avec un moi relativement fort. Un mécanisme semblable d'introjection permet au malade de tirer parti du travail thérapeutique ainsi accompli par le thérapeute. Pour parvenir à une telle profondeur d'interaction, thérapeute et patient doivent l'un et l'autre affronter la sensation horrifiante que suscite cette interaction, – la sensation de n'être pas pleinement humains, d'être un animal ou même une chose.

La fécondation croisée entre sciences du comportement et sciences de la matière

La poursuite de la recherche sur le rôle de l'environnement non humain dans le développement et le fonctionnement de la personnalité ne peut, je crois, que faire apparaître de nouvelles connexions entre les faits relevant des sciences du comportement et ceux qu'établissent les sciences de la matière. Les mécanismes que découvrent dans la nature les physiciens, les chimistes ou les astronomes risquent d'avoir davantage à faire avec la psychologie, la psychiatrie et la sociologie qu'on ne l'a soupçonné jusqu'ici; et inversement, il se pourrait que nos recherches mettent au jour des phénomènes qui ne soient pas sans pertinence pour ces sciences de la matière, au progrès desquelles nous avons si peu contribué encore.

Par la façon dont j'ai abordé le sujet de ce livre, j'ai amplement montré, je pense, combien son domaine de recherche avait besoin des apports non seulement d'autres sciences, telles que la physique, la chimie ou l'embryologie, mais aussi de la philosophie, de l'art et de l'étude des religions. Et encore, sur bien des points, c'est ma seule incompétence qui a limité l'importance de ces apports.

Dans le cours de leur histoire, la psychologie et les autres sciences du comportement ont à de nombreuses reprises utilisé de façon fructueuse, pour mettre au jour et évaluer de nouveaux phénomènes, des concepts élaborés par les sciences de la nature. À chaque fois, ce concept a fini par agir comme une entrave dont il a fallu se débarrasser, mais seulement après qu'il eut servi de principe moteur à un élargissement de l'horizon théorique. À l'hydraulique, Freud a emprunté sa conception de la libido qui fit faire à la psychiatrie un bon bout de chemin avant que ne soient atteintes ses limites d'applicabilité. À la physique encore, nous avons emprunté les notions de la cybernétique pour éclairer certains faits du comportement humain. La découverte par la chimie du phénomène d'ambivalence, de la présence simultanée sur certains éléments en solution de charges électriques positives et négatives, nous a mis sur la voie des états d'ambivalence affective chez l'être humain. Et ce que nous avons appris de chimie au cours de nos études médicales, notamment sur l'état d'équilibre dynamique qu'on observe dans une réaction lorsqu'elle est dite complète, a contribué à nous faire considérer en termes dynamiques comparables les conflits intérieurs et les processus relationnels. De même, la physiologie qui nous parle de cet état d'équilibre dynamique du corps que Claude Bernard appelle « milieu intérieur » et Walter B. Cannon « homeostasis », nous a aidés à percevoir un équilibre dynamique du même ordre dans des groupes humains, qu'il s'agisse de la famille du malade mental, de l'ensemble constitué par les malades et le personnel dans un service hospitalier ou de tout autre groupe social.

On a plus d'une fois déploré l'influence exercée sur les sciences du comportement par des notions empruntées aux sciences de la nature; je crois cependant qu'elle n'a été nocive que lorsqu'on a maintenu ces notions alors même qu'elles avaient épuisé leur fécondité dans la discipline concernée et même parfois dans celle où elles étaient apparues et où elles avaient le plus de raisons de s'appliquer. Voici ce qu'écrit à ce sujet W.R.D. Fairbairn dans *An Object-Relations Theory of the Personality* [39] (Une théorie de la personnalité fondée sur les relations d'objet) :

> C'est un aspect curieux de l'époque moderne que l'atmosphère scientifique d'une période apparaisse toujours dominée par les conceptions qui prévalent alors en physique... Au temps de Freud, cette domination était dans une large mesure exercée par la vision helmholtzienne de l'univers comme constitué par l'agglomération de particules inertes, immuables et indivisibles, mises en mouvement par une quantité fixe d'énergie indépendante de ces particules. La physique atomique a changé tout cela, cependant, et si la psychologie n'a pas encore réussi à entraîner la physique dans son sillage, ce n'est peut-être pas trop lui demander que de se tenir, au moins, à jour, [38a].

Dans le livre déjà cité qu'il a écrit en collaboration avec Jurgen Ruesch [119], Gregory Bateson repère à divers indices dans la pensée psychiatrique actuelle une évolution qui se développe dans le même sens que celle de diverses autres disciplines scientifiques, notamment les mathématiques, les sciences naturelles et l'ingénierie.

J. Robert Oppenheimer, en revanche, dans *The Open Mind* [110] exprime son inquiétude devant la tendance qu'ont les différentes sciences à s'isoler les unes des autres et, plus encore, à s'isoler en tant que sciences de la vie du commun des mortels et de leurs pensées :

> Je sais quelle joie c'est à l'Institut [Institute for Advanced Study, à l'université de Princeton, que dirigeait Oppenheimer] quand il se révèle qu'un travail présente un intérêt à la fois pour le mathématicien et pour le physicien. Cela se produit bien rarement et l'on a envie de pavoiser au moindre point de contact que l'on découvre entre leurs préoccupations [110a].
>
> J'ai la conviction que la science d'aujourd'hui est plus subtile, plus riche, intéresse davantage la vie de l'homme et sert mieux

> sa dignité que la science qui a si fortement marqué l'époque des Lumières, qui a si fortement marqué notamment les formes et les structures, les traditions et les espoirs de la société, ainsi qu'on le voit par exemple dans la Constitution américaine. La science n'est pas rétrograde; il ne fait pas de doute que la mécanique quantique offre avec la vie humaine une analogie plus intéressante, plus instructive et plus riche que la mécanique Newtonienne ne le pourrait. Il ne fait pas de doute que même la théorie de la relativité, qu'on a tant vulgarisée et si peu comprise, que même cette théorie, donc, pourrait présenter un intérêt pour la population en général. Il ne fait pas de doute que les découvertes de la biologie, de l'astronomie, de la chimie seraient de nature à enrichir la totalité de notre culture si elles étaient comprises. Et ce qui est peut-être le plus inquiétant, c'est le fossé qui sépare la vie de l'homme de science de la vie de l'homme qui ne prend pas une part active à la science, un fossé dangereusement profond [110b].

Je crois que si le jour glorieux doit arriver jamais où la psychiatrie aura fait une découverte féconde pour les sciences de la nature, c'est en explorant la signification psychologique de l'environnement non humain qu'elle a le plus de chances d'y parvenir.

Il se pourrait que le chercheur le mieux à même d'élucider les grandes énigmes de la nature soit celui qui a la conscience la plus vive de la part d'environnement non humain enclose en lui, celui qui y a le plus aisément et le plus librement accès. Et il progressera d'autant plus facilement dans cette voie que l'esprit du temps sera mieux pénétré de l'importance de cet environnement pour la vie de l'homme.

La psychiatrie, et plus particulièrement la psychanalyse et la psychothérapie sont, je crois, en mesure de jouer un rôle en ce sens et cela de trois façons. Tout d'abord, nous pouvons aider l'homme de science à prendre la conscience la plus adéquate possible de l'élément non humain en lui-même. En second lieu nous pouvons contribuer à l'information du public en ce domaine, par des publications telles que le présent livre, sans doute, mais plus sûrement encore par un traitement psychanalytique ou psychothérapique de nos patients qui atteigne les zones profondes où l'élément non humain intervient dans la formation de leur personnalité. Enfin, les analystes et les thérapeutes disposant de connaissances précises dans telle ou telle science de la nature pourront être amenés, tandis qu'ils explorent, en eux-mêmes ou chez leurs patients, cet aspect du développement de la personnalité, à repérer des processus présentant des analogies insoupçonnées avec ceux qui sont à l'œuvre dans l'univers physique.

Mais c'est assez de spéculations; le fait assuré, c'est tout simplement que nous n'avons aucun moyen de prédire les fruits que donnera la recherche en tel ou tel domaine. On a cependant toute raison d'espérer d'amples moissons de la poursuite des travaux dans le champ où le présent livre s'est aventuré.

BIBLIOGRAPHIE

1. Ackerman, N.W. et Behrens, M.L. A study of family diagnosis. *Amer. J.* Orthopsych., *26*, 66-78, 1956.
2. Andersen, H.C. *Andersen Fairy Tales*, Grosset & Dunlap, New York, 1945 pp. 192-211; (a) pp. 83-93.
3. Arey, L.B. *Developmental Anatomy – A text-book and Laboratory Manual of Embryology.* W.B. Saunders Company, Philadelphie, 1938.
4. Arieti, S. *Interpretation of Schizophrenia,* Robert Brunner, New York, 1955, pp. 214-215.

4a. Arlow, J.A.; The structure of the *déjà vu* experience. *J. Amer. Psychoanal. Assn.*, *7*, 611-631, 1959.

5. Bak, R.C. The schizophrenic defense against aggression. *Int. J. Psychoanal. 35*, 129-134, 1954.
6. Balint, M. Early Developmental states of the ego. Primary Object-love (1937) *Int. J. Psychoanal. 30*, 265-273, 1939.
7. Balint, M. On love and hate. Communication au XVIIe Congrès international de psychanalyse, Amsterdam, 1951. Publié pour la première fois dans l'ouvrage (réf. 8), pp. 141-156.
8. Balint, M. *Primary Love and Psycho-analytic Technique,* Liveright, New York, 1953; (a) p. 100; (b) p. 145, trad. fr., *Amour primaire et technique psychanalytique,* Payot, Paris, 1972.
9. Balint, M. Friendly Expanses – horrid empty spaces. *Int. J. Psychoanal.*, *36*, 225-241, 1955. (a) p. 239. (b) p. 239.
10. Benjamin, J.D. A method for distinguishing and evaluating formal thinking disorders in schizophrenia. *Language and Thought in Schizophrenia : Collected Papers,* édité par J.S. Kasanin, University of California Press, 1944.
11. Benson, E.F. The horror horn. In *The Grip of Terror,* édité par G. Conklin, Permabooks, Garden City, N.Y., 1951. (a) pp. 65-67. (b) p. 70.
12. Bertschinger, H. Process of recovery in schizophrenia. *Psychoanal. Review, 3,* 176-188.
13. Bleuler, E. *Dementia Praecox of the Group of Schizophrenias* (1911) International Universities Press, New York, 1950, p. 64. (a) p. 67.
14. Bornstein, B. The analysis of the phobic child. *The Psychoanalytic Study of the Child, 3-4,* pp. 181-227. International Universities Press, New York, 1949.

15. Boss, M. *The Analysis of Dreams*, Philosophical Library, New York, 1958. (a) chap. 12.
16. Bradbury, R. *The Martian Chronicles;* Bantan Books, New York, 1954; p. 144. Trad. fr. *Chroniques martiennes*, Denoël, Paris, 1973.
17. Brill, A.A. The universality of symbols (1945). *The Yearbook of Psychoanalysis, I*, 68-78. International Universities Press, New York, 1945.
18. Brodey, W.M. Narcissistic relationship – a paradox (1958). À paraître.
19. Brodey, W.M. Some family operations and schizophrenia: a study of five hospitalized families each with a schizophrenic member (1958). À paraître dans Arch. Neurol. & Psichiat.
20. Buber, M. Distance and relation. *Psychiatry, 20*, pp. 97-104, 1957.
21. Burnham, D.L. Some problems in communication with schizophrenic patients. *J. Amer. Psychoanal. Assn., 3*, pp. 67-81, 1955. Cit., p. 78.
22. Byrd, R.E. *Alone.* G.P. Putnam's Sons, New York, 1938, pp. 141-142. (a) p. 278. (b) pp. 56-57. (c) pp. 84-85. (d) pp. 144-145. (e) p. 189. (f) pp. 295-296. (g) p. 120.
23. Carson, R.L., *The Sea Around Us.* Oxford University Press, New York, 1951, pp. 13-15. Trad. fr. *Cette mer qui nous entoure*, Arthaud, Paris, 1973.
24. Collier, J. Green Thoughts. The Touch of Nutmeg. Press of the Readers Club, New York, 1943.
25. Collodi, C. *Pinocchio – The Story of a Puppet.* Grosset & Dunlap, New York.
26. Custance, J. *Wisdom, Madness and Folly – The Philosophy of a Lunatic.* Pellegrini & Cudahy, New York, 1952. (a) pp. 18-19. (b) pp. 55-56. (c) pp. 25-26.
27. Dante Alighieri. *The Divine Comedy.* Modern Library, New York, 1932. (a) p. 71. (b) p. 72.
28. Darr, G. & Worden, F. Case report – 30 years after an infantile autistic disorder. *Amer. J. Orthopsychiat., 21* (3), 1951.
29. Dunbar, F. Psychoanalytic notes relating to syndromes of asthma and hay fever. *Psychoanal. Quart.*, 7:25-68, 1938; citation pp. 47-48.
30. Einstein, A. *Out of My Later Years.* Philosophical Library, New York, 1950. (a) pp. 101-102. (b) p. 78. (c) p. 141. (d) p. 146. (e) pp. 213-214.
31. Eissler, K.R. Notes upon the emotionality of a schizophrenic patient and its relation to problems of technique. *The Psychoanalytic Study of the Child, 8*:199-251. International Universities Press, New York, 1953.
32. Ekstein, R. The space child's time machine: on « reconstruction » in the psychotherapeutic treatment of a schizophrenoid child. *Amer. J. Orthopsychiat., 24*:492-506, 1954.
33. Elkisch, P. & Mahler, M.S. The « influencing machine » in the light of the psychotic child's body-image development. Communication à l'Association Psychanalytique Américaine présentée à New York, le 6 déc. 1958. Publié sous le titre : On infantile precursors of the « influencing machine » (Tausk). *The Psychoanalytic Study of the Child, 14*:219-235. International Universities Press, New York, 1959.
34. Erikson, E.H. Configurations in play-clinical notes. *Psychoanal, Quart., 6*:139-214, 1937.

35. Erikson, E.H. *Childhood and Society*. Norton, New York, 1950. Trad. fr., *Enfance et société*, Delachaux, 1976.
36. Erikson, E.H. Growth and crisis of the « healthy personality ». *Personality in Nature, Society and Culture,* edited by Clyde Kluckhohn and H.A. Murray. Knopf, New York, 1953, pp. 185-225.
37. Erikson, E.H. *Young Man Luther – A Study in Psychoanalysis and History*. Norton, New York, 1958. (a) pp. 261-262.
Trad. fr. *Luther avant Luther – Psychanalyse et histoire,* Flammarion, Paris, 1968.
38. Fairbairn, W.R.D. *An Object-Relations Theory of the Personality*. Basic Books, New York, 1954. (a) p. 150.
39. Federn, P. *Ego Psychology and the Psychoses*. Basic Books, New York, 1952. Trad. fr. *La Psychologie du moi et les psychoses,* P.U.F., Paris, 1979.
40. Fenichel, O. *The Psychoanalytic Theory of Neurosis*. Norton, New York, 1945. Quote is from p. 417. (a) p. 34. (b) pp. 417-418. (c) p. 440. (d) p. 427. (e) p. 146. (f) p. 205. Trad. fr. *Théorie Psychanalytique des névroses,* P.U.F., Paris, 1979.
41. Ferenczi, S. Stages in the development of the sense of reality (1913). *Sex in Psychoanalysis*. New York : Robert Brunner, 1950. See, pp. 227-228.
42. Flugel, J.C. *The Psychology of Clothes*. Hogarth Press, Londres 1950. Trad. fr. *Le rêveur nu – De la parure vestimentaire,* Aubier-Montaigne, Paris, 1982.
43. Fountain, G. Adolescent into adult: an inquiry (1958). Communication à l'Association Psychanalytique Américaine, présentée à New York le 5 déc. 1958.
44. Frank, L.K. *Nature and Human Nature – Man's New Image of Himself*. Rutgers University Press, New Brunswick, N.J. 1951. (a) p. 144. (b) p. 84. (c) p. 91.
45. Freeman, T., Cameron, J.L., & McGhie, A. *Chronic Schizophrenia*. International Universities Press, New York, 1958. (a) p. 74. (b) p. 114.
45a. Freud, A. *The Ego and the Mechanisms of Defense* (1936) International Universities Press, New York, 1946.
Trad. fr. *Le Moi et les mécanismes de défense,* P.U.F., Paris, 1982.
45b. Freud, A. Some remarks on infant observation. *The Psychoanalytic Study of the Child, 8*:9-19. International Universities Press, New York, 1953.
45c. Freud, A. In : Problems of infantile neurosis : a discussion. *The Psychoanalytic Study of the Child, 9*:16-71. International Universities Press, New York, 1954. cit. pp. 68-69.
46. Freud, S. Psychoanalytic notes upon an autobiographical account of a case of schizophrenia (dementia paranoides) (1911). *Collected Papers, 3*:387-470. London : Hogarth Press, 1953. Trad. fr. in *Cinq psychanalyses,* P.U.F., Paris, 1970.
47. Freud, S. On narcissism – an introduction (1914). *Collected Papers, 4*:30-59. London : Hogarth Press, 1953. Trad. fr. in *La vie sexuelle,* P.U.F., Paris, 1969.
48. Freud, S. Instincts and their vicissitudes (1915). *Collected Papers, 4*:60-83. London : Hogarth Press, 1953.
49. Freud, S. One of the difficulties of psycho-analysis (1917). *Collected Papers, 4*:347-356. London : Hogarth Press, 1946. trad. fr. in *L'inquiétante étrangeté et autres essais,* Gallimard, Paris, 1985.

50. Freud, S. *Beyond the Pleasure Principle* (1920). London : Hogarth Press, 1948. Trad. fr. in *Essais de psychanalyse,* Petite bibliothèque Payot, Paris, 1982.
51. Freud, S. Neurosis and psychosis (1924). *Collected Papers, 2*:250-254. London : Hogarth Press, 1953. Quote from p. 253. Trad. fr. in *Névrose, psychose et perversion,* P.U.F., Paris, 1973.
52. Freud, S. On negation. *Int. J. Psychoanal, 6*:367-371, 1925. Trad. fr. in *Résultats, idées, problèmes,* II, P.U.F., Paris, 1985.
53. Freud, S. Analysis terminable and interminable (1937). *Int. J. Psychoanal, 18*:373-405, 1938. Trad. fr. in *Résultats, idées, problèmes,* II, P.U.F., Paris, 1985.
54. Friedman, M.S. *Martin Buber – The Life of Dialogue.* University of Chicago Press, Chicago, 1955. cit. p. 258, (a) p. 57, (b) p. 58, (c) p. 61. (d) p. 139, (e) pp. 130-131. (f) p. 9.
55. Fromm, E. *The Sane Society,* Rinehart & Company, New York, 1955. (a) pp. 48-49. (b) p. viii. (c) pp. 23-24. (d) p. 25. (e) pp. 26-27. (f) p. 32. (g) p. 178. (h) p. 93. (i) p. 270. (j) pp. 359-360. Trad. fr. *Société aliénée, société saine,* le Courrier du Livre, Paris, 1971.
56. Furman, E. An ego disturbance in a young child. *The Psychoanalytic Study of the Child, 11*:312-335. International Universities Press, New York, 1956.
57. Gantt, W.H. An experimental approach to psychiatry. *Amer. J. Psychiat., 92*:1007, 1936.
58. Gesell, A. & Ilg, F.L. *Feeding Behavior of Infants.* Lippincott, Philadelphia, 1937.
59. Gheerbrant, A. *Journey to the Far Amazon.* Simon & Schuster, New York, 1954. (a) p. 220. (b) p. 347. Traduit de *L'Expédition Orénoque-Amazone,* Paris, 1952.
60. Ghiselin, B., ed. *The Creative Process – a Symposium.* Mentor Books, New York, 1955. « Notes on Sculpture » by H. Moore, p. 75. (a) pp. 14-15, (b) p. 58. (c) p. 59. (d) p. 63.
61. Goldfarb, W. The animal symbol in the Rorschach test and an animal association test. *Rorschach Research Exchange, 9*:8-22, 1945.
62. Goldstein, K. The significance of psychological research in schizophrenia. *J. Nevr. & Ment. Dis., 97*:261-280, 1943.
63. Goldwater, R. Vincent Van Gogh. *The Pocket Library of Great Art.* Harry LN. Abrams, in association with Pocket Books, New York, 1953.
64. Graves, R. *The Greek Myths* (Vols. I and II, 1955). Baltimore, Penguin Books, 1957. Trad. fr. *Les mythes grecs,* Fayard, Paris, 1979.
65. Greenson, R.R. The struggle against identification. *J. Amer. Psychoanal. Assn., 2*:200-217, 1954.
66. Hamilton, E. *Mythology.* A Mentor Book published by the New American Library, New York, 1953. cit. p. 279. (a) pp. 143-146. (b) pp. 211-212. (c) p. 239. (d) pp. 290-291. (e) p. 292. (f) pp. 88-89. (g) pp. 73-74. (h) p.312.
67. Hartmann, H. *Ego Psychology and the problem of Adaptation.* (1939). Translated by David Rapaport.International Universities Press, New York, 1958. (a) pp. 102-103. (b) pp. 25-26. (c) p. 59. (d) pp. 48-49. (e) p. 51. (f) pp. 48-49. (g) p. 59. (h) pp. 36-37. Trad. fr. *La Psychologie du moi et le problème de l'adaptation.* P.U.F., Paris, 1968.
68. Hartmann, H. Psychoanalysis and developmental psychology. *The Psy-*

choanalytic Study of the Child, 5:7-17, International Universities Press, New York, 1950. (a) p. 12. (b) pp. 8-9.

69. Hartmann, H. Comments on the psychoanalytic theory of the ego. *The Psychoanalytic Study of the Child, 5*:74-96. International Universities Press, New York, 1950. (a) p. 86. (b) p. 79. (c) p. 78. (d) pp. 78-79. (e) p. 79. (f) pp. 81-82. (g) p. 75. (h) pp. 80-81. (i) p. 77.
70. Hartmann, H. Contribution to the metapsychology of schizophrenia. *The Psychoanalytic Study of the Child, 8*:177-198. International Universities Press, New York, 1953. (a) pp. 185-186. (b) p. 169.
71. Hartmann, H. Notes on the reality principle. *The Psychoanalytic Study of the Child, 11*:31-53. International Universities Press, New York, 1956. (a) p. 42. (b) pp. 34-35. (c) p. 36.
72. Hartmann, H., Kris, E., & Loewenstein, R. M. Comments on the formation of psychic structure. *The Psychoanalytic Study of the Child, 2*:11-38. International Universities Press, New York, 1946. (a) pp. 20-21. (b) p. 19. (c) pp. 20-21. (d) pp. 20-21.
73. Heiman, M. On the role of animals. *Psychoanal. Quart., 25*:568-585, 1956.
74. Heron, W., Bexton, W.H., & Hebb, D.O. Cognitive effects of a decreased variation to the sensory environment. *Amer. Psychologist, 8*:366, 1953.
75. Hertzman, M. & Pearce, J. The personal meaning of the human figure in the Rorschach. *Psychiatry, 10*:413-422, 1947. (a) pp. 413-415. (b) pp. 417, 419. (c) p. 421.
76. Herzog, M. *Annapurna.* E.P. Dutton, New York, 1953. (a) p. 16. (b) pp. 208-209. (c) p. 12. Paris, 1953.
77. Heyerdahl, T. *Kon-Tiki.* Permabooks, Garden City, N.Y.,1953. (a) pp. 96-97. Trad. fr. *L'Expédition du « Kon-Tiki » – sur un radeau à travers le Pacifique,* Paris, 1971.
78. Hill, L.B. *Psychotherapeutic Intervention in Schizophrenia.* University of Chicago Press, Chicago, 1955. cit. p. 76. (a) pp. 65-66. (b) p. 52. (c) p. 115. (d) pp. 110-111. (e) p. 115. (f) pp. 144-145.
79. Hoffer, W. Development of the body ego. *The Psychoanalytic Study of the Child, 5*:18-23. International Universities Press, New York, 1950.
80. Hoffer, W. Oral aggressiveness and ego development. *Int. J. Psychoanal., 31*:156-160, 1950.
81. Hudson, W. H. *Green Mansions.* Modern Library, New York, 1944. (a) p. VII. (b) pp. 31-32. (c) pp. 56-57. (d) p. 159. (e) p. VII. (f) p. 240.
82. Inhelder, B. & Piaget, J. *The Growth of Logical Thinking from Childhood to Adolescence.* Basic Books, New York, 1958. (a) pp. 342-346. (b) p. 346. Traduit de *De la logique de l'enfant à la logique de l'adolescent, essai sur la construction des structures opératoires formelles.* P.U.F., Paris, 1970.
83. Jacobson, E. On psychotic identifications. *Int. J. Psychoanal, 35*:102-108, 1954.
84. Jacobson, E. Contribution to the metapsychology of psychotic identifications. *J. Amer. Psychoanal. Assn., 2*:239-262, 1954.

84a. Jacobson, E. The self and the object world : vicissitudes of their infantile cathexes and their influence on ideational and affective development. *The Psychoanalytic Study of the Child, 9*:75-127. International Universities Press, New York, 1954

84b. Jacobson, E. Depersonalization. *J. Amer. Psychoanal. Assn.*, 7:581-610, 1959. See pp. 602-610.

85. James, W. *The Varieties of Religious Experience.* Modern Library. New York. (a) p. 481. (b) p. 157. (c) pp. 307-308. (d) p. 63. (e) p. 66. (f) p. 147. (g) pp. 148-149. (h) p. 70. (i) p. 71. (j) pp. 56-57. (k) p. 269. (l) p. 147. Trad. fr. *L'Expérience religieuse, essai de psychologie descriptive* Paris, 1906.

86. Kafka, F. The metamorphosis. *German Stories and Tales.* The Pocket Library, published by Pocket Books, Inc., New York, 1955. Trad fr. *La Métamorphose,* Gallimard, Paris, 1982.

87. Kanner, L. Problems of nosology and psychodynamics of early infantile autism. *Amer. J. Orthopsychiat., 19*:416-426, 1949. Quote is from p. 416. (a) p. 421. (b) p. 422. (c) pp. 424-425.

88. Klein, M. The psycho-analytic play technique : its history and significance. *New Directions in Psycho-Analysis,* édited by M. Klein, P. Heimann & R. E. Money-Kyrle. Basic Books, New York, 1955. (a) p. 20.

89. Kris, E. *Psychoanalytic Explorations in Art.* International Universities Press, New York, 1952. (a) Chapter 7. (b) p. 312. (c) p. 197. (d) p. 284. Trad. fr. *Psychanalyse de l'Art.* P.U.F., Paris, 1978.

90. Kubie, L.S. The distortion of the symbolic process in neurosis and psychosis. *J. Amer. Psychoanal. Assn., 1*:59-86, 1953.

91. Langer, S. K. *Philosophy in a New Key – A Study in the Symbolism of Reason, Rite and Art.* New York : Mentor Books, 1956. (First published by Harvard University Press, Cambridge, Mass., 1942.) (a) p. 100. (b) p. 133.

92. Lewin, B. D. Reconsideration of the dream screen. *Psychoanal. Quart., 22*:174-199, 1953.

93. Liddell, H. S. The manifestations of experimental neuroses. *Handbook of Experimental Psychopathology,* edited by C. Murchison. Worcester, Mass. : Clark University Press, 1942.

94. *Life,* Editorial Staff of; and Barnett, L. (1955). (These articles have been published, more recently, in book form); *The World We Live In.* New York : Time Incorporated, 1955.

95. Lilly, J. Illustrative strategies for research on psychopathology in mental health. *Group for the Advancement of Psychiatry Symposium, N° 2*:13-44, 1956.

96. Lindbergh, A.M. *North to the Orient.* New York : Harcourt, Brace, 1935.

97. Little, M. « R » – the analyst's total response to his patient's needs. *Int. J. Psychoanal., 38*:240-254, 1957.

98. Little, M. On delusional transference (transference psychosis). *Int. J. Psychoanal., 39*:134-138. 1958.

100. Lorenz, K.Z. *King Solomon's Ring – New Light on Animal Ways.* Thomas Y. Crowell, New York, 1952. (a) pp. 128-129.

101. Mahler, M.S. On child psychosis and schizophrenia : autistic and symbiotic infantile psychoses. *The Psychoanalytic Study of the Child, 7*:286-305. International Universities Press, New York, 1952.

102. Mahler, M.S. Autism and symbiosis, two extreme disturbances of identity. *Int. J. Psychoanal., 39*:77-83, 1958.

103. Masserman, J.H. *Principles of Dynamic Psychiatry,* Saunders Philadelphia, 1946.

104. Mead, M. & Calas, N., eds. *Primitive Heritage* Random House, New

York, 1953 cit. p. 261. (a) p. xxiii. (b) pp. 33-34. (c) p. 135. (d) p. 143. (e) p. 33. (f) pp. 258-259.

105. Miller, N.E. Experimental studies of conflict. *Personality and the Behavior Disorders,* edited by J. McV.·Hunt. Ronald Press, New York, 1944.

106. Moravia, A. *Two Adolescents.* Signet Books, New York, 1952. (a) pp. 73-76. (b) pp. 254-256. Trad. fr. *La Désobéissance.* Denoël, Paris, 1949.

107. New York Times du 28 nov. 1948.

108. *New Yorker 1950-1955 Album.* Harper, New York, 1955.

109. Nunberg, H. On the catatonic attack (1920). *Practice and Theory of Psychoanalysis.* International Universities Press, New York, 1955. pp. 8-9. (a) p. 9. (b) p. 8.

110. Oppenheimer. J.R. *The Open Mind.* Simon & Schuster, New York, 1955. (a) p. 123. (b) p. 126.

111. Patten, B.M. *The Embryology of the Pig.*, Blakiston, Philadelphia, 1931.

112. Piaget, J. *The Child's Conception of the World* (1926). Harcourt, Brace, New York, 1929. Traduit de *La Représentation du monde chez l'enfant.* Alcan, Paris, 1926.

113. Piaget, J. *The Child's Conception of Physical Causality* (1930). Humanities Press, 1951. New York, (a) p. 283. (b) p. 244. (c) p. 60. (d) p. 61. (e) pp. 73-74. (f) p. 249. (g) p. 255. Traduit de *La Causalité physique chez l'enfant,* Alcan, Paris, 1927.

114. Piaget, J. *The Origins of Intelligence in Children* (1936). International Universities Press, New York, 1952. Traduit de *La Naissance de l'intelligence chez l'enfant,* Delachaux, 1968.

115. Piaget, J. *The Construction of Reality in the Child* (1945). Basic Books, New York, 1954. (a) pp. xii-xiii. (b) p. 88. (c) p. 13. (d) pp. 79, 96. (e) p. 313. (f) p. 13 (g) p. 318. Traduit de *La Construction du réel chez l'enfant.* Delachaux, 1983.

116. Rank, B. & Macnaughton, D.A clinical contribution to early ego development. *The Psychoanalytic Study of the Child, 5*:53–65. International Universities Press, New York, 1950.

117. Rapaport, D. The theory of ego autonomy : a generalization. *Bull. Menninger Clin., 22*:13-35. 1958.

118. Ribble, M.A. *The Rights of Infants.* Columbia University Press, New York, 1944.

119. Ruesch, J. & Bateson, G. *Communication – The Social Matrix of Psychiatry.* Norton, New York, 1951. cit. p. 233. (a) pp. 148-149.

120. Russell, B. *The Impact of Science on Society.* Simon & Schuster, New York, 1953. cit. pp. 82-83.

121. Sachs, H. Über Naturgefühl. *Imago. 1*:118-131, 1912.

122. Sachs, H. The delay of the machine age, *Psychoanal. Quart.,* 2:404-424, 1933.

123. Sachs, L.J. On changes in identification from machine to cripple. *The Psychoanalytic Study of the Child, 12*:356-375. International Universities Press, New York, 1957.

124. Saint-Exupéry, A. de. *Wind, Sand and Stars.* Reynal & Hitchcock, New York, 1939. Traduit de *Œuvres.* Gallimard, Paris, 1953.

125. Saroyan, W. *My name Is Aram.* Harcourt, Brace, New York, 1940. cit. p. 39.

126. Savage, C. Variations in ego feeling induced by d-lysergic acid die-

thylamide (LSD-25). *Psychoanal. Rev.*, *42*:1-16, 1955. (a) p. 2. (b) p. 3 (c) pp. 8-13. (d) p. 3 (e) p. 11.

127. Savage, C. The LSD psychosis as a transaction of the psychiatrist and patient. (À paraître).

128. Schilder, P. *The Image and Appearance of the Human Body* (1923). International Universities Press, New York, 1950. (a) p. 202. (b) p. 203. (c) p. 191. (d) pp. 204-205. (e) p. 192. Trad. fr. *L'Image du corps.* Gallimard, Paris, 1968.

129. Schweitzer, A. *Out of My Life and Thought.* Mentor Books, New York, 1953, cit. p. 174-175 (a) p. 126. Traduit de *Ma vie et ma pensée.* Albin Michel, Paris, 1960.

130. Schwing, G. *A Way to the Soul of the Mentally Ill* (1940). International Universities Press, New York, 1954.

131. Scott, W.C.M. Narcissism, the body, the body image and the body scheme. Communication présentée à la Société psychanalytique de Washington le 9 mars 1956.

132. Searles, H.F. Data concerning certain manifestations of incorporation. *Psychiatry, 14*:397-413, 1951.

133. Searles, H.F Dependency processes in the psychotherapy of schizophrenia. J. *Amer. Psychoanal. Assn.*, *3*:19-66, 1955. pp. 24-25.

134. Searles, H.F. The schizophrenic's vulnerability to the therapist's unconscious processes. J. *Nerv & Ment. Dis.*, *127*:247-262, 1958.

135. Searles, H.F. Positive feelings in the relationship between the schizophrenic and his mother. *Int. J. Psychoanal.*, *39*:569-586, 1958.

136. Searles, H.F. The differentiation between concrete and metaphorical thinking in the recovering schizophrenic patient. Communication présentée à l'Association Psychiatrique Américaine en avril 1959. À paraître dans J. *Amer. Psychoanal. Assn.*

137. Sechehaye, M.A. *Symbolic Realization.* International Universities Press, New York, 1951. Traduit de *Introduction à la Psychothérapie des schizophrènes.* P.U.F., Paris, 1954.

138. Sharpe. E.F. Psycho-physical problems revealed in language : an examination of metaphor. *Int. J. Psychoanal.*, *21*:201-213, 1940.

139. Smith, P.B. A Sunday with mescaline. *Bull-Menninger Clin.*, *23*:20-27, 1959.

140. Spitz, R.A. Diacritic and coenesthetic organizations – the psychiatric significance of functional division of the nervous system into a sensory and emotive part. *Psychoanal. Rev.*, *32*:146-162, 1945.

141. Spitz, R.A. Hospitalism – an inquiry into the genesis of psychiatric conditions in early childhood. *The Psychoanalytic Study of the Child, 1*:53-74. International Universities Press, New York, 1945.

142. Spitz, R.A. Hospitalism – a follow-up report [on investigation described in Volume I, 1945]. *The Psychoanalytic Study of the Child, 2*:113-117. International Universities Press, New York, 1946.

143. Spitz, R.A. Anaclitic depression – an inquiry into the genesis of psychiatric conditions in early childhood. *The Psychoanalytic Study of the Child, 2*:313-342. International Universities Press, New York, 1946.

143a. Spitz, R.A. & Wolf, K.M. The smiling response : a contribution to the ontogenesis of social relations. *Genet. Psychol. Mon.*, *34*:57-125, 1946.

144. Stanton, A.H. & Schwartz, M.S. *The Mental Hospital.* Basic Books, New York, 1954.
145. Stärcke, A. The castration complex. *Int. J. Psychoanal.*, 2:179-201, 1921.
146. Stevenson, O. The first treasured possession : a study of the part played by specially loved objects and toys in the lives of certain children. *The Psychoanalytic Study of the Chi'd, 9*:199-217. International Universities Press, New York, 1954. (a) p. 200. (b) p. 203. (c) pp. 199-201. (d) p. 202. (e) p. 204. (f) p. 207. (g) p. 208.
147. Stevenson, R.L. *Dr. Jekyll and Mr. Hyde.* Grosset et Dunlap. New York, Trad. fr. *Le Cas étrange du Dr. Jekyll et de Mr. Hyde,* U.G.E. 10/18, Paris, 1976.
148. Storch, A. *The Primitive Archaic Forms of Inner Experience and Thought in Schizophrenia.* Nervous and Mental Diseases Pub. Co., New York, 1924.
149. Sullivan, H.S. *Conceptions of Modern Psychiatry.* The William Alanson White Psychiatric Foundation, Washington, D.C., 1946.
150. Sullivan, H.S. The illusion of personal individuality. *Psychiatry, 13*: 317-332, 1950.
151. Sullivan, H.S. *Clinical Studies in Psychiatry.* Norton, New York, 1956. Quote is from p. 211.
152. Szalita-Pemow, A.B. Further remarks on the pathogenesis and treatment of schizophrenia. *Psychiatry, 15*:143-150, 1952. cit. p. 149. (a) pp. 145-146.
153. Tausk, V. On the origin of the « influencing machine » in schizophrenia (1919). *Psychoanal. Quart.*, 2:519-556, 1933. (a) pp. 550-551. Trad. fr. in *Œuvres psychanalytiques.* Payot, Paris, 1976.
154. Thoreau, H.D. Walden. *Walden and Other Writings of Henry David Thoreau.* Modern Library, New York, 1950. cit. p. 21. (a) p. 74. (b) pp. 197-198. (c) pp. 118-120. (d) pp. 111-112. (e) p. 101. (f) pp. 158-159. (g) p. 103. Trad. fr. *Walden.* Aubier-Montaigne, Paris, 1978.
155. Thurber, J. *My Life and Hard Times.* Harper, New York, 1933.
156. .Tillich, P. *The Courage to Be.* Yale University Press, New Haven, 1952. (a) pp. 49-50. (b) p. 120. (c) p. 121. (d) pp. 104-105.
157. Trevett, L.D. Origin of the creation myth : a hypothesis. *J. Amer. Psychoanal. Assn., 5*:461-468, 1957.
158. van Vogt, A.E. Vault of the beast, *The Astounding Science Fiction Anthology;* edited by J.W. Campbell. Jr., Simon & Schuster, New York, 1952. (a) pp. 60-61. Trad. *La Bête.* Presses Pocket, Paris, 1980.
159. von Uexküll, J. *Umwelt und Innenwelt der Tiere.* Berlin : Springer, 1909.
160. *Washington Post and Times Herald.* February 6, 1955, page 1.
161. *Webster's New Collegiate Dictionary.* G. & C. Merriam, Springfield, Mass, 1951.
162. Werner, H. *Comparative Psychology of Mental Development* (1940). International Universities Press, New York, 1957. (a) p. 59. (b) p. 19. (c) p. 361. (d) p. 16. (e) p. 476. (f) p. 320. (g) p. 52. (h) pp. 34-35. (i) p. 59. (j) p. 64. (k) p. 69 (l) pp. 77-78. (m) pp. 75-76. (n) p. 233. (o) p. 338. (p) p. 447. (q) pp. 426-427. (r) pp. 419-420. (s) p. 188. (t) pp. 80-81, 361. (u) p. 418. (v) pp. 25-28, 145. (w) p. 361. (x) p. 368. (y) pp. 370-371. (z) p. 461.

163. Whyte, L.L. *The Next Development in Man.* Mentor Books, New York, 1950. (a) p. 61.
164. Winnicott, D.W. Transitional objects and transitional phenomena – a study of the first not-me possession. *Int. J. Psychoanal., 24*:89-97, 1953.
165. Winnicott, D.W. Withdrawal and regression (1955). In : *D.W Winnicott – Collected Papers.* Basic Books, New York, 1958, pp. 255-261.
166. Winnicott, D.W. Metapsychological and clinical aspects of regression within the psycho-analytical set-up. *Int. J. Psychoanal., 36*:16-26, 1955. (Reprinted in : *D.W. Winnicott – Collected Papers.* New York : Basic Books, 1958, pp. 278-294.)
167. Wordsworth, W. Lines composed a few miles above Tintern Abbey, on revisiting the banks of the Wye during a tour, July 13, 1798, *A Treasury of Great Poems English and American,* edited by L. Untermeyer. Simon & Schuster, New York, 1942, pp. 638-641. Texte et trad. fr. *Poésies,* Éd. des Belles-Lettres, Paris.
168. Zilboorg, G. *A History of Medical Psychology.* Norton, New York, 1941.

INDEX DES NOMS

DU MÊME AUTEUR

L'EFFORT POUR RENDRE L'AUTRE FOU, Folio Essais n° 420

LE CONTRE-TRANSFERT, Folio Essais n°456

tel

Volumes parus

1. Jean-Paul Sartre : *L'être et le néant.*
2. François Jacob : *La logique du vivant.*
3. Georg Groddeck : *Le livre du Ça.*
4. Maurice Merleau-Ponty : *Phénoménologie de la perception.*
5. Georges Mounin : *Les problèmes théoriques de la traduction.*
6. Jean Starobinski : *J.-J. Rousseau, la transparence et l'obstacle.*
7. Émile Benveniste : *Problèmes de linguistique générale, I.*
8. Raymond Aron : *Les étapes de la pensée sociologique.*
9. Michel Foucault : *Histoire de la folie à l'âge classique.*
10. H.-F. Peters : *Ma sœur, mon épouse.*
11. Lucien Goldmann : *Le Dieu caché.*
12. Jean Baudrillard : *Pour une critique de l'économie politique du signe.*
13. Marthe Robert : *Roman des origines et origines du roman.*
14. Erich Auerbach : *Mimésis.*
15. Georges Friedmann : *La puissance et la sagesse.*
16. Bruno Bettelheim : *Les blessures symboliques.*
17. Robert van Gulik : *La vie sexuelle dans la Chine ancienne.*
18. E.M. Cioran : *Précis de décomposition.*
19. Emmanuel Le Roy Ladurie : *Le territoire de l'historien.*
20. Alfred Métraux : *Le vaudou haïtien.*
21. Bernard Groethuysen : *Origines de l'esprit bourgeois en France.*
22. Marc Soriano : *Les contes de Perrault.*
23. Georges Bataille : *L'expérience intérieure.*
24. Georges Duby : *Guerriers et paysans.*
25. Melanie Klein : *Envie et gratitude.*
26. Robert Antelme : *L'espèce humaine.*
27. Thorstein Veblen : *Théorie de la classe de loisir.*
28. Yvon Belaval : *Leibniz, critique de Descartes.*
29. Karl Jaspers : *Nietzsche.*
30. Géza Róheim : *Psychanalyse et anthropologie.*
31. Oscar Lewis : *Les enfants de Sanchez.*
32. Ronald Syme : *La révolution romaine.*

33. Jean Baudrillard : *Le système des objets.*
34. Gilberto Freyre : *Maîtres et esclaves.*
35. Verrier Elwin : *Maisons des jeunes chez les Muria.*
36. Maurice Merleau-Ponty : *Le visible et l'invisible.*
37. Guy Rosolato : *Essais sur le symbolique.*
38. Jürgen Habermas : *Connaissance et intérêt.*
39. Louis Dumont : *Homo hierarchicus.*
40. D.W. Winnicott : *La consultation thérapeutique et l'enfant.*
41. Soeren Kierkegaard : *Étapes sur le chemin de la vie.*
42. Theodor W. Adorno : *Philosophie de la nouvelle musique.*
43. Claude Lefort : *Éléments d'une critique de la bureaucratie.*
44. Mircea Eliade : *Images et symboles.*
45. Alexandre Kojève : *Introduction à la lecture de Hegel.*
46. Alfred Métraux : *L'île de Pâques.*
47. Émile Benveniste : *Problèmes de linguistique générale, II.*
48. Bernard Groethuysen : *Anthropologie philosophique.*
49. Martin Heidegger : *Introduction à la métaphysique.*
50. Ernest Jones : *Hamlet et Œdipe.*
51. R.D. Laing : *Soi et les autres.*
52. Martin Heidegger : *Essais et conférences.*
53. Paul Schilder : *L'image du corps.*
54. Leo Spitzer : *Études de style.*
55. Martin Heidegger : *Acheminement vers la parole.*
56. Ludwig Binswanger : *Analyse existentielle et psychanalyse freudienne (Discours, parcours et Freud).*
57. Alexandre Koyré : *Études d'histoire de la pensée philosophique.*
58. Raymond Aron : *Introduction à la philosophie de l'histoire.*
59. Alexander Mitscherlich : *Vers la société sans pères.*
60. Karl Löwith : *De Hegel à Nietzsche.*
61. Martin Heidegger : *Kant et le problème de la métaphysique.*
62. Anton Ehrenzweig : *L'ordre caché de l'art.*
63. Sami-Ali : *L'espace imaginaire.*
64. Serge Doubrovsky : *Corneille et la dialectique du héros.*
65. Max Schur : *La mort dans la vie de Freud.*
66. Émile Dermenghem : *Le culte des saints dans l'Islam maghrébin.*
67. Bernard Groethuysen : *Philosophie de la Révolution française*, précédé de *Montesquieu.*
68. Georges Poulet : *L'espace proustien.*
69. Serge Viderman : *La construction de l'espace analytique.*

70. Mikhaïl Bakhtine : *L'œuvre de François Rabelais et la culture populaire au Moyen Âge et sous la Renaissance.*
71. Maurice Merleau-Ponty : *Résumés de cours (Collège de France, 1952-1960).*
72. Albert Thibaudet : *Gustave Flaubert.*
73. Leo Strauss : *De la tyrannie.*
74. Alain : *Système des beaux-arts.*
75. Jean-Paul Sartre : *L'Idiot de la famille, I.*
76. Jean-Paul Sartre : *L'Idiot de la famille, II.*
77. Jean-Paul Sartre : *L'Idiot de la famille, III.*
78. Kurt Goldstein : *La structure de l'organisme.*
79. Martin Heidegger : *Le principe de raison.*
80. Georges Devereux : *Essais d'ethnopsychiatrie générale.*
81. J.-B. Pontalis : *Entre le rêve et la douleur.*
82. Max Horkheimer / Theodor W. Adorno : *La dialectique de la Raison.*
83. Robert Klein : *La forme et l'intelligible.*
84. Michel de M'Uzan : *De l'art à la mort.*
85. Sören Kierkegaard : *Ou bien... Ou bien...*
86. Alfred Einstein : *La musique romantique.*
87. Hugo Friedrich : *Montaigne.*
88. Albert Soboul : *La Révolution française.*
89. Ludwig Wittgenstein : *Remarques philosophiques.*
90. Alain : *Les Dieux* suivi de *Mythes et Fables* et de *Préliminaires à la Mythologie.*
91. Hermann Broch : *Création littéraire et connaissance.*
92. Alexandre Koyré : *Études d'histoire de la pensée scientifique.*
93. Hannah Arendt : *Essai sur la Révolution.*
94. Edmund Husserl : *Idées directrices pour une phénoménologie.*
95. Maurice Leenhardt : *Do Kamo.*
96. Elias Canetti : *Masse et puissance.*
97. René Leibowitz : *Le compositeur et son double (Essais sur l'interprétation musicale).*
98. Jean-Yves Tadié : *Proust et le roman.*
99. E.M. Cioran : *La tentation d'exister.*
100. Martin Heidegger : *Chemins qui ne mènent nulle part.*
101. Lucien Goldmann : *Pour une sociologie du roman.*
102. Georges Bataille : *Théorie de la religion.*
103. Claude Lefort : *Le travail de l'œuvre Machiavel.*
104. Denise Paulme : *La mère dévorante.*

105. Martin Buber : *Judaïsme.*
106. Alain : *Spinoza.*
107. Françoise Collin : *Maurice Blanchot et la question de l'écriture.*
108. Félicien Marceau : *Balzac et son monde.*
109. Ludwig Wittgenstein : *Tractatus logico-philosophicus*, suivi de *Investigations philosophiques.*
110. Michel Deguy : *La machine matrimoniale ou Marivaux.*
111. Jean-Paul Sartre : *Questions de méthode.*
112. Hannah Arendt : *Vies politiques.*
113. Régis Debray : *Critique de la Raison politique ou L'inconscient religieux.*
114. Jürgen Habermas : *Profils philosophiques et politiques.*
115. Michel de Certeau : *La Fable mystique.*
116. Léonard de Vinci : *Les Carnets, 1.*
117. Léonard de Vinci : *Les Carnets, 2.*
118. Richard Ellmann : *James Joyce, 1.*
119. Richard Ellmann : *James Joyce, 2.*
120. Mikhaïl Bakhtine : *Esthétique et théorie du roman.*
121. Ludwig Wittgenstein : *De la certitude.*
122. Henri Fluchère : *Shakespeare, dramaturge élisabéthain.*
123. Rémy Stricker : *Mozart et ses opéras.*
124. Pierre Boulez : *Penser la musique aujourd'hui.*
125. Michel Leiris : *L'Afrique fantôme.*
126. Maître Eckhart : *Œuvres (Sermons-Traités).*
127. Werner Jaeger : *Paideia (La formation de l'homme grec).*
128. Maud Mannoni : *Le premier rendez-vous avec le psychanalyste.*
129. Alexandre Koyré : *Du monde clos à l'univers infini.*
130. Johan Huizinga : *Homo ludens (Essai sur la fonction sociale du jeu).*
131. Descartes : *Les Passions de l'âme* (précédé de *La Pathétique cartésienne* par Jean-Maurice Monnoyer).
132. Pierre Francastel : *Art et technique au XIX*e *et XX*e *siècles.*
133. Michel Leiris : *Cinq études d'ethnologie.*
134. André Scobeltzine : *L'art féodal et son enjeu social.*
135. Ludwig Wittgenstein : *Le Cahier bleu et le Cahier brun* (suivi de *Ludwig Wittgenstein* par Norman Malcolm).
136. Yves Battistini : *Trois présocratiques (Héraclite, Parménide, Empédocle)* (précédé de *Héraclite d'Éphèse* par René Char).

137. Étienne Balazs : *La bureaucratie céleste (Recherches sur l'économie et la société de la Chine traditionnelle).*
138. Gaëtan Picon : *Panorama de la nouvelle littérature française.*
139. Martin Heidegger : *Qu'est-ce qu'une chose ?*
140. Claude Nicolet : *Le métier de citoyen dans la Rome républicaine.*
141. Bertrand Russell : *Histoire de mes idées philosophiques.*
142. Jamel Eddine Bencheikh : *Poétique arabe (Essai sur les voies d'une création).*
143. John Kenneth Galbraith : *Le nouvel État industriel (Essai sur le système économique américain).*
144. Georg Lukács : *La théorie du roman.*
145. Bronislaw Malinowki : *Les Argonautes du Pacifique occidental.*
146. Erwin Panofsky : *Idea (Contribution à l'histoire du concept de l'ancienne théorie de l'art).*
147. Jean Fourastié : *Le grand espoir du XXe siècle.*
148. Hegel : *Principes de la philosophie du droit.*
149. Sören Kierkegaard : *Post-scriptum aux Miettes philosophiques.*
150. Roger de Piles : *Cours de peinture par principes.*
151. Edmund Husserl : *La crise des sciences européennes et la phénoménologie transcendantale.*
152. Pierre Francastel : *Études de sociologie de l'art.*
153. Gustav E. von Grunebaum : *L'identité culturelle de l'Islam.*
154. Eugenio Garin : *Moyen Âge et Renaissance.*
155. Meyer Schapiro : *Style, artiste et société.*
156. Martin Heidegger : *Questions I et II.*
157. G.W.F. Hegel : *Correspondance I, 1785-1812.*
158. G.W.F. Hegel : *Correspondance II, 1813-1822.*
159. Ernst Jünger : *L'État universel* suivi de *La mobilisation totale.*
160. G.W.F. Hegel : *Correspondance III, 1823-1831.*
161. Jürgen Habermas : *La technique et la science comme « idéologie ».*
162. Pierre-André Taguieff : *La force du préjugé.*
163. Yvon Belaval : *Les philosophes et leur langage.*
164. Sören Kierkegaard : *Miettes philosophiques — Le concept de l'angoisse — Traité du désespoir.*
165. Raymond Lœwy : *La laideur se vend mal.*
166. Michel Foucault : *Les mots et les choses.*
167. Lucrèce : *De la nature.*

168. Élie Halévy : *L'ère des tyrannies.*
169. Hans Robert Jauss : *Pour une esthétique de la réception.*
170. Gilbert Rouget : *La musique et la transe.*
171. Jean-Paul Sartre : *Situations philosophiques.*
172. Martin Heidegger : *Questions III et IV.*
173. Bernard Lewis : *Comment l'Islam a découvert l'Europe.*
174. Émile Zola : *Écrits sur l'art.*
175. Alfred Einstein : *Mozart (L'homme et l'œuvre).*
176. Yosef Hayim Yerushalmi : *Zakhor (Histoire juive et mémoire juive).*
177. Jacques Drillon : *Traité de la ponctuation française.*
178. Francis Bacon : *Du progrès et de la promotion des savoirs.*
179. Michel Henry : *Marx I (Une philosophie de la réalité).*
180. Michel Henry : *Marx II (Une philosophie de l'économie).*
181. Jacques Le Goff : *Pour un autre Moyen Âge (Temps, travail et culture en Occident : 18 essais).*
182. Karl Reinhardt : *Eschyle, Euripide.*
183. Sigmund Freud : *Correspondance avec le pasteur Pfister (1909-1939).*
184. Benedetto Croce : *Essais d'esthétique.*
185. Maurice Pinguet : *La mort volontaire au Japon.*
186. Octave Nadal : *Le sentiment de l'amour dans l'œuvre de Pierre Corneille.*
187. Platon : *Hippias mineur, Alcibiade, Apologie de Socrate, Euthyphron, Criton, Hippias majeur, Charmide, Lachès, Lysis.*
188. Platon : *Protagoras, Gorgias, Ménon.*
189. Henry Corbin : *En Islam iranien,* I.
190. Henry Corbin : *En Islam iranien,* II.
191. Henry Corbin : *En Islam iranien,* III.
192. Henry Corbin : *En Islam iranien,* IV.
193. Herbert Marcuse : *L'Ontologie de Hegel et la théorie de l'historicité.*
194. Peter Szondi : *Poésie et poétique de l'idéalisme allemand.*
195. Platon : *Phédon, Le Banquet, Phèdre.*
196. Jean Maitron : *Le mouvement anarchiste en France,* I.
197. Jean Maitron : *Le mouvement anarchiste en France,* II.
198. Eugène Fleischmann : *La philosophie politique de Hegel.*
199. Otto Jespersen : *La philosophie de la grammaire.*
200. Georges Mounin : *Sept poètes et le langage.*
201. Jean Bollack : *Empédocle,* I *(Introduction à l'ancienne physique).*

202. Jean Bollack : *Empédocle*, II *(Les origines)*.
203. Jean Bollack : *Empédocle*, III *(Les origines)*.
204. Platon : *Ion, Ménexène, Euthydème, Cratyle.*
205. Ernest Renan : *Études d'histoire religieuse* (suivi de *Nouvelles études d'histoire religieuse*).
206. Michel Butor : *Essais sur le roman.*
207. Michel Butor : *Essais sur les modernes.*
208. Collectif : *La revue du cinéma (Anthologie).*
209. Walter F. Otto : *Dionysos (Le mythe et le culte).*
210. Charles Touati : *La pensée philosophique et théologique de Gersonide.*
211. Antoine Arnauld, Pierre Nicole : *La logique ou l'art de penser.*
212. Marcel Detienne : *L'invention de la mythologie.*
213. Platon : *Le politique, Philèbe, Timée, Critias.*
214. Platon : *Parménide, Théétète, Le Sophiste.*
215. Platon : *La République (livres I à X).*
216. Ludwig Feuerbach : *L'essence du christianisme.*
217. Serge Tchakhotine : *Le viol des foules par la propagande politique.*
218. Maurice Merleau-Ponty : *La prose du monde.*
219. Collectif : *Le western.*
220. Michel Haar : *Nietzsche et la métaphysique.*
221. Aristote : *Politique (livres I à VIII).*
222. Géralde Nakam : *Montaigne et son temps. Les événements et les* Essais *(L'histoire, la vie, le livre).*
223. J.-B. Pontalis : *Après Freud.*
224. Jean Pouillon : *Temps et roman.*
225. Michel Foucault : *Surveiller et punir.*
226. Étienne de La Boétie : *De la servitude volontaire ou Contr'un* suivi de sa réfutation par Henri de Mesmes suivi de *Mémoire touchant l'édit de janvier 1562.*
227. Giambattista Vico : *La science nouvelle (1725).*
228. Jean Kepler : *Le secret du monde.*
229. Yvon Belaval : *Études leibniziennes (De Leibniz à Hegel).*
230. André Pichot : *Histoire de la notion de vie.*
231. Moïse Maïmonide : *Épîtres (Épître sur la persécution — Épître au Yémen — Épître sur la résurrection des morts — Introduction au chapitre Helèq).*
232. Épictète : *Entretiens (Livres I à IV).*
233. Paul Bourget : *Essais de psychologie contemporaine (Études littéraires).*

234. Henri Heine : *De la France.*
235. Galien : *Œuvres médicales choisies*, tome 1 *(De l'utilité des parties du corps humain).*
236. Galien : *Œuvres médicales choisies*, tome 2 *(Des facultés naturelles — Des lieux affectés — De la méthode thérapeutique, à Glaucon).*
237. Aristote : *De l'âme.*
238. Jacques Colette : *Kierkegaard et la non-philosophie.*
239. Shmuel Trigano : *La demeure oubliée (Genèse religieuse du politique).*
240. Jean-Yves Tadié : *Le récit poétique.*
241. Michel Heller : *La machine et les rouages.*
242. Xénophon : *Banquet* suivi d'*Apologie de Socrate.*
243. Walter Laqueur : *Histoire du sionisme*, I.
244. Walter Laqueur : *Histoire du sionisme*, II.
245. Robert Abirached : *La crise du personnage dans le théâtre moderne.*
246. Jean-René Ladmiral : *Traduire, théorèmes pour la traduction.*
247. E.E. Evans-Pritchard : *Les Nuer (Description des modes de vie et des institutions politiques d'un peuple nilote).*
248. Michel Foucault : *Histoire de la sexualité, tome I (La volonté de savoir).*
249. Cicéron : *La République* suivi de *Le Destin.*
250. Gilbert Gadoffre : *Du Bellay et le sacré.*
251. Claude Nicolet : *L'idée républicaine en France (1789-1924). Essai d'histoire critique.*
252. Antoine Berman : *L'épreuve de l'étranger.*
253. Jean Bollack : *La naissance d'Œdipe.*
254. Donald Kenrick et Grattan Puxon : *Destins gitans.*
255. Isaac Newton : *De la gravitation* suivi de *Du mouvement des corps.*
256. Eberhard Jäckel : *Hitler idéologue.*
257. Pierre Birnbaum : *Un mythe politique : la « République juive ».*
258. Peter Gay : *Le suicide d'une République (Weimar 1918-1933).*
259. Friedrich Nietzsche : *La volonté de puissance, I.*
260. Friedrich Nietzsche : *La volonté de puissance, II.*
261. Françoise van Rossum-Guyon : *Critique du roman (Essai sur « La Modification » de Michel Butor).*
262. Leibniz : *Discours de métaphysique* suivi de *Monadologie.*

263. Paul Veyne : *René Char en ses poèmes.*
264. Angus Wilson : *Le monde de Charles Dickens.*
265. Sénèque : *La vie heureuse* suivi de *Les bienfaits.*
266. Rémy Stricker : *Robert Schumann.*
267. Collectif : *De Vienne à Cambridge.*
268. Raymond Aron : *Les désillusions du progrès.*
269. Martin Heidegger : *Approche de Hölderlin.*
270. Alain Besançon : *Les origines intellectuelles du léninisme.*
271. Auguste Comte : *Philosophie des sciences.*
272. Aristote : *Poétique.*
273. Michel Butor : *Répertoire littéraire.*
275. Xénophon-Aristote : *Constitution de Sparte - Constitution d'Athènes.*
276. Isaac Newton : *Écrits sur la religion.*
277. Max Horkheimer : *Théorie traditionnelle et théorie critique.*
278. Gaëtan Picon : *L'écrivain et son ombre (Introduction à une esthétique de la littérature, I).*
279. Michel Foucault : *Histoire de la sexualité, tome 2 (L'usage des plaisirs).*
280. Michel Foucault : *Histoire de la sexualité, tome 3 (Le souci de soi).*
281. Collectif : *Les Stoïciens, tome 1.*
282. Collectif : *Les Stoïciens, tome 2.*
283. Ludwig Wittgenstein : *Carnets 1914-1916.*
284. Louis Dumont : *Groupes de filiation et alliance de mariage.*
285. Alfred Einstein : *Schubert. Portrait d'un musicien.*
286. Alexandre Kojève : *Essai d'une histoire raisonnée de la philosophie païenne, I (Les Présocratiques).*
287. Alexandre Kojève : *Essai d'une histoire raisonnée de la philosophie païenne, II (Platon - Aristote).*
288. Alexandre Kojève : *Essai d'une histoire raisonnée de la philosophie païenne, III (La philosophie hellénistique - Les néo-platoniciens).*
289. Karl Schlechta : *Le cas Nietzsche.*
290. Valery Larbaud : *Sous l'invocation de saint Jérôme.*
291. Alain Jouffroy : *De l'individualisme révolutionnaire.*
292. Laurent Clauzade : *L'idéologie ou la révolution de l'analyse.*
293. Marcel Detienne : *Dionysos mis à mort.*
294. Henri Heine : *De l'Allemagne.*
295. Ernst Bloch : *Traces.*
296. Aristote : *Rhétorique.*
297. Friedrich List : *Système nationa. a économie politique.*

298. Emmanuel Jacquart : *Le théâtre de dérision (Beckett - Ionesco - Adamov).*
299. Alexandre Kojève : *L'athéisme.*
300. Mario Praz : *La chair, la mort et le diable dans la littérature du XIXe siècle.*
301. Jean Starobinski : *L'œil vivant.*
302. Alain : *Balzac.*
303. Mona Ozouf : *Les Mots des femmes.*
304. Philippe Muray : *Le XIXe siècle à travers les âges.*
305. Philippe Muray : *Désaccord parfait.*
306. Nietzsche : *Mauvaises pensées choisies.*
307. David Schoenbaum : *La révolution brune.*
308. Alfred Sauvy : *La vieillesse des nations.*
309. Charles Rosen : *Le style classique. Haydn, Mozart, Beethoven.*
310. Kostas Papaioannou : *Marx et les marxistes.*
311. Ludwig Wittgenstein : *Tractatus logico-philosophicus.*
312. Philippe Muray : *Céline.*
313. Wladimir Granoff : *Filiations (L'avenir du complexe d'Œdipe).*
314. Jean Starobinski : *La relation critique.*
315. Pierre Manent : *Les libéraux.*
316. Marc Fumaroli : *La diplomatie de l'esprit.*
317. Marcel Gauchet : *La démocratie contre elle-même.*
318. Bertrand de Jouvenel : *Arcadie. Essai sur le mieux-vivre.*
319. John Maynard Keynes & Jacques Bainville : *Les conséquences économiques de la paix. Les conséquences politiques de la paix.*
320. John Maynard Keynes : *La pauvreté dans l'abondance.*
321. Bernard de Fallois : *Simenon.*
322. Léon Bloy : *L'Âme de Napoléon.*
323. Patrice Gueniffey : *La politique de la Terreur.*
324. Denis Lacorne : *La crise de l'identité américaine.*
325. Angelo Tasca : *Naissance du fascisme. L'Italie de l'armistice à la marche sur Rome.*
326. Joseph A. Schumpeter : *Histoire de l'analyse économique*, I.
327. Joseph A. Schumpeter : *Histoire de l'analyse économique*, II.
328. Joseph A. Schumpeter : *Histoire de l'analyse économique*, III.
329. Mona Ozouf : *Les aveux du roman.*
330. Max Weber : *L'Ethique protestante et l'esprit du capitalisme.*

331. Ludwig Wittgenstein : *Le Cahier bleu et le Cahier brun.*
332. Pierre Manent : *Cours familier de philosophie politique.*
333. Jacques Bainville : *Napoléon.*
334. Benedetta Craveri : *L'âge de la conversation.*
335. Bernard Lewis : *Comment l'Islam a découvert l'Europe.*
336. Jean Fourastié : *Productivité et richesse des nations.*
337. Marcel Gauchet : *La condition politique.*
338. Marc Fumaroli : *Chateaubriand. Poésie et Terreur.*
339. Albert Thibaudet : *La poésie de Stéphane Mallarmé.*
340. Max Weber : *Sociologie des religions.*
341. Pierre Manent : *Tocqueville et la nature de la démocratie.*
342. Collectif : *Histoire des droites en France, I* (Politique).
343. Collectif : *Histoire des droites en France, II* (Cultures).
344. Collectif : *Histoire des droites en France, III* (Sensibilités).
345. Élie Halévy : *Histoire du socialisme européen.*
346. Bertrand Saint-Sernin : *Le rationalisme qui vient.*
347. Moses Mendelssohn : *Jérusalem ou Pouvoir religieux et judaïsme.*
348. Philippe Muray : *Après l'Histoire.*
349. Marcel Gauchet et Gladys Swain : *La pratique de l'esprit humain.*
350. Alexandre Kojève : *Esquisse d'une phénoménologie du droit.*
351. Pierre Manent : *Enquête sur la démocratie - Études de philosophie politique.*
352. Pierre Manent : *Naissances de la politique moderne Machiavel-Hobbes-Rousseau.*
353. Louis Dumont : *Homo æqualis*, I.
354. Michel Foucault : *L'archéologie du savoir.*
355. Collectif : *Présence du bouddhisme.*
356. Aristote : *Météorologiques.*
357. Michael Screech : *Rabelais.*
358. Marcel Jousse : *L'Anthropologie du Geste.*
359. Collectif : *Midrash Rabba sur Ruth. Midrash Rabba sur Esther.*
360. Leo Strauss : *La Persécution et l'Art d'écrire.*
361. Leo Strauss : *La renaissance du rationalisme politique classique.*
362. Karl Polanyi : *La Grande Transformation.*
363. Georges Roque : *Art et science de la couleur.*
364. René Descartes : *Discours de la méthode et essai.*

365. Marcel Detienne : *Apollon le couteau à la main.*
366. Michel Henry : *Marx.*
367. Raymond Aron : *Penser la guerre, Clausewitz*, I.
368. Raymond Aron : *Penser la guerre, Clausewitz*, II.
369. Paul Mattick : *Marx et Keynes.*
370. Robert Darnton : *Bohème littéraire et Révolution.*
371. Louis Massignon : *La Passion de Husayn ibn Mansûr Hallâj*, I.
372. Louis Massignon : *La Passion de Husayn ibn Mansûr Hallâj*, II.
373. Louis Massignon : *La Passion de Husayn ibn Mansûr Hallâj*, III.
374. Louis Massignon : *La Passion de Husayn ibn Mansûr Hallâj*, IV.
375. Yves Pagès : *Céline, fictions du politique.*
376. Annie Le Brun : *Les châteaux de la subversion.*
377. Jean-Paul Sartre : *Saint Genet, comédien et martyr.*
378. Hans Magnus Enzensberger : *Politique et crime.*
379. Jürgen Habermas : *Le discours philosophique de la modernité.*
380. Luc Boltanski/Ève Chiapello : *Le nouvel esprit du capitalisme.*
381. Raymond Bellour : *Lire Michaux.*
382. Michel Schneider : *Voleur de mots.*
383. Yosef Hayim Yerushalmi : *Le Moïse de Freud.*
384. Hilary Putnam : *Le Réalisme à visage humain.*
385. Rudolf Eisler : *Kant-Lexikon*, I.
386. Rudolf Eisler : *Kant-Lexikon*, II.
387. Jean-François Kervegan : *Que faire de Carl Schmitt ?*
388. Nadejda Mandelstam : *Contre tout espoir, Souvenirs.*
389. Jean-Marc Durand-Gasselin : *L'école de Francfort.*
390. Michel Surya : *Georges Bataille, la mort à l'œuvre.*
391. Pierre Guenancia : *Descartes et l'ordre politique.*
392. René Descartes : *Correspondance*, I.
393. René Descartes : *Correspondance*, II.
394. Michel Chodkiewicz : *Le Sceau des saints.*
395. Marc Fumaroli : *Le sablier renversé.*
396. Jean-Yves Tadié : *Le roman d'aventures.*
397. Roberto Calasso : *La littérature et les dieux.*
398. Moshe Lewin : *La formation du système soviétique.*
399. Patrick Verley : *L'échelle du monde.*
400. Nadejda Mandelstam : *Contre tout espoir, Souvenirs*, II.

401. Nadejda Mandelstam : *Contre tout espoir, Souvenirs*, III.
402. Marcelin Pleynet : *Lautréamont.*

Ouvrage reproduit
par procédé photomécanique.
Imprimé par CPI Firmin Didot
à Mesnil-sur-l'Estrée le 3 février 2014.
Dépôt légal : février 2014.
Numéro d'imprimeur : 120985.

ISBN 978-2-07-014372-6/Imprimé en France

260842